D1754026

BIOskop

Gymnasium Hessen 5/6

Herausgeber
Rainer Hausfeld
Wolfgang Schulenberg

Autoren
Ingrid Abenthum-Glaser
Harald Glaser
Jürgen Gronotte
Rainer Hausfeld
Margit Hertel
Mariela Kalkhake
Joachim Kühmstedt
Norbert Pütz
Martin Ratermann
Wolfgang Schulenberg
Manfred Schulte
Franz Stoppel
Henning Teschner
Bernd Vorwerk

westermann

© 2005 Bildungshaus Schulbuchverlage
Westermann Schroedel Diesterweg Schöningh Winklers GmbH, Braunschweig
www.westermann.de

Das Werk und seine Teile sind urheberrechtlich geschützt.
Jede Nutzung in anderen als den gesetzlich zugelassenen Fällen bedarf der vorherigen schriftlichen Einwilligung des Verlages.
Hinweis zu § 52 a UrhG: Weder das Werk noch seine Teile dürfen ohne eine solche Einwilligung gescannt und in ein Netzwerk eingestellt werden.
Dies gilt auch für Intranets von Schulen und sonstigen Bildungseinrichtungen.
Auf verschiedenen Seiten dieses Buches befinden sich Verweise (Links) auf Internet-Adressen. Haftungshinweis: Trotz sorgfältiger inhaltlicher Kontrolle wird die Haftung für die Inhalte der externen Seiten ausgeschlossen. Für den Inhalt dieser externen Seiten sind ausschließlich deren Betreiber verantwortlich. Sollten Sie bei dem angegebenen Inhalt des Anbieters dieser Seite auf kostenpflichtige, illegale oder anstößige Inhalte treffen, so bedauern wir dies ausdrücklich und bitten Sie, uns umgehend per E-mail davon in Kenntnis zu setzen, damit beim Nachdruck der Verweis gelöscht wird.

Druck A[1] Jahr 2005
Alle Drucke der Serie A sind im Unterricht parallel verwendbar.

Redaktion: Heidrun Kiene, Dr. Helga Röske, Ingeborg Kassner
Herstellung: Jennifer Kirchhof, Dirk Walter-von Lüderitz
Umschlaggestaltung: Andrea Heissenberg
Typographie: Andrea Heissenberg
Druck und Bindung: westermann druck GmbH, Braunschweig

ISBN 3-14-150520-9

Inhaltsverzeichnis

M Erschließungsfelder 6

Biologie – die Lehre von den Lebewesen

1 Kennzeichen von Lebewesen
1.1 Biologie – ein neues Unterrichtsfach 10
M Mein Biologieheft führen 11
1.2 Lebewesen haben typische Kennzeichen 12
1.3 Sind Pflanzen auch Lebewesen? 14
1.4 Vielfalt der Lebewesen 16
M Beobachten und Beschreiben 18
M Vergleichen 20
1.5 Zeugen der Vergangenheit 22
1.6 Die Geschichte des Lebens auf der Erde 24
M Lernen und Hausaufgaben 26

Körperbau und Lebensweise von Säugetieren

2 Angepasstheiten von Säugetieren an den Lebensraum
2.1 Lebensräume in der Umgebung 30
2.2 Lebensräume im Verlauf der Jahreszeiten 32
2.3 Tiere in Kälte und Wärme 34
2.4 Regelung der Körpertemperatur bei gleichwarmen Tieren 36
2.5 Tiere sind an die Lebensbedingungen im Winter angepasst 38
2.6 Das Igeljahr 40
2.7 Der Feldhase 42
2.8 Wildkaninchen 44
2.9 Der Maulwurf 46
2.10 Eichhörnchen 48
2.11 Fledermäuse – fliegende Säugetiere 50
M Arbeiten mit dem Bestimmungsschlüssel 51
2.12 Fledermäuse – Ortungssystem und Lebenszyklus 52
2.13 Wale und Delfine 54
M Tiersteckbriefe mit Microsoft Word 56
2.14 Die Klasse der Säugetiere 58
2.15 Ordnungen der Säugetiere 60

3 Haltung und Pflege von Tieren
3.1 Hunde sind beliebte Haustiere 62
3.2 Fortpflanzung und Ernährung des Hundes 64
M Eine Kurve beschreiben, auswerten und erklären 65
3.3 Hundezüchtung und Hunderassen 66
3.4 Katzen sind Schleichjäger 68
3.5 Katzen – Haustiere mit langer Tradition 70
3.6 Verständigung bei Hund und Katze 72
3.7 Heimtierhaltung 74
M Fünf-Schritt-Lesemethode 76
3.8 Der Auerochse – Urvater unserer Rinder 78
3.9 Das Rind – ein spezialisierter Pflanzenfresser 80
3.10 Das Pferd 82
3.11 Das Pferd – vom Nutztier zum Haustier 84

Der Körper des Menschen und seine Gesunderhaltung

4	Körperhaltung und Bewegung
4.1	Das Skelett des Menschen 88
4.2	Knochen und Gelenke 90
4.3	Muskeln bewegen den Körper 92
4.4	Verletzungen und Erkrankungen der Bewegungsorgane 94
4.5	Fit durch Bewegung 96

5	Ernährung
5.1	Bedeutung der Ernährung 98
5.2	Nährstoffe sind wichtige Bestandteile der Nahrung 100
M	Nährstoffe nachweisen 101
5.3	Vitamine, Mineralsalze, Zusatzstoffe 102
5.4	Nahrung liefert Stoffe und Energie für den Körper 104
5.5	Ausgewogene, gesunde Ernährung 106
5.6	Zähne und Gebiss 108
5.7	Verdauung der Nahrung 110
M	Versuche durchführen 112

6	Atmung
6.1	Eigenschaften und Zusammensetzung der Luft 114
6.2	Wie wir ein- und ausatmen 116
M	Was ist ein Modell 117
6.3	Gasaustausch in der Lunge 118
6.4	Tabak 120
6.5	Zusammensetzung des Blutes 122
M	Der Dreisatz 123
6.6	Aufgaben des Blutes 124
6.7	Blutkreislauf 126
6.8	Das Herz 128
6.9	Zusammenwirken der Organe 130
6.10	Anpassung an körperliche Anstrengungen 132

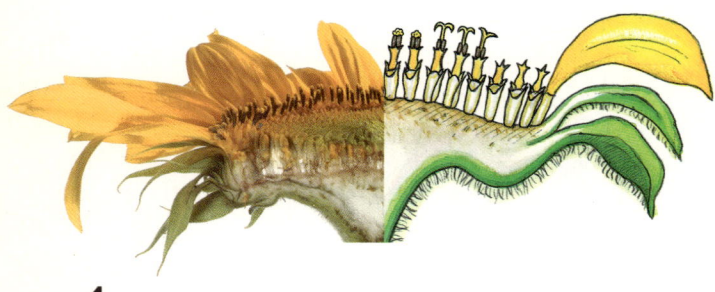

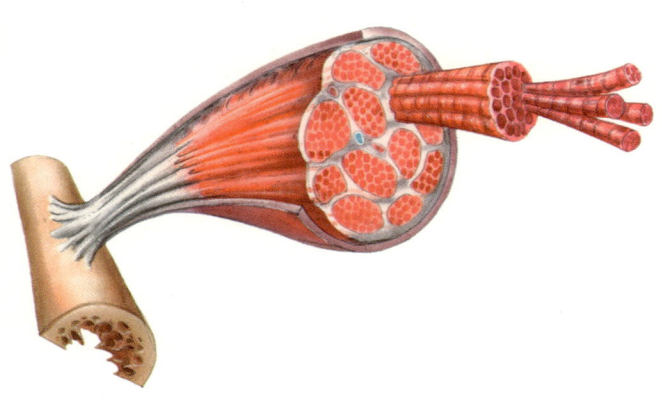

Fortpflanzung und Entwicklung

7	Sexualität des Menschen
7.1	Jeder Mensch ist einmalig 136
7.2	Veränderungen in der Pubertät 138
7.3	Weibliche Geschlechtsorgane 140
7.4	Männliche Geschlechtsorgane 142
7.5	Befruchtung, Schwangerschaft und Geburt 144
7.6	Familienplanung und Empfängnisverhütung 146
7.7	Sexuelle Belästigung 148

Blütenpflanzen

8	Der Bau der Blütenpflanzen
8.1	Der Grundbauplan der Blütenpflanzen 152
8.2	Blüten und ihr Aufbau 154
8.3	Vielfalt der Pflanzen 156
8.4	Kreuzblütler und Rosengewächse 158
8.5	Korbblütler 160
8.6	Gefährdung und Schutz von Arten 162
M	Ordnen mit einem Bestimmungsschlüssel 164
8.7	Getreide – wichtige Nutzpflanzen 166
M	Kreisdiagramme 167
8.8	Getreide sind Gräser 168
8.9	Vom Korn zum Brot – Biotechnologie in der Küche 170
8.10	Der Grashalm als Modell: leicht, schlank, stabil 172
8.11	Kartoffeln – nahrhafte Knollen 174

Angepasstheiten von Wirbeltieren an ihren Lebensraum

9 Fische
9.1 Körperbau der Fische 178
9.2 Die innere Organe der Fische 180
M Präparation 181
9.3 Atmung und Blutkreislauf der Fische 182
9.4 Schweben, Steigen, Sinken 184
9.5 Fortpflanzung und Wanderung von Fischen 186
9.6 Fische in extremen Lebensräumen 188
9.7 Vom Wasser zum Land 190
M Informationen mithilfe des Internets beschaffen 192

10 Amphibien
10.1 Leben im Wasser und auf dem Land 194
10.2 Fortpflanzung und Entwicklung 196
10.3 Atmung und Blutkreislauf 198
10.4 Wanderungen von Amphibien 200
10.5 Lebensraum und Schutz der Amphibien 202

11 Reptilien
11.1 Das Jahr der Zauneidechse 204
11.2 Körpertemperatur und Beweglichkeit 206
11.3 Schlangen 208
11.4 Vielfalt der Reptilien 210
11.5 Das Zeitalter der Reptilien 212

12 Vögel
12.1 Vögel beobachten und bestimmen 214
M Kennübung Vögel 216
12.2 Federn 218
12.3 Vögel – Wirbeltiere in Leichtbauweise 220
12.4 Wie Vögel fliegen 222
12.5 Kräfte beim Fliegen 224
12.6 Aus der Geschichte des Fliegens 226
12.7 Der Mäusebussard – ein Greifvogel 228
12.8 Zugvögel 230
12.9 Lebensräume verändern sich 232
12.10 Fortpflanzungsverhalten bei Amseln 234
12.11 Befruchtung und Entwicklung beim Huhn 236
12.12 Das Hühnerei als Ware 238
12.13 Der Ursprung der Vögel 240
12.14 Der Stammbaum der Wirbeltiere 242
12.15 Vergleichender Überblick: Die Klasse der Wirbeltiere 244

Stichwortverzeichnis 246
Bildquellenverzeichnis 249

Erschließungsfelder

Feld 1: Angepasstheit
Lebewesen besitzen Merkmale und Eigenschaften, mit denen sie an ihre Umwelt angepasst sind. Solche Merkmale nennt man Angepasstheiten.

Feld 2: Vielfalt
Das Leben auf der Erde ist sehr vielfältig: Man spricht zum Beispiel von der Vielfalt der Lebensräume und von der Vielfalt der Arten. Selbst die Nachkommen von Eltern zeigen neben Gemeinsamkeiten vielfältige Unterschiede.

Feld 3: Fortpflanzung
Lebewesen haben eine begrenzte Lebensdauer. Durch Fortpflanzung vermehren sich Lebewesen und dadurch wird ihr Fortbestand gesichert. Die meisten Lebewesen entwickeln sich im Laufe ihres Lebens und verändern sich dabei.

Feld 4: Struktur+Funktion
Unter Struktur versteht man in der Biologie den Bau von Lebewesen. Mit ihrem Bau sind sie an bestimmte Aufgaben (Funktionen) angepasst, z. B. sich zu bewegen und zu ernähren. Zwischen Bau und Aufgabe gibt es einen Zusammenhang.

Feld 5: Stammesgeschichte
Jedes heutige Lebewesen hat Vorfahren, Vor-Vorfahren usw. Lebewesen sind im Laufe langer Zeiträume aus anderen Lebewesen hervorgegangen. Das nennt man Stammesgeschichte.

Feld 6: Information
Lebewesen nehmen mit ihren Sinnesorganen Informationen aus ihrem Körper und aus ihrer Umwelt auf. Das Ergebnis der Informationsverarbeitung kann Einfluss darauf haben, was ein Lebewesen tut und wie es sich verhält. Lebewesen können untereinander Informationen austauschen und sich verständigen.

Feld 7: Regulation
Viele Zustände und Vorgänge im Körper eines Lebewesen werden geregelt. Dadurch werden die Bedingungen im Körper beständig stabil. Die Körpertemperatur des Menschen ist ein Beispiel für Regulation.

Feld 8: Stoffe+Energie
Lebewesen nehmen Stoffe aus der Umgebung auf, wandeln sie um und geben Stoffe an die Umgebung ab. Manche Stoffe enthalten viel nutzbare Energie. Energie ist für alle Lebensvorgänge unbedingt notwendig.

Feld 9: Wechselwirkungen
Kein Lebewesen lebt völlig abgesondert. Jedes Lebewesen hat Wirkungen auf seine Umwelt und die Umwelt wirkt auf das Lebewesen. Ein Lebewesen kann Wirkungen auf ein anderes Lebewesen haben und umgekehrt. Aber auch im Körper eines Lebewesens gibt es Wechselwirkungen zwischen verschiedenen Körperteilen.

Wenn du ein neues Thema im Biologieunterricht und zu Hause bearbeitest, liest du wahrscheinlich den dazu gehörigen Text im Buch, bearbeitest Materialien und führst Aufgaben und Versuche durch.

Bei den vielen Themen im Biologieunterricht gibt es eine weitere Möglichkeit ein Thema zu bearbeiten oder zu erschließen: die **Erschließungsfelder**. Fast jedes Thema lässt sich einem Erschließungsfeld zuordnen.

Im Laufe der Zeit wirst du viele Beispiele für jedes dieser neun Felder kennen lernen und sie immer besser miteinander verknüpfen können. Die Zuordnung von Themen zu Erschließungsfeldern kann den Überblick und das Lernen erleichtern.

Eine Hilfestellung gibt dir dieses Buch selbst. In der untersten Zeile auf der linke Seite eines jeden Abschnitts findest du die Namen der wichtigsten Erschließungsfelder, die für das Thema zutreffen.

1 Erschließungsfelder zuordnen. Fertige eine Tabelle nach folgendem Muster an. Trage alle neun Erschließungsfelder ein. Ordne jeder Abbildung auf dieser Seite ein oder mehrere Erschließungsfelder mit einem Kreuz in der Tabelle zu. Begründe deine Zuordnungen.

2 Erschließungsfelder bei meinem Lieblingstier. Überlege dir, welches Tier du besonders gut kennst und das du besonders gerne magst. Gib zu diesem Tier für jedes Erschließungsfeld ein Beispiel an.

Erschließungsfeld	Abbildung 1	Abbildung 2	…
Angepasstheit			
Vielfalt			
…			

Biologie – die Lehre von den Lebewesen

9

1 Kennzeichen von Lebewesen

1.1 Biologie – ein neues Unterrichtsfach

1 *Lebewesen*

Auf deinem Stundenplan findest du ein neues Unterrichtsfach: **Biologie**. Das Wort setzt sich aus zwei Begriffen zusammen, die aus der griechischen Sprache stammen. „Bios" bedeutet Leben und „logos" bedeutet Wissenschaft. Biologie ist also eine Wissenschaft, die sich mit der lebenden Natur beschäftigt, den Lebewesen selbst und ihrer Umwelt.

Biologie ist wie Chemie oder Physik eine **Naturwissenschaft**. In den Naturwissenschaften werden bestimmte Methoden angewendet. Neben genauem Beschreiben von Abläufen in der Natur spielen vor allem **Experimente** eine große Rolle. Wenn sich ein Biologe oder eine Biologin für eine bestimmte Fragestellung interessiert, planen sie häufig Versuche, um wichtige Informationen zu erhalten. Die Versuchsdurchführung und die Ergebnisse schreiben sie in ein **Protokoll**.

In diesem Buch findest du viele Arbeitsaufträge. Zu deren Bearbeitung benötigst du ein Heft. Manchmal sind Skizzen oder Zeichnungen anzufertigen. Dafür verwendet man nur Bleistifte und Buntstifte, keine Filzstifte. Damit du in deinem Heft noch den Überblick behältst, solltest du die Seiten nummerieren und Protokolle und Aufgaben mit einem Datum und einer Überschrift versehen. Sinnvoll ist auch ein Hinweis auf die Buchseite, von der die Aufgabe stammt. Besonders hilfreich ist ein **Inhaltsverzeichnis**, das du auf der ersten Seite deines Heftes anlegen kannst.

Mein Biologieheft führen

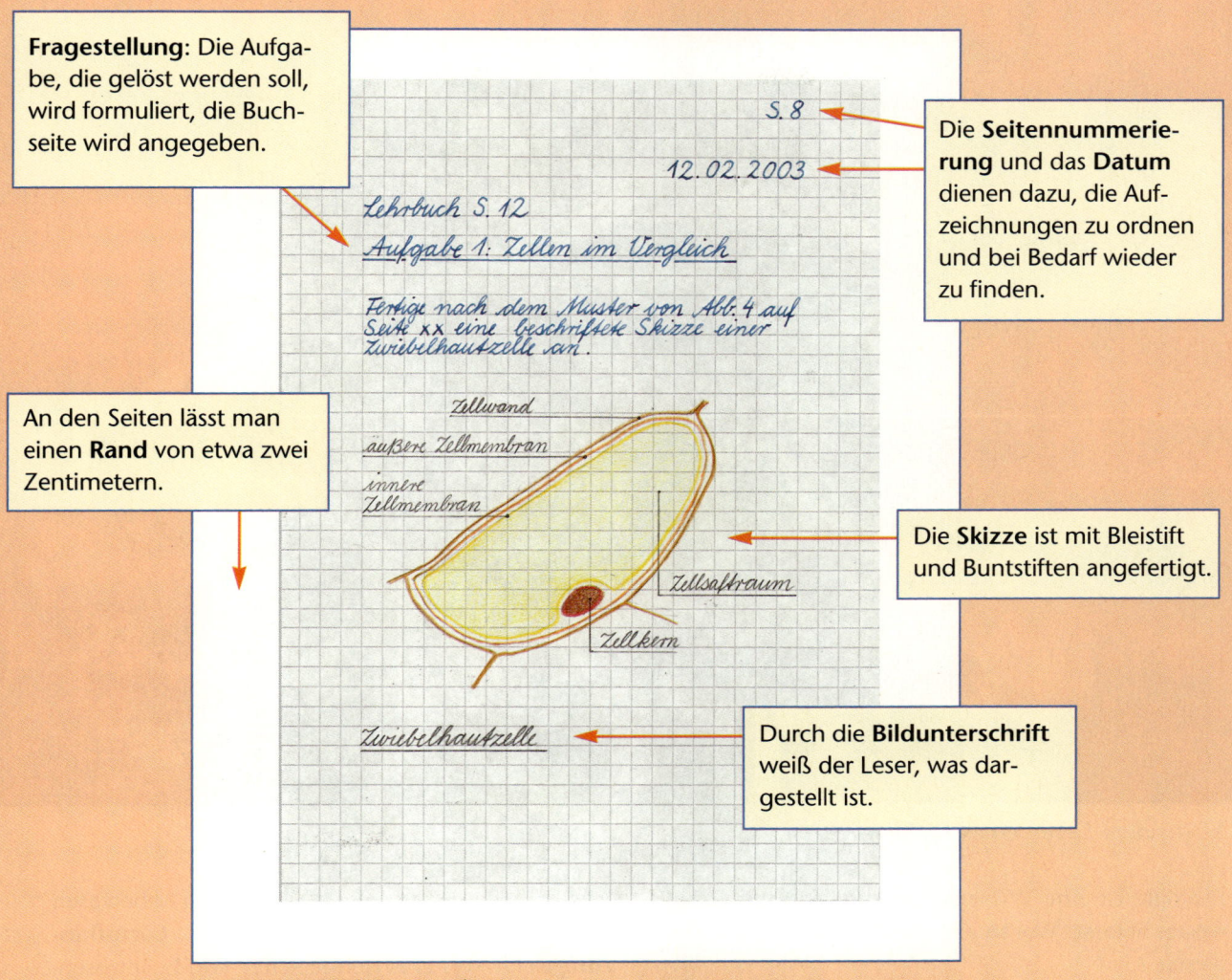

Fragestellung: Die Aufgabe, die gelöst werden soll, wird formuliert, die Buchseite wird angegeben.

Die **Seitennummerierung** und das **Datum** dienen dazu, die Aufzeichnungen zu ordnen und bei Bedarf wieder zu finden.

An den Seiten lässt man einen **Rand** von etwa zwei Zentimetern.

Die **Skizze** ist mit Bleistift und Buntstiften angefertigt.

Durch die **Bildunterschrift** weiß der Leser, was dargestellt ist.

Heftseite:
S. 8
12.02.2003
Lehrbuch S. 12
Aufgabe 1: Zellen im Vergleich
Fertige nach dem Muster von Abb. 4 auf Seite xx eine beschriftete Skizze einer Zwiebelhautzelle an.

Beschriftungen: Zellwand, äußere Zellmembran, innere Zellmembran, Zellsaftraum, Zellkern

Zwiebelhautzelle

2 Eine gut geführte Heftseite

Mit einem **Inhaltsverzeichnis** kann man ein Heft übersichtlich gestalten.
Es ist so auch später leicht möglich, eigene Aufzeichnungen zu den bearbeiteten Themen zu finden.

Inhaltsverzeichnis
S. 1   Kennzeichen von Lebewesen
S. 3   Sind Pflanzen auch Lebewesen?
S. 4   Lupe und Mikroskop
S. 6   Lebewesen bestehen aus Zellen
S. 7   Zellen unter dem Mikroskop
S. 9   .....

Methode

1.2 Lebewesen haben typische Kennzeichen

1 *Aus dem Leben eines Eichhörnchens*

Biologie ist eine Wissenschaft, die sich mit Lebewesen befasst. Woran aber erkennt man ein Lebewesen?

Ein Eichhörnchen kann sehen, hören, riechen und tasten. Durch Reize erhält ein Eichhörnchen Informationen über seine Umwelt. Ein Reiz kann zum Beispiel der Anblick eines Marders sein. Die aufgenommenen Informationen werden blitzschnell verarbeitet und das Eichhörnchen kann darauf reagieren. Beim Anblick eines Marders wird es flüchten. Das ist ein Beispiel dafür, dass Lebewesen **auf Reize reagieren**.

Ein Eichhörnchen kann sich sehr geschickt in den Ästen der Bäume bewegen. Die Fähigkeit zu **selbstständigen Bewegungen** ist ein weiteres Kennzeichen eines Lebewesens.

Alle Lebewesen stammen von anderen Lebewesen ab. Sie pflanzen sich auch selbst fort. **Fortpflanzung** ist ein weiteres Kennzeichen von Lebewesen.

Neugeborene Eichhörnchen sind nackt und blind. Erst nach einigen Tagen entwickeln sie ein Fell. Nach einigen Monaten sind sie so groß wie ihre Eltern. **Wachstum und Entwicklung** zeigen alle Lebewesen.

Ohne Nahrung würde ein Eichhörnchen sterben. Es frisst und atmet. Die Nahrung wird im Körper des Eichhörnchens verdaut. Unverdauliche Reste scheidet es aus. Wie alle Lebewesen hat ein Eichhörnchen einen **Stoffwechsel**.

Jedes Lebewesen besitzt **alle** auf dieser Seite genannten Kennzeichen.

Struktur+Funktion

Grundwissen

1 Kennzeichen von Lebewesen.
a) Lies den Text auf der Grundwissenseite. Formuliere in Form eines Merksatzes, woran man ein Lebewesen erkennt.
b) Finde für jedes der Bilder auf dieser und der Grundwissenseite eine geeignete Bildunterschrift.
c) Lege eine Tabelle nach dem folgenden Muster an. Notiere, welche Kennzeichen von Lebewesen die in Abbildung 1 und 2 dargestellten Beispiele zeigen. Bei welchen Objekten handelt es sich nicht um Lebewesen? Begründe.

2 Versuch: Entsteht hier Leben? Fülle ein Reagenzglas zur Hälfte mit verdünnter Kupfersulfatlösung (Schutzbrille tragen). Gib in die Kupfersulfatlösung einen großen Kristall gelbes Blutlaugensalz. Stelle das Reagenzglas ruhig ab und beobachte einige Minuten. Beschreibe deine Beobachtungen. Entsteht hier Leben (Abb. 3)? Begründe deine Antwort.

Kennzeichen des Lebendigen	Eichhörnchen	Frösche	...
Wachstum und Entwicklung	ja		
Selbstständige Bewegung	ja		
Reizbarkeit	ja		
Stoffwechsel	ja		
Fortpflanzung	ja		

3 Entsteht hier Leben?

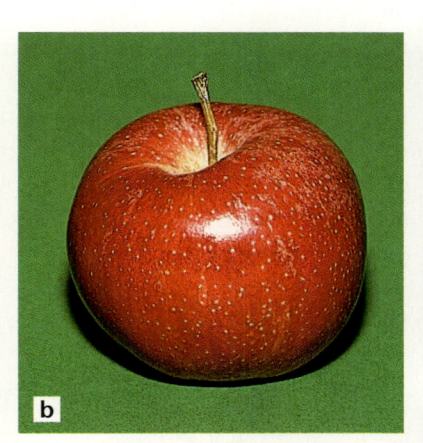

2 Belebt oder unbelebt?

Arbeitsmaterial

1.3 Sind Pflanzen auch Lebewesen?

Wenn Pflanzen ebenfalls zu den Lebewesen gehören, müssen auch sie alle Kennzeichen der Lebewesen zeigen.

Pflanzen vermehren sich. Bohnenpflanzen bilden im Herbst Samen. Sät man die Samen aus, entwickeln sich daraus neue Bohnenpflanzen (Abb. 1). Bohnenpflanzen zeigen also die Merkmale **Fortpflanzung** und **Entwicklung**.

Eine Bohnenpflanze benötigt zum Wachstum Stoffe aus ihrer Umwelt. Mit dem Dünger führen wir ihr Mineralsalze zu. Über die Blätter nehmen Bohnenpflanzen im Sonnenlicht Kohlenstoffdioxid auf und geben Sauerstoff ab. Im Inneren der Pflanze werden Stoffe umgewandelt. Bohnenpflanzen haben auch einen **Stoffwechsel**.

Dass Pflanzen reizbar sind, ist häufig nur mit viel Geduld zu erkennen. Der Spross der Bohnenpflanzen führt langsame, kreisende Suchbewegungen aus. Stößt er auf ein geeignetes Hindernis, windet sich der Spross an diesem Hindernis empor (Abb. 1). Bohnenpflanzen reagieren also auf den Berührungsreiz des Hindernisses. Sie sind **reizbar**.

Beobachtet man eine Bohnenpflanze im Tagesverlauf, stellt man fest, dass sich die Blattstellung verändert. Abends nehmen die Blätter eine so genannte „Schlafstellung" ein (Abb. 2). Die Veränderung der Blattstellung ist ein Beispiel dafür, dass Bohnenpflanzen aktive **Bewegungen** ausführen können.

Wie die Bohnenpflanzen, zeigen auch alle anderen Pflanzen alle Kennzeichen von Lebewesen.

1 Samen, Keimling und ausgewachsene Feuerbohnenpflanze

2 Bewegungen bei Blättern der Feuerbohnenpflanze

1 Versuch zum Kressewachstum. Gib etwas Watte in eine Petrischale und halte sie feucht. Lege auf die Watte Kressesamen und stelle die Schale in einen geschlossenen Schuhkarton. An einer Seite soll sich eine quadratische Öffnung mit einer Seitenlänge von ca. 8 cm befinden (Abb. 3).
a) Beobachte die Kressesamen täglich. Notiere, welche Veränderungen sich ergeben.
b) Erläutere, welche Kennzeichen von Lebewesen du an der Kresse in diesem Versuch beobachten kannst.

2 Pflanzen reagieren auf Berührung. Beschreibe die Abbildungen 4 und 5. Welche Vorgänge sind zu beobachten? Welche Kennzeichen von Lebewesen kannst du den Bildern zuordnen?

3 *Versuchsaufbau zu Aufgabe 1*

3 Pflanzen im Tagesverlauf.
a) Betrachte ein Gänseblümchen morgens, mittags und abends. Notiere deine Beobachtungen.
b) Beschreibe ausführlich das Versuchsergebnis, das du der Abbildung 2 entnehmen kannst.

4 Pflanzen sind Lebewesen. Begründe am Beispiel einer dir bekannten Pflanze, warum sie ein Lebewesen ist. Schreibe dazu einen Text.

vorher

nachher

4 *Mimose vor (links) und nach Berührung (rechts)*

5 *Venus-Fliegenfalle bei Berührung durch eine Fliege*

1.4 Vielfalt der Lebewesen

physikalische Umwelt
Temperatur, Luftfeuchtigkeit, Luftdruck, Wind, Elektrizität, Strahlung, Lärm

chemische Umwelt
Sauerstoff, Kohlenstoffdioxid, Rohstoffe, Trinkwasser, Schadstoffe

mitmenschliche Umwelt
Familienangehörige, Freundin, Freunde, Mitschüler/innen

biologische Umwelt
Tiere, Pflanzen, Pilze, Bakterien

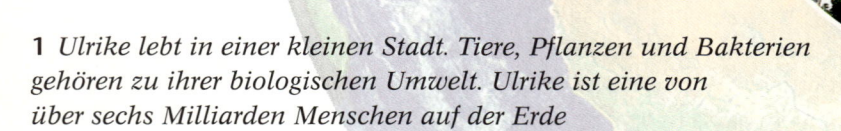

1 *Ulrike lebt in einer kleinen Stadt. Tiere, Pflanzen und Bakterien gehören zu ihrer biologischen Umwelt. Ulrike ist eine von über sechs Milliarden Menschen auf der Erde*

Jeder Mensch hat eine Innenwelt und eine Außenwelt. Zur Innenwelt gehören alle körperlichen und seelischen Vorgänge im Menschen selbst. Die Außenwelt bezeichnet man auch als **Umwelt.** Unsere Umwelt kann man in **mitmenschliche**, **biologische**, **chemische** oder **physikalische Umwelt** unterteilen (Abb. 1).

Zur biologischen Umwelt eines Menschen gehören andere Lebewesen. So findet man in der Umgebung einer Schule verschiedene Lebewesen, zum Beispiel Rotkehlchen und andere Vögel, Eichhörnchen, Honigbienen und andere Insekten sowie Blütenpflanzen wie den Löwenzahn (Abb. 1). Manche Lebewesen in der Umwelt eines Menschen sind so klein, dass man sie nicht mit den Augen sehen kann. Erst Lupe oder Mikroskop machen sie sichtbar. Zu den kleinsten Lebewesen überhaupt gehören die Bakterien. Viele Milliarden Bakterien könnten in einem Stecknadelkopf Platz finden.

Die Welt der Lebewesen ist sehr vielfältig – vom riesigen Blauwal bis zu mikroskopisch kleinen Bakterien, vom gigantischen Mammutbaum bis zu winzigen Pflanzen, die im Wasser schweben. Man schätzt, dass die Erde ungefähr zehn Millionen Arten beherbergt. Mit dem Begriff **Art** bezeichnet man alle Lebewesen, die sich untereinander fortpflanzen können. So gehören alle Buchfinken zu einer Art und alle Kohlmeisen zu einer anderen Art. Lebewesen, die sich nicht untereinander fortpflanzen können, gehören zu verschiedenen Arten. Man schätzt, dass wir heute erst ein Fünftel aller lebenden Arten kennen. Laufend werden unbekannte Lebewesen entdeckt und beschrieben.

Wenn Forscher oder Forscherinnen ein unbekanntes Lebewesen entdecken, wird es in drei Schritten untersucht: **Beschreiben**, **Vergleichen**, **Ordnen**. Zunächst werden die Merkmale des Lebewesens beschrieben, dann wird es mit anderen, bereits bekannten Lebewesen verglichen und im dritten Schritt in eine bestimmte Gruppe von Lebewesen eingeordnet. Alle Lebewesen werden vier großen Gruppen zugeordnet: **Tiere**, **Pflanzen**, **Pilze** oder **Bakterien**. Jede dieser Gruppen wird weiter unterteilt, Tiere unter anderem in die Tiere mit Wirbelsäule, die Wirbeltiere und ohne Wirbelsäule, die Wirbellosen. Zu den Wirbeltieren gehören fünf Gruppen: Fische, Amphibien, Reptilien, Vögel und Säugetiere. Der Mensch hat viele Merkmale mit den Säugetieren gemeinsam.

2 „Vielfalt der Arten auf der Erde – unsere irdischen Mitbewohner". Fertige zu dieser Überschrift mithilfe von Informationen dieser beiden Seiten einen Aufsatz.

3 Lebewesen in einem Lebensraum in Schulnähe.
a) Nenne Lebensräume für Tiere und Pflanzen im Umfeld deiner Schule. In diesem Buch findest du eine Übersicht zu verschiedenen Lebensräumen. Suche die Seite mithilfe des Stichwortverzeichnisses und benutze die Angaben, um die Lebensräume zu benennen.
b) Beschreibe und benenne Lebewesen in einem Lebensraum im Umfeld deiner Schule.

4 Ordnen der Vielfalt der Tiere in einer alten Hecke.
Benenne die in Abbildung 2 dargestellten Lebewesen.
Es sind: Turmfalke, Hermelin, Dorngrasmücke, Hase, Zauneidechse, Neuntöter, Kleiner Fuchs, Habicht, Schwebfliege, Hainschnirkelschnecke, Goldammer, Schwebfliege, Igel, Rötelmaus, Fasan, Laufkäfer.
Ordne dann diese Lebewesen nach selbst gewählten Gesichtspunkten.

1 Mitmenschliche, biologische, chemische und physikalische Umwelt. Übertrage den Text der Abbildung 1 in dein Heft. Beschreibe dann deine biologische Umwelt zu Hause.

2 *In einer Hecke können viele verschiedene Tiere leben*

Beobachten und Beschreiben

1 Giraffe

2 Zebra

Im Zoo kannst du verschiedene Tiere beobachten. Beobachten bedeutet dabei mehr als nur das Tier anzuschauen. Wenn du ein Tier beobachtest kannst du auf körperliche Merkmale und auf das Verhalten des Tieres achten. Bei vielen Zootieren fallen dir sofort ihre besonderen Merkmale auf, z. B. das Horn des Nashorns oder der Rüssel des Elefanten. Bei der Tierbeschreibung ist es wichtig, dass du auf alle besonderen Merkmale des Tieres eingehst. Die folgenden Schritte helfen dir bei einer Beschreibung.

1. Schritt: Das Tier beobachten
Beobachte das Tier genau. Achte dabei auf Einzelheiten wie die Kopfform, die Größe und die Fellfarbe.

2. Schritt: Eine Tabelle anlegen
Lege für das Beschreiben eine zweispaltige Tabelle in deiner Mappe an (Abb. 3). Diese Tabelle erleichtert dir die Gliederung der Tierbeschreibung. Trage in die linke Spalte die Merkmale ein, die du beschreiben willst, z. B. Körperbau oder Farbe des Fells. In die rechte Spalte trägst du die dazu passenden Adjektive ein (Abb. 4).

3. Schritt: Das Tier beschreiben
Mithilfe der Tabelle kannst du die Tierbeschreibung beginnen. Beachte dabei folgende Punkte:
– Benutze die Zeitform Präsens (Gegenwart).
– Schreibe in einem sachlichen Stil.
– Verwende keine „Vermenschlichungen" (Der Löwe schaut traurig aus, das Kamel guckt hochnäsig).
– Beginne mit den auffälligsten Merkmalen.
– Verwende Fachausdrücke für die Körperteile des Tieres (Abb. 5). Beispielsweise hat ein Bär keinen Mund, sondern eine Schnauze.
– Stelle Vergleiche an, damit deine Beschreibung anschaulicher wird, z. B.: Das Nashorn wiegt so viel wie ein Wohnmobil.

Methode

Name des Tieres	
Merkmal	**Beschreibung**
Kopfform	
Augen	
Ohren	
Körperbau	
Fellfarbe	
Beine	
Füße	

3 *Tabelle zur Tierbeschreibung*

Körperbau	muskulös, schlank, plump, sehnig, dick, dünn, geschmeidig…
Kopf	oval, rundlich, eckig, breit, schmal…
Augen	hervorquellend, tief liegend, groß, klein, stechend, glänzend…
Fell	struppig, glatt, gefleckt, gestreift, borstig…

4 *Adjektive zur Tierbeschreibung*

1 Beschreibung von Giraffe und Zebra. Beschreibe zunächst die Giraffe und dann das Zebra. Übertrage die Tabelle von Abbildung 3 in deine Mappe und fülle sie aus. Fertige anschließend für beide Tiere eine Tierbeschreibung an. Verwende dafür treffende Adjektive (Abb. 4).

2 Fachbegriffe zuordnen. Ordne die Fachbegriffe von Abbildung 5 den entsprechenden Körperteilen zu. Übertrage dazu die Tabelle von Abbildung 6 in deine Mappe und fülle sie aus. Beachte, dass sich einem Körperteil mehrere Fachbegriffe zuordnen lassen.

Schnauze, Schuppen, Fell, Pelz, Flossen, Hufe, Borsten, Zehen, Panzer, Schnabel, Tentakel, Maul, Vorderpfote

5 *Fachbegriffe*

Mund	Füße	Arme	Körperbedeckung
Schnauze			

6 *Tabelle Körperteile*

3 Beschreibung von Trampeltier und Dromedar. Beschreibe zunächst das Kamel und das Dromedar und vergleiche sie anschließend (Abb. 7, 8).

4 Erstellen einer schematischen Zeichnung. Erstelle eine Schemazeichnung von der Giraffe und dem Zebra nach dem Muster von Abbildung 9. Welche Vorteile bietet eine schematische Zeichnung gegenüber einem Foto?

7 *Kamel (Trampeltier)*

8 *Dromedar*

9 *Schemazeichnung Kamel*

Methode

Vergleichen

Wölfe leben in Rudeln mit einer Rangfolge. Sie gehen meistens gemeinsam auf Jagd, vor allem tagsüber, aber mitunter auch in der Nacht. Wölfe laufen täglich viele Kilometer, um ihre Beutetiere, zum Beispiele Rentiere, zu finden. Mit ihrer feinen Nase und ihrem guten Gehör können Wölfe ihre Beute riechen und hören. Sie pirschen sich an die Rentiere heran und dann rennt das Wolfsrudel los. Die Rentiere werden gehetzt, manchmal über viele Kilometer. Wird ein Beutetier eingeholt, springen mehrere Wölfe das Tier an. Durch einen kräftigen Biss in den Hals wird es getötet. Die Beute wird gemeinsam gefressen. Die ranghöchsten Rudelmitglieder dürfen als Erste fressen.

1 Wölfe auf der Spur eines Beutetieres

Eine Hauskatze jagt in der Dämmerung und nachts. Sie kann sehr gut hören und auch im Dämmerlicht gut sehen. Hat eine Katze das Fiepen einer Maus gehört, schleicht sie sich lautlos und in geduckter Haltung an. Vor dem Mauseloch lauert sie reglos. Kommt die Maus aus ihrem Loch heraus, schnellt die Katze mit einem kräftigen Sprung blitzschnell auf die Beute zu. Die Maus wird mit den beiden Vorderpfoten und den scharfen, ausgestreckten Krallen ergriffen und zu Boden gedrückt. Mit den Zähnen wird die Maus getötet.

2 Katze auf Mäusejagd

Vergleichen ist eine häufige Tätigkeit - im Alltag und in der Schule. In der Sprache werden Vergleiche unter anderem durch die Steigerung von Eigenschaftswörtern (Adjektive) deutlich: Etwas ist schöner, schneller, lauter, größer, kleiner oder schwieriger als etwas anderes (erste Steigerungsform = Komparativ). Jeder Mensch benutzt solche Steigerungsformen von Adjektiven häufig. Bevor sie ausgesprochen werden, wird etwas in Gedanken verglichen. Auch in der Mathematik und in den Naturwissenschaften spielen Vergleiche eine große Rolle. Während im Alltag Vergleiche häufig persönliche Einschätzungen widerspiegeln, werden in den Naturwissenschaften möglichst nur Vergleiche vorgenommen, die für jeden Menschen unabhängig von der eigenen Meinung nachprüfbar sind.

Das Vergleichen ist eine gedankliche Tätigkeit, bei der gemeinsame und unterschiedliche Merkmale von zwei oder mehr Vergleichsobjekten ermittelt werden. In der Biologie können solche Vergleichsobjekte Tiere oder Pflanzen sein. Auch Vorgänge können miteinander verglichen werden, zum Beispiel das Jagdverhalten von Wölfen und Hauskatzen (Abb. 1, 2).

Folgende Fragen helfen, die Vorgehensweise bei einem Vergleich zu gliedern:
- Was soll ich genau miteinander vergleichen?
- In welchen Grenzen soll der Vergleich erfolgen?
- Wie will ich die Ergebnisse des Vergleichs darstellen, zum Beispiel als Tabelle oder als Text?
- Was weiß ich über die zu vergleichenden Gegenstände oder Vorgänge? (Manchmal ist es notwendig, sich dieses Wissen erst anzueignen, bevor der Vergleich durchgeführt wird.)
- Welche Gemeinsamkeiten haben die zu vergleichenden Objekte oder Vorgänge?
- Welche Unterschiede weisen die zu vergleichenden Objekte oder Vorgänge auf?
- Wie lässt sich der Vergleich zusammenfassen?

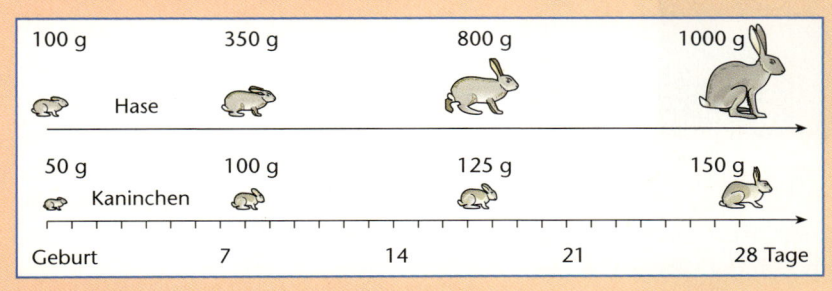

1 **Vergleich der Jagd bei Wölfen und Katzen.** Vergleiche die Verhaltensweisen bei der Jagd bei Wölfen und Hauskatzen (Abb. 1, 2). Richte dich nach den Fragen zur Vorgehensweise.

2 **Entwicklungsvergleich.** Stelle die Entwicklung der Körpermasse von Kaninchen und Hase aus Abbildung 3 in einer geeigneten Grafik dar. Vergleiche die Entwicklung.

3 **Vergleich zweier Baumarten.** Vergleiche Rotbuche und Stieleiche anhand der Abbildung 4.
a) Stelle die verschiedenen Gesichtspunkte tabellarisch dar.
b) Nenne weitere Gesichtspunkte für einen Vergleich, die nicht aus der Abbildung hervorgehen.

3 *Entwicklung von Hase und Kaninchen*

4 *Rotbuche und Stieleiche*

1.5 Zeugen der Vergangenheit

1 *Propalaeotherium*

Seit den Anfängen des Lebens auf der Erde bis heute verändern sich die Lebewesen ständig. Im Laufe der Zeit starben unzählige Arten aus und neue Arten entwickelten sich. Die Geschichte der Lebewesen und ihre Entwicklung während der Jahrmillionen bezeichnet man als **Evolution** oder **Stammesgeschichte**. Zeugen dieser Entwicklung sind in Gestein eingebettete Reste früherer Lebewesen oder ihre Abdrücke. Man nennt diese Reste **Fossilien**. Fossilienfunde ermöglichen es, sich ein Bild von den Lebewesen der Vorzeit und ihren Lebensbedingungen zu machen (Abb. 1,2a–c). Man kann das Alter der Fossilien bestimmen und so die Lebewesen der Vorzeit in die Stammesgeschichte einordnen.

Die bedeutendste Fundstätte von Fossilien in Deutschland ist die Grube Messel bei Frankfurt/Main. Vor 49 Millionen Jahren befand sich dort, wo heute die Grube Messel liegt, ein See. Abgestorbene Lebewesen sanken auf den Grund des Sees. Dort wurden sie, da Sauerstoff fehlte, nur sehr langsam und unvollständig zersetzt.

Tonteilchen wurden von Flüssen in den See geschwemmt und lagerten sich ebenfalls am Grund ab. Im Laufe von etwa zwei Millionen Jahren bildete sich so eine dicke Schicht Schlamm am Seegrund. Sie wurde schließlich von anderen Ablagerungen überdeckt und zu Gestein zusammengepresst. Eingebettet in die Schichten dieses Gesteins finden sich heute zahlreiche Reste der auf den Seegrund gesunkenen Pflanzen und Tiere.

Als Fossilien bleiben überwiegend Hartteile wie Schalen und Knochen erhalten. Ihre chemische Zusammensetzung wird im Laufe der Zeit dem umgebenden Gestein immer ähnlicher. Sie sind versteinert. In Messel findet man sogar Fossilien von Fledermäusen mit versteinertem Mageninhalt. Weichteile von Tieren wie Haut, Haare und Federn oder Pflanzengewebe bleiben seltener als Fossilien erhalten. Oft wird nur die äußere Form im umgebenden Gestein weitgehend bewahrt. Es haben sich Abdrücke gebildet.

2 a *Allaeochelys* **b** *Eopelobates* **c** *Heterohyus*

1 Lebensraum Messel-See.
Messel vor 49 Millionen Jahren: Es ist feucht und heiß wie in den Tropen. Inmitten einer dicht bewaldeten Landschaft liegt ein See. Ein Schilfgürtel und ein Streifen sumpfiges Land umgeben ihn. Das Wasser des Sees ist von vielen Algen grün gefärbt. An flachen Stellen schwimmen Seerosen auf der Oberfläche. Verschiedene Fischarten, Frösche, Krokodile und Schildkröten leben im See. Ein flinker Beutegreifer hüpft auf zwei Beinen vorbei, auf der Jagd nach Kleintieren. Am Waldrand äsen Urpferdchen.
Affenartige Säugetiere klettern durch die Bäume und suchen mit ihren langen Fingern unter der Borke nach Larven. In der Abenddämmerung huschen Fledermäuse vorbei, auf der Jagd nach Insekten.

a) Finde heraus, welche der oben beschriebenen Lebewesen in Abb. 1, 2a–c als Fossilien abgebildet sind. Begründe jeweils deine Entscheidung.
b) Überlege, wodurch Aussagen über Nahrung und Verhalten der fossilen Tiere ermöglicht werden.

2 Modellversuch zur Entstehung von Fossilien.
Material:
– sauberer, ausgekochter Knochen vom Hähnchen
– Jogurtbecher
– Gips
– Fett (Vaseline)
– kleiner Spachtel
– kleine Plastikschüssel
– Hammer und Meißel

Verrühre in der Schüssel mit dem Spachtel etwas Gips mit Wasser zu einem dickflüssigen Brei. Fette den Jogurtbecher innen ein, fülle ihn etwa zur Hälfte mit dem Gipsbrei. Lass die Masse etwas erhärten.
Drücke den Knochen waagerecht leicht in den Gips ein. Lass den Gips hart werden, fette die Oberfläche ein.
Rühre erneut etwas Gips an und fülle damit den Becher. Lass ihn über Nacht erhärten.
Drücke den Block aus dem Jogurtbecher und trenne ihn vorsichtig an der Schichtgrenze mit Hammer und Meißel.
Gib an, welche Materialien und Vorgänge des Modellversuchs den Materialien und Vorgängen bei der Fossilienentstehung entsprechen. Schreibe hierzu folgende Tabelle in dein Heft und ergänze sie.

Modellversuch	Entstehung von Fossilien
Gipsbrei unter dem Knochen	Schlamm am Seegrund
Hähnchenknochen	…
Nachgießen von Gips	…

3 Vom Tier zum Fossil. Gib die richtige Reihenfolge der Abbildung 3a-e an und ergänze jeweils eine passende Überschrift.

3 *Vom Tier zum Fossil*

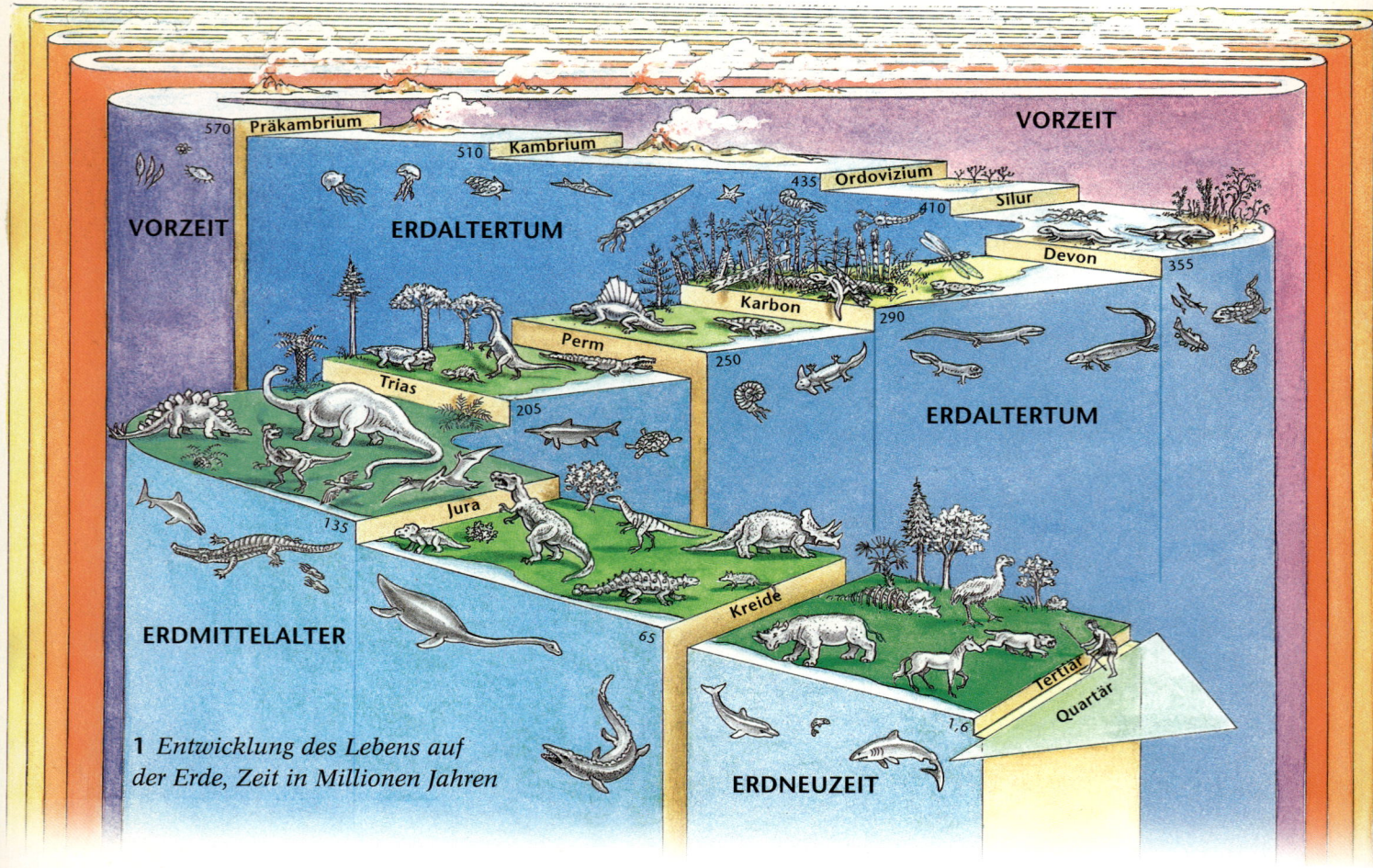

1 Entwicklung des Lebens auf der Erde, Zeit in Millionen Jahren

1.6 Die Geschichte des Lebens auf der Erde

Vor etwa 4,8 Milliarden Jahren entstand der Planet Erde. Zunächst war die Erde glühend heiß und flüssig, allmählich kühlte sie sich ab, die Oberfläche wurde fest. Die Uratmosphäre bildete sich, sie enthielt noch keinen Sauerstoff. Wasser sammelte sich in Seen und Ozeanen. Vor etwa 3,8 Milliarden Jahren gab es im Wasser erste, den Bakterien ähnliche und nur aus einer Zelle bestehende Lebewesen. Einige dieser Einzeller erlangten die Fähigkeit, die Energie des Sonnenlichts zu nutzen. Sie betrieben **Fotosynthese**. Hierbei wurde Sauerstoff frei. Allmählich entstand so eine Atmosphäre mit **Sauerstoff**.

Vor etwa 1,5 Milliarden Jahren traten erste **Vielzeller** auf. Vielzeller besitzen verschiedene Zellen, die auf bestimmte Aufgaben spezialisiert sind und zusammenarbeiten. Typisch für Vielzeller ist die Arbeitsteilung zwischen den Zellen.

Kleine Urfische waren vor 500 Millionen Jahren die ersten **Wirbeltiere**. Einfach gebaute Pflanzen besiedelten als Erste das Festland – vor ungefähr 440 Millionen Jahren. Die Gruppe der Insekten gibt es seit ungefähr 410 Millionen Jahren. Im Erdzeitalter von 355 bis 290 Millionen Jahren wuchsen mächtige sumpfige Wälder, aus deren Resten sich die heutigen Steinkohlevorkommen bildeten. Säugetiere gibt es seit etwa 200 Millionen Jahren auf der Erde. Die ersten Vertreter dieser Gruppe von Lebewesen waren so groß wie eine Maus. Ungefähr siebzig Millionen Jahre nach den ersten Säugetieren tauchten die ersten **Blütenpflanzen** auf. Vor 65 Millionen Jahren starben die Dinosaurier und viele andere Tierarten aus. Danach breiteten sich die Säugetiere über die Erde aus. Erst vor etwa zwei Millionen Jahren begann der Mensch die Erde zu besiedeln.

1 Zeitleiste. Zeichne in dein Heft eine Linie (entspricht der Zeitleiste), die die Zeit vom Beginn des Kambriums bis zum Ende des Quartärs darstellt. Maßstab: 2 Millionen Jahre entsprechen 1mm (Abb.2).
a) Markiere auf dieser Zeitleiste die einzelnen Erdzeitalter in ihrer zeitlichen Ausdehnung und beschrifte sie.
b) Trage die auf der Grundwissenseite beschriebenen „Stationen des Lebens" in die Zeitleiste ein.

```
         Ordovizium
    510            435
         Urfische
```

c) Wie lang wäre deine Zeitleiste, wenn du das Präkambrium im gleichen Maßstab anfügen würdest?
d) Messt eine entsprechend lange Schnur ab. Markiert das Ende jedes Erdzeitalters mit einem farbigen Klebeband und hängt die Schnur in der Klasse auf.

2 Zeitspannen. Ordne zu. Schreibe die jeweiligen Paare in dein Heft.

4,8 Mrd. Jahre	so lange gibt es den Menschen
2 Mio. Jahre	Alter des Lebens auf der Erde
500 Mio. Jahre	Höchstalter einer Eiche
1300 Jahre	so lange gibt es die Wirbeltiere
Höchstalter eines Wals	3,8 Mrd. Jahre
so lange braucht das Licht für 300 000 km	1 Jahr
Dauer eines Erdumlaufs um die Sonne	1 Tag
Dauer einer Erdumdrehung	1 sec
100 Jahre	Alter der Erde

3 Veränderliche Erdoberfläche. Während der Erdgeschichte veränderte sich auch die Gestalt der Erdoberfläche (Abb. 3). Beschreibe die Veränderung der Verteilung von Land und Meer.

4 Zukunft des Lebens auf der Erde. Die Lebewesen der Erde haben sich im Laufe langer Zeiträume geändert. Manche Arten sind ausgestorben, neue hinzugekommen.
Diskutiert Vermutungen darüber, ob sich auch in Zukunft (zum Beispiel in zehn, fünfzig oder hundert Millionen Jahren) die Lebewesen der Erde verändern werden.

5 Erschließungsfeld „Stammesgeschichte". Informiere dich in diesem Buch auf der Methodenseite „Erschließungsfelder", was man unter Stammesgeschichte versteht. Erläutere dann folgende Aussage: „Jeder heute lebende Organismus hat eine Millionen und Abermillionen Jahre dauernde Geschichte."

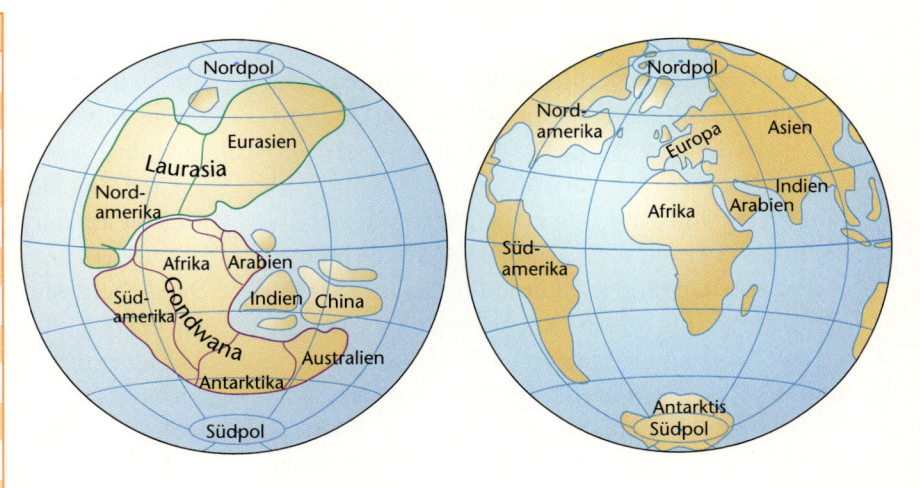

Erdzeitalter	Mio. Jahren
Quartär	1,6 – heute
Tertiär	65 – 1,6
Kreide	135 – 65
Jura	205 – 135
Trias	250 – 205
Perm	290 – 250
Karbon	355 – 290
Devon	410 – 355
Silur	435 – 410
Ordovizium	510 – 435
Kambrium	570 – 510
Präkambrium	4800 – 570

2 Erdzeitalter

3 Die Erdoberfläche vor 250 Millionen Jahren (links) und heute (rechts)

Methode

Lernen und Hausaufgaben

1. Hausaufgaben aufschreiben?
Ich notiere mir meine Hausaufgaben
(a) in ein Hausaufgabenheft,
(b) auf einem losen Zettel,
(c) in das Heft des jeweiligen Faches;
(d) ich behalte die Aufgaben im Kopf.

2. Wann erledige ich die Hausaufgaben?
Ich erledige die Hausaufgaben
(a) sofort nach dem Mittagessen,
(b) nach 30 Minuten Pause nach dem Mittagessen,
(c) am späten Nachmittag,
(d) am Abend,
(e) zu verschiedenen Zeitpunkten, je nachdem welche anderen Termine ich habe.

3. Wo erledige ich die Hausaufgaben?
Die Hausaufgaben mache ich
(a) meistens am Küchentisch,
(b) meistens am Wohnzimmertisch,
(c) meistens an meinem Schreibtisch.

4. Allein oder mit Eltern, Geschwistern, Freunden?
Meine Hausaufgabe mache ich
(a) fast immer alleine,
(b) manchmal mit meinen Eltern oder Geschwistern,
(c) manchmal mit Freunden.

5. Reihenfolge der Hausaufgaben?
(a) Ich habe keine bestimmte Reihenfolge.
(b) Ich mache erst schwere, dann leichte Aufgaben,
(c) erst die leichten, dann die schweren Aufgaben,
(d) ich wechsele mündliche mit schriftlichen Hausaufgaben ab.

6. Musik bei den Hausaufgaben?
Bei den Hausaufgaben
(a) höre ich nie Musik,
(b) fast immer Musik,
(c) manchmal Musik,
(d) ganz selten Musik.

7. Mit oder ohne Pausen?
Bei den Hausaufgaben mache ich
(a) nach jeder einzelnen Hausaufgabe eine Pause,
(b) manchmal eine Pause,
(c) nie eine Pause.

8. Belohnung für erledigte Hausaufgaben?
Nach den Hausaufgaben belohne ich mich
(a) mit ein paar Süßigkeiten,
(b) mit einem Telefonat mit Freunden,
(c) indem ich nach draußen zum Spielen gehe,
(d) mit ein bisschen Fernsehen;
(e) ich belohne mich nicht auf besondere Weise.

1 *Wie mache ich meine Hausaufgaben?*

In jedem Augenblick werden Informationen von den Sinnesorganen eines Menschen zum Gehirn übermittelt. Man spricht von **Gedächtnis**, wenn Informationen im Gehirn gespeichert werden und von dort wieder abgerufen werden können. Beim **Lernen** werden neue Informationen im Gedächtnis gespeichert.

Eine Reihe von Faktoren begünstigen oder beeinträchtigen Lernen und Gedächtnis. Wenn Interesse und gute Gefühle das Lernen begleiten, verläuft die Speicherung besser. Auch wenn mit einer gewissen Anstrengung gelernt und wiederholt wird, kann dies die Gedächtnisleistung verbessern. Wiederholungen helfen mit, das Gelernte nicht so schnell zu vergessen. Auch das Verknüpfen von neuen Informationen und vorhandenem Wissen erleichtert das Lernen.

Hausaufgaben dienen dazu, das in der Schule Gelernte zu üben, zu vertiefen, zu erweitern oder die nächste Stunde vorzubereiten. Zu einer guten Organisation der Hausaufgaben gehört, dass die Zeit außerhalb der Schule für den Tag und für einige Tage im Voraus bedacht wird. Ein Hausaufgabenheft und eine Wochenplanung können helfen, die Zeit sinnvoll zwischen Hausaufgaben und Freizeit aufzuteilen.

Der Arbeitsplatz zu Hause sollte einige Bedingungen erfüllen, damit die Hausaufgaben leicht fallen. Es ist ziemlich nervig, wenn man auf dem Schreibtisch zwischen Stapeln von Papier, leeren Joghurtbechern, Gläsern, CDs, Playstation, Walkman, Spielzeug und Zeitschriften nach Unterlagen suchen muss. Der Arbeitsplatz sollte es ermöglichen, in Ruhe und frei von Ablenkungen zu arbeiten.

Methode

1 Verknüpfungen helfen dem Gedächtnis. Im Gehirn wird etwas Neues besser gespeichert, wenn es mit schon vorhandenen Informationen verknüpft wird. Beim Lernen kann man Verknüpfungen herstellen, indem man:
• in Gedanken Verknüpfungen und Zusammenhänge herstellt,
• den Lernstoff bebildert und Zeichnungen anfertigt,
• verwandte Begriffe notiert.
Veranschauliche diese Gesichtspunkte am Beispiel folgender Aussage: „Säugetiere haben ein Fell aus Haaren und sind gleichwarm."

Aufgaben mit Musik									Aufgaben ohne Musik								
12	X	4	+	12	-	14	=	46	12	X	4	+	12	-	14	=	46
23	X	3	-	21	+	11	=	59	23	X	3	-	21	+	11	=	59
14	X	6	-	13	-	15	=	56	14	X	6	-	13	-	15	=	56
8	X	9	+	16	-	19	=	78	8	X	9	+	16	-	19	=	69
11	X	5	+	16	+	19	=	90	11	X	5	+	16	+	19	=	90
18	X	3	+	15	-	13	=	56	18	X	3	+	15	-	13	=	56
5	X	8	-	23	+	8	=	25	5	X	8	-	23	+	8	=	25
25	X	3	+	13	-	26	=	62	25	X	3	+	13	-	26	=	62
13	X	7	-	11	-	10	=	80	13	X	7	-	11	-	10	=	70
26	X	3	-	16	+	20	=	64	26	X	3	-	16	+	20	=	82
17	X	4	-	24	+	14	=	58	17	X	4	-	24	+	14	=	58
6	X	15	+	3	-	33	=	60	6	X	15	+	3	-	33	=	60
14	X	2	-	2	+	20	=	46	14	X	2	-	2	+	20	=	46
21	X	4	+	16	-	10	=	89	21	X	4	+	16	-	10	=	89
10	X	6	-	6	-	15	=	39	10	X	6	-	6	-	15	=	39
18	X	3	+	21	-	15	=	60	18	X	3	+	21	-	15	=	60
19	X	3	+	21	+	15	=	63	19	X	3	+	21	+	15	=	93
7	X	7	-	23	-	7	=	19	7	X	7	-	23	-	7	=	19
12	X	4	+	12	+	14	=	74	12	X	4	+	12	+	14	=	74
16	X	2	-	20	+	15	=	27	16	X	2	-	20	+	15	=	27
4	X	17	-	24	+	14	=	58	4	X	17	-	24	+	14	=	58
29	X	2	-	29	-	11	=	18	29	X	2	-	29	-	11	=	40
15	X	3	+	15	+	15	=	75	15	X	3	+	15	+	15	=	75
15	X	3	-	15	-	13	=	17	15	X	3	-	15	-	13	=	17
4	X	13	+	15	+	16	=	83	4	X	13	+	15	+	16	=	83

2 Rechenaufgaben mit und ohne Musik gerechnet

2 Wie sollen die Hausaufgaben gemacht werden? Lies den Text in Abbildung 1. Zu jeder Frage sind verschiedene Alternativen angegeben.
a) Schreibe auf, wie du deine Hausaufgaben in der Regel machst. Benutze dazu die Kombination aus Ziffern und Buchstaben aus Abbildung 1.
b) Welche Veränderungen wären sinnvoll? Diskutiert über verschiedene Alternativen und nenne Argumente für oder gegen die jeweilige Alternative.

3 Hausaufgaben mit oder ohne Musik? Eine Schülerin hat im Abstand von einer Woche die gleichen Rechenaufgaben gerechnet, einmal mit, einmal ohne Musik. Werte den Rechentest in Abbildung 2 aus. Begründe, ob sich das Ergebnis verallgemeinern lässt oder nicht.

4 Wiederholungen gegen das Vergessen. Die Kurven in Abbildung 3 zeigen, wie Vokabeln behalten wurden, mit und ohne Wiederholungen. Werte die Abbildung 3 aus und formuliere einen Merksatz über die Bedeutung von Wiederholungen.

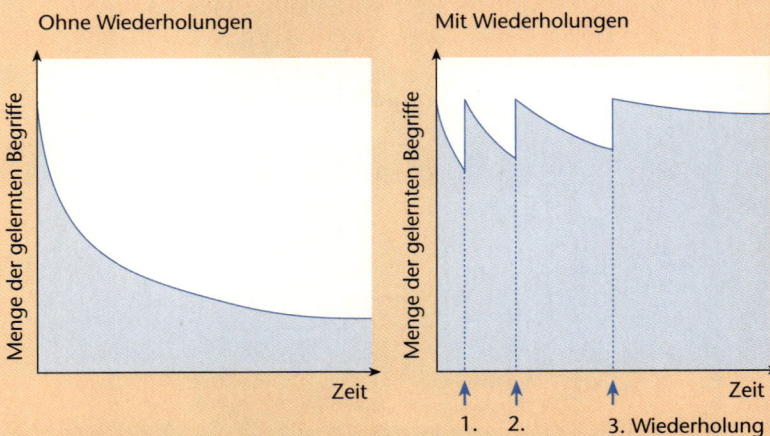

3 Vokabellernen mit und ohne Wiederholungen

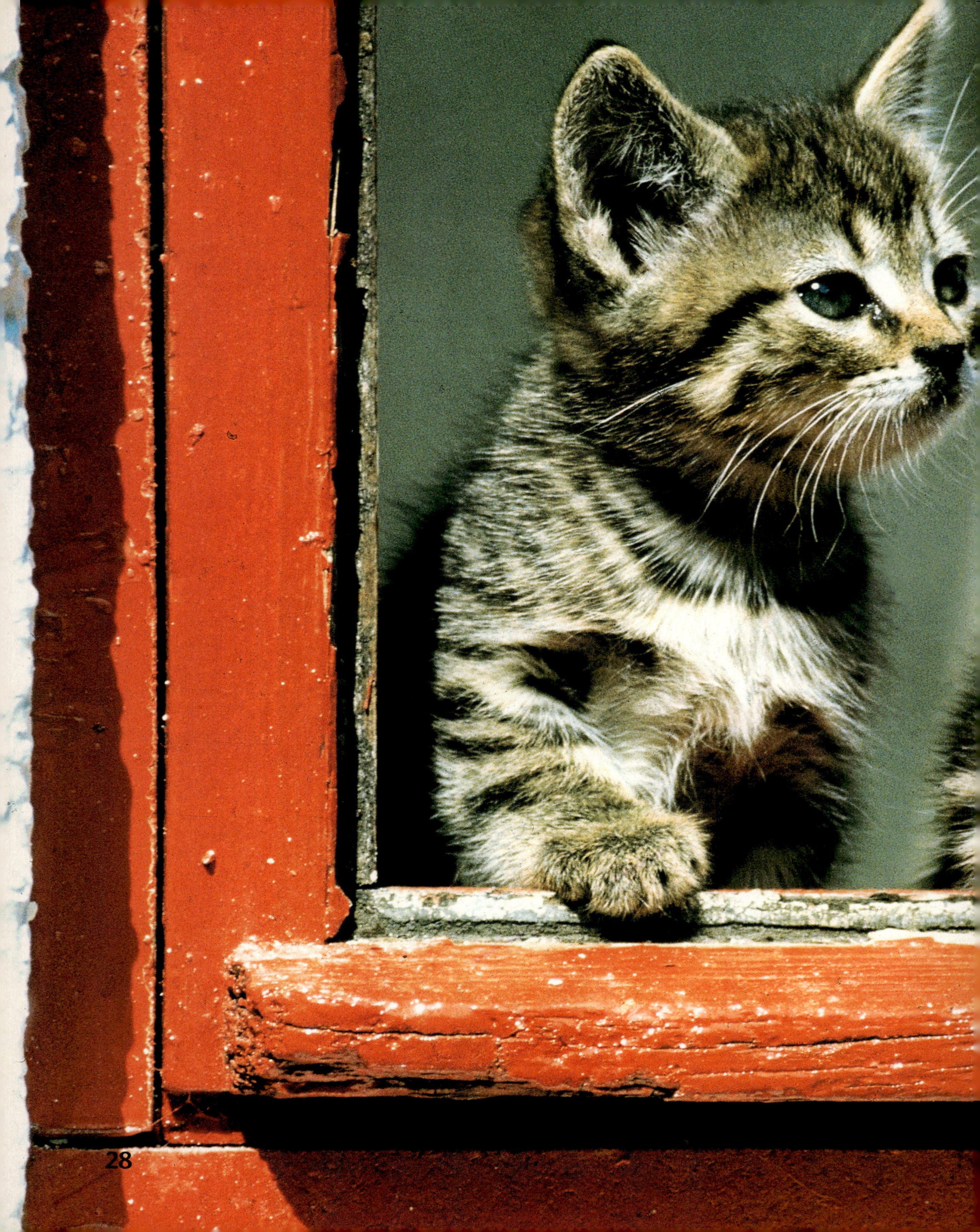

Körperbau und Lebensweise von Säugetieren

2 Angepasstheiten von Säugetieren an den Lebensraum

2.1 Lebensräume in der Umgebung

1 Verschiedene Lebensräume für Tiere und Pflanzen

In Städten, Dörfern und Siedlungen leben nicht nur Menschen, sondern auch verschiedene Tiere und Pflanzen. Boden, Luft und Wasser sind Lebensgrundlage auch für diese Lebewesen. Tiere und Pflanzen haben dort ihren **Lebensraum**. Darunter versteht man ein bestimmtes Gebiet, in dem Lebewesen dauerhaft vorkommen. Gärten, Hecken, Innenstädte, Ackerland, Wiesen, oder Feuchtgebiete sind Beispiele für Lebensräume. Ein Fachwort für Lebensraum ist das **Biotop**.

Die Vertreter der Tier- und Pflanzenarten, die gemeinsam in einem Lebensraum vorkommen, bilden eine **Lebensgemeinschaft**. Zum Beispiel gehören alle Tiere und Pflanzen einer Wiese zu einer Lebensgemeinschaft. Entsprechend wird von der Lebensgemeinschaft eines Waldes, eines Sees oder einer Hecke gesprochen.

Man kann Lebensräume nach verschiedenen Gesichtspunkten unterscheiden. Ihre **Größe** reicht von einem kleinen Stück Mauer bis hin zu einem viele Quadratkilometer großen Wald. Lebensräume unterscheiden sich auch in der **Vielfalt der Arten**. Man nennt solche Lebensräume, in denen viele verschiedene Arten vorkommen, artenreich. Kommen nur wenige Arten vor, ist der Lebensraum artenarm. Ein Rasen ist ein Beispiel für einen artenarmen Lebensraum. Eine Wiese ist dagegen viel artenreicher. Auch der **Einfluss des Menschen** ist in verschiedenen Lebensräumen unterschiedlich. Zum Beispiel wird ein Rasen, der im Sommer wöchentlich gemäht wird, stark vom Menschen beeinflusst.

1 Lebensräume benennen.
a) Benenne die Lebensräume in Abbildung 1 mithilfe der Angaben in Abbildung 2.
b) Ordne die Lebensräume in Abbildung 1 nach ihrer Artenvielfalt, so wie du sie schätzt (mit Noten von 1 bis 6. 1 bedeutet sehr artenreich, 6 bedeutet sehr artenarm). Diskutiert über eure Einschätzungen.

2 Lebensräume im Umfeld der Schule. Fertige auf einem Zeichenblatt im DIN A4-Format eine Skizze deiner Schule und ihrer Umgebung von oben betrachtet. Zeichne in die Skizze verschiedene Lebensräume ein. Benutze dazu auch Abbildung 2. Möglicherweise musst du die Angaben der Abbildung ergänzen. Vergleiche deine Skizze mit der deiner Mitschüler und Mitschülerinnen.

3 Menschen verändern Lebensräume. Abbildung 3 zeigt dasselbe Gebiet im Jahre 1950 und im Jahr 2000. Beschreibe die Unterschiede zwischen 1950 und 2000. Welche Ursachen liegen den Veränderungen zugrunde?

Acker: Landwirtschaftliche Nutzfläche.
Bäume, Einzelbäume: Besonders große, ältere Bäume sind Lebensraum für viele verschiedene Lebewesen.
Brache, Ödland: Nicht genutzte Fläche, die sich selbst überlassen bleibt. Manchmal sagt man auch Ruderalfläche dazu.
Feldgehölz: Kleine Waldinsel inmitten von landwirtschaftlichen Flächen.
Feuchtgebiet: Bereich, den man die meiste Zeit des Jahres nicht oder nur mit Gummistiefeln betreten kann, z. B. nasse Wiesen oder der Uferbereich von Flüssen.
Garten: Der Bereich, in dem jeder Einzelne am meisten für die Natur tun kann.
Grüne Fassaden: Mit Kletterpflanzen begrünte Gebäudewände.
Grünanlagen: Von Menschen angelegte Flächen mit Pflanzen innerhalb von Ortschaften. Dazu gehören Parks, Alleen, Baumgruppen, Spielwiesen.
Gewässer: Stehende Gewässer, z. B. ein See (meist über zwei Meter tief), ein Teich (von Menschen angelegt, bis zwei Meter tief), Tümpel (natürliches Gewässer, das zeitweilig austrocknet), Weiher (natürliches Gewässer, bis zu zwei Meter Tiefe) und fließende Gewässer, wie z. B. ein Bach (bis zu fünf Meter breit) oder ein Fluss (mehr als fünf Meter breit).
Hecken: Zur Begrenzung von Feldern, Gärten, Nutzflächen und Straßen, mit verschiedenen Sträuchern angelegt.
Natursteinmauer: Mauer, die ohne Zement mit Natursteinen errichtet wurde.
Pfütze: Nur zeitweilig vorhandener Wasserlebensraum.
Pflaster: Stark betretener Bereich mit bestimmten Pflanzen in Pflasterritzen.
Rasen: Eine von Menschen angelegte Grünanlage. Sie besteht fast ausschließlich aus Gräsern und muss gemäht, gewässert und gedüngt werden.
Wiese: Grünland, das jährlich ein- bis dreimal gemäht wird.
Weide: Grünland, das vorwiegend von Vieh genutzt wird.
Wald: Als Laubwald (z. B. Buchenwald), als Nadelwald (z. B. Fichtenwald) oder als Mischwald (Laub- und Nadelhölzer) vorkommend.

2 Auswahl verschiedener Lebensräume, alphabetisch geordnet

3 Lebensräume verändern sich

Arbeitsmaterial

2.2 Lebensräume im Verlauf der Jahreszeiten

1 *Veränderungen einer Landschaft im Verlauf der Jahreszeiten*

Licht, Wärme und Kälte sowie die Tageslänge im Jahreslauf haben Auswirkungen auf Tiere und Pflanzen.

Wenn die Tage zum Ende des Winters und im Frühjahr länger werden, beginnen viele Vögel mit ihrem morgendlichen Gesang. Das **Frühjahr** ist die Zeit, in der sich viele einheimische Tiere paaren und fortpflanzen.

Die meisten Pflanzen bei uns wachsen und blühen im Frühjahr und **Sommer**.

Im **Herbst**, wenn die Tage kürzer werden und erste Fröste auftreten, werfen viele Bäume ihre Blätter ab.

Im **Winter** können Pflanzen bei gefrorenem Boden nur schlecht Wasser und Mineralsalze aufnehmen.

Für eine ganze Reihe von Tieren wird das Nahrungsangebot im Winter knapp. Manche überdauern die kalte Jahreszeit als Winterschläfer, andere in Winterruhe und manche in Winterstarre. Zugvögel ziehen im Herbst, wenn die Tage länger werden, in den Süden. Im Winter finden sie bei uns kaum Nahrung.

1 Lebensräume im Jahreslauf.
a) Die Abbildungen auf diesen Seiten zeigen dieselbe Landschaft zu verschiedenen Zeiten im Jahr. Welche Lebensräume erkennst du in Abbildung 1a? Benenne sie.
b) Bringe die Abbildungen 1a bis 1i in die richtige Reihenfolge. Beginne mit 1c (Winter). Begründe die von dir gewählte Reihenfolge. Beachte dabei bestimmte Einzelheiten in den Abbildungen.

2 Lebensräume in der Umgebung der Schule im Jahreslauf. Wähle aus den Lebensräumen in der Umgebung der Schule einen aus. Beschreibe die Veränderungen dieses Lebensraumes im Jahreslauf.

33

Arbeitsmaterial

2.3 Tiere in Kälte und Wärme

1 *Eisbären*

2 *Afrikanischer Elefant*

Eisbären bewohnen das Treibeis des Nordpolarmeeres und die umgebenden arktischen Küstenregionen Kanadas, Grönlands und Russlands (Abb. 1). Sie sind gleich warme Lebewesen, die ihre Körpertemperatur weitgehend konstant halten. Durch die kalten Außentemperaturen seines Lebensraumes besteht die Gefahr einer hohen Wärmeabgabe seines Körpers. Um diese Wärmeverluste auszugleichen, müssten Eisbären sehr viel Energie durch die Nahrung aufnehmen. Die Wärme des Körperkerns wird durch eine dicke Fettschicht und ein dichtes Fell von den kalten Außentemperaturen isoliert. Unter dem gelblichweißen Fell befindet sich eine schwarze Haut. Das helle Fell lässt die Sonnenstrahlen direkt zur dunklen Haut durchdringen. Die dunkle Haut nimmt das Sonnenlicht auf und wandelt es in Wärme um. Die dunkle Haut stellt zusammen mit der dicken Fettschicht einen perfekten Wärmespeicher dar. Das helle Fell ist in der hellen Umgebung aus Eis und Schnee eine ideale Tarnung und erlaubt einen erfolgreichen Beutefang zum Beispiel von Robben. Bei starken Anstrengungen wärmt sich der Körper des Eisbären auf. Die überschüssige Wärme wird vor allem durch die kaum behaarte Schnauze und Nase des Eisbären abgegeben.

Den Winter verbringen Eisbären oft schlafend zusammengerollt in Schneehöhlen. Durch das Zusammenrollen verkleinern sie ihre Körperoberfläche, so dass nur noch wenig Wärme an die Luft abgegeben wird.

Der Afrikanische Elefant lebt in heißen Zonen der Erde (Abb. 2). Auch er ist ein gleich warmes Säugetier. Die Lufttemperatur seines Lebensraumes ist häufig höher als seine Körpertemperatur. Die im Körper freigesetzte Wärme kann er dann nur schwer über die Haut abgeben. Viele Säugetiere besitzen in der Haut Drüsen, die Schweiß absondern. Wenn der Schweiß verdunstet, wird der Haut Wärme entzogen und der Körper kühlt ab. Der afrikanische Elefant weist in seiner Haut keine Schweißdrüsen auf. Vor allem bei körperlicher Anstrengung und hoher Außentemperatur ist er daher in ständiger Gefahr der Überhitzung. Der Elefant besitzt zwei riesige, bis zu zwei Quadratmeter große Ohren. Bei großer Hitze oder körperlicher Anstrengung fächelt er ständig damit. Die Ohren sind mit einem dichten Netz von Blutgefäßen durchzogen, in welchem das Blut mit hoher Geschwindigkeit dicht unter der Hautoberfläche fließt. Sobald der Elefant mit den Ohren fächelt, kühlt sich das Blut in den Blutgefäßen um bis zu fünf Grad Celsius ab. Das Blut fließt dann zurück in den Körper. Dort nimmt es wieder Wärme auf, die schließlich wieder über die Ohren abgegeben wird.

Angepasstheit, Regulation

Grundwissen

1 Regulation der Körpertemperatur. Beschreibe mithilfe der Abbildung 3, wie der Eisbär seine Körpertemperatur aufrechterhält.

2 Weißes Fell – Vorteil oder Nachteil? Dunkle Gegenstände nehmen mehr Wärmestrahlung auf als helle. Trotzdem hat der Schneehase, der in einem kalten Klima lebt, ein weißes Fell (Abb. 4). Begründe diese Angepasstheit.

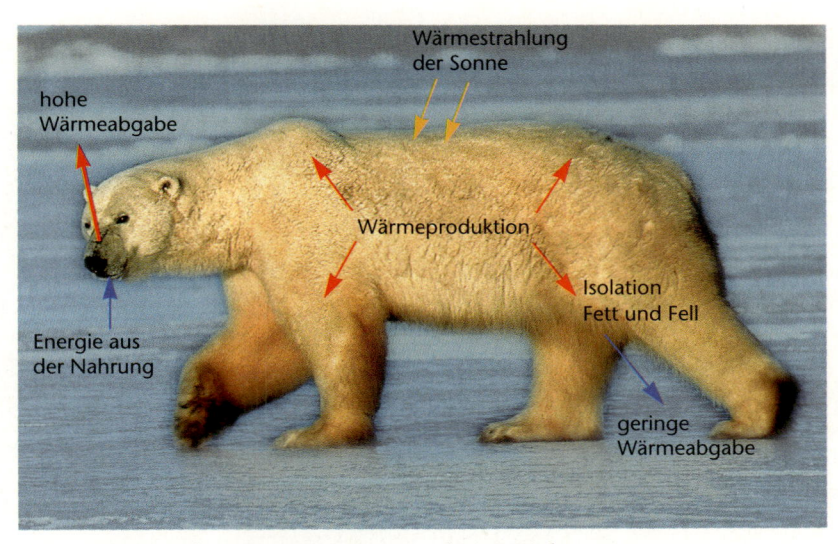

3 Regulation der Körpertemperatur beim Eisbären
(Beschriftungen: hohe Wärmeabgabe; Wärmestrahlung der Sonne; Wärmeproduktion; Isolation Fett und Fell; geringe Wärmeabgabe; Energie aus der Nahrung)

4 Schneehasen

3 Schutz vor Wärmeverlust. Werte den Zeitungsartikel aus (Abb. 5). Begründe das Überleben des Mannes mithilfe des Grundwissentextes.

4 Tiere sind nicht überall behaart. Welche biologische Bedeutung haben bei landlebenden Säugetieren Flächen ohne Fell oder mit nur geringer Behaarung, wie z. B. Hand- und Fußflächen, Bauchunterseite und Gesicht?

5 Ohrgrößen von Fuchsarten. In Abbildung 6 sind die Lebensräume verschiedener Fuchsarten dargestellt. Ermittle die Lebensbedingungen ihrer Lebensräume hinsichtlich der Durchschnittstemperatur. Beschreibe die Ohren der verschiedenen Fuchsarten. Was fällt auf? Stelle dies als besonderen Angepasstheiten in einem Text dar.

Martyrium im Alpen-Schnee

Oberstdorf. Vier Tage und vier Nächte hat ein 30-jähriger Mann bei eisiger Kälte im Schnee der Allgäuer Alpen überlebt – nach Ansicht der Polizei dank seiner optimalen Ausrüstung. Der Mann hatte einen Schlafsack dabei. „Er hat sich im Schnee eingekugelt und dadurch überlebt", sagte ein Polizeisprecher. In dem unzugänglichen Gebiet herrschten nachts Temperaturen von -20 °C.

5 Zeitungsausschnitt

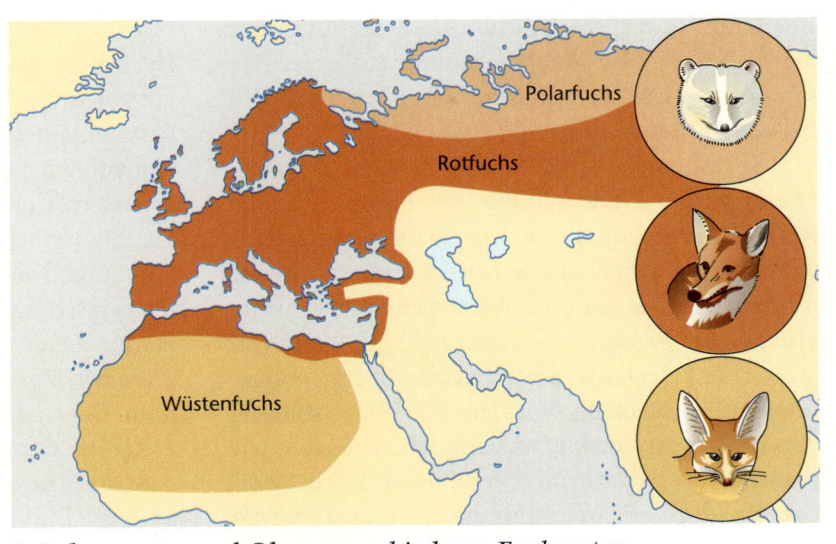

6 Lebensraum und Ohren verschiedener Fuchsarten (Polarfuchs, Rotfuchs, Wüstenfuchs)

Arbeitsmaterial

2.4 Regelung der Körpertemperatur bei gleichwarmen Tieren

1 *Schwäne im Sommer*

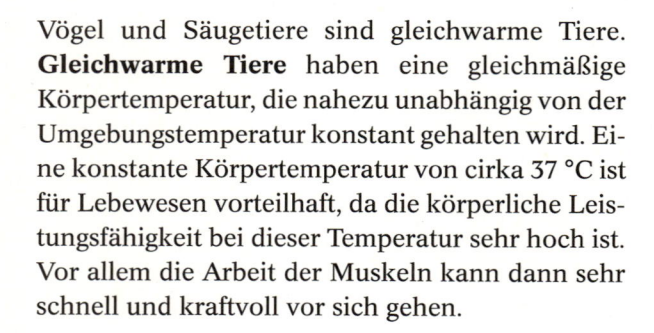

2 *Schwäne im Winter*

Vögel und Säugetiere sind gleichwarme Tiere. **Gleichwarme Tiere** haben eine gleichmäßige Körpertemperatur, die nahezu unabhängig von der Umgebungstemperatur konstant gehalten wird. Eine konstante Körpertemperatur von cirka 37 °C ist für Lebewesen vorteilhaft, da die körperliche Leistungsfähigkeit bei dieser Temperatur sehr hoch ist. Vor allem die Arbeit der Muskeln kann dann sehr schnell und kraftvoll vor sich gehen.

Ein gleichwarmes Tier wie der Schwan weist im Winter wie im Sommer immer die gleiche Körpertemperatur auf (Abb. 1, 2). Allerdings gilt dies lediglich für das als "Körperkern" bezeichnete Körperinnere. Hierzu gehören die Organe wie Niere, Leber, Herz, Darm und Gehirn. Die äußeren Bereiche des Körpers wie die Beine gehören zur Körperschale. Die Temperatur der Körperschale schwankt auch bei gleichwarmen Tieren mit der Umgebungstemperatur.

Gleichwarme Tiere müssen viel Energie für die Aufrechterhaltung ihrer Körpertemperatur aufwenden. Die gleichmäßige Körpertemperatur wird durch die Freisetzung von Wärme aus der Nahrung und aus der Bewegung der Muskeln gesichert. Ein großer Teil der von gleichwarmen Tieren aufgenommenen Nahrung wird für die Bereitstellung von Wärme genutzt. Sie brauchen daher auch mehr Nahrung als gleich große Tiere, deren Körpertemperatur von der Umgebungstemperatur abhängig ist.

Bei kalten Temperaturen kann durch die Haut sehr viel Wärme nach außen transportiert werden. Gleichwarme Tiere besitzen Fell oder Federn als Isolierung, die vor zu großen Wärmeverlusten schützen. Bei Vögeln und Säugetieren wird dies besonders durch den Einschluss einer Luftschicht unter und in den Federn beziehungsweise dem Fell erreicht. Luft ist ein schlechter Wärmeleiter und überträgt die Wärme des Körpers nur in geringem Maße nach außen. Säugetiere sowie manche Vögel besitzen zusätzlich eine isolierende Fettschicht. Auch Fett ist ein schlechter Wärmeleiter. Das Blut transportiert die Wärme im Körper. Bei Kälte können die Tiere die Blutgefäße unter der Haut verengen, so dass dort nur wenig Blut fließt und somit wenig Wärme nach außen abgegeben wird.

Bei hohen Außentemperaturen oder bei körperlichen Anstrengungen steigt die Temperatur des Körpers an. Überschüssige Wärme muss nach außen abgeführt werden. Die Blutgefäße unter der Haut erweitern sich und es fließt mehr Blut hindurch. Das Blut gibt die überschüssige Wärme durch die Haut nach außen ab. Menschen können unter diesen Bedingungen Schweiß abgeben, der schnell verdunstet. Dabei kühlt der Körper ab. Manche Tiere wie Hunde und Vögel hecheln. Sie öffnen das Maul oder den Schnabel und atmen sehr schnell. Auch bei diesem Vorgang verdunstet Wasser, sodass der Körper abgekühlt.

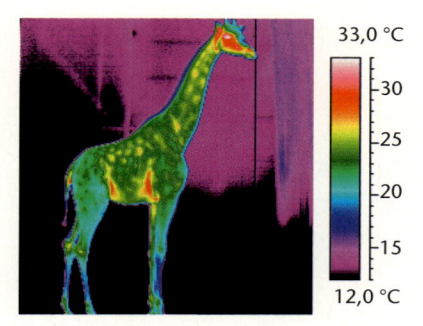

3 *Wärmebild einer Giraffe bei 25 °C*

4 *Körpertemperatur eines Schlittenhundes bei -30 °C*

1 Wärmebild einer Giraffe. Beschreibe das Wärmebild in Abbildung 3. Verwende die Fachausdrücke der Grundwissenseite. Vergleiche mit den Körpertemperaturen eines Schlittenhundes (Abb. 4). Welche Gemeinsamkeiten stellst du fest?

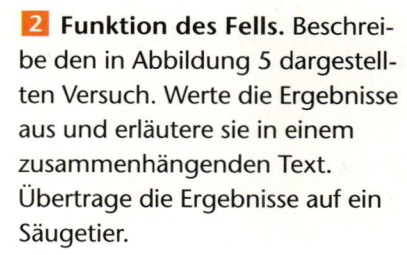

2 Funktion des Fells. Beschreibe den in Abbildung 5 dargestellten Versuch. Werte die Ergebnisse aus und erläutere sie in einem zusammenhängenden Text. Übertrage die Ergebnisse auf ein Säugetier.

3 Vogelsterben. Nach Unfällen mit Öltankern kommt es häufig zu einem Massensterben von ölverschmierten Seevögeln (Abb. 6). Öl verklebt das Gefieder und alle Hohlräume zwischen den Federn. Beschreibe die Folgen mithilfe des Grundwissentextes.

6 *Ölverschmierter Seevogel*

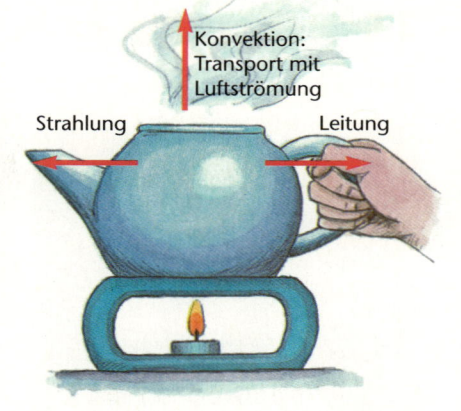

7 *Ausbreitung von Wärmeenergie*

4 Haut und Wärmeabgabe. Es gibt drei Formen des Wärmetransportes (Abb. 7): Bei der Leitung wird die Wärme direkt an einen anderen Stoff weitergegeben, in der Abbildung an die Hand. Wenn kalte Luft an einem warmen Körper vorbei streicht, nimmt sie Wärme mit. Das nennt man Konvektion. Bei der Wärmestrahlung wird Wärme abgestrahlt. Beschreibe Abbildung 8. Erläutere dabei, wie die Wärmeabgabe vermindert wird. Verwende die richtigen Fachbegriffe.

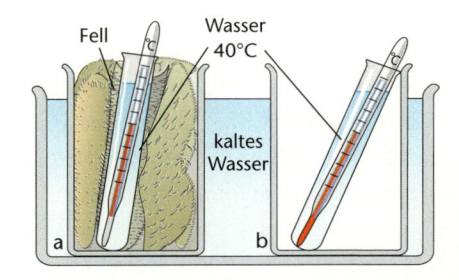

Zeit	Reagenzglas a	Reagenzglas b
Beginn	40 °C	40 °C
nach 1 min	38 °C	32 °C
nach 2 min	31 °C	23 °C
nach 3 min	25 °C	17 °C

5 *Versuchsergebnisse*

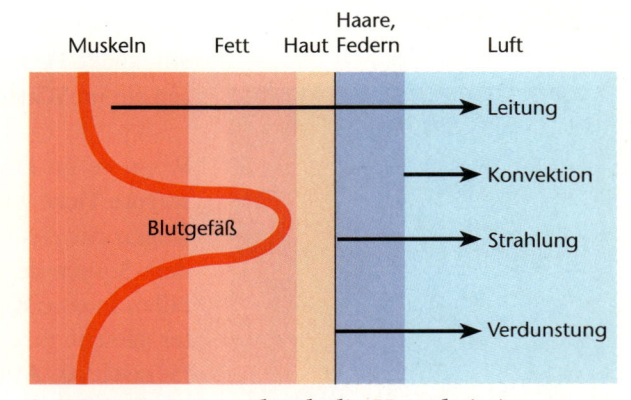

8 *Wärmetransport durch die Haut bei einem gleichwarmen Tier*

Arbeitsmaterial

2.5 Tiere sind an die Lebensbedingungen im Winter angepasst

1 Fledermaus im Winterschlaf

2 Eichhörnchen mit Kobel

3 Winteraktives Reh

4 Eidechsen in Kältestarre

Für alle **gleichwarmen Tiere** stellt sich im Winter das Problem, bei sinkenden Außentemperaturen die Körpertemperatur konstant zu halten. Gleichwarme Tiere benötigen die Energie aus der Nahrung auch zur Erwärmung ihres Körpers. Im Winter wird Nahrungsmangel daher zu einem besonderen Problem. Die bei uns lebenden Tiere reagieren auf die andersartigen Umweltbedingungen und verändern ihre Lebensweise. Sie haben eine **Überlebensstrategie** entwickelt. Unter einer Überlebensstrategie versteht man Angepasstheiten von Lebewesen an ungünstige Umweltbedingungen.

Eine verbreitete Überlebensstrategie besteht darin, im Winter in wärmere Gebiete mit genügend Nahrung auszuweichen. Das tun zum Beispiel die Zugvögel. Sie fliegen rechtzeitig vor Beginn der kalten Jahreszeit in wärmere Gebiete. Viele gleichwarme Tiere verbringen die Wintermonate im Winterschlaf oder in Winterruhe. Dadurch sparen sie Energie. Im **Winterschlaf** ziehen sich die Tiere, zum Beispiel die Fledermaus, an geschützte Orte zurück (Abb. 1). Die Atmung ist während des Winterschlafs stark verlangsamt. Die Körpertemperatur sinkt auf Werte zwischen plus fünf Grad Celsius und null Grad. Auf diese Weise wird Energie gespart. Sinkt die Temperatur des Körpers auf einen Wert, der lebensbedrohlich ist, erwachen die Tiere. Sie stellen die dafür notwendige Energie aus den vor dem Winter angefressenen Fettreserven bereit.

Das Eichhörnchen zieht sich während des Winters in seinen Kobel zurück und fällt in einen tiefen, ruhigen Schlaf (Abb. 2). Beim Eichhörnchen verändert sich weder die Körpertemperatur noch die Atmung. Die Tiere stellen Energie aus zuvor angefressenen Fettreserven bereit oder sie erwachen für kurze Zeit, um sich von gesammelten Nahrungsvorräten zu ernähren (Abb. 2). Diese Form der Überwinterung nennt man **Winterruhe**. Andere gleichwarme Tierarten wie die Rehe sind im **Winter aktiv** (Abb. 3). Sie fressen sich im Herbst eine dicke Fettschicht an und bekommen ein dichtes Fell. Häufig fressen sie im Winter anderes Futter als im Sommer.

Wenn es im Herbst zunehmend kälter wird, können sich **wechselwarme Tiere** wie Eidechsen oder Frösche nur noch sehr langsam bewegen. Sie ziehen sich in frostsichere Verstecke im Boden zurück. Mit dem Sinken der Temperatur werden sie völlig bewegungsunfähig. Sie fallen in eine **Kältestarre** (Abb. 4). Während der Kältestarre im Winter gleicht ihre Körpertemperatur der Temperatur der Umgebung. Herzschlag, Atmung und Stoffwechsel sind stark herabgesetzt. Bei starkem Frost können die Tiere erfrieren. Die im Herbst aufgesuchten Verstecke müssen daher besonders geschützt sein.

Angepasstheit, Regulation

Grundwissen

1 Überwinterungsstrategien von Tieren. Ordne die Tiere in Abbildung 5 einer Überwinterungsstrategie zu. Begründe deine Entscheidung.

Murmeltier
Vor dem Winter legen sie sich dicke Fettpolster zu. Ab Oktober bleiben sie in ihrem etwa zwei Meter unter der Erde liegenden Bau. Er ist mit Gras isoliert und wird selten kühler als fünf Grad Celsius. Die Körpertemperatur fällt von 39 auf sieben bis neun Grad Celsius. Die Atmung ist auf ein Minimum reduziert. Etwa alle zwölf Tage werden sie aktiv.

Saatgans
Sie brütet in der Tundra im hohen Norden. Von September bis März kann man sie in Norddeutschland finden.

Erdkröte
Wird es im Herbst kälter, bewegt sie sich langsamer. Sie verkriecht sich in der Erde oder im Schlamm der Laichgewässer. Hier überdauert sie die kalte Jahreszeit regungslos.

Fuchs
Er frisst sich im Herbst eine dicke Fettschicht an. Außerdem wächst ihm ein dickes Fell, das ihn gegen Kälte schützen.

Kohlmeise
Im Winter fressen sie Samen, Nüsse oder Beeren anstatt Würmer und Schnecken. Sie müssen morgens nach dem Aufwachen schnell Futter finden. Haben Meisen nur einen halben Tag nichts zu fressen, verhungern sie.

Temperatur in °C	Atemzüge pro Minute
0	0
5	0
10	1
15	5
20	11
25	31
30	88

5 Überwinterungsstrategien

6 Atmung eines Grasfrosches bei verschiedenen Temperaturen

2 Der Grasfrosch im Winter.
a) Übertrage die in Abbildung 6 angegebenen Werte in ein Säulendiagramm. Beschreibe das Diagramm in einem zusammenhängenden Text.
b) Was kannst du über den Energiebedarf des Grasfrosches bei verschiedenen Temperaturen aussagen?
c) Begründe, weshalb Frösche kein Fettgewebe benötigen wie die Winterschläfer. Verwende dazu den Grundwissentext.

3 Fledermaus und Eichhörnchen im Jahreslauf.
a) Vergleiche die Herzschläge und die Körpertemperatur von Eichhörnchen und Fledermaus innerhalb des Jahresverlaufes (Abb. 7). Ordne die beiden Tierarten einer Überwinterungsstrategie zu.
b) Die Fledermaus ernährt sich vor allem von Insekten, das Eichhörnchen frisst Kiefernsamen, Esskastanien, Walnüsse, Haselnüsse, Eicheln und außerdem Beeren, Knospen, Insekten, Eier, Jungvögel. Stelle einen Zusammenhang zwischen Nahrung und Überwinterungsstrategie her.

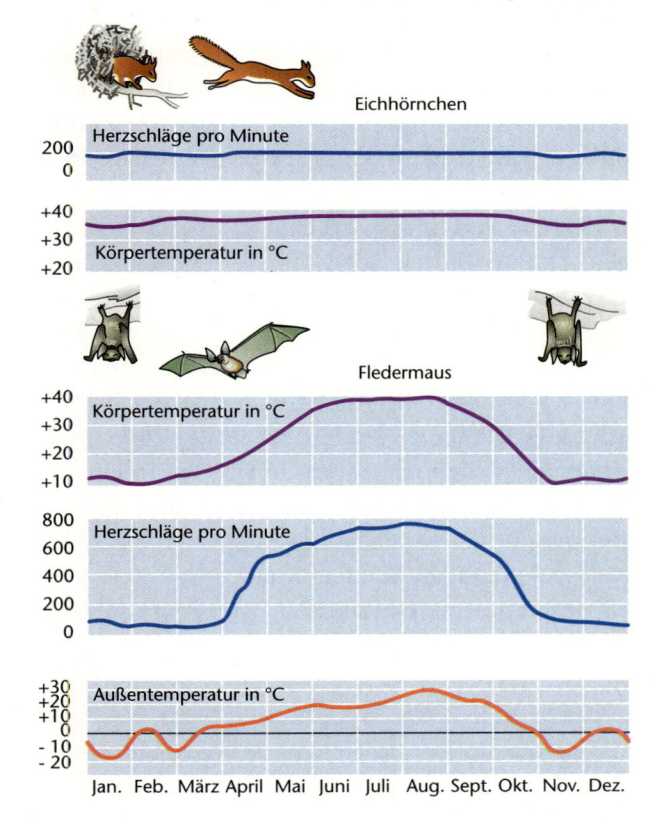

7 Herzschläge und Körpertemperatur von Eichhörnchen und Fledermaus im Jahreslauf

Arbeitsmaterial

2.6 Das Igeljahr

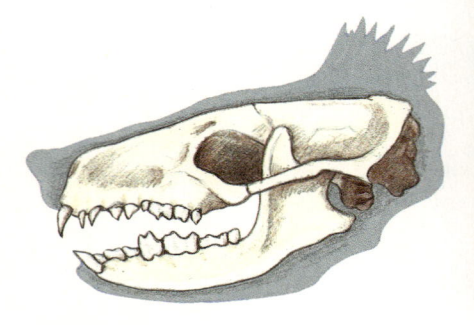

1 Schädel und Gebiss eines Igels

2 Igel-Baby

Igel halten sich hauptsächlich in Gärten, Parks oder an Waldrändern auf. Am Tage schlafen Igel in einem Schlafnest aus Laub und trockenen Pflanzenteilen. In der Abenddämmerung verlassen sie ihr Nest. Igel sind nachtaktive Tiere. Mit ihrer langen Rüsselschnauze durchwühlen Igel den Boden nach Regenwürmern und Insekten. Schnecken und Mäusejunge gehören ebenso zur Nahrung wie Äpfel, Birnen und andere Früchte, die am Boden liegen. Die 36 Zähne des Gebisses sind klein und spitz (Abb. 1).

Im Sommer und Herbst frisst sich der Igel ein dickes Fettpolster an. Wenn die Tage im Spätherbst kürzer und kälter werden und ein Igel nur noch wenig Nahrung findet, sucht er sich ein trockenes Nest, das vor Nässe und Kälte schützt. Sinkt die Temperatur in der Umgebung öfter unter 10 °C, so rollt sich der Igel zu einer Kugel zusammen und beginnt mit dem **Winterschlaf**. Während des Winterschlafes atmet ein Igel nur wenige Male in einer Minute. Das Herz schlägt langsamer und die Körpertemperatur sinkt. Wenn es sehr kalt ist und die Temperatur in der Umgebung des Igels unter 1 °C sinkt, kann ein Igel aufwachen. Dann sucht er sich einen neuen Schlafplatz. Wenn ein Igel häufig aus dem Winterschlaf aufwacht, verbraucht er viel Fett aus seinen Fettpolstern. Im Frühjahr, wenn die Temperatur in seinem Nest wieder auf etwa 15 °C steigt, wird der Winterschlaf beendet.

Im Mai oder Juni bringen die Igelweibchen jeweils fünf bis sieben Junge zur Welt. Manchmal bekommen die Igelweibchen im September ein zweites Mal Junge. Die Jungen werden gesäugt. Igel sind Säugetiere. Die Augen öffnen sich erst nach drei Wochen (Abb. 2). Igeljunge sind **Nesthocker**. Etwas später verlassen die Jungen erstmals das Nest. Im Alter von sechs bis sieben Wochen müssen sich Igel selbst ernähren.

3 Viele Igel werden überfahren

Angepasstheit, Regulation

1 Merksätze. Schreibe für jeden der drei Abschnitte im Grundwissentext einen Merksatz in dein Heft.

2 Der Igel hält Winterschlaf.
a) Erstelle mit den Daten aus Abbildung 4 ein Balkendiagramm. Trage die Werte für die Umgebungstemperatur und die Werte für die Körpertemperatur mit unterschiedlichen Farben ein.
b) Wie verändern sich die Körpertemperatur und die Häufigkeit des Herzschlags im Winterschlaf?
c) Gib an, an welchem Datum der Igel im Winterschlaf war und wann nicht. Begründe.

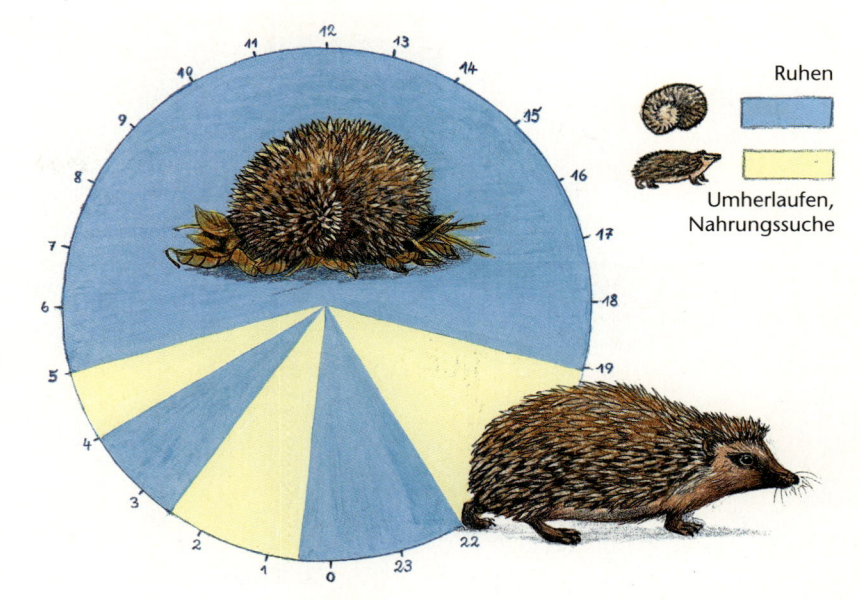

6 *Tag im Leben eines Igels*

Datum	Umgebungstemperatur	Körpertemperatur	Herzschläge pro Minute
15. September	18 °C	35 °C	320
15. Oktober	10 °C	10 °C	56
15. Dezember	0 °C	24 °C	124
15. Januar	2 °C	5 °C	18
15. Februar	10 °C	10 °C	56
15. März	15 °C	35 °C	282

4 *Der Igel im Winter*

3 Aufwachen im Winterschlaf. Welche Folgen drohen Igeln, die häufig aus dem Winterschlaf erwachen?

4 Igel-Verkehrstote. Beschreibe den Verlauf des Säulendiagramms in Abbildung 5. Nenne Gründe für den Verlauf.

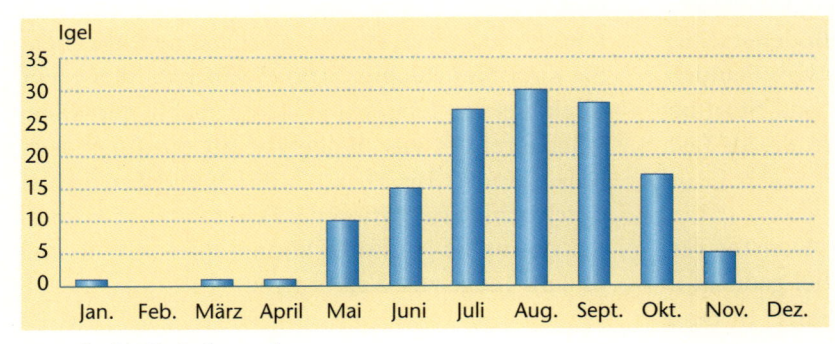

5 Tagesablauf eines Igels.
a) Die Abbildung 6 zeigt den Tagesablauf eines Igels. Schreibe untereinander die Zeiten, in denen der Igel umherläuft und Nahrung sucht sowie die Zeiten, in denen er ruht.
b) Zeichne einen Uhrkreis wie in Abbildung 6. Trage in diesen Kreis die Zeiten ein, in denen du wach bist und in denen du schläfst. Vergleiche deine Zeichnung mit der Abbildung 6.

6 Vorkommen von Igeln. Untersuchungen haben ergeben, dass im Stadtzentrum keine Igel vorkommen, am Stadtrand etwa 10 Igel pro Quadratkilometer, am Waldrand durchschnittlich 13 Igel und auf einem Acker durchschnittlich drei Igel pro Quadratkilometer. Stelle diese Angaben in einer übersichtlichen Tabelle dar. Werte die Tabelle aus. Begründe, warum die durchschnittliche Anzahl der Tiere in den verschiedenen Lebensräumen unterschiedlich ist.

5 *Igel als Verkehrsopfer*

Arbeitsmaterial

2.7 Der Feldhase

1 Feldhasen

2 Junge Feldhasen

Der Hase war ursprünglich ein Bewohner der Steppen Asiens. Auch heute noch bevorzugt er weite offene Feld- und Grünlandfluren. Oft sieht man ihn an Feldrändern in der Nähe von Waldgebieten. Durch die starken und langen Hinterbeine sind Feldhasen sehr schnelle und ausdauernde Läufer. Auf der Flucht können sie bis zu vier Meter weit springen. Zwischen den Sprüngen vollziehen sie rasche Richtungswechsel. Das nennt man auch Haken schlagen.

Die großen Augen sitzen seitlich am Kopf, so dass der Hase nach hinten sehen kann, ohne den Kopf zu drehen. Der Feldhase kann sehr gut hören und riechen. Die Ohren („Löffel") des Feldhasen sind länger als sein Kopf. Er kann auch Bodenerschütterungen, z. B. bei der Annäherung von Feinden, sehr fein wahrnehmen. An Lippen und Stirn befinden sich lange borstenartige Haare, die als Tastorgane dienen.

Hasen leben meist als Einzelgänger. Den Tag verbringt der Hase meist ruhend und tief geduckt in einer kleinen Mulde, die er ausscharrt. In diese Sasse legt er sich mit der Nase gegen den Wind.

Der Hase wählt sie so, dass er die ganze Umgebung überblicken kann. Nähert sich ein Feind, bleibt der Hase ruhig liegen. Das Fell bietet Tarnung. Erst im letzten Moment springt er mit einem schnellen Satz aus der Sasse und flüchtet mit Spitzengeschwindigkeiten bis zu 80 Stundenkilometern. In der Dämmerung geht er auf Nahrungssuche. Seine Nahrung besteht hauptsächlich aus saftigen Gräsern, Kräutern und Wurzeln. Im Winter sind es auch Knospen, Triebe und Rinde.

Im Vorfrühling beginnt die Paarungszeit. Die Häsin bringt nach sechs Wochen Tragzeit zwei bis vier Junge zur Welt. Die neugeborenen Feldhasen haben schon bei ihrer Geburt ein dichtes Fell und können schon am ersten Tag sehen und kriechen. Sie sind **Nestflüchter**. Die Häsin hält sich nicht direkt bei den Jungen auf, häufig aber in der Nähe. Nach drei bis vier Wochen sind die Junghasen selbstständig. Bis zu 80% der Junghasen gehen durch schlechte Witterung, Feinde und Krankheiten zugrunde. Häsinnen können drei- bis viermal im Jahr Junge zur Welt bringen.

Angepasstheit, Information

3 Beinlängen des Hasen

1 Der Lauf des Hasen. Manche Forscher bezeichnen das schnelle Laufen des Hasen eher als Springen. Belege diese Aussage mithilfe der Abbildungen 1, 3 und 4. Beschreibe genau den Bewegungsablauf.

2 Angepasstheit an schnelle Fluchten. Der Feldhase ist durch seine Hinterläufe gut an das schnelle Laufen angepasst. Begründe diese Aussage anhand von Abbildung 3. Ermittle dazu aus der Zeichnung das Verhältnis der Längen von Vorderbein und Hinterbein. Miss aus und teile die für das Hinterbein ermittelte Länge durch die Länge des Vorderbeines.

3 Abrupte Richtungswechsel. Der Hase kann durch abrupte Richtungswechsel bei hoher Geschwindigkeit Verfolgern entkommen (Abb. 5). Beschreibe in einem zusammenhängenden Text diese Art der Hasenflucht und welche Auswirkungen sie auf den Weg des Verfolgers hat. Wie nennt man diese abrupten Richtungswechsel?

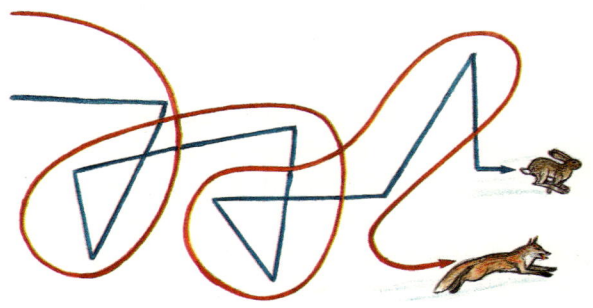

5 Laufwege von Hase und Fuchs

4 Die Sinne des Hasen. Der Hase hat viele Feinde. Durch Davonlaufen und Verstecken kann er sich vor den Verfolgern retten. Für den Hasen ist es deswegen besonders wichtig, einen sich nähernden Feind rechtzeitig zu entdecken. Dafür ist er gut ausgerüstet. Beschreibe in einem zusammenhängenden Text.

4 Hasenspur im Schnee

5 Umweltbedingungen und Hasenbestand. In zwei benachbarten Gebieten wurde die Entwicklung des Hasenbestandes über mehrere Jahre genau erfasst. Das Klima war in beiden Gebieten nahezu gleich. In einem Gebiet trocknen die Böden nach Regenfällen rasch ab. Im anderen Gebiet sickert das Regenwasser nur sehr langsam in den Boden. Fasse die Informationen, die du Abbildung 6 entnehmen kannst, in einem Text zusammen.

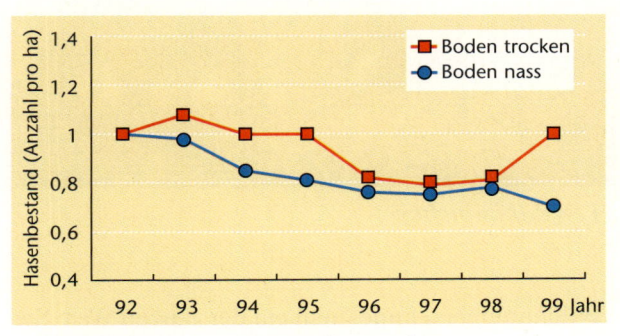

6 Entwicklung des Hasenbestandes

6 Verhaltensweisen des Feldhasen. Stelle Zusammenhänge her zwischen Körpermerkmalen und Verhaltensweisen des Feldhasen. Fertige nach den Angaben im folgenden Text eine Skizze an, die die Sasse des Hasen zeigt und seinen Weg dorthin.

Kehrt ein Feldhase in sein Versteck („Sasse" genannt) zurück, läuft er nicht geradewegs dorthin, sondern hoppelt erst daran vorbei, wendet, macht dann einen weiten Sprung zur Seite und legt dadurch eine neue, parallele Spur an. Dieses Verhalten wiederholt er mehrfach. Schließlich springt er mit einem mächtigen Satz in sein Lager. Von dort aus kann er einen Feind, der seine Spur verfolgt, gut sehen. Nähert sich ein Feind, ergreift der Hase nicht gleich die Flucht, sondern presst sich fest an den Erdboden. Dabei beobachtet er seine Umgebung genau. Erst wenn sich der Feind auf etwa drei Meter Abstand nähert, springt der Hase mit einem gewaltigen Satz auf und flieht. Auf der Flucht schlägt er Haken und macht Sprünge, die manchmal zwei bis drei Meter weit sind.

Arbeitsmaterial

2.8 Wildkaninchen

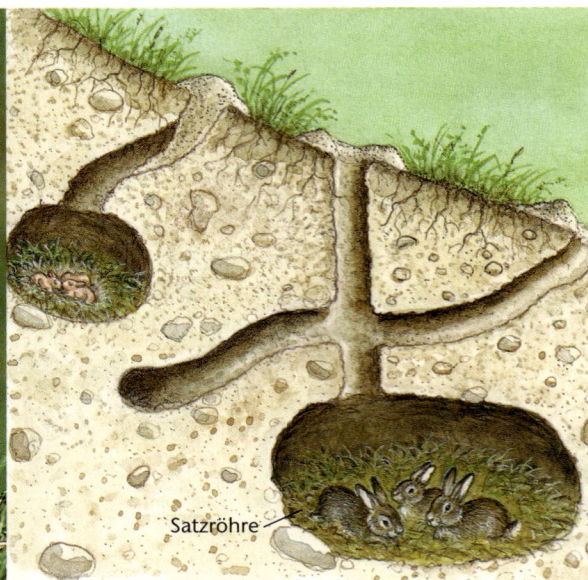

1 Wildkaninchen

2 Erdbau von Wildkaninchen

Wildkaninchen findet man auf der ganzen Welt. Sie sind im Gegensatz zum Feldhasen klein und eher gedrungen (Abb.1). Die Ohrmuscheln sind wie längliche Trichter aufgebaut. Sie können unabhängig voneinander gedreht werden. Auf diese Weise können Kaninchen selbst leise Geräusche wahrnehmen und die Richtung, aus der sie kommen, genau bestimmen. Die Nase ist mit 100 Millionen Riechzellen ausgestattet, so dass das Tier ganz schwache Gerüche wahrnehmen kann. Die großen Augen sitzen seitlich am Kopf. Daher hat das Kaninchen einen weiten Rundumblick. Mit seinen gut ausgeprägten Sinnen kann es frühzeitig Feinde wahrnehmen und fliehen.

Wildkaninchen leben in Gruppen. In einem Gebiet leben mehrere Männchen und Weibchen zusammen. Innerhalb der Gruppe gibt es eine strenge Rangordnung. Das Zentrum der Gruppe ist ein größerer Erdbau mit mehreren Röhren. Diese bestehen aus einem Wohnkessel und mehreren Ein- und Ausgängen (Abb. 2). Mehrere Baue können zu Kolonien mit oft über 100 Kaninchen heranwachsen. Bei Gefahr warnen sich die Tiere gegenseitig, indem sie mit den Hinterläufen auf den Boden trommeln. Die Tiere ergreifen dann die Flucht und verschwinden blitzschnell im unterirdischen Bau. Kaninchen sind Fluchttiere.

Wildkaninchen können sich das ganze Jahr fortpflanzen. Nach einer Tragzeit von etwa 30 Tagen kommen fünf bis sieben Junge zur Welt. Die Jungen werden in Satzröhren zur Welt gebracht, die mit Gras und ausgezupften Haaren gepolstert sind (Abb. 2). Junge Kaninchen sind bei der Geburt nackt und blind und werden drei Wochen von der Mutter gesäugt. Erst nach etwa fünf Wochen sind sie selbstständig und verlassen zum ersten Mal den Bau. Kaninchenjunge sind **Nesthocker**. Ausgewachsen sind sie nach neun Monaten, jedoch schon nach fünf Monaten sind sie fortpflanzungsfähig.

Das Kaninchen hat viele Feinde. Zu ihnen zählen zum Beispiel Bussard, Habicht, Fuchs, Iltis und Wiesel. Die zahlreichen Verluste werden durch die hohe Nachkommenzahl der Kaninchen ausgeglichen. Fehlen natürliche Feinde, so kann die Zahl der Kaninchen enorm anwachsen. Sie können dann zu einer Plage werden, da sie Pflanzenkulturen und Feldgemüse zerstören können.

Angepasstheit, Fortpflanzung

Grundwissen

1 Entwicklung der Jungen. Erläutere den Unterschied zwischen „Nestflüchter" und „Nesthocker" am Beispiel von Feldhase und Wildkaninchen.

2 Nesthocker und Nestflüchter. Für die beiden Gruppen „Nesthocker" und „Nestflüchter" findest du Beispiele in Abbildung 3. Arbeite wesentliche Unterscheidungsmerkmale heraus und schreibe sie auf. Ordne die in Abbildung 4 genannten Tierarten den beiden Gruppen zu; lege dazu eine zweispaltige Tabelle („Nesthocker – Nestflüchter") an und trage die Tierarten dort ein. Begründe deine Zuordnung.

3 Überleben. Feldhase und Wildkaninchen gehören zu denjenigen Tierarten, die stark gefährdet sind.
a) Überlege, welchen Gefahren beide Tierarten ständig ausgesetzt sind.
b) Ermittle mithilfe der Abbildung 5, wodurch das Überleben jeder dieser beiden Arten gesichert wird.
c) Vergleiche beide Arten im Punkt „Tragdauer" (Abb. 5). Welcher Zusammenhang besteht zwischen der Tragdauer und weiteren Kennzeichen, die die Abbildung bereitstellt? Begründe.

4 Gesichtsfelder von Kaninchen und Fuchs. Abbildung 6 zeigt schematisch die Gesichtsfelder eines Kaninchens und eines Fuchses. Versuche zunächst die Bedeutung der unterschiedlichen Farben zu deuten. Vergleiche dann Blickrichtung und Gesichtsfelder miteinander. Begründe die Unterschiede.

5 Größenwachstum von Kaninchen und Hase Übertrage die dem Diagramm zu entnehmenden Werte in eine Tabelle. Erläutere die nebenstehenden Kurven in einem zusammenhängenden Text. Formuliere begründete Vermutungen für die Unterschiede.

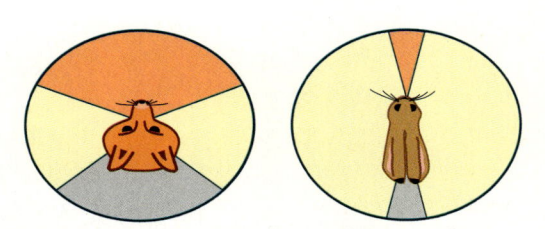

Tier	Tragdauer	Würfe/Jahr	Junge/Wurf
Siebenschläfer (Nh)	30–32 Tage	1	2–7
Haselmaus (Nh)	20 Tage	1 (2)	3–4
Elch (Nf)	36 Wochen	1	2–3
Rotwild (Nf)	33–34 Wochen	1	1

3 *Beispiele für Nesthocker (Nh)/Nestflüchter (Nf)*

Tier	Tragdauer	Würfe/Jahr	Junge/Wurf
Zwergmaus	21 Tage	2–3	3–7
Hausmaus	23 Tage	4–6	4–8
Wanderratte	22–24 Tage	3–6	6–10
Wolf	63 Tage	1	4–6
Fuchs	52 Tage	1	3–8
Wildkatze	63 Tage	1	2–4
Luchs	70 Tage	1	2–3
Damwild	31–32 Wochen	1	1–2
Rehwild	40 Wochen	1	1–2
Wisent	41 Wochen	1	1
Mufflon	21–23 Wochen	1	1–2
Gämse	25–27 Wochen	1	1–2

4 *Tragzeiten, Würfe und Junge pro Wurf bei verschiedenen Tierarten*

	Feldhase	Wildkaninchen
Tragdauer	42–46 Tage	28–30 Tage
Würfe je Jahr	3–4	5–7
Junge je Geburt	2–3	5–8
Geburtsgewicht	ca. 130 g	ca. 45 g
Sehfähigkeit	gleich nach Geburt	nach 10 Tagen
Fell	bei Geburt vorhanden	nach 8 Tagen
Selbstständigkeit	nach 3 Wochen	nach 5 Wochen

5 *Fortpflanzung und Entwicklung bei Feldhase und Wildkaninchen*

6 *Gesichtsfeld von Fuchs und Kaninchen*

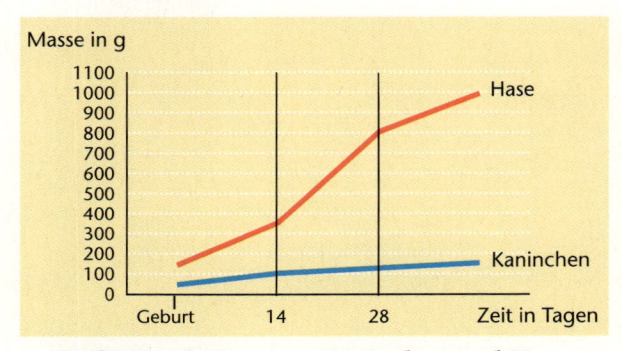

7 *Größenwachstum von Kaninchen und Hase*

Arbeitsmaterial

2.9 Der Maulwurf

Meistens stammen alle Maulwurfshaufen auf einer Fläche von einem einzigen Tier. Die Haufen bestehen aus lockerer Erde, die ein Maulwurf beim Graben seines Baus an die Erdoberfläche befördert hat. Maulwürfe leben den größten Teil des Jahres als Einzelgänger. Sie verbringen fast ihr ganzes Leben unter der Erde und sind auch im Winter aktiv.

Weil die Gänge eines Maulwurfsbaus häufig durch Wurzelwerk führen, vermuten viele Menschen noch immer, dass Maulwürfe die Pflanzen schädigen. Aber das Gegenteil ist der Fall. Maulwürfe lockern den Boden. Die spitzen Zähne zeigen: Maulwürfe sind Raubtiere, genauer gesagt Insektenfresser. Ihre nächsten Verwandten sind Spitzmäuse und Igel. Alle drei bis vier Stunden streift der Maulwurf durch seinen Bau, auf der Suche nach Insekten, Insektenlarven, Würmern und Schnecken. Ein Maulwurf frisst am Tag etwa 110 Gramm Nahrung, etwa so viel, wie er selbst wiegt.

Ein Maulwurf sieht sehr schlecht. Seine kleinen Augen liegen im Fell verborgen (Abb. 1). Dafür ist sein Gehör und vor allem sein Geruchs- und sein Tastsinn sehr leistungsfähig. Die Ohren liegen ebenfalls unter dem Fell. Wenn man über den samtigen Pelz eines Maulwurfes streicht, stellt man fest, dass es sehr weich ist und keinen Strich besitzt. Das heißt, dass sich die Haare in alle Richtungen leicht umlegen lassen. Dadurch kann sich der Maulwurf in den engen Erdgängen gut vorwärts und rückwärts bewegen. Die kräftigen Vorderbeine sind kurz und besitzen starke Knochen. Die Hände des Maulwurfs sind sehr breit mit kräftigen Krallen. Sie ähneln einer Baggerschaufel. Damit kann der Maulwurf viel Kraft entwickeln und gut graben. In geeigneten Böden legt er in einer Nacht Gänge mit bis zu 100 Metern Länge an.

Der Maulwurf gehört nach dem Bundesnaturschutzgesetz zu den besonders geschützten Tierarten. Er darf deshalb nicht verfolgt, verletzt, gejagt oder getötet werden.

1 *Maulwurf und einige seiner Beutetiere*

1 Maulwurfsbau und -revier.
a) Abbildung 2 zeigt ein Maulwurfsrevier. Bestimme die Anzahl der Maulwurfshügel, die größte Entfernung zwischen zwei benachbarten Maulwurfshügeln und die ungefähre Größe des Reviers in Quadratmetern.
b) Suche auf einer Rasenfläche nach Maulwurfshügeln. Zähle die Hügel. Miss die Entfernungen zwischen den Maulwurfshügeln aus. Schätze ab, wie groß das Revier des Maulwurfs ist.

2 Maulwurfsbau. Beschreibe den Maulwurfsbau in einem Text (Abb.3). Gib jeweils an, welche Funktionen die Gänge und Kammern des Maulwurfsbaus haben.

3 Lebensweise unter der Erde. Lege eine Tabelle nach dem abgebildeten Muster an. Notiere in der ersten Spalte die Körpermerkmale oder Leistungen des Maulwurfes. Schreibe in der zweiten Spalte auf, warum diese Merkmale für die unterirdische Lebensweise des Maulwurfes wichtig sind.

2 Maulwurfsrevier von oben (Maßstab 1:200; 1 cm auf dem Bild entsprechen 200 cm = 2 m in der Realität)

Merkmal	Bedeutung
guter Geruchssinn	Der Maulwurf kann seine Beute gut aufspüren.
...	...

3 Maulwurfsbau

Arbeitsmaterial

2.10 Eichhörnchen

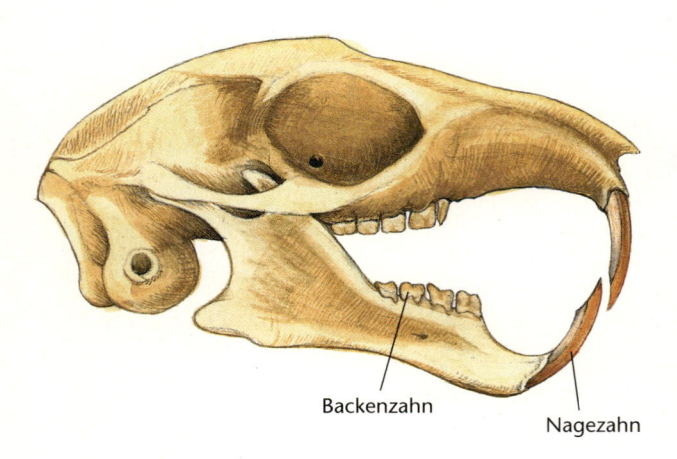

1 *Nagetiergebiss des Eichhörnchens* (Backenzahn, Nagezahn)

2 *Eichhörnchen mit Kobel*

Eichhörnchen sind an das Leben in den Bäumen angepasst. Mit den kräftigen Hinterbeinen können sie hervorragend von Ast zu Ast springen oder Baumstämme hinaufschnellen. Dabei geben die scharfen Krallen den nötigen Halt. Der buschige Schwanz dient beim Springen zur Steuerung (Abb. 2).

Eichhörnchen gehören zu den **Nagetieren**. Das Nagetiergebiss besteht aus Mahlzähnen im hinteren Kiefer und den vier großen Nagezähnen. Diese sind tief im Kiefer verankert und wachsen ständig nach (Abb. 1). Dadurch wird die Abnutzung ausgeglichen.

Die Nahrung der Eichhörnchen besteht aus Samen von Nadelbäumen, Nüssen, Bucheckern, Eicheln, Knospen, Früchten und Pilzen. Aber auch Vogeleier und Jungvögel werden beim Plündern von Nestern verspeist. Insekten und Larven gehören ebenfalls zur Nahrung.

Im Laufe des Herbstes fressen sich Eichhörnchen eine Speckschicht an. Sie verstecken viele Samen in der Erde oder in Baumritzen als Wintervorrat. Da sie nur einen Teil wieder finden, tragen sie so dazu bei, die Samen von Bäumen zu verbreiten. Das Vergraben von Samen ist den Tieren angeboren. Die genaue Technik zum Öffnen der harten Nüsse müssen die Tiere erst lernen und üben.

Eichhörnchen halten **Winterruhe**. Bei großer Kälte oder Nässe bleiben sie in ihrem Nest und schlafen. Dabei wird der Herzschlag und die Atmung aber nicht wie bei den Winterschläfern herabgesetzt. Auch die Körpertemperatur verändert sich nicht. Bei gutem Wetter kommen die Tiere auch im Winter aus dem Nest hervor und suchen nach dem versteckten Futter.

Die Nester der Eichhörnchen sind kugelige, mit Moos, Blättern und Federn ausgepolsterte Gebilde aus Zweigen und besitzen meist zwei Eingänge, die verstopft werden können. Man nennt sie Kobel (Abb. 2). Häufig legt ein Eichhörnchen mehrere Kobel in dem Gebiet an, in dem es umherstreift. Dieses Gebiet kann über 1000 Hektar groß sein.

Eichhörnchen werden nach elf Monaten geschlechtsreif. Sie bekommen ein- bis zweimal im Jahr Junge, wobei die Wurfgröße zwischen drei und acht Jungtieren schwankt. Junge Eichhörnchen sind **Nesthocker**. Die Jungtiere werden nackt und blind geboren. Nach 19 Tagen sind sie dicht behaart und erst nach vier Wochen öffnen sich die Augen. Die Mutter säugt ihre Jungen 40 Tage lang. Im Alter von acht Wochen sind die Eichhörnchen selbstständig und verlassen das Nest. In freier Wildbahn werden die Tiere bis etwa zehn Jahre alt. Ihre Hauptfeinde sind Marder und Habichte.

Angepasstheit, Struktur+Funktion

Grundwissen

Der Verhaltensforscher EIBL-EIBESFELD berichtet, dass Eichhörnchen zum Öffnen von Nüssen von Geburt an die Nagetechnik und die Technik des Aufsprengens mit den Nagezähnen beherrschen. Diese Verhaltensweisen sind den Tieren angeboren. Mit dem Älterwerden lernen sie, wie sie diese Techniken optimal einsetzen. Erfahrene Eichhörnchen nagen nur ein oder zwei Furchen entlang der Fasern in die Nuss und sprengen sie mit den Nagezähnen auf. Unerfahrene Eichhörnchen nagen wahllos in alle Richtungen an der Nuss, bis sie zufällig die Schale an einer Stelle durchgenagt haben. Sobald ein Loch in der Schale ist, versuchen die Tiere, die Nuss aufzusprengen. Das gelingt nur, wenn die Nagespuren entlang der Fasern in der Nussschale verlaufen. Das Nagen entlang der Fasern bietet den Tieren weniger Widerstand als das Nagen quer zur Faserung. Eichhörnchen lernen so durch Probieren, die Nuss möglichst schnell zu öffnen. Das Zuschauen bei erfahrenen Tieren beschleunigt den Lernerfolg.

3 *Technik des Nüsseöffnens*

4 Eichhörnchen beim Öffnen einer Nuss

5 Haselnüsse, von unterschiedlich erfahrenen Eichhörnchen geöffnet

1 Überwinterung.
a) Begründe die Notwendigkeit für ein Eichhörnchen, sich im Herbst eine Speckschicht anzufressen.
b) Vergleiche die Überwinterung eines Eichhörnchens mit der des Igels. Schreibe die Unterschiede und Gemeinsamkeiten auf.

2 Angeboren und erlernt.
a) Fasse die Aussagen des Textes in Abbildung 3 mit eigenen Worten zusammen.
b) Abbildung 5 zeigt Nüsse, die von Eichhörnchen geöffnet wurden. Mache Aussagen dazu, wie erfahren die jeweiligen Eichhörnchen waren. Begründe deine Aussagen.
c) Versuche, die genaue Technik zu beschreiben, die beim Öffnen der Nüsse in Abbildung 5 angewendet wurde.
d) Wie könnte ein Versuch aussehen, der klärt, ob das Vergraben von Nüssen bei Eichhörnchen ein angeborenes Verhalten ist oder nicht?

3 Zähne.
a) Die Materialien, aus denen ein Nagezahn besteht, haben eine unterschiedliche Härte. Begründe, warum durch den Zahnaufbau die Zähne trotz ständiger Abnutzung immer scharf bleiben (Abb. 6).
b) Überlege, warum Nagetiere, die in Gefangenschaft gehalten und nur mit weichem Futter versorgt werden, ohne Nagemöglichkeiten letztlich verhungern.

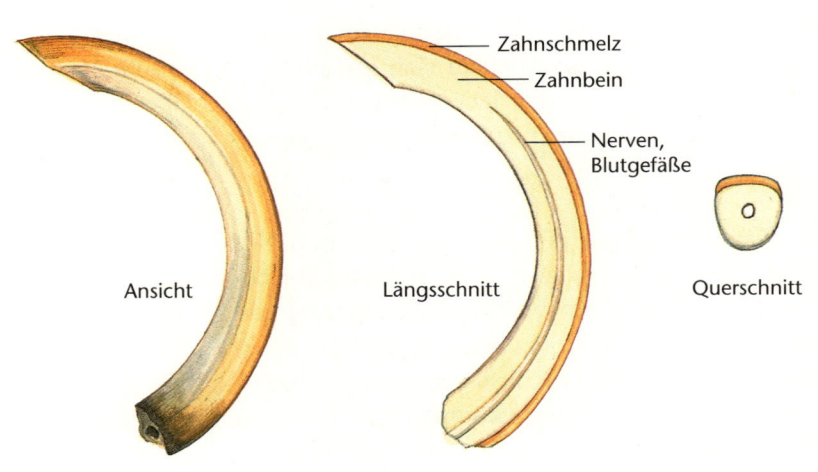

6 Aufbau eines Nagezahns

Ansicht — Längsschnitt — Querschnitt

Zahnschmelz
Zahnbein
Nerven, Blutgefäße

Arbeitsmaterial

2.11 Fledermäuse – fliegende Säugetiere

1 Fledermaus mit Beute

2 Skelett der Fledermaus

3 Schädel und Gebiss der Fledermaus

Fledermäuse fressen wie Igel, Maulwürfe und Spitzmäuse Insekten. Typisch für diese Tiere sind die spitzen Zähne (Abb. 3). Fledermäuse sind Säugetiere. Die Jungen entwickeln sich im mütterlichen Körper und werden lebend geboren. Nach der Geburt werden die Jungtiere eine Zeit lang gesäugt.

Fledermäuse tragen den wissenschaftlichen Namen Chiroptera, was so viel wie **Handflügler** bedeutet. Zwischen den verlängerten Fingern, den Beinen und dem Schwanz befindet sich eine Flughaut, die wie ein Regenschirm aufgespannt werden kann. Mit diesen Flügeln können die Tiere flatternd fliegen. Der Daumen und die Zehen bleiben jedoch frei (Abb. 1, 2).

Auf ihren nächtlichen Beutezügen vertilgen Fledermäuse viele Insekten. Eine nur sechs Gramm schwere Zwergfledermaus kann pro Nacht 1000–2000 Insekten fressen. Das entspricht etwa einem Drittel ihres Körpergewichtes. Fledermäuse sind sehr nützlich, weil viele dieser Insekten Schädlinge sind.

In Deutschland gibt es etwa 20 verschiedene Fledermausarten. Diese lassen sich aufgrund gemeinsamer Merkmale zwei Familien zuordnen. Unsere kleinste Fledermausart ist die Zwergfledermaus. Die größte heimische Art, die Mausohrfledermaus, bringt etwa 40 g auf die Waage und hat eine Spannweite von etwa 43 cm.

Struktur+Funktion, Vielfalt

Grundwissen

Arbeiten mit einem Bestimmungsschlüssel

1 Einfacher Bestimmungsschlüssel. In der Biologie können alle Lebewesen durch einen sogenannten Bestimmungsschlüssel eindeutig identifiziert werden. Folgendes Beispiel zeigt dir, wie man die sechs Figuren, die zur Klasse der Strichmännchen zusammengefasst werden, mithilfe eines einfachen Bestimmungsschlüssels benennen kann. Für jeden Schritt wird eine Frage gestellt, die mit „ja" oder „nein" beantwortet werden kann.
Wie lauten die Fragen 1–5, die zu den jeweiligen Strichmännchen geführt haben?

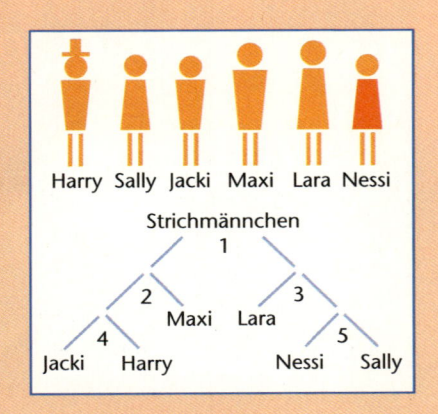

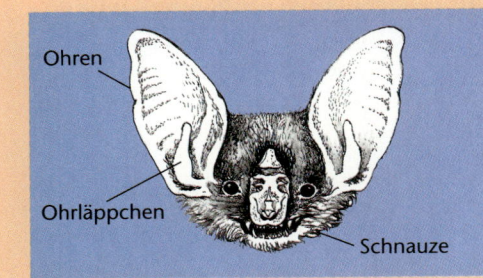

2 Fledermausbestimmungsschlüssel. Die Fotos zeigen die Köpfe einiger heimischer Fledermausarten. Versuche, mithilfe des Bestimmungsschlüssels die Fledermäuse A–F zu benennen. Erstelle für jede Fledermausart eine Merkmalsliste.

Frage 1	Nase mit Nasenaufsatz, sehr spitze Ohren?	ja	Hufeisennase
		nein	weiter zu Frage 2
Frage 2	Ohren sind an der Basis zusammengewachsen?	ja	Mopsfledermaus
		nein	weiter zu Frage 3
Frage 3	riesige Ohren mit seitlichen Falten?	ja	Langohrfledermaus
		nein	weiter zu Frage 4
Frage 4	Ohrläppchen lang und spitz, helle Kehle?	ja	Großes Mausohr
		nein	weiter zu Frage 5
Frage 5	Ohrläppchen pilzförmig und dunkel?	ja	Abendsegler
		nein	weiter zu Frage 6
Frage 6	Ohrläppchen pilzförmig, Kopfhaar mit grauen Spitzen?	ja	Zweifarbfledermaus

2.12 Fledermäuse – Ortungssystem und Lebenszyklus

1 Fledermaus ortet ihre Beute

Jahreszyklus. Das Fledermausjahr verbringen die Tiere in unterschiedlichen Quartieren. Frostfreie Höhlen und Keller dienen als **Winterquartier**. Dort hängen die Tiere mit dem Kopf nach unten und verbringen die Zeit von November bis März im Winterschlaf. Dabei sinkt die Körpertemperatur auf bis zu 4 °C ab, das Herz schlägt nur noch sechsmal pro Minute. Nur so reicht die Energie ihrer Fettreserven.

Mit den ersten warmen Frühlingstagen wachen die Tiere auf. Die trächtigen Weibchen besiedeln gemeinsam warme **Sommerquartiere**, z.B. auf einem Dachboden. Dort gebären sie im Juni ihre ein bis zwei Jungen. Bei der Geburt bilden sie mit ihren Flughäuten einen Trichter, mit dem sie die Jungen auffangen. Diese werden dann etwa acht Wochen gesäugt. Die älteren Männchen sind in dieser Zeit Einzelgänger. Im September beginnt die Paarungszeit. Im Oktober suchen Weibchen und Männchen gemeinsam die Winterquartiere auf.

Echo-Ortungssystem. Die Fledermäuse können mithilfe ihres Echo-Ortungssystem bei absoluter Dunkelheit fliegen und jagen. In regelmäßigen Abständen stoßen sie kurze **Ultraschalllaute** aus. Diese Töne sind so hoch, dass sie für uns Menschen nicht wahrnehmbar sind. Wenn diese Töne auf ein Flughindernis oder ein Beutetier treffen, werden sie reflektiert (Abb. 1). Die Tiere hören dieses Echo mit ihren großen Ohren und machen sich so ein „Hörbild" ihrer Umgebung. Viele Experimente belegen die Perfektion dieser Echoorientierung: Hufeisennasenfledermäuse konnten Drähten ausweichen, die nur 0,08 mm dick waren!

2 Fledermaus mit Jungtier

1 Rückgang der Fledermäuse. Besprecht, welche Gründe für den Rückgang der Fledermäuse verantwortlich sein könnten.

2 Jahreszyklus einer Fledermaus. Erstelle den Jahreszyklus einer Fledermaus als Kreisdiagramm. Zeichne hierzu einen Kreis wie in Abbildung 3 in dein Heft. Zeichne den Kreis mit Zirkel und einem Durchmesser von 10 cm und unterteile ihn ähnlich einer Uhr in zwölf gleich große Abschnitte.

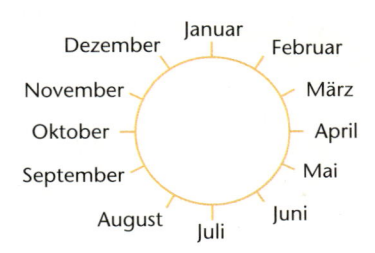

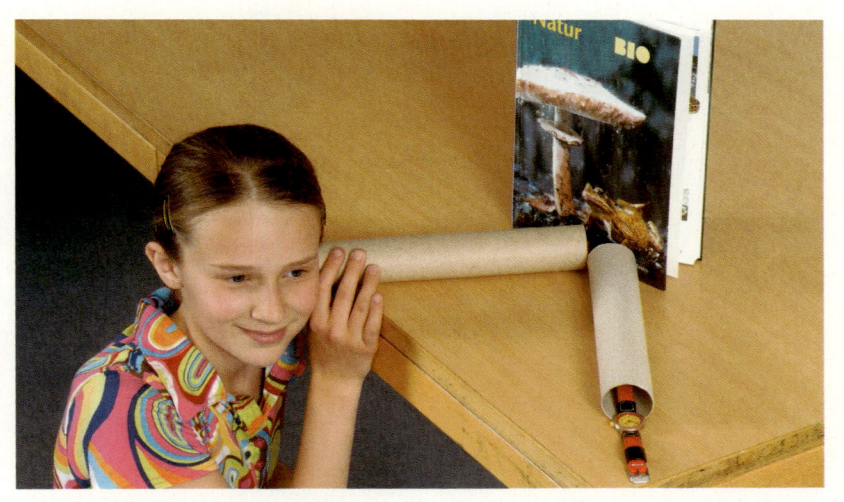

4 Schallreflexion durch ein Buch

3 *Fledermauszyklus*

3 Versuch zur Schallreflexion. Besorge dir für das Experiment folgende Gegenstände: 2 Papprohre ca. 30 cm (Küchenpapierrolle), eine laut tickende Uhr, ein Buch mit festem Einband, ein Kuscheltier. Die Abbildung 4 zeigt dir die Versuchsanordnung mit dem Buch als Schallreflektor. Ersetze in einem zweiten Experiment das Buch durch das Kuscheltier. Teste auch andere Gegenstände auf ihre Fähigkeit zur Schallreflexion.

4 Anpassung der Nachtfalter an ihre Jäger. Viele Nachtfalter sind am Körper und zum Teil auch an den Flügeln behaart. Welche Vorteile hat die Behaarung für sie? Berücksichtige Versuch 3 und begründe.

5 Hören wie die Fledermaus – Ein Spiel. Für das Ortungsspiel braucht ihr genügend Platz, z. B. auf dem Pausenhof. Ein Schüler spielt die Fledermaus. Dazu werden ihm die Augen verbunden. Zwei weitere Schüler spielen fliegende Nachtfalter. Die Fledermaus geht herum und sagt im Abstand von etwa drei Sekunden laut das Wort „Fledermaus". Die Nachtfalter sind ebenfalls ständig in Bewegung. Sie gehen rasch und möglichst lautlos, flüchten aber nicht bewusst vor der Fledermaus. Wenn die Nachtfalter den Ruf der Fledermaus hören, antworten sie mit dem Echo „Motte!" So kann sich die Fledermaus ein „Tonbild" von der Umgebung machen. Wird es der Fledermaus gelingen, einen Falter zu fangen?

5 *Nachtfalter*

Arbeitsmaterial

2.13 Wale und Delfine

1 Delfine

Wale sind keine Fische, sondern gehören zur Klasse der **Säugetiere**. Delfine sind eine Gruppe innerhalb der Wale. Fische entwickeln sich aus Eiern im Wasser. Wale gebären lebende Junge, die eine lange Zeit mit Muttermilch ernährt werden. Wale sind gleichwarm. Ihre Körpertemperatur ist also weitgehend unabhängig von der Umgebungstemperatur. Bei Fischen ist das anders. Ihre Körpertemperatur schwankt mit der Umgebungstemperatur.

Im Gegensatz zu Fischen besitzen Wale eine waagerechte Schwanzflosse. Sie wird Fluke genannt. Durch kräftige Auf- und Abwärtsbewegungen der Fluke bewegen sich die Tiere vorwärts. Der stromlinienförmige Körper ist von glatter Haut umgeben. Dadurch wird die Fortbewegung im Wasser erleichtert.

Unter der haarlosen Haut der Wale befindet sich eine dicke, wärmeisolierende Speckschicht, der Blubber. Fische haben eine Haut aus Schuppen. Fische atmen mit Kiemen. Damit können sie Sauerstoff aufnehmen, der im Wasser gelöst ist. Wale und Delfine atmen mit Lungen. Daher müssen die Tiere immer wieder zum Luftholen an die Wasseroberfläche kommen. Die Nasenöffnung liegt an der höchsten Stelle des Walkörpers, in der Schädelmitte. Beim Auftauchen ist bei den großen Walen, zum Beispiel dem Blauwal, der sogenannte Blas zu sehen (Abb. 2). Dabei handelt es sich nicht um eine Wasserfontäne, sondern um ausgestoßene Luft, deren Wasserdampf in der kalten Außenluft kondensiert. Wale und Delfine können sehr lange und sehr tief tauchen. Das ist unter anderem möglich, weil sie den Sauerstoff in der Einatmungsluft sehr gut ausnutzen. Wale gehören zu den bedrohten Tieren.

2 Der Blas eines Blauwals

Angepasstheit, Struktur+Funktion

Grundwissen

1 Vergleich: Fisch – Wal – Pferd. Beschreibe möglichst viele Gemeinsamkeiten
a) zwischen einem Karpfen und einem Wal und
b) zwischen einem Pferd und einem Wal. Benutze dazu den Text auf der Grundwissenseite und Abbildung 3.

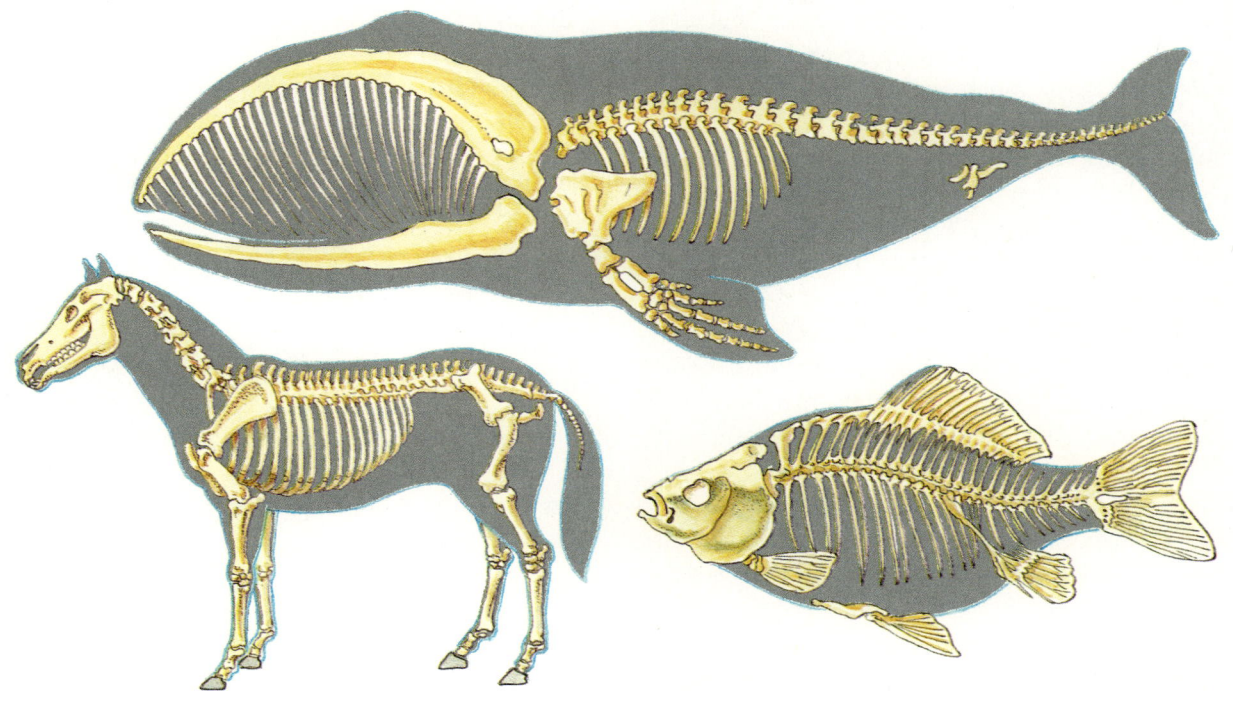

3 *Skelett von Karpfen, Pferd und Wal*

2 Angepasstheiten an das Leben im Wasser. Wale kommen weltweit in den Meeren vor. Beschreibe anhand des Textes auf der Grundwissenseite Angepasstheiten der Wale an das Leben im Wasser.

3 Verständigung im Wasser. Wale sind gesellige Tiere, die meistens in Gruppen leben. Dabei verständigen sie sich mit Lauten, die je nach Art verschieden sind. Überlegt ein Experiment, mit dem ihr nachweisen könnt, dass man sich mit Lauten im Wasser verständigen kann.

4 Wal-Geburt. Die Geburt der Wale findet im Wasser statt und unterscheidet sich von der Geburt landlebender Säugetiere. Vergleiche Geburt und Atmung eines jungen Wals (Abb. 4) mit der Geburt und Atmung eines landlebenden Säugetieres.

4 *Eine Wal-Geburt unter Wasser*

Arbeitsmaterial

Tiersteckbriefe mit Microsoft Word

In diesem Buch findest du viele Informationen über verschiedene Pflanzen- und Tierarten. Steckbriefe können wichtige Informationen über eine Pflanze oder ein Tier in knapper und übersichtlicher Form zusammenfassen. Der Steckbrief sollte folgende Bestandteile enthalten:

- mindestens ein Bild, das entweder selbst gemalt oder z. B. aus dem Internet kopiert sein kann. Auf dem Bild sollten auffällige Merkmale zu erkennen sein. Mitunter ist es günstiger, mehrere Abbildungen einzufügen, auf denen einzelne Merkmale besonders gut zu sehen sind (Abb. 7).
- Angaben zum Tier, z. B. die systematische Zugehörigkeit zu bestimmten Tiergruppen oder auch besondere Merkmale und Angepasstheiten.

Durch das Gestalten von Steckbriefen von Tieren oder Pflanzen, die du im Unterricht durchgenommen hast oder die dich besonders interessieren, entsteht dein eigenes Tierlexikon.

Besonders einfach lässt sich ein Steckbrief mit einem Textverarbeitungsprogramm wie z. B. Word erstellen. Zunächst startest du das Programm. Dann schreibst du als Überschrift den Namen der Art und drückst zweimal die Entertaste, um zwei Leerzeilen zu erzeugen.

Am besten sieht der Steckbrief aus, wenn du ihn als Tabelle aufbaust. Hierzu rufst du in der Menüleiste das Menü „Tabelle" auf und folgst den in Abbildung 1 angegebenen Schritten.

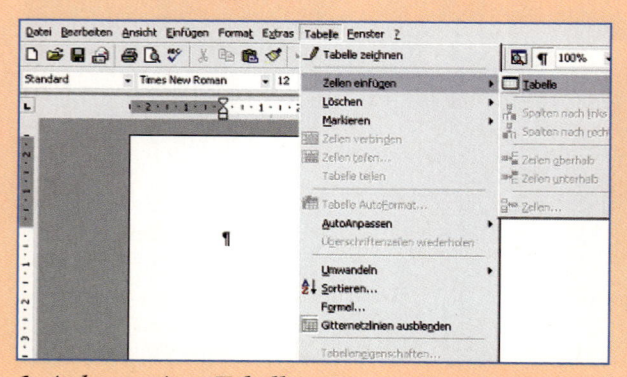

1 Anlegen einer Tabelle

Im folgenden Menü „Tabelle einfügen" wählst du zwei Spalten sowie die notwendige Zeilenzahl (Abb. 2).

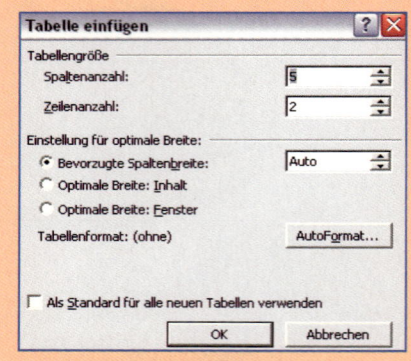

2 Form der Tabelle gestalten

Jetzt kannst du damit beginnen, die Tabelle auszufüllen (Abb. 3).

3 Ausfüllen der Tabelle

Wenn du einen Steckbrief erstellt hast, solltest du ihn unter dem Namen des Tieres in einem Ordner, den du z. B. Tierlexikon nennst, speichern (Abb. 4). Dazu rufst du in der Menüleiste das Menü „Datei" und wählst den Menüpunkt „speichern unter".

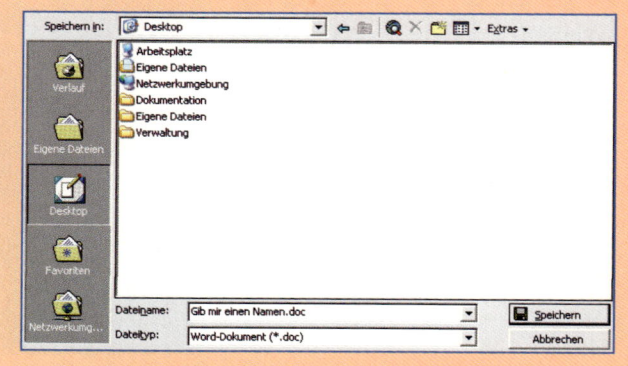

4 Datei benennen

Klasse	Säugetiere
Ordnung/Unterordnung	Waltiere/Zahnwale
Familie	Delfine
Gattung	Schwertwale
Lateinischer Artname	Orcinus orca
Deutscher Name	Schwertwal, Killerwal
Größe	bis zu 10 Meter Länge
Gewicht	ca. 8 Tonnen
Fortpflanzung	lebend gebärend, ein Junges alle 8 Jahre, bei Geburt 2 m lang und 1-2 t schwer
Lebensweise	Gruppen von 5-20 Tieren
Lebenserwartung	50–60 Jahre
Nahrung	Robben, Fische, Delfine
Lebensraum	Meeresküsten, Arktis, Antarktis
Geschwindigkeit	56 km/h
Besondere Kennzeichen	hohe Rückenfinne, schwarzer Rücken, weiße Färbung an Kinn und Bauch, runder Kopf
Besonderheiten	größtes Raubtier, dicke Fettschicht schützt vor Auskühlung

Bildbeschriftungen: runder Kopf, lange Finne, Färbung

5 *Beispiel für einen Steckbrief mit Stichwörtern*

1 Tiersteckbrief erstellen. Erstelle handschriftlich einen Steckbrief für dein Lieblingstier. Beschaffe dir die notwendigen Informationen aus Büchern, Lexika oder aus dem Internet. Suche passende Bilder aus den vorgenannten Informationsquellen, kopiere oder drucke sie und klebe sie ein. Markiere besondere Körpermerkmale mit einem Pfeil. Erstelle im Anschluss den gleichen Steckbrief mithilfe des Computers.

2 Steckbrieftext. Erstelle einen zusammenhängenden Text wie in Abbildung 6 für einen Steckbrief.

Der Blauwal
Der Blauwal gehört zur Klasse der Säugetiere und hier wiederum zur Ordnung der Waltiere; Familie: Furchenwale; Gattung: Bartenwale. Sein lateinischer Artname ist Balaenoptera musculus. Man findet ihn im Nordatlantik und Nordpazifik sowie in den Meeren der gesamten südlichen Halbkugel. Er erreicht eine Körperlänge von bis zu 33 m und ein Gewicht von 100 bis 160 Tonnen. Er ist das größte Tier, das auf der Erde lebt. Allein das Herz des Blauwals ist so groß wie ein Kleinwagen. Blauwale leben einzeln oder in kleinen Gruppen bis zu fünf Tieren. Sie wandern im Frühjahr und im Herbst in Gruppen bis zu 60 Tieren. Ihre Hauptnahrung besteht aus ganz kleinen Krebsen, dem Krill. Der Magen kann fast 2000 kg Nahrung aufnehmen. Bei der Nahrungsaufnahme nimmt der Wal Wasser in sein Maul auf. Danach presst er das Wasser mit der Zunge wieder nach draußen. Durch die Barten im Maul wird das Plankton aus dem Wasser herausgefiltert und anschließend gefressen. Blauwale können bis zu 20 Minuten die Luft anhalten und erreichen eine Tauchtiefe von 300 Metern. Ein Blauwaljunges ist bis sieben Meter lang und zwei bis drei Tonnen schwer. Die Jungen werden sechs bis sieben Monate gesäugt und trinken jeden Tag 600 Liter Milch. Blauwale wurden früher oft Opfer des Walfanges, so dass heute schätzungsweise nur noch ca. 12000 Tiere leben. Der Blauwal ist seit 1967 unter Schutz gestellt.

6 *Beispiel für einen Steckbrief mit zusammenhängendem Text*

2.14 Die Klasse der Säugetiere

1 *Übersicht zur Klasse der Säugetiere mit Einordnung des Rotfuchses in das Reich der Tiere*

Auf der Erde gibt es viele Millionen Tierarten. Sie werden nach bestimmten Gesichtspunkten geordnet (Abb. 1). Das **Reich** der Tiere wird in mehrere **Stämme** untergliedert. Einer davon ist der Stamm der Wirbeltiere. Alle Wirbeltiere besitzen eine Wirbelsäule. Innerhalb der Wirbeltiere gibt es fünf **Klassen**: Fische, Amphibien (Lurche), Reptilien (Kriechtiere), Vögel und Säugetiere. Innerhalb der Klasse der Säugetiere gibt es mehrere **Ordnungen** (Abb. 1). Insektenfresser, Nagetiere, Paarhufer und Raubtiere sind Beispiele dafür. Jede Ordnung wird in mehrere **Familien** gegliedert. Innerhalb der Ordnung Raubtiere sind die Hundeartigen eine Familie. Sie wird in **Gattungen** aufgeteilt. Die Füchse sind eine Gattung in der Familie Hundeartige. Schließlich werden die Gattungen noch einmal in **Arten** unterteilt. Der Rotfuchs ist eine, der Polarfuchs und der Wüstenfuchs sind andere Arten innerhalb der Gattung Füchse. Dabei versteht man unter einer Art alle Lebewesen, die untereinander Nachkommen zeugen können.

Auf der Erde gibt es fast fünftausend Arten von **Säugetieren**, von den kleinen Mäusen bis zu den riesigen Walen. Die meisten Säugetiere entwickeln sich geschützt im Inneren des mütterlichen Körpers und werden lebend geboren. Nach der Geburt werden die Jungen eine Zeit lang mit Muttermilch ernährt. Sie enthält alle Stoffe, die für die Entwicklung und das Wachstum notwendig sind. Säugetiere sind gleichwarm. Ihre Körpertemperatur ist unabhängig von der Außentemperatur. Die meisten Säugetiere haben ein Fell aus Haaren. Säugetiere atmen mit Lungen. Auch der Mensch gehört zur Klasse der Säugetiere.

Vielfalt, Stammesgeschichte

Grundwissen

2 Schnabeltier

1 Eierlegendes Säugetier?
Das Schnabeltier kommt in Australien vor. Der Körper ist behaart und gleichwarm. Mit dem empfindlichen Schnabel werden in der Dämmerung Beutetiere im Wasser (Wasserschnecken, Krebse, Wasserinsekten) aufgestöbert. Nur während der Fortpflanzungszeit geben die Tiere ihr Dasein als Einzelgänger auf. Nach der Paarung legt das Weibchen eine mehrere Meter lange Brutröhre im Uferbereich eines Gewässers an. Dort hinein werden ein bis drei Eier gelegt und ausgebrütet. Nach zehn Tagen schlüpfen die Jungtiere. Sie werden mehrere Monate lang gesäugt. Welche Gründe sprechen dafür, dass das Schnabeltier ein Säugetier ist, welche dagegen?

2 Mensch, Hund und Katze sind Säugetiere.
Nenne die Säugetiermerkmale, die Mensch, Hund und Katze gemeinsam haben.

3 Ordnung in der Vielfalt.
a) Welche der nachfolgend genannten Tiere gehören zur Klasse der Säugetiere, welche zur Klasse der Vögel, der Reptilien, der Amphibien und der Fische? Fledermaus, Fuchs, Rotkehlchen, Grasfrosch, Schildkröte, Wal, Igel, Karpfen, Bussard, Erdkröte, Tiger, Forelle, Pinguin, Zauneidechse, Ringelnatter, Braunbär, Pferd
b) Fertige schriftlich für den Wolf (Gattung Wölfe) eine Einordnung wie in Abbildung 1 an.

4 Besuch im Zoo.
Abbildung 3 zeigt den Lageplan der Säugetiergehege in einem Zoo. Nach welchen Gesichtspunkten sind die Zootiere hier geordnet? Welche anderen Möglichkeiten zur Anordnung der Gehege sind sinnvoll? Begründe deine Vorschläge.

3 Lageplan der Säugetier-Gehege in einem Zoo

Arbeitsmaterial

2.15 Ordnungen in der Klasse der Säugetiere

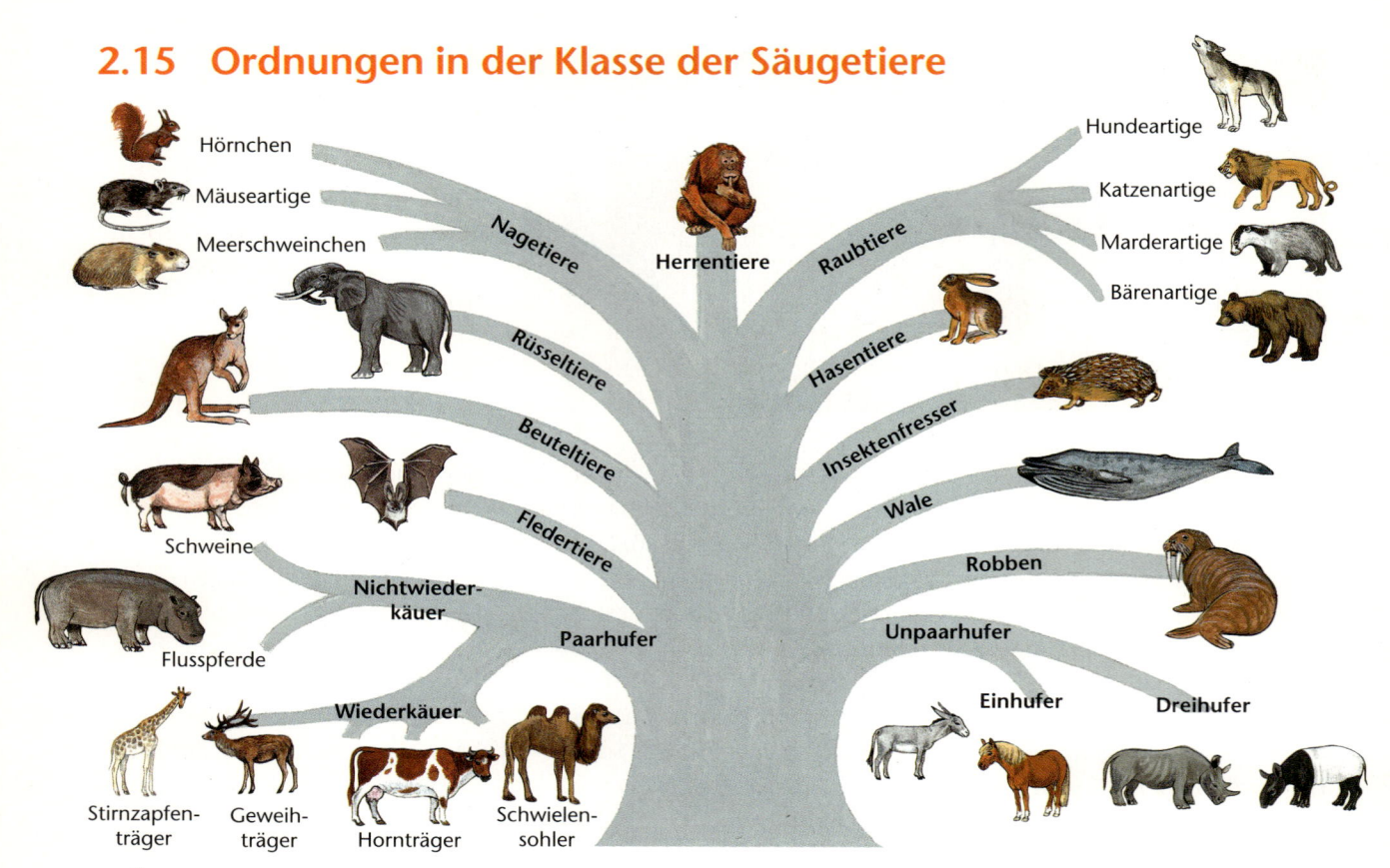

Hörnchen
Mäuseartige
Meerschweinchen
Nagetiere
Herrentiere
Raubtiere
Hundeartige
Katzenartige
Marderartige
Bärenartige
Rüsseltiere
Hasentiere
Beuteltiere
Insektenfresser
Fledertiere
Wale
Schweine
Robben
Nichtwiederkäuer
Paarhufer
Unpaarhufer
Flusspferde
Wiederkäuer
Einhufer
Dreihufer
Stirnzapfenträger
Geweihträger
Hornträger
Schwielensohler

1 *Übersicht zu den Ordnungen der Säugetiere*

Ordnung Raubtiere. Die meisten Raubtiere sind Fleischfresser oder Allesfresser. Eine Ausnahme ist der Panda, der sich rein vegetarisch ernährt. Das Gebiss der Raubtiere funktioniert wie eine Brechschere. Besonders auffällig sind die Reißzähne.

Ordnung Nagetiere. Die Ordnung der Nagetiere enthält die meisten Arten von allen Säugetierordnungen. Nagetiere haben gewöhnlich in jedem Kiefer ein Paar Schneidezähne. Während des Nagens werden diese Zähne scharf geschliffen und abgenutzt. Zum Ausgleich wachsen die Schneidezähne lebenslang nach. Früher zählte man auch die Hasen und Kaninchen zu den Nagetieren. Heute bilden die Hasentiere eine eigene Ordnung innerhalb der Säugetiere.

Ordnung Insektenfresser. Zu dieser Ordnung gehören meist kleine Säugetiere, die sich unter anderem von Insekten und ihren Larven sowie anderen Kleintieren wie Würmern ernähren. Die meisten Insektenfresser sind nachtaktiv. Ihr Gebiss weist eine große Zahl von ziemlich ähnlich gebauten Zähnen auf. Aus Fossilfunden weiß man, dass Lebewesen aus der Gruppe der Insektenfresser schon vor 100 Millionen Jahren – also zur Zeit der Dinosaurier – lebten.

Ordnung Paarhufer. Diese Huftiere sind größtenteils Pflanzenfresser. Eine Reihe der wichtigsten Nutztiere des Menschen gehören zu dieser Ordnung. Namensgebend für die Paarhufer ist, dass jeder Fuß mit zwei gleich stark entwickelten Zehen auftritt. Diese Zehen sind am Ende durch Klauen aus Horn geschützt. Zu den Paarhufern gehören auch die wiederkäuenden Pflanzenfresser.

Ordnung Unpaarhufer. Im Gegensatz zu den Paarhufern haben die Unpaarhufer eine ungerade Zahl von Hufen – entweder einen oder drei Hufe. Unpaarhufer sind nicht wiederkäuende Pflanzenfresser.

1 Wer gehört in welche Säugetier-Ordnung? Ordne folgende Tiere anhand der Angaben auf der Grundwissenseite in eine der Säugetier-Ordnungen ein: Maulwurf, Biber, Feldmaus, Bison, Fischotter, Kaninchen, Pottwal, Wildschwein, Elefant, Giraffe, Gepard, Igel, Pferd, Gorilla, Fledermaus, Dachs, Nashorn, Wanderratte, Hund, Katze, Mensch.

2 Bestimmungsübung: Einheimische Säugetier-Ordnungen nach Schädel und Gebiss bestimmen. Ordne mithilfe des Bestimmungsschlüssels in Abbildung 2 die Schädel einer bestimmten Säugetier-Ordnung zu.

3 Tierordnungen. Ordne weitere dir bekannte Tierarten in Abbildung 1 ein.

4 Stammesgeschichte und Vielfalt. Informiere dich in diesem Buch auf der Methodenseite „Erschließungsfelder", was man unter Stammesgeschichte und was man unter „Vielfalt" versteht. Welche Zusammenhänge bestehen zwischen Stammesgeschichte und Vielfalt?

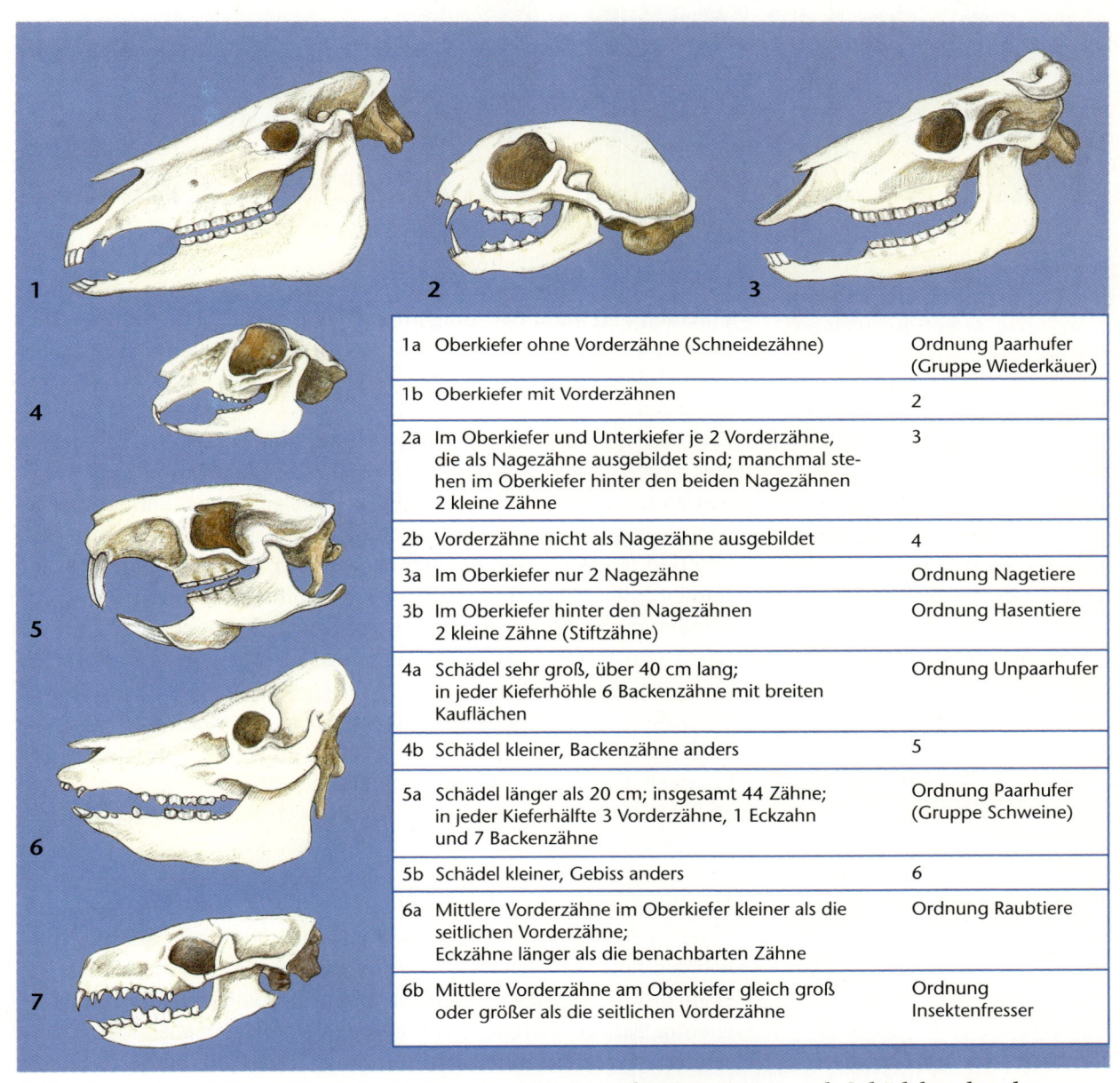

1a	Oberkiefer ohne Vorderzähne (Schneidezähne)	Ordnung Paarhufer (Gruppe Wiederkäuer)
1b	Oberkiefer mit Vorderzähnen	2
2a	Im Oberkiefer und Unterkiefer je 2 Vorderzähne, die als Nagezähne ausgebildet sind; manchmal stehen im Oberkiefer hinter den beiden Nagezähnen 2 kleine Zähne	3
2b	Vorderzähne nicht als Nagezähne ausgebildet	4
3a	Im Oberkiefer nur 2 Nagezähne	Ordnung Nagetiere
3b	Im Oberkiefer hinter den Nagezähnen 2 kleine Zähne (Stiftzähne)	Ordnung Hasentiere
4a	Schädel sehr groß, über 40 cm lang; in jeder Kieferhöhle 6 Backenzähne mit breiten Kauflächen	Ordnung Unpaarhufer
4b	Schädel kleiner, Backenzähne anders	5
5a	Schädel länger als 20 cm; insgesamt 44 Zähne; in jeder Kieferhälfte 3 Vorderzähne, 1 Eckzahn und 7 Backenzähne	Ordnung Paarhufer (Gruppe Schweine)
5b	Schädel kleiner, Gebiss anders	6
6a	Mittlere Vorderzähne im Oberkiefer kleiner als die seitlichen Vorderzähne; Eckzähne länger als die benachbarten Zähne	Ordnung Raubtiere
6b	Mittlere Vorderzähne am Oberkiefer gleich groß oder größer als die seitlichen Vorderzähne	Ordnung Insektenfresser

2 Bestimmungsschlüssel für einige Ordnungen einheimischer Säugetiere nach Schädelmerkmalen

Arbeitsmaterial

3 Haltung und Pflege von Tieren

3.1 Hunde sind beliebte Haustiere

1 *Ein Hund in der Familie*

2 *Rauschgiftspürhund beim Zoll*

- Habe ich genug Zeit, den Hund mehrmals täglich auszuführen?
- Ist der Vermieter mit der Hundehaltung einverstanden?
- Wer sorgt für den Hund, wenn ich im Urlaub bin?
- Ist unsere Wohnung groß genug für das Tier?
- Welche Ansprüche stellt das Tier? Braucht es zum Beispiel besonders viel Bewegung? Kann ich das Tier seinen Ansprüchen gemäß halten?
- Ist die ganze Familie mit der Haltung des Hundes einverstanden?
- Habe ich genug Geld für das Futter, die Steuer, eine Haftpflichtversicherung und den Tierarzt?
- Was mache ich, wenn der Hund nicht so ist, wie ich es mir erträumt habe? Bringe ich dann trotzdem die Geduld auf, das Tier gut zu pflegen?

3 *Fragen zum Kauf eines Hundes*

Hunde sind sehr beliebte Haustiere. Wer einen Hund hält, übernimmt Pflichten und Verantwortung für das Tier (Abb. 3). Die Haltung eines Hundes kostet Zeit, Geduld und Geld. Wie alle Lebewesen haben auch Hunde bestimmte Ansprüche.

Das Verhalten und die Ansprüche eines Hundes versteht man besser, wenn man die Lebensweise des Vorfahrens aller Hunde, des Wolfes, betrachtet. Wölfe sind neugierige Tiere, die gut lernen können. Sie leben gesellig in einem **Rudel**, zu dem die beiden Elterntiere, ihre Welpen und die Welpen des Vorjahres gehören. Im Rudel herrscht eine Rangordnung. Manchmal wird um einen höheren Rang gekämpft. Gegenüber dem Leittier ordnen sich alle Rudelmitglieder unter und sind gehorsam. Wölfe haben eine vielseitige Körpersprache, mit der sie ihren Artgenossen drohen, Unterwürfigkeit zeigen oder zum Spielen auffordern. Wölfe haben ein **Revier**. So nennt man den vertrauten Lebensbereich, der gegen Tiere fremder Rudel verteidigt wird. Die Grenzen des Reviers werden von männlichen Tieren mit einem Duftstoff aus dem Harn markiert. Wölfe können sehr gut hören und riechen. Sie bewegen sich viel und sind ausdauernde Läufer.

Haushunde haben Verhaltensweisen, die denen der Wölfe ähneln. Ein Hund sieht in seinem Besitzer sein „Leittier" und hört auf ihn. Ähnlich den Jungwölfen muss er von klein auf lernen, was er darf und was er nicht darf. Für ein gutes Zusammenleben mit einem Hund ist es wichtig, dass er die Rangordnung beachtet und sich allen Mitgliedern seines „Menschen-Rudels" unterordnet. Das Haus und die nähere Umgebung sind sein Revier, das er gegenüber Fremden verteidigt.

Stammesgeschichte, Information

Grundwissen

1 Steckbrief eines Hundes. Erstelle einen Steckbrief von einem Hund, den du kennst. Berichte darüber, welche besonderen Erlebnisse du mit ihm hattest.

2 Ansprüche an Haltung und Pflege. Notiere möglichst umfassend Bedingungen, die nötig sind, damit der Hund in Abbildung 1 ein gutes Zuhause hat. Beachte dabei die Abbildungen 3 bis 5.

3 Kosten der Hundehaltung. Berechne anhand der Abbildung 5 die möglichen Gesamtkosten pro Jahr für einen Bernhardiner, einen Kleinen Münsterländer und für einen Yorkshireterrier, wenn die Tiere in den Ferien a) nicht in ein Tierheim, b) in ein Tierheim gegeben werden.

„Wer ein Tier hält,
1. muss das Tier seiner Art und seinen Bedürfnissen entsprechend angemessen ernähren, pflegen und verhaltensgerecht unterbringen,
2. darf die Möglichkeiten des Tieres zu artgemäßer Bewegung nicht so einschränken, dass ihm Schmerzen oder vermeidbare Leiden oder Schäden zugefügt werden."

4 *Auszug aus dem Tierschutzgesetz*

4 Verhalten des Hundes – Verhalten von Wölfen. Beschreibe anhand der Abbildung 6 Verhaltensweisen von Hunden. Gib jeweils an, mit welchen Verhaltensweisen von Wölfen diese vergleichbar sind.
Wie verhält sich der Hund gegenüber Familienangehörigen, wie gegenüber Fremden?

	Bernhardiner	Kl. Münsterländer	Yorkshireterrier
Futter:	900 €	450 €	228 €
Tierarzt:	125 €	115 €	115 €
Steuer:	75 €	75 €	75 €
Versicherung:	50 €	50 €	50 €
Spielzeug, Leine:	10 €	10 €	10 €
Pflegemittel:	25 €	25 €	25 €
Vier Wochen Ferien im Tierheim:	375 €	340 €	300 €

5 *Mögliche Kosten eines Hundes, bezogen auf ein Jahr*

5 Hunde als Helfer des Menschen. Lege eine zweispaltige Tabelle an. In die erste Spalte trägst du die folgenden Begriffe untereinander ein: Jagdhund, Schoßhund, Polizeihund, Wachhund, Spürhund, Schäferhund, Windhund, Schlittenhund, Blindenhund, Lawinensuchhund.
In die zweite Spalte schreibst du, welche Merkmale und Eigenschaften dieser Hunde für den Menschen besonders wichtig sind.

6 *Verhaltensweisen eines Hundes*

Arbeitsmaterial

3.2 Fortpflanzung und Ernährung des Hundes

1 Saugende Welpen

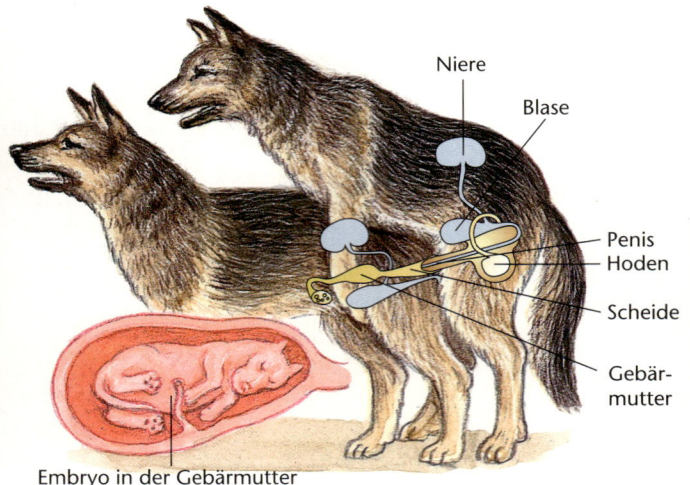

2 Fortpflanzung und Entwicklung beim Hund

Hunde haben mit anderen **Säugetieren** eine Reihe gemeinsamer Merkmale. Dazu gehört das Fell aus Haaren und eine gleichwarme Körpertemperatur. Säugetiere pflanzen sich geschlechtlich fort (Abb. 2). Die Befruchtung findet im Inneren des weiblichen Körpers statt. Bei der Befruchtung verschmelzen Eizelle und Spermazelle. Aus der befruchteten Eizelle geht ein Embryo hervor. Etwa 63 Tage nach der Befruchtung werden die Welpen geboren. Sie sind zunächst hilflos und können noch nicht sehen. Erst zwölf Tage nach der Geburt öffnen sich die Augen.

Die Welpen besitzen eine Reihe von Merkmalen, zum Beispiel die Körperform, die Form der Ohren, die Beinlänge sowie die Färbung des Fells. Vergleicht man die Welpen untereinander oder mit ihren Eltern, stellt man viele Ähnlichkeiten, aber auch Unterschiede fest, zum Beispiel in der Fellfärbung (Abb. 1). Alle Lebewesen mit **geschlechtlicher Fortpflanzung** haben Nachkommen, die neben Gemeinsamkeiten auch Unterschiede aufweisen.

Ungefähr fünf Wochen werden die Welpen von der Hündin gesäugt. Wie bei allen Säugetieren, enthält die Muttermilch alle Stoffe, die für das Wachstum und die Entwicklung der Jungen notwendig sind. Dazu gehören Eiweiße, Fette, Kohlenhydrate, z. B. Zucker, sowie Mineralsalze und Vitamine.

Nach der Entwöhnung von der Muttermilch müssen die jungen Hunde ihr Gebiss einsetzen. Erwachsene Hunde haben ein kräftiges **Fleischfressergebiss** (Abb. 3). Vorne im Oberkiefer und im Unterkiefer sitzen jeweils sechs scharfe Schneidezähne. Rechts und links der Schneidezähne folgt je ein dolchartiger Eckzahn, auch Fangzahn genannt. Die größten Backenzähne heißen Reißzähne. Wenn der Hund sein Maul schließt, gleiten die Reißzähne des Oberkiefers und des Unterkiefers wie die beiden Hälften einer scharfen Schere aneinander vorbei. Mit den Eckzähnen kann ein Hund seine Beute greifen, festhalten und töten. Mit den Reißzähnen werden Fleischstückchen abgetrennt. Mit den Schneidezähnen kann Fleisch von Knochen abgenagt werden.

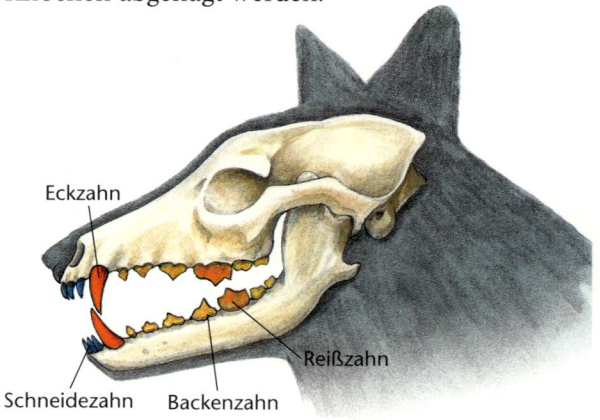

3 Schädel und Gebiss eines Hundes

1 Ähnlichkeiten und Unterschiede bei den Nachkommen. Betrachte die Abbildung 1 und beschreibe Ähnlichkeiten und Unterschiede zwischen den Welpen.

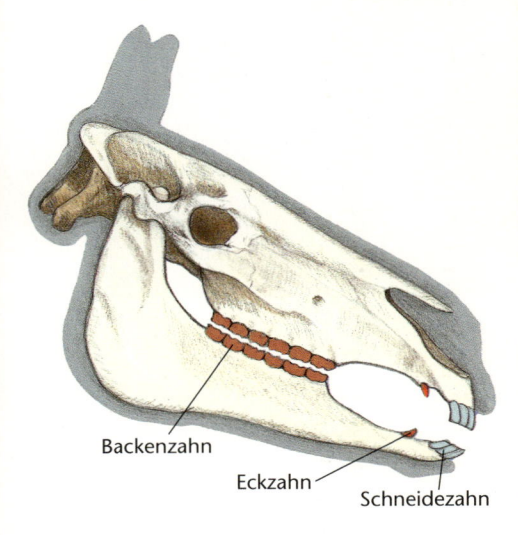

Hundewelpen sind Nesthocker. Nach der Geburt können sie nicht sehen, nicht hören und nicht laufen. Um den 12. Lebenstag öffnen sich langsam Augen und Gehörgänge. Ab dem 18. Lebenstag beginnen sie mit Laufversuchen. Muttermilch versorgt die Welpen in den ersten Lebenswochen mit allen Nährstoffen, die sie benötigen. Muttermilch enthält auch Stoffe, die die Welpen in den ersten Tagen vor Krankheitserregern schützen. Ein einzelner Welpe braucht zwei Gramm Muttermilch, um ein Gramm Körpergewicht zuzusetzen. Sechs Schäferhundwelpen nehmen pro Tag insgesamt etwa 400 Gramm zu. Das bedeutet eine tägliche Milchleistung der Mutter von 800 Gramm. Ab der vierten Lebenswoche beginnt das Wachstum der Milchzähne. Erst mit der Entwicklung der Zähne können die Jungen feste Nahrung aufnehmen.

4 Hundewelpen werden gesäugt

Backenzahn
Eckzahn
Schneidezahn

5 Gebiss eines Pferdes

2 Angepasstheiten beim Fleisch- und Pflanzenfresser-Gebiss. Vergleiche das Gebiss eines Schäferhundes (Abb. 3) mit dem eines Pferdes (Abb. 5). Die Backenzähne des Pferdes haben eine große, rauhe Kaufläche. Wie hängen Ernährungsweise und Gebiss zusammen?

3 Bedeutung des Säugens. „Zum Säugen gibt es keine Alternative!" Finde Begründungen für diese Aussage eines Hundezüchters. Verwende dazu Abbildung 4 und den Grundwissentext. Warum können junge Welpen nicht durch Jagd selbst die notwendige Nahrung erbeuten?

Eine Kurve beschreiben, auswerten und erklären

In der Mathematik versteht man unter einer Kurve eine gekrümmte oder gerade Linie. Häufig stellt diese Linie die Beziehung von zwei Werte in einem Koordinatensystem dar. Für die Auswertung solcher Kurven ist es sinnvoll, in Schritten vorzugehen:

1. Thema der Kurve. Welche beiden Werte werden im Koordinatensystem aufeinander bezogen? Welche Maßeinheit hat jeder dieser Werte?
2. Beschreibung des Kurvenverlaufs. Welche Abschnitte hat die Kurve? Wie verläuft die Kurve?
3. Auswertung der Kurve. Was sagt der Kurvenverlauf über die Beziehung der Werte aus?
4. Erklärung der Kurve. Hier werden Begründungen überlegt, mit denen der Kurvenverlauf erklärt werden kann.

5. Vermutungen, offene Fragen. Oft können keine vollständigen Erklärungen gefunden werden. Dann kann man weitere Vermutungen oder Fragen zur Kurve notieren und besprechen.

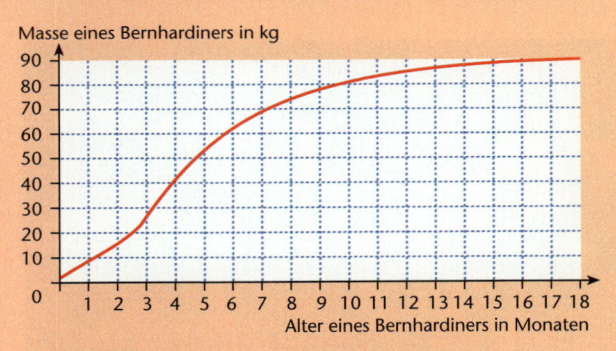

6 Wachstumskurve eines Bernhardiners

4 Wachstumskurve eines Bernhardiners. Beschreibe die Wachstumskurve in Abbildung 6 und werte sie aus.

3.3 Hundezüchtung und Hunderassen

1 Wölfe

Das Verbreitungsgebiet des Wolfes liegt in der nördlichen Erdhälfte und reicht von der Arktis bis nach Indien. Alle Wölfe gehören zu einer **Art** mit dem lateinischen Namen Canis lupus. Mitglieder einer Art sind alle Lebewesen, die sich untereinander fortpflanzen können. Lebewesen, die sich nicht untereinander fortpflanzen können, gehören zu verschiedenen Arten. Zum Beispiel sind Wolf und Fuchs verschiedene Arten. Sie können keine gemeinsamen Nachkommen haben.

Aus Skelettfunden weiß man, dass Wölfe bereits in der Steinzeit vor 15000 Jahren mit Menschen zusammenlebten. Vielleicht zogen Menschen der Steinzeit erstmals Welpen groß, deren Elterntiere gestorben waren. Diese Tiere wuchsen in einer Menschengruppe auf und folgten ihr. Der Wolf brachte verschiedene Eigenschaften mit, die seine Zähmung erleichterten. Wölfe leben gesellig in Rudeln und jedes Rudelmitglied gehorcht dem Leittier. Schon bald erkannte der Mensch die Nützlichkeit dieser Tiere und begann sie für bestimmte Aufgaben gezielt zu züchten, zum Beispiel als Jagdhund oder Wachhund.

Die Nachkommen eines Wolfspaares oder eines Hundepaares sind nicht vollkommen gleich. Die Geschwister eines Wurfes ähneln den Eltern und ähneln sich untereinander, zeigen jedoch auch unterschiedliche Eigenschaften und Merkmale (Abb. 2). Diese Unterschiede macht man sich bei der Züchtung zu Nutze. Die Züchter wählen solche Tiere zur Zucht aus, die aus Sicht des Menschen vorteilhafte Eigenschaften hatten, zum Beispiel besonders wachsam sind. Tiere mit vorteilhaften Eigenschaften werden verpaart und in der nächsten Generation werden wieder die Nachkommen mit vorteilhaften Merkmalen ausgewählt. Die Auswahl von Lebewesen mit bestimmten Eigenschaften zur Fortpflanzung nennt man **Züchtung**. So ist es im Laufe der Zeit gelungen, die vielfältigen Züchtungsformen der Hunde hervorzubringen. Man nennt diese Züchtungsformen auch **Hunderassen** (Abb. 3). Der Mensch hat über 400 Hunderassen gezüchtet. Alle Hunderassen gehören zur Art Canis lupus.

2 Welpen – Gemeinsamkeiten und Unterschiede

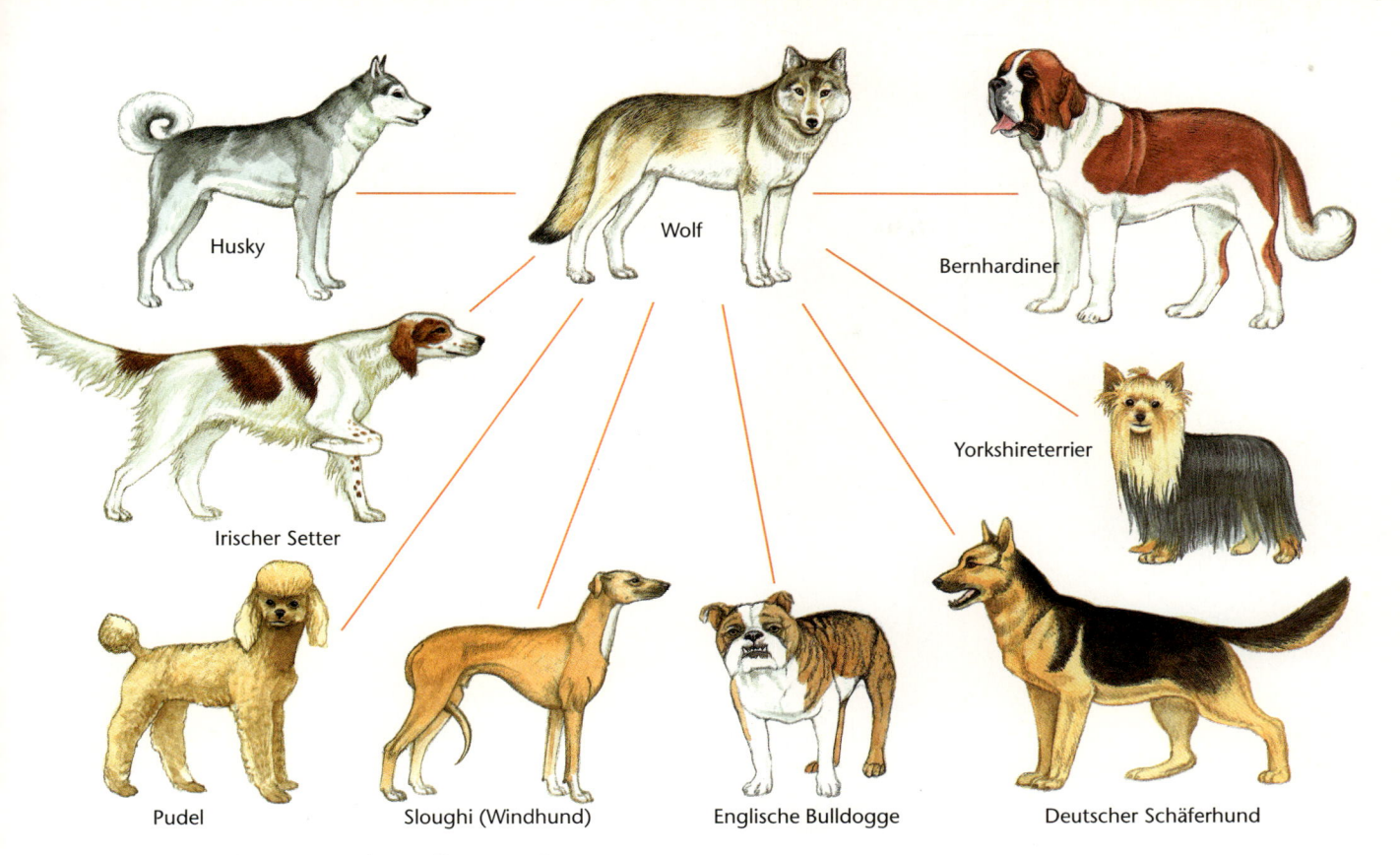

3 *Der Wolf ist der Vorfahr aller Hunde*

(Husky, Wolf, Bernhardiner, Irischer Setter, Yorkshireterrier, Pudel, Sloughi (Windhund), Englische Bulldogge, Deutscher Schäferhund)

1 Hundezüchtung und Hunderassen.
a) Ordne die Vertreter der in Abbildung 3 dargestellten Hunderassen nach selbst gewählten Gesichtspunkten.
b) Gib an, welche Ziele die Züchter bei den verschiedenen Rassen vermutlich verfolgten (Abb. 3).
c) Erläutere an einem selbst gewählten Beispiel, wie Hunde gezüchtet werden.

2 Der Wolf, Vorfahr aller Hunde. Nenne Merkmale und Eigenschaften, die Hunde mit dem Wolf gemeinsam haben.

3 Rücksichtslose Züchtung: Zwerghunde und Nackthunde. Zwerghunde sind sehr klein. Die kleinsten wiegen gerade mal ein halbes Kilogramm. Allerdings gehen mit der Züchtung der Zwerghunde Schäden einher: Die Schädelknochen sind papierdünn und im Knochen des Schädeldaches gibt es Löcher, die sich nicht schließen. Beim chinesischen Nackthund, ebenfalls ein Zwerg unter den Hunden, ist das Fell weitgehend weggezüchtet (Abb. 5). Die Haut muss häufiger mit Sonnencreme eingerieben werden. Außerdem ist beim chinesischen Nackthund das typische Hundegebiss bis auf ein paar kleine Backenzähne nicht mehr vorhanden.
Nimm zur Züchtung von Zwerghunden und Nackthunden Stellung. Beachte dabei auch das Tierschutzgesetz (Abb. 4).

> Nach § 11b des Tierschutzgesetzes ist es verboten, Wirbeltiere zu züchten, wenn der Züchter damit rechnen muss, dass aufgrund vererbter Merkmale Körperteile oder Organe für den artgemäßen Gebrauch fehlen oder untauglich sind und hierdurch Schmerzen, Leiden oder Schäden auftreten.

4 *Aus dem Tierschutzgesetz*

5 *Chinesischer Nackthund*

Arbeitsmaterial

3.4 Katzen sind Schleichjäger

1 Wenige Tage altes Katzenjunges

2 Katzenmutter trägt ihr Junges

Wenn man eine Katze beobachtet, sieht man häufig, wie sie sich in geduckter Haltung mit sehr langsamen und vorsichtigen Bewegungen anschleicht. Manchmal verharrt sie dabei minutenlang. Dann springt sie blitzschnell auf das Beutetier. Dabei fährt sie ihre scharfen Krallen aus, ergreift die Beute mit den Vorderpfoten und tötet sie mit einem Nackenbiss. Katzen sind **Schleichjäger**.

Katzen jagen vor allem nachts und in der Dämmerung. Ihre Pupillen, die sich tagsüber zu schmalen Schlitzen verengen, sind dann stark geweitet. So fällt viel Licht ins Auge und Katzen können auch in der Dämmerung noch gut sehen. Bei völliger Dunkelheit verlassen sich Katzen auf ihr ausgezeichnetes Gehör. Sie können sogar das leise Fiepen einer Maus in ihrem Loch hören. Die beweglichen Ohrmuscheln werden dann auf die Beute ausgerichtet. Die Tasthaare an den Oberlippen können Berührungen wahrnehmen. Sie verhindern im Dunkeln, dass sich die Katze an Hindernissen verletzt.

Katzen sind **Einzelgänger**. Hauskatzen gewöhnen sich weniger an den Menschen als ein Hund. Häufig ist ihre Bindung an ein **Revier** stärker als an ihre Besitzer. Ständig bringt die Katze in ihrem Revier Duftmarken an (Abb. 3). Dazu nutzt sie über den Körper verteilte Drüsen oder gibt etwas Urin ab. Wenn eine Katze sich an einem Menschen reibt, drückt sie damit nicht nur Zuneigung aus. Sie überträgt auch ihren Körpergeruch und kennzeichnet den Menschen als Teil ihres Reviers.

65 Tage nach der Befruchtung bringen Katzenmütter in geeigneten Verstecken zwei bis sechs zunächst blinde Junge zur Welt (Abb. 1). Werden sie gestört, tragen sie die Jungen in ein anderes Versteck (Abb. 2). Nach einer Woche öffnen die Jungen die Augen. Sie werden etwa acht Wochen gesäugt. In dieser Zeit lernen sie viel von ihrer Mutter. Im Spiel mit ihren Geschwistern üben sie das Jagd- und Sozialverhalten.

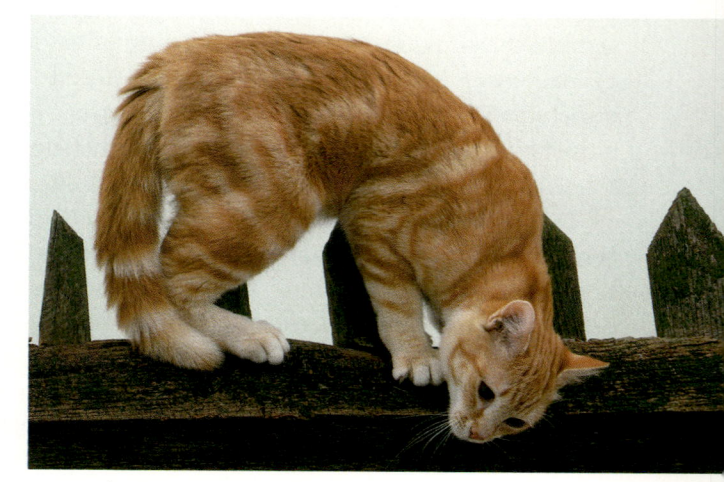

3 Markieren des Reviers durch Wangenreiben

Angepasstheit, Information

Grundwissen

1 Vergleich: Katze – Wolf.
a) Vergleiche die Jagdweisen von Katzen und Wölfen.
b) Im Gegensatz zu Hunden und Wölfen können Katzen ihre Krallen einziehen (Abb. 4). Welchen Zusammenhang siehst du zwischen dieser Eigenschaft und den unterschiedlichen Jagdweisen der Tiere?

4 Katzenkrallen

5 Katzen sind Nachtjäger.
a) Betrachte Abbildung 5 und beschreibe die Unterschiede. Welche Bedeutung haben sie für die nächtliche Jagdweise der Katze?
b) Erläutere weitere Besonderheiten im Körperbau der Katzen, die es ihnen erlauben, nachts zu jagen.

5 Katzenaugen in der Dämmerung (links) und im Tageslicht (rechts)

2 Umziehen mit Katzen – ein Fallbeispiel. Familie S. hat gebaut. Sie zieht mit ihrer Katze in das einige Kilometer entfernte neue Haus. Am nächsten Tag ist die Katze verschwunden. An diesem und an vielen folgenden Tagen rufen die alten Nachbarn an, dass die Katze dorthin gelaufen ist. Erkläre das Verhalten der Katze. Würdest du bei einem Hund ein ähnliches Verhalten erwarten?

3 Katzen sind Nesthocker.
Katzen bezeichnet man als Nesthocker. Begründe diese Bezeichnung. Nenne andere Beispiele für Nesthocker und für Nestflüchter. Benutze dazu das Stichwortverzeichnis.

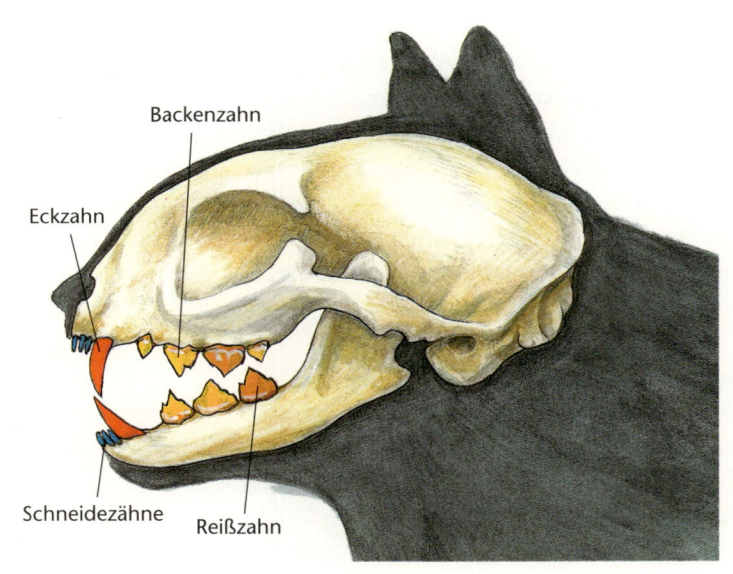

6 Katzengebiss

4 Das Gebiss der Katze. Vergleiche das Gebiss einer Katze (Abb. 6) mit dem eines Hundes.

69

Arbeitsmaterial

3.5 Katzen – Haustiere mit langer Tradition

1 Falbkatze

2 Siamkatze

Die Stammform unserer Hauskatze ist die nordafrikanische **Falbkatze** (Abb. 1). Bereits vor Jahrtausenden siedelte sich die Falbkatze in der Nähe menschlicher Siedlungen an. Dort fand sie reichlich Mäuse, Ratten und Abfälle. Als Schädlingsvertilger waren die Katzen sehr willkommen. Falbkatzen erwiesen sich als anpassungsfähig. Vermutlich wurden die zutraulichsten der Tiere weiter gezüchtet. Aus diesen Züchtungen entwickelte sich die Hauskatze. Die Entstehung einer Haustierrasse aus einer Wildform bezeichnet man als **Domestikation**.

Seefahrer schätzten Katzen als eifrige Mäusejäger auf Schiffen. Auf Handelswegen wurden Katzen so von Nordafrika aus über die ganze Welt verbreitet. Zunächst eher zufällig und vor allem in den letzten Jahrhunderten entstanden durch gezielte Zucht unterschiedliche Katzenrassen wie die Siamkatze oder die Perserkatze (Abb. 2, 3). Viele von ihnen zeigen noch deutlich die Eigenschaften der Falbkatze.

Falbkatzen sind geschickte Jäger. Mit eingezogenen Krallen schleichen sie sich lautlos an ihre Beute an. Mit ihrem hervorragenden Gleichgewichtssinn können sie über schmale Hindernisse klettern. Ihr Schwanz dient dabei zum Balancieren. Beim Erklettern von Bäumen helfen die ausziehbaren, spitzen Krallen. Die Falbkatze schärft die Krallen regelmäßig an Bäumen. Die Kratzer, die dabei entstehen, dienen auch der optischen Markierung des Reviers. Hauskatzen sind ebenso anpassungsfähig wie ihr Urahn. Sie passen ihre Revieransprüche den Gegebenheiten in einer Wohnung an und lassen sich sogar an eine Katzentoilette gewöhnen.

3 Perserkatze

Angepasstheit, Wechselwirkungen

Grundwissen

4 *Artikel, die für einen Katzenhaushalt gebraucht werden*

1 Die Pflege von Katzen. Katzen, die in Wohnungen gehalten werden, leben unter anderen Bedingungen als im Freiland. Um den Bedürfnissen von Katzen gerecht zu werden, muss dies berücksichtigt werden. Abbildung 4 zeigt einige Gegenstände, die zur Katzenhaltung benötigt werden. Lege eine Tabelle an. Benenne in der ersten Spalte die Gegenstände und gib in der zweiten Spalte an, wozu sie benötigt werden.

2 Gefährden Katzen die Singvögel? Haltern von Katzen wird häufig der Vorwurf gemacht, ihre Tiere gefährdeten die Singvogelbestände.
a) Fasse die Aussagen von Text 1 und Text 2 in kurzen Sätzen zusammen und vergleiche die Auffassungen der Autoren.
b) Formuliere deine eigene Meinung zum dargestellten Problem.
c) Welche Maßnahmen sollten Katzenhalter deiner Meinung nach ergreifen, um die Gefährdung der Vögel einzudämmen?

Text 1
Mit Abstand die meisten Opfer unter den Vögeln gehen auf das Konto verwilderter und streunender Hauskatzen. Aber auch die sich gelegentlich draußen aufhaltenden Hauskatzen fangen und fressen Wildvögel. Singvögel machen einen Anteil von 20 Prozent an der Beute von Hauskatzen aus. Zudem zeigte eine Studie, dass einige besonders geschickt jagende Hauskatzen über 1000 Tiere pro Jahr in der Natur töten.

Viele Millionen Katzen leben in deutschen Haushalten. Entsprechend viele Opfer gibt es in der Vogelwelt. Anhand der Daten lässt sich ihre Zahl auf mindestens 50 Millionen Vögel pro Jahr beziffern. Angesichts der starken Bestandsrückgänge vieler Singvogelarten ist diese Zahl höchst alarmierend.

Text 2
Seit Jahrhunderten nutzt der Mensch die Fähigkeiten der Katzen, um Mäuse- und Rattenplagen zu bekämpfen. Doch Katzen stellen nicht nur den Kleinsäugern nach, gelegentlich erbeuten sie auch junge Singvögel. Immer wieder kommt es deshalb zum Streit zwischen Katzenliebhabern und Vogelfreunden. Geht die Zahl der Vögel zurück, ist die Schuldige schnell gefunden: die Katze.

Tatsächlich aber finden viele Singvögel in unseren aufgeräumten Gärten und Parks kaum noch geeignete Nistplätze. Gebüsch und Hecken als Versteckmöglichkeiten fehlen oft genauso, wie alte knorrige Bäume oder artenreiche Blumenwiesen. Denn die locken nicht nur Insekten an, sondern auch deren Räuber, die Singvögel. In einer intakten Landschaft sind Katzen keine Gefahr für die Vögel.

In Gebieten mit vielen freilaufenden Katzen können sie jedoch zu einer zusätzlichen Bedrohung für die Vögel werden.
Hauptursache für den Rückgang der Singvögel aber bleibt der Mensch, der ihren Lebensraum immer mehr einschränkt. Diese Tatsache können wir nicht auf die Katzen abwälzen.

3.6 Verständigung bei Hund und Katze

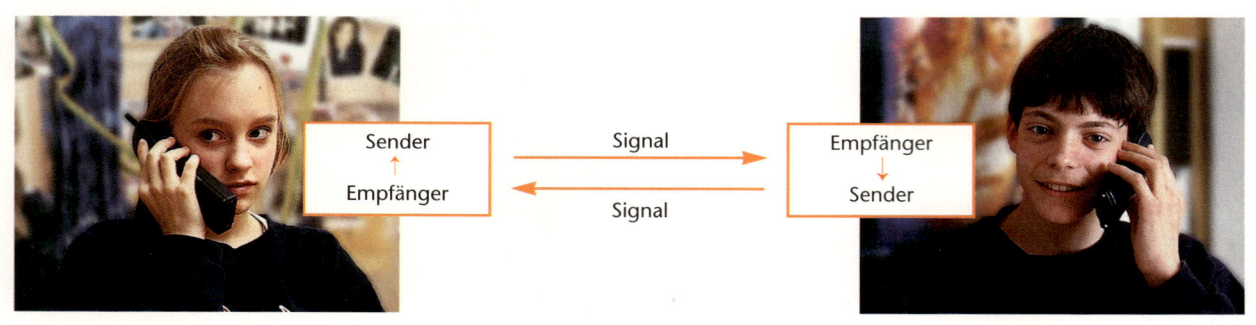

1 *Schema zur Kommunikation*

Wenn du mit jemandem telefonierst, erfolgt die Verständigung nach folgendem Muster (Abb. 1): Derjenige, der gerade spricht, ist der **Sender**. Seine Worte sind die **Signale**, die mithilfe der Technik gesendet werden. Der **Empfänger** nimmt die Signale auf und entnimmt ihm die **Informationen**. Nun kann er selbst zum Sender werden und Informationen mithilfe von Signalen zurücksenden. Erfolgt ein Austausch von Informationen in beide Richtungen, so spricht man von **Kommunikation** (Abb. 1). Sie ist natürlich nur möglich, wenn der jeweilige Empfänger die Signale des Senders versteht. Signale können beim Menschen neben der Sprache auch Mimik und Körperhaltung sein.

Auch Tiere verständigen sich unter Artgenossen nach dem oben beschriebenen Schema durch Körperhaltungen, Düfte, Mimik und Laute. Treffen Hunde aufeinander, beschnüffeln sie sich, um festzustellen, ob es sich bei dem Gegenüber um ein Männchen oder ein Weibchen handelt. Sie stellen durch Drohen und Knurren ihre Rangordnung fest. Der Unterlegene zeigt dies durch Unterwerfungsgesten dem Ranghöheren (Abb. 2). „Befreundete" Tiere begrüßen sich durch Bellen und sie spielen miteinander. Die Fähigkeit, diese Signale zu senden und zu verstehen, ist ihnen angeboren. Bei den Hunden sind die Menschen die Rudelmitglieder. Hunde können die Bedeutung von Wörtern erlernen. Sie können auch Gesten und Stimmungen der Menschen richtig erfassen und darauf reagieren.

Katzen verfügen über eigene Signale. Damit wird zum Beispiel die Revierabgrenzung, Paarungsbereitschaft und das Zusammenleben mit den Jungen geregelt. Dringt eine Katze in das Revier einer anderen ein, wird sie durch Drohen, Fauchen oder Angriff vertrieben oder zum Spielen eingeladen.

Manche Signale haben bei Hund und Katze eine unterschiedliche Bedeutung. So drückt Schwanzwedeln bei Hunden Freude aus, bei Katzen jedoch große Erregung und Bereitschaft zum Angriff. Missverständnisse sind im Zusammenleben von Hund und Katze daher häufig vorprogrammiert. Will ein Hund eine Katze freundlich mit Schwanzwedeln begrüßen, kann die Katze das als Angriffsbereitschaft missverstehen und zum Angriff übergehen. Umgekehrt sieht ein Hund die schwanzwedelnde Katze als freundliche Spielgefährtin. Kommt er ihr näher, besteht die Gefahr, dass die Katze angreift.

2 *Zwei Hunde begegnen sich, einer in Unterwerfungshaltung*

1 Kommunikation. Beschreibe zwei Beispiele aus deinem Alltag, in denen Kommunikation stattfindet. Benenne dabei jeweils Sender, Signal und Empfänger.

2 Körpersprache von Hund und Katze. Vergleiche mithilfe der Abbildung 4 die Körpersprache von Hund und Katze. Stelle Gemeinsamkeiten und Unterschiede zusammen.

3 Begegnungen von Tieren der gleichen Art.
a) Beschreibe die Situation der Tiere in der Abbildung 2. Überlege dir, wie es zu einer solchen Situation kommen kann und wie sie sich weiterentwickeln könnte. Begründe, warum du glaubst, dass sich die Situation so weiterentwickeln wird.
b) Übertrage das Schema in Abbildung 1 auf die Situation in Abbildung 2.

4 Begegnung von Hund und Katze. Beschreibe die in Abbildung 3 dargestellte Situation. Gehe dabei auf die Stimmung der beiden Tiere ein und schätze ab, wie sich die Situation voraussichtlich weiterentwickeln wird. Begründe jeweils deine Ansicht.

3 *Hund und Katze begegnen sich*

entspannt

drohend

Angriff

Zwiespalt zwischen Furcht und Angriff

Rückzug

totale Unterwerfung

Freude

4 *Körpersprache von Hund und Katze*

73

Arbeitsmaterial

3.7 Heimtierhaltung

1 Meerschweinchen

2 Kaninchen

3 Goldhamster

Der Umgang mit Tieren kann viel Freude bereiten. Tiere können Spielgefährten sein und man lernt beim Umgang mit ihnen gut ihr Verhalten zu beobachten. Zur Haltung gehört aber auch, dass man für die Tiere und ihre Pflege über viele Jahre hinweg verantwortlich ist. Tägliches Füttern und regelmäßiges Säubern der Gehege ist unbedingt notwendig. Wer dies nicht leisten kann, sollte auf eigene Tiere verzichten und z.B. bei der Pflege von Tieren aus der Nachbarschaft oder einem Tierheim mithelfen. Das Tierschutzgesetz weist ausdrücklich auf die Verantwortung für Tiere und eine artgerechte Tierhaltung hin (Abb. 4). Darunter versteht man, dass ein Tier seinen Bedürfnissen entsprechend ernährt, gepflegt und untergebracht wird.

Tiere sollen sich wohlfühlen. Nur dann bleiben sie gesund und können ihr natürliches Verhalten zeigen. Dazu ist es notwendig, dass man weiß, wie ihre wilden Artgenossen in Freiheit leben. Je mehr die Haltung in Haus oder Garten diesen Bedingungen gleicht, um so wohler werden sich die Tiere fühlen. Wenn man weiß, wie sich die Tiere verhalten, kann man auch besser auswählen, welche Arten für die Haltung in Frage kommen. Häufig werden Meerschweinchen, Kaninchen oder Goldhamster als Hausgenossen ausgesucht. Alle drei Tiere sind Nagetiere, das heißt ihre Nagezähne wachsen ständig nach und müssen abgenutzt werden. Sonst kann das Tier nach einiger Zeit keine Nahrung mehr aufnehmen, weil die Zähne zu lang sind. Die Tiere benötigen also Material, das sie benagen können und Futter mit genügend harten Bestandteilen. Auch die Krallen wachsen ständig nach und müssen bei zu wenig Abnutzung regelmäßig geschnitten werden. Häufig werden die Tiere in zu kleinen Käfigen gehalten und haben zu wenig Anregungen. Sie sitzen dann meist nur herum, werden zu dick und sterben nach wenigen Jahren.

Meerschweinchen stammen von den Gebirgsmeerschweinchen in Südamerika ab. Diese wohnen in Gruppen bis zu 20 Tieren zusammen und besiedeln Gebirgsregionen der Anden bis in 4000 Meter Höhe. Eine Meerschweinfamilie besteht normalerweise aus einem erwachsenen Männchen und mehreren Weibchen mit dem gemeinsamen Nachwuchs. Meerschweinchen haben viele Fress-

Angepasstheit, Wechselwirkungen

Grundwissen

feinde. Sie suchen daher sehr schnell Erdhöhlen, überhängende Felsen und andere Versteckmöglichkeiten auf, sobald sie sich bedroht fühlen. Aus diesen natürlichen Lebensumständen kann man ableiten, wie Meerschweinchen am besten zu halten sind. Die kleinen Nager sind sehr gesellige Tiere. Sie haben viele Laute zur Verständigung untereinander. Halte daher nie ein Meerschweinchen alleine. Es verkümmert sonst. Auch die Haltung mit anderen Tierarten kann Artgenossen nicht ersetzten. Günstig ist es, ein Männchen mit einem oder zwei Weibchen zu halten. Allerdings muss man darauf achten, dass das Männchen vom Tierarzt kastriert wird, sonst gibt es Nachwuchs in großer Zahl. Auch die Haltung von mehreren Weibchen funktioniert gut. Mehrere Männchen zusammen vertragen sich nur, wenn keine Weibchen vorhanden sind. Meerschweinchen brauchen viel Bewegung. Das Gehege muss groß sein, je größer um so besser. Mehrere Quadratmeter sind anzustreben. Darin sollten unbedingt Versteckmöglichkeiten z. B. Häuschen und Rohre sein. Meerschweinchen sind intelligente Tiere, die eine interessante Umgebung zum Wohlbefinden benötigen. Dies können verschiedene mit einander verbundene Räume sein, vielleicht sogar auf verschiedenen Ebenen (Abb. 5). Als Gebirgstiere können sie das ganze

5 *Meerschweinchenhochhaus*

Jahr im Freien gehalten werden, wenn ihnen ein winterfestes Haus zur Verfügung steht. Meerschweinchen können bis zwölf Jahre alt werden.

Auch **Kaninchen** sind gesellige Tiere und sollen keinesfalls alleine gehalten werden. Sie stammen von Wildkaninchen ab, die in unterirdischen Bauen wohnen. Das Bewegungsbedürfnis ist noch größer als bei Meerschweinchen. Das Gehege sollte daher groß sein. Zwei Quadratmeter genügen, wenn zusätzlich mehrere Stunden am Tag Auslaufmöglichkeit besteht. Freilandhaltung ist sehr zu empfehlen, doch ist darauf zu achten, dass die Tiere ein angeborenes Verhalten zum Graben von Gängen an den Tag legen. Auch bei Kaninchen müssen höhlenartige Versteckmöglichkeiten für alle Tiere und ein interessantes Umfeld vorhanden sein. Im Gegensatz zu Meerschweinchen können mehrere kastrierte Männchen zusammen mit Weibchen gehalten werden. Sind die Männchen nicht kastriert, gibt es zwischen ihnen Kämpfe. Die Vermehrung ist ähnlich hoch wie bei den Meerschweinchen. Kaninchen können acht bis zehn Jahre alt werden.

Tierschutzgesetz
in der Fassung der Bekanntmachung vom 25. Mai 1998
(BGBl, I S. 1105, ber. S 1818)

Erster Abschnitt. Grundsatz
§ 1. [Zweck des Gesetzes] Zweck dieses Gesetzes ist es, aus der Verantwortung des Menschen für das Tier als Mitgeschöpf dessen Leben und Wohlbefinden zu schützen. Niemand darf einem Tier ohne vernünftigen Grund Schmerzen, Leiden oder Schaden zufügen

Zweiter Abschnitt. Tierhaltung
§ 2. [Allgemeine Vorschriften] Wer ein Tier hält, betreut oder zu betreuen hat,
1. muss das Tier seiner Art und seinen Bedürfnissen entsprechend angemessen ernähren, pflegen und verhaltensgerecht unterbringen,
2. darf die Möglichkeit des Tieres zu artgemäßer Bewegung nicht so einschränken, dass ihm Schmerzen oder vermeidbare Leiden oder Schäden zugefügt werden,
3. muss über die für eine angemessene Ernährung, Pflege und verhaltensgerechte Unterbringung des Tieres erforderlichen Kenntnisse und Fähigkeiten verfügen.

4 *Auszug aus dem Tierschutzgesetz*

Fünf-Schritt-Lesemethode

Im Biologieunterricht lernst du verschiedene Tiere und Pflanzen kennen. Wenn du mehr über ein bestimmtes Lebewesen wissen möchtest, findest du in einem Lexikon oder einem Sachbuch zusätzliche Informationen. Manchmal ist es aber nicht leicht, solche Artikel zu verstehen. Wenn du die folgenden Schritte beachtest, wird es dir leichter fallen, schwierige Texte zu verstehen.

1. Schritt: Text genau lesen
Lies den Text mehrmals genau durch. So erhältst du einen Überblick über den Inhalt.

2. Schritt: Unbekannte Wörter und Begriffe klären
Wenn im Text Begriffe vorkommen, die du nicht verstehst, unterstreiche sie mit Bleistift, wenn du das darfst. Trage sie in die linke Spalte eines Vokabelheftes ein (Abb. 1). Kläre mithilfe eines Lexikons, eines Wörterbuchs oder des Internets ihre Bedeutung. Du kannst auch deinen Lehrer oder deine Mitschüler fragen. Wenn du beispielsweise den Begriff Balg im Schülerlexikon nachschlägst, erhältst du folgende Erklärung: Balg = Fachbegriff für das Fell des Fuchses. Den Begriff Fähe findest du vielleicht nicht in deinem Lexikon. Wenn du aber im Internet danach suchst, findest du z. B. unter der Adresse: http://www.jagenonline.at folgende Erklärung: Fähe = Füchsin.

Balg	Fell
Rumpf	Körper
Fähe	Füchsin
wölft	gebärt

1 Ausschnitte aus einem Vokabelheft

3. Schritt: Zwischenüberschriften schreiben
Prüfe, in welche Abschnitte sich der Text gliedern lässt. Markiere die Abschnitte z. B. durch einen Schrägstrich (Abb. 2). Formuliere für jeden Abschnitt eine Zwischenüberschrift.

Der Rotfuchs
Der Rotfuchs gehört zu den hundeartigen Raubtieren. Er erreicht eine Körperlänge zwischen 80 und 90 cm.[1]/ Seine Körpergröße liegt zwischen 35 und 40 cm.[2]/ Das Gewicht eines ausgewachsenen Rotfuchses liegt zwischen 2,2 bis 10 kg.[3]/ Sein Balg ist rotbraun gefärbt. Die Unterseite von Kopf, Hals und Rumpf ist hellweiß.[4]/ Der Rotfuchs ernährt sich hauptsächlich von Mäusen. Daneben stehen noch Insekten, Frösche, Beeren und Aas auf seinem Speiseplan. [5]/ Im Januar/Februar paaren sich die Rotfüchse. Die Fähe wölft im März/April drei bis fünf Junge.[6]/

2 Tierbeschreibung Fuchs

Zwischenüberschriften:
1. Länge
2. Größe
3. Gewicht
4. Fell
5. Nahrung
6. Fortpflanzung

4. Schritt: Schlüsselstellen markieren
Prüfe den Text Abschnitt für Abschnitt, ob er die von dir gewünschten Informationen liefert. Diese Stellen nennt man Schlüsselstellen. Markiere sie mit einem Textmarker oder einem hellen Buntstift (Abb. 2). Achte darauf, dass du nur das Wichtigste im Text markierst.

5. Schritt: Zusammenfassung schreiben
Fasse mithilfe der Zwischenüberschriften und der Schlüsselstellen den Inhalt des Textes zusammen. Eine Zusammenfassung des Textes über den Rotfuchs kann so aussehen:
Der Rotfuchs ist ein Raubtier. Er wird 35 bis 40 cm lang und bis 40 cm groß. Ein Fuchs wiegt zwischen 2,2 und 10 kg. Sein Fell ist rotbraun, an der Unterseite weiß. Mäuse sind seine Hauptnahrung. Im Frühling bringt die Füchsin drei bis fünf Junge zur Welt. (48 Wörter)

Der Eisbär

Der ausgewachsene Eisbär erreicht eine Körperlänge von 250 cm. Seine Schulterhöhe liegt bei 150 cm. Das Gewicht eines solchen Riesen beträgt ungefähr 400 kg. Sein Fell ist gelblich weiß. Eine 10 cm dicke Fettschicht in der Unterhaut schützt ihn vor der arktischen Kälte. Die Heimat des Eisbären liegt in der Nähe des Nordpols. Man trifft ihn vor allem in den Küstenbereichen des Nordpolarmeers an. Dort gibt es riesige Eisschollen, auf denen er lebt und jagt. Zum Überwintern gräbt er sich im Oktober eine Höhle in den Schnee. Der Eisbär ernährt sich hauptsächlich von Robben. Daneben jagt er kleinere Nagetiere wie Lemminge und Mäuse. Auch Aas steht bei ihm auf dem Speiseplan. Im April paaren sich die Eisbären. Im Herbst gräbt das Weibchen eine Höhle in den Schnee. Dort bringt es durchschnittlich zwei Junge zur Welt.

3 *Tierbeschreibung Eisbär*

4 *Eisbär*

Methode

1 Fünf-Schritt-Lesemethode. Schreibe den Text über den Eisbären ab und werte ihn mit der Fünf-Schritt-Lesemethode aus.

2 Zusammenfassung Eisbär. Erstelle eine Zusammenfassung über den Eisbären mit höchstens 50 Wörtern aus dem Text in Abbildung 3.

3 Gitterrätsel. Übertrage das Kreuzworträtsel zum Thema Eisbär in dein Heft (Abb. 5). Lies den Text über den Eisbären genau durch. Löse dann das Rätsel. Die markierten Kästchen ergeben ein Lösungswort.

1) Wann ist die Paarungszeit der Eisbären?
2) Wo liegt die Heimat des Eisbären?
3) Gegen was schützen Fell und Fettschicht?
4) Was schützt den Eisbären vor der arktischen Kälte?
5) Wie viele Junge bringt das Weibchen durchschnittlich zur Welt?
6) Was steht neben anderem auf dem Speiseplan eines Eisbären?

5 *Gitterrätsel*

3.8 Der Auerochse – Urvater unserer Rinder

1 *So könnte das Urrind gelebt haben*

Alle europäischen, aber auch viele asiatische und afrikanische Rinderrassen stammen vom Ur- oder Auerochsen ab (Abb. 1). Das **Urrind** lebte als Herdentier in gebüschreichen, lichten Wäldern und ernährte sich hauptsächlich von Gräsern, manchmal auch von Laub. Vor etwa 8 000 Jahren begannen unsere Vorfahren damit, wildlebende Rinder als Haustiere zu halten. Hunde, Ziegen und Schafe waren zu dieser Zeit bereits Haustiere des Menschen. Das Urrind ist bei uns aufgrund ungünstiger Lebensbedingungen und intensiver Bejagung seit 1627 ausgestorben. In Europa überlebte als Wildrind lediglich das Wisent.

Weltweit gibt es heute mehr als 250 Rinderrassen. Durch gezielte Paarung von männlichen und weiblichen Tieren haben sich bei den verschiedensten Rassen ganz unterschiedliche Eigenschaften, z. B. hohe Milchleistung, herausgebildet. In der Rinderzucht konzentrierte man sich in Europa hauptsächlich auf die **Milchmenge** und die **Fleischmasse**. Zu den reinen Milchrassen gehören z.B. die Jersey-Rinder. Reine Mastrassen dagegen sind Charolais und Limousin. In den weit verbreiteten Rassen Deutsche Schwarzbunte, Deutsche Rotbunte und Fleckvieh sind beide Eigenschaften miteinander kombiniert, man nennt sie daher auch **Zweinutzungsrassen**. In den letzten Jahren werden Rinder auch verstärkt in der Landschaftspflege eingesetzt, wobei man hier auf Galloway oder Schottische Hochlandrinder zurückgreift. Diese Tiere sind äußerst robust und widerstandsfähig und bleiben auch bei widrigsten Witterungsverhältnissen draußen in der freien Natur.

	1960	1970	1980	1990	2000
Milchmenge in kg pro Jahr	3.400	3.800	4.600	5.000	6.700

2 *Entwicklung der Milchleistung*

1 **Durchschnittliche Entwicklung der Milchleistung einer Kuh in Deutschland.** Stelle die Entwicklung der Milchleistung grafisch in einem Balkendiagramm dar (Abb. 2). Erkläre mithilfe des Textes auf der Grundwissenseite diese Entwicklung.

3 *Schwarzbuntes Rind*

4 *Fleckvieh*

Rasse	Gewicht der Kühe in kg	Milchleistung in kg pro Jahr	Fettgehalt der Milch in %	Eiweißgehalt der Milch in %	Tägliche Gewichtszunahme in g
Schwarzbunte	680	7.300	4,3	3,4	—
Rotbunte	700	6.650	4,3	3,4	—
Jersey	350	4.680	6,1	4,2	—
Fleckvieh	750	5.690	4,1	3,5	1.280
Charolais	850	—	—	—	1.400
Limousin	750	—	—	—	1.200

5 *Leistungsmerkmale verschiedener Rassen*

2 **Verschiedene Rinderrassen.** Erkläre die Begriffe Milch- und Fleischrasse sowie Zweinutzungsrasse. Nutze dazu den Grundwissentext und Abbildung 5. Ordne die Rassen den jeweiligen „Zuchtrichtungen" zu. Überlege dir, warum in einigen Kästchen der Tabelle keine Angaben verzeichnet sind.

3 **Urrinder und heutige Rinder.** Lies den nebenstehenden Text genau durch. Vergleiche die Lebensweise des Urrindes mit der Lebensweise der heutigen Rinder im Rinderstall. Beschreibe die Übereinstimmungen und die Unterschiede.

Lebensweise des Urrindes
Bis ins 17. Jahrhundert kamen die Urrinder in dichten Wäldern oder auf Grasland vor. Das Urrind lebte in kleineren Herden, die aus Tieren beiderlei Geschlechts bestanden. Sie waren mit rund fünf Jahren ausgewachsen und konnten zwanzig und mehr Jahre alt werden. Innerhalb der Herde bestand eine strikte Rangordnung, die durch unblutige Kämpfe festgelegt wurde. Die Kühe wurden normalerweise durch den ranghöchsten Bullen gedeckt. Eine Kuh brachte ihr Kalb an einem geschützten Ort zur Welt. Bereits nach einem Tag war das Jungtier in der Lage, den ausgewachsenen Tieren zu folgen. Zwischen dem Kalb und der Kuh bestand eine sehr enge Bindung. Das Kalb konnte nur bei der eigenen Mutter saugen, nicht bei den anderen Kühen. Etwas ältere Kälber schlossen sich innerhalb der Herde zu „Spielgruppen" zusammen und kehrten nur noch zur Nahrungsaufnahme zur Mutter zurück.
Das Urrind war ein Pflanzenfresser und Wiederkäuer. Die Hauptaktivitätszeit der Tiere lag in der Dämmerung, zu dieser Zeit waren sie sehr viel in Bewegung. Außerdem waren die Urrinder sehr scheue Fluchttiere. Sie konnten nicht sehr gut sehen, aber dafür um so besser hören und riechen.

3.9 Das Rind – ein spezialisierter Pflanzenfresser

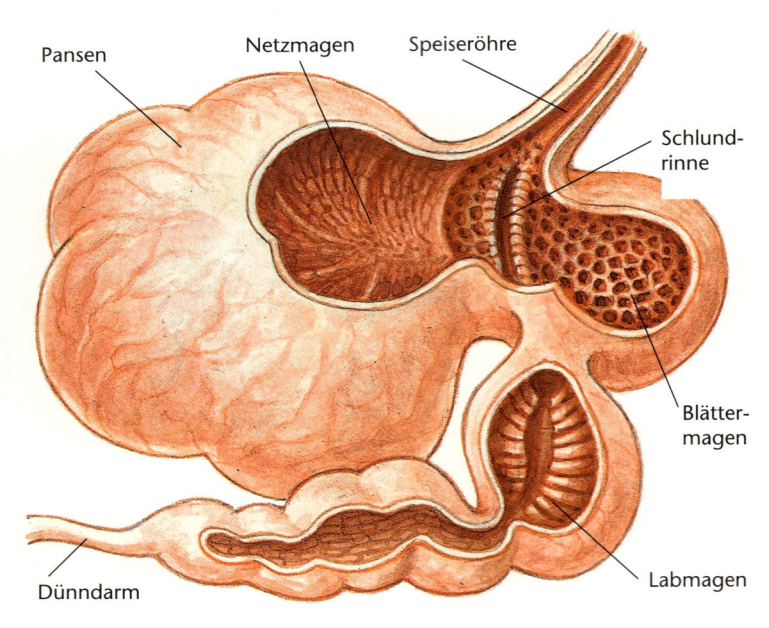

1 *Wie eine Kuh frisst*

2 *Aufbau eines Rindermagens*

(Beschriftungen Abb. 2: Pansen, Netzmagen, Speiseröhre, Schlundrinne, Blättermagen, Labmagen, Dünndarm)

Im Sommer fressen Rinder bis zu 70 kg Gras am Tag. Dabei umfasst die lange, raue Zunge längere Grasbüschel, die mit einer ruckartigen Bewegung abgerissen werden (Abb. 1). Im Maul der Tiere wird die Nahrung mit viel Speichel vermengt und nahezu unzerkaut heruntergeschluckt.

Durch die Speiseröhre gelangt das Gras in den **Pansen** (Abb. 2). In diesem Teil des Magens, der bis zu 200 Liter fasst, wird mit der Verdauung der Nahrung begonnen. Milliarden von Bakterien, Hefen und sonstigen Kleinstlebewesen bewirken die Zersetzung der schwerverdaulichen Nahrungsbestandteile. Der eingeweichte Nahrungsbrei wird zwischen Pansen und **Netzmagen** hin- und herbewegt. Gröbere Bestandteile werden über die Schlundrinne hochgewürgt und nochmals durchgekaut.

Das nochmalige Durchkauen des Nahrungsbreis nennt man auch „Wiederkäuen". Es geschieht sehr gründlich und dauert 40 bis 50 Minuten. Dieser Grasbrei wird geschluckt und gelangt erneut in den Pansen. Nachdem hier der Nahrungsbrei weiter zersetzt wurde, gelangt er in den **Blättermagen**. Hier wird in erster Linie Wasser entzogen. Im letzten Teil des Magens, dem **Labmagen**, und im **Dünndarm**, wird die Verdauung abgeschlossen (Abb. 2).

Rinder sind reine Pflanzenfresser. Das Gebiss ist daran angepasst. In einem flachen Bogen sind im Unterkiefer sechs Schneidezähne und zwei Eckzähne angeordnet. Eckzähne und Schneidezähne fehlen im Oberkiefer. An deren Stelle findet man eine stark ausgeprägte Kauplatte. Die Backenzähne, von denen beidseitig im Ober- und Unterkiefer je sechs angeordnet sind (Abb. 5), sind im Gegensatz zu den Schneidezähnen Mahl- bzw. Quetschzähne. Diese haben einen quadratischen Querschnitt und werden unterschiedlich stark abgenutzt. Dadurch ist die Oberfläche der Backenzähne immer rau.

Die Rinder gehören zu den **Paarhufern**, die ihren Namen vom Bau ihrer Gliedmaßen haben. Jeder Fuß tritt mit zwei stark entwickelten Zehen auf.

Angepasstheit, Struktur+Funktion

3 Schema des Verdauungssystems

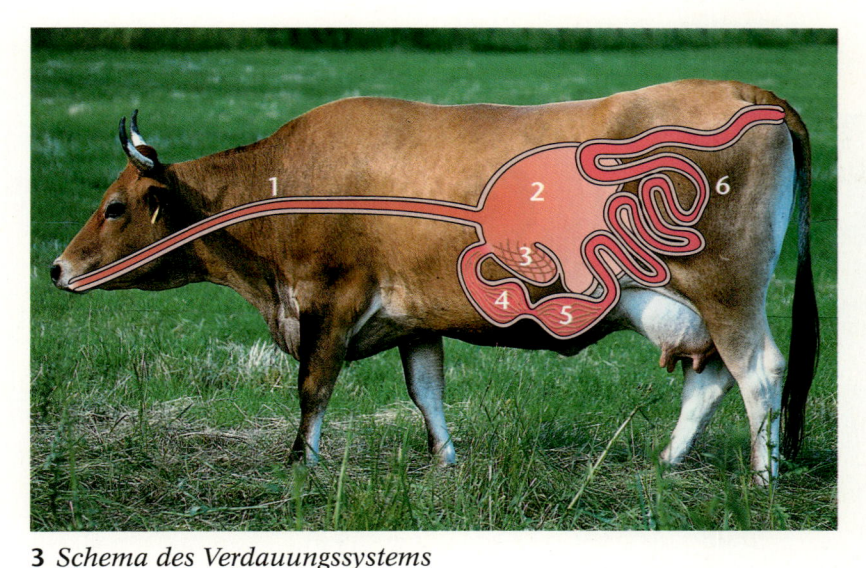

1 Das Verdauungssystem des Rindes. Benenne die einzelnen Abschnitte (1 bis 6) des Verdauungssystems (Abb. 3). Beschreibe anhand der Abbildung, welchen Weg die aufgenommene Nahrung dabei nimmt.

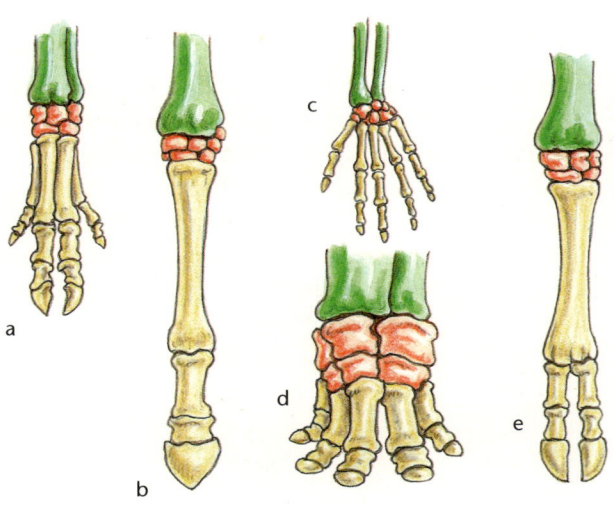

2 Lebewesen anhand von Skelettausschnitten unterscheiden können. Ordne die Hand- bzw. Vorderfußknochen aus Abbildung 4 den nachfolgenden Lebewesen zu: Elefant, Nashorn, Rind, Mensch, Schwein, Pferd. Übertrage dazu die Liste in dein Heft.

4 Hand- und Vorderfußknochen

3 Das Pflanzenfressergebiss und seine Funktionsweise. Beschreibe das Gebiss des Rindes. Nutze dazu den Grundwissentext und die Abbildung 5. Welche Aufgabe übernehmen die verschiedenen Zähne des Gebisses bei der Nahrungsaufnahme?

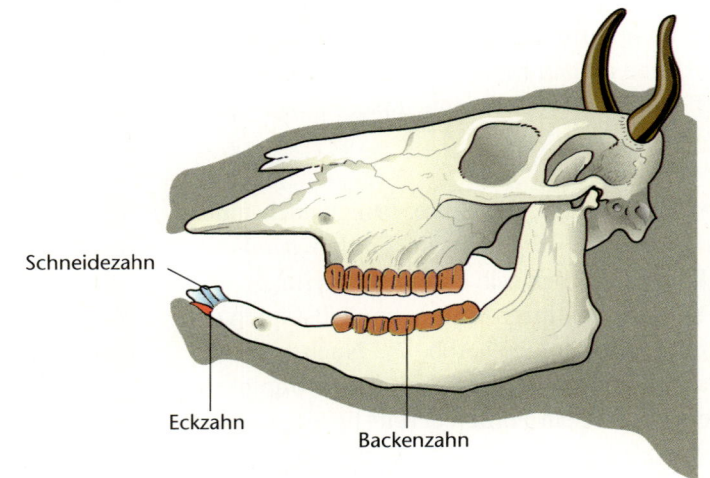

5 Gebiss des Rindes

Arbeitsmaterial

3.10 Das Pferd

1 Wildpferde in einer Steppenlandschaft

Wildpferde sind **Steppenbewohner**. In einer Umgebung mit wenigen Versteckmöglichkeiten sind Wildpferde vielen Gefahren ausgesetzt. Als **Fluchttiere** sind Pferde auf ihre Schnelligkeit angewiesen. Auch bei Hauspferden kann man beobachten, dass sie, wenn sie erschreckt werden, im Galopp davonpreschen. Dabei lassen sich Pferde auch durch fliehende Artgenossen beeinflussen und laufen ohne Grund los. Wildpferde leben in **Herden** (Abb. 1). In diesen Herden gibt es eine Rangordnung. In der Herde ist die Chance, ein herannahendes Raubtier rechtzeitig zu bemerken, viel größer. Pferde sind stets sehr aufmerksam.

Pferde sind mit ihren langen, sehnigen Beinen und harten Hufen an den harten Steppenboden gut angepasst. Die Hufe wachsen wie unsere Fingernägel ständig nach.

Das weibliche Pferd, die Stute, bringt nach einer Tragzeit von ca. 340 Tagen ein Fohlen zur Welt. Junge Fohlen erheben sich bereits nach einigen Minuten und können ihrer Mutter, zunächst noch etwas unbeholfen, folgen (Abb. 2). Nach wenigen Stunden kann ein Fohlen bereits galoppieren. Jungtiere, die wie ein Fohlen bereits bei der Geburt weitgehend selbstständig sind, bezeichnet man als **Nestflüchter**.

Pferde sind **Pflanzenfresser**. Sie beißen Gras mit den Schneidezähnen ab oder zupfen kürzeres Gras mit ihren Oberlippen ab. Anschließend wird die Nahrung zwischen den Backenzähnen zermahlen. Im Laufe der Zeit nutzen die Zähne ab. Experten können anhand des Abnutzungsgrades der Zähne das Alter eines Pferdes bestimmen. Pferde besitzen einen verhältnismäßig kleinen Magen. Daher können sie nur begrenzt Nahrung aufnehmen und müssen häufig kleinere Portionen fressen.

2 Stute mit Fohlen gleich nach der Geburt

Angepasstheit, Struktur+Funktion

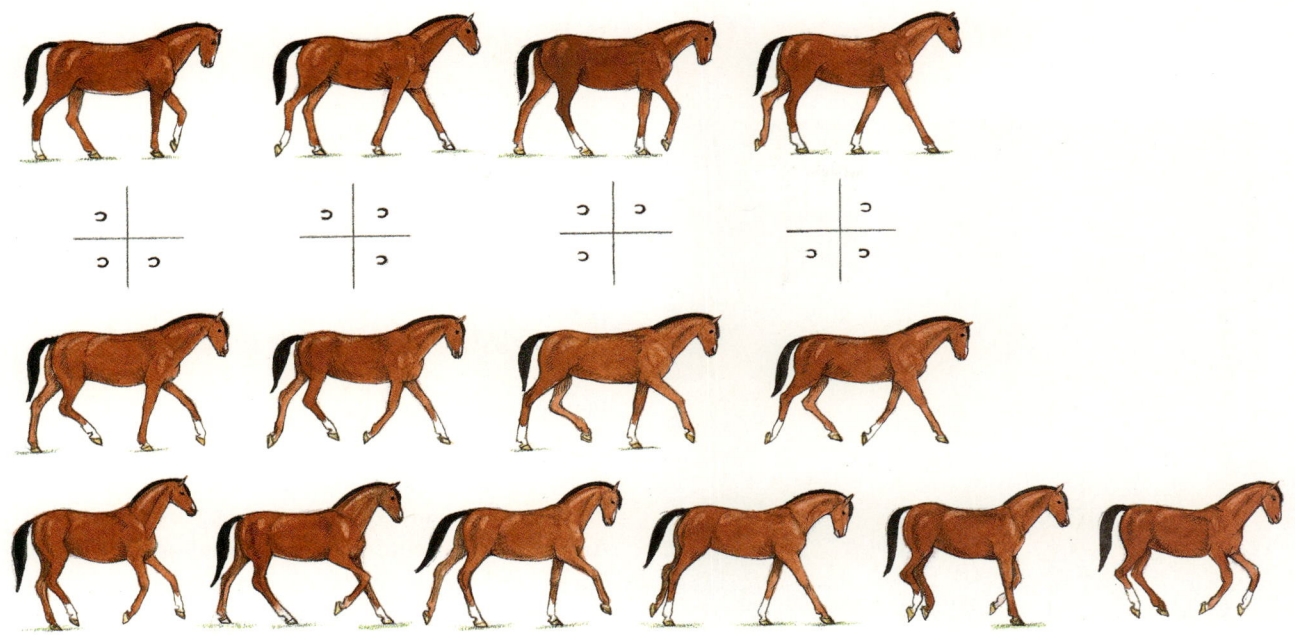

3 *Schritt, Trab und Galopp*

1 Die Gangarten des Pferdes.
Schritt, Trab und Galopp. So bezeichnet man die Gangarten von Pferden. In der Abbildung 3 sind für die Gangart Schritt die Hufe, die jeweils den Boden berühren, durch Hufabdrücke gekennzeichnet. Fertige entsprechende Skizzen für die Gangarten Trab und Galopp in deinem Heft an.

2 Das Gebiss des Pferdes.
a) Vergleiche das Gebiss des Pferdes (Abb. 4) mit einem Hundegebiss. Welche Zusammenhänge erkennst du zwischen dem Aufbau der Gebisse und der Art der Nahrung.
b) Ein Sprichwort lautet: "Einem geschenkten Gaul schaut man nicht ins Maul!" Erläutere die Bedeutung dieses Sprichwortes.

3 Pferde sind Zehenspitzengänger.
a) Erläutere diesen Begriff anhand des Beinskelettes (Abb. 5).
b) Vergleiche das Beinskelett eines Pferdes mit dem einer Katze und eines Menschen (Abb. 5).

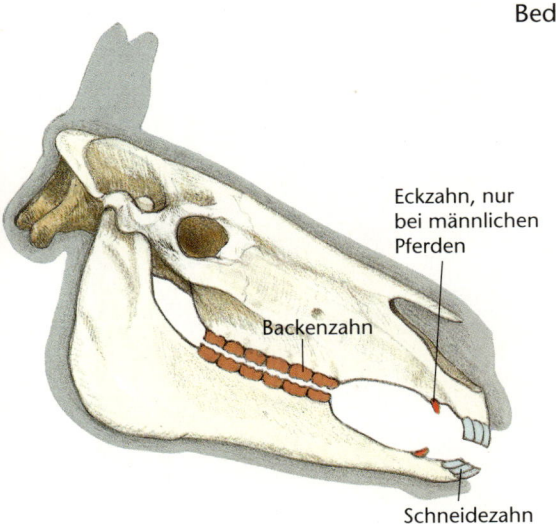

4 *Schädel und Gebiss des Pferdes*

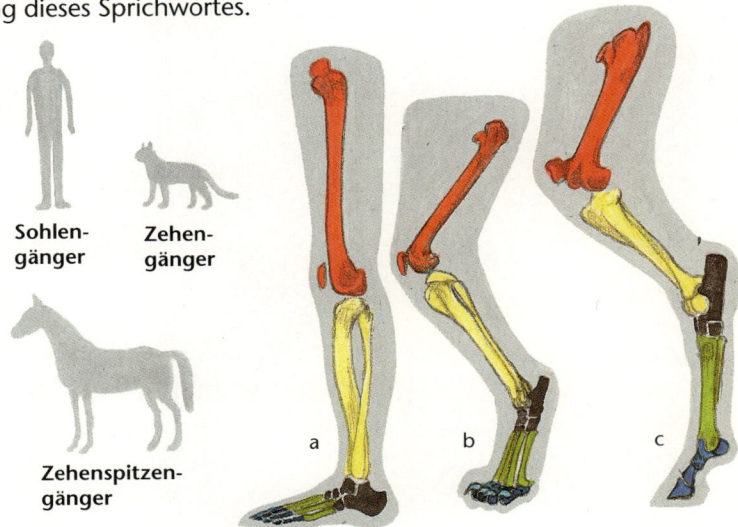

5 *Beinskelette*

3.11 Das Pferd – vom Nutztier zum Haustier

1 *Kaltblutpferde bei der Arbeit*

Wann die ersten Pferde zu Haustieren wurden, ist nicht genau bekannt. Als Reitpferd wird es sicher in einigen Gegenden bereits seit mehr als 7000 Jahren genutzt. Für unterschiedliche Zwecke wurden in Europa verschiedene Rassen gezüchtet. Man kann dabei Arbeitspferde und schnelle Reitpferde unterscheiden. Grob lassen sich die Pferderassen in Warmblut- und Kaltblutpferde einteilen. Diese Bezeichnung hat aber nichts mit der Körpertemperatur der Tiere zu tun. Warmblutpferde sind schlanke, schnelle Pferde, die als Reitpferde genutzt werden (Abb. 2). Kaltblutpferde sind große, grobknochige Tiere und wegen ihrer großen Körperkraft gut als Arbeitspferde geeignet (Abb. 1, 3).

Pferde waren die Grundlage der wirtschaftlichen Entwicklung des Menschen. Mit Pferden wurden alle Transporte über Land erledigt und sie zogen Pflüge in der Landwirtschaft. Gelegentlich werden Arbeitspferde heute wieder in der Forstwirtschaft eingesetzt, da sie im Wald weniger Schäden als große Traktoren anrichten. Mit der Entwicklung landwirtschaftlicher Maschinen und des Autos verlor das Pferd als Nutztier an Bedeutung.

Heute werden Pferde in Deutschland überwiegend für Sport und Freizeitgestaltung gehalten. Die artgerechte Haltung von Pferden erfordert einen erheblichen Pflegeaufwand und verursacht zumeist auch hohe Kosten.

2 *Warmblutpferde beim Galopprennen*

Struktur+Funktion, Vielfalt

3 *Brauereipferde*

4 *Therapiepferd*

5 *Zubehör für die Pferdepflege*

1 Kosten der Pferdepflege. Für ein Pony schreibt die Besitzerin die im ersten Jahr anfallenden Kosten auf:

Anschaffungskosten für das Pony:	2000 €
Sattel, Trense, Halfter, Putzzeug:	700 €
Futter wöchentlich:	25 €
Unterbringung in einem Mietstall: monatlich	180 €
Haftpflichtversicherung: jährlich	50 €
Impfungen: jährlich	40 €

Dazu kommen gelegentlich weitere Kosten für Tierarzt und Hufschmied. Berechne die Kosten, die der Besitzerin im ersten Jahr entstanden sind.
Mit welchen Kosten muss sie im zweiten Jahr rechnen?

2 Nutzungsmöglichkeiten von Pferden. Beschreibe mithilfe von Text und Bildern dieses Abschnittes Nutzungsmöglichkeiten für Pferde früher und heute. Ergänze eigene Beispiele.

3 Körperbau. Vergleiche den Körperbau der Kaltblutpferde mit dem der Warmblutpferde (Abb.1, 2, 3).

4 Geräte für die Pferdepflege. In Abbildung 5 ist Zubehör, das für die Pflege eines Pferdes benötigt wird, abgebildet. Beschreibe, wofür die abgebildeten Gegenstände benötigt werden.

Arbeitsmaterial

Der Körper des Menschen und seine Gesunderhaltung

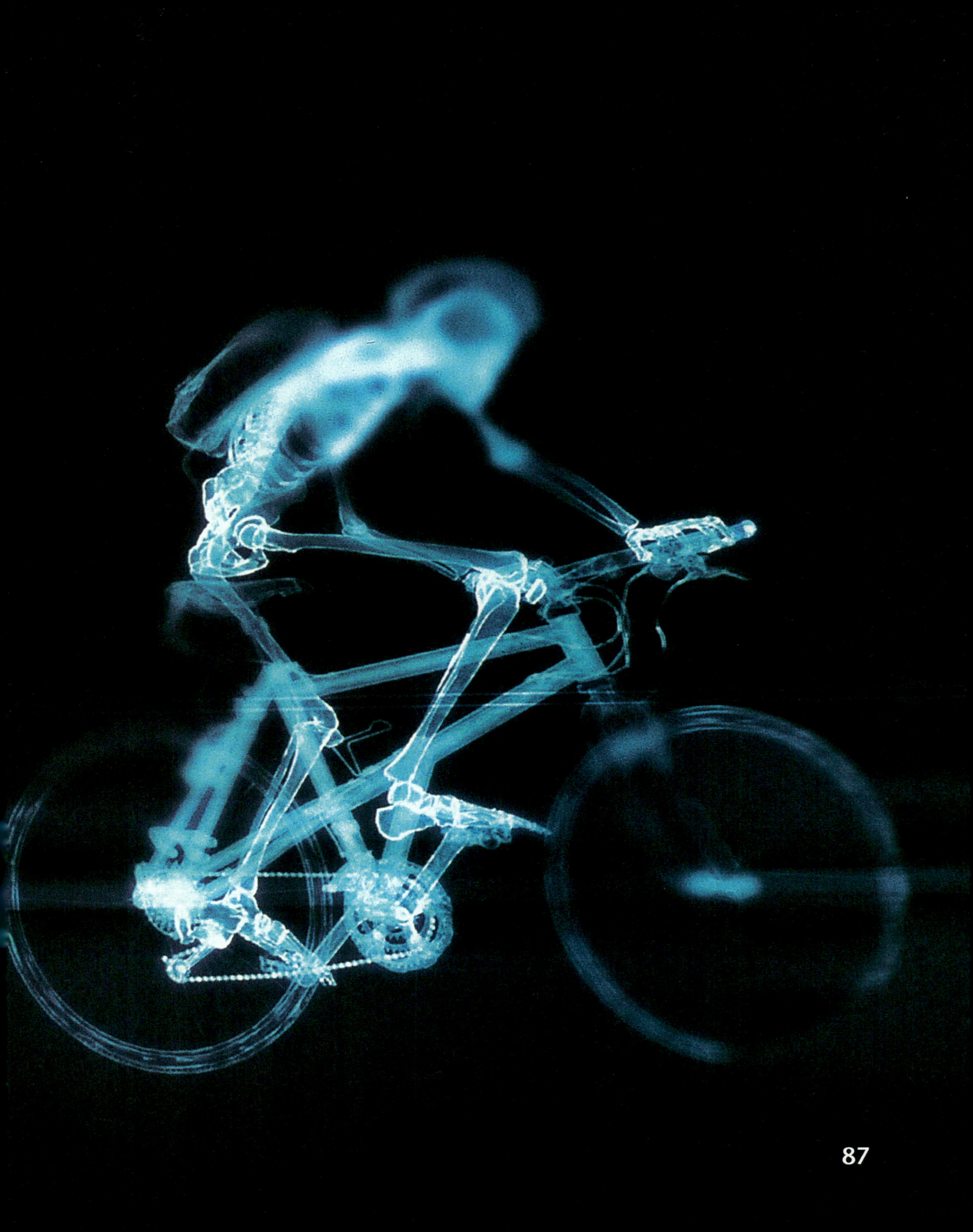

4 Körperhaltung und Bewegung

4.1 Das Skelett des Menschen

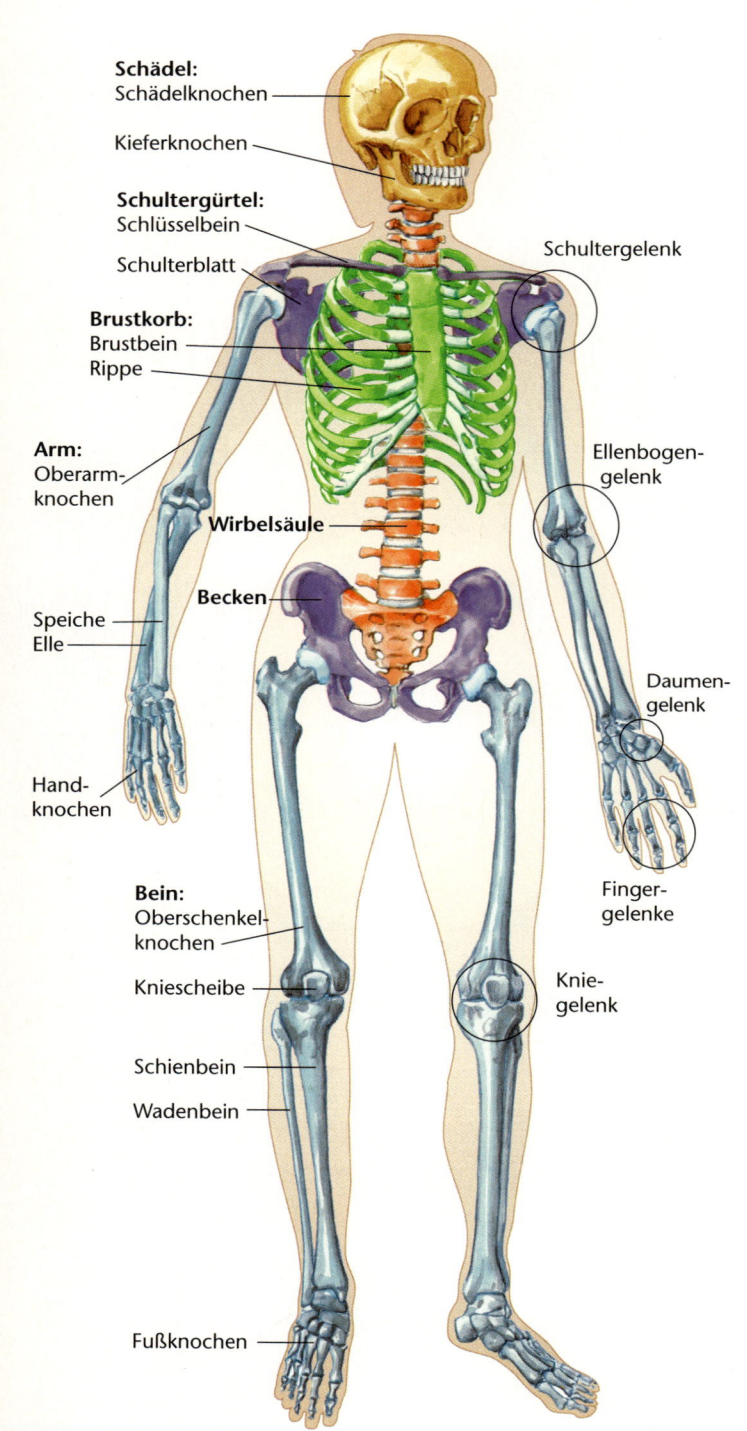

Schädel: Schädelknochen, Kieferknochen

Schultergürtel: Schlüsselbein, Schulterblatt

Schultergelenk

Brustkorb: Brustbein, Rippe

Arm: Oberarmknochen

Ellenbogengelenk

Wirbelsäule

Speiche, Elle

Becken

Daumengelenk

Handknochen

Fingergelenke

Bein: Oberschenkelknochen

Kniescheibe

Kniegelenk

Schienbein

Wadenbein

Fußknochen

1 *Skelett des Menschen*

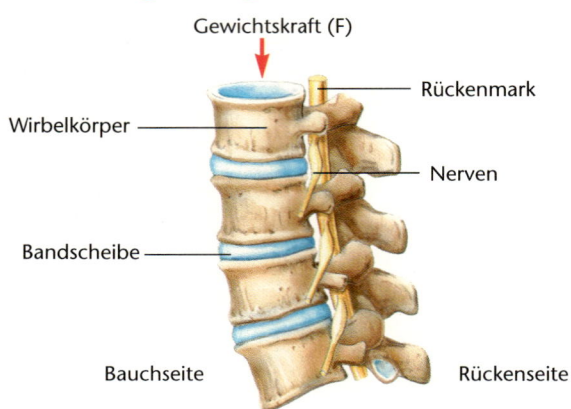

Gewichtskraft (F)
Wirbelkörper — Rückenmark
Bandscheibe — Nerven
Bauchseite — Rückenseite

2 *Ausschnitt aus der Wirbelsäule (F ist das Zeichen für Kraft, abgeleitet aus dem Englischen „force")*

Das **Skelett** des Menschen besteht aus mehr als 200 Knochen. Das Skelett stützt und trägt den Körper, schützt die inneren Organe und ermöglicht die Bewegungen (Abb. 1).

Die Schädelknochen sind miteinander verwachsen und schützen das Gehirn. Die **Wirbelsäule** ist das zentrale Stützorgan des menschlichen Körpers (Abb. 2). Sie trägt den Kopf und stützt den Rumpf. Die Kräfte, die auf die Wirbelkörper wirken, werden durch die elastischen Bandscheiben gedämpft. Gleichzeitig umschließt die Wirbelsäule das Rückenmark, welches die Befehle des Gehirns weiterleitet. Im Brustbereich setzen zwölf Rippenpaare seitlich an der Wirbelsäule an. Zusammen mit dem Brustbein bilden sie den Brustkorb. Der Brustkorb schützt das Herz und die Lungen.

Der Mensch hat eine **aufrechte Körperhaltung**. So können die Arme und Hände viele unterschiedliche Aufgaben erfüllen und vielfältige Bewegungen ausführen. Sie sind durch den Schultergürtel, der aus Schulterblatt und Schlüsselbein besteht, mit dem Rumpf verbunden. Im unteren Bereich ist die Wirbelsäule mit den Beckenknochen verwachsen. Das Becken stellt die Verbindungsstelle zwischen Rumpf und Beinen dar. Es trägt die Organe des Bauches wie eine Schale. Die Beine und Füße tragen bei aufrechter Haltung den ganzen Körper und ermöglichen die Fortbewegung.

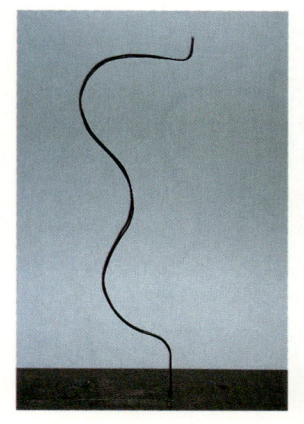

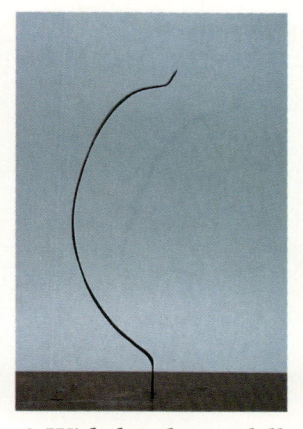

3 *Wirbelsäulenmodell mit S-Form*

4 *Wirbelsäulenmodell als Bogen*

1 Bau der Wirbelsäule.
a) Beschreibe mithilfe der Abbildung 2 den Aufbau der Wirbelsäule.
b) Überlege, welche Aufgabe die Bandscheiben haben könnten.

2 Die Wirbelsäule eines Hundes. Vergleiche den Aufbau der Wirbelsäule bei Mensch und Hund. Entwickle einen Modellversuch, ähnlich wie in Abbildung 3 und 4, für einen Hund und zeichne ein mögliches Ergebnis auf.

3 Welches Wirbelsäulenmodell hält Belastungen besser aus? Vergleiche die unterschiedlichen Formen der Wirbelsäulenmodelle aus Draht und beschreibe die Unterschiede (Abb. 3,4). Welches Modell ähnelt deiner Wirbelsäule? Formuliere aus diesen Ergebnissen Rückschlüsse über die Belastbarkeit der menschlichen Wirbelsäule.

4 Skelettfund aus der Steinzeit. Ordne den mit Ziffern gekennzeichneten Skelettteilen mithilfe der Abbildung 1 die entsprechenden Fachbegriffe zu.

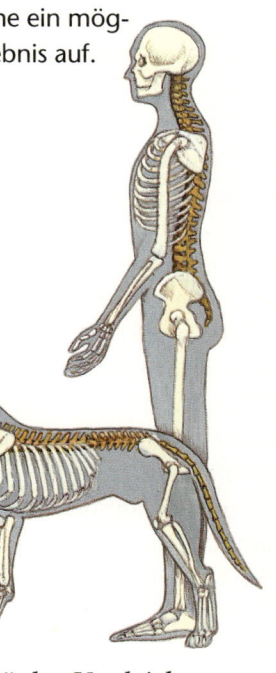

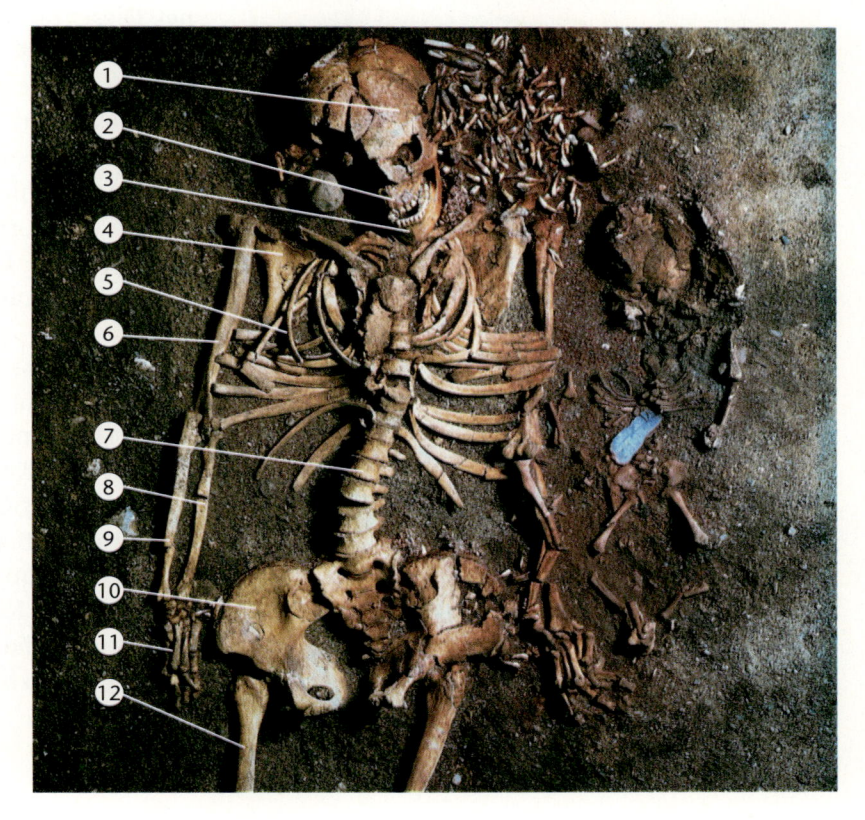

5 *Skelettfund aus der Steinzeit*

6 *Wirbelsäulen-Vergleich*

Arbeitsmaterial

4.2 Knochen und Gelenke

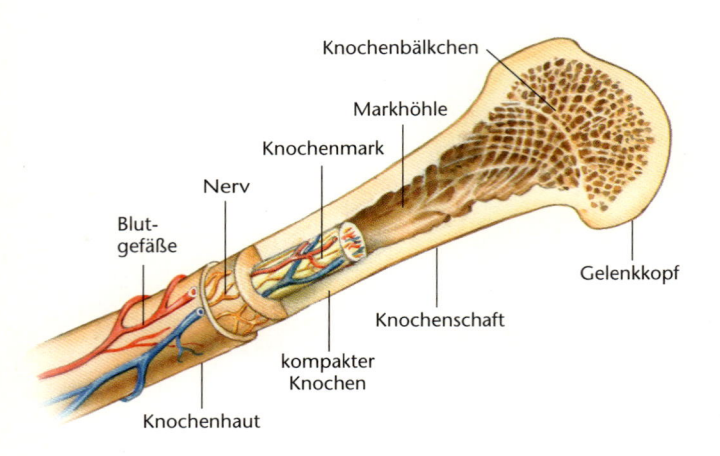

1 Aufbau eines Röhrenknochens

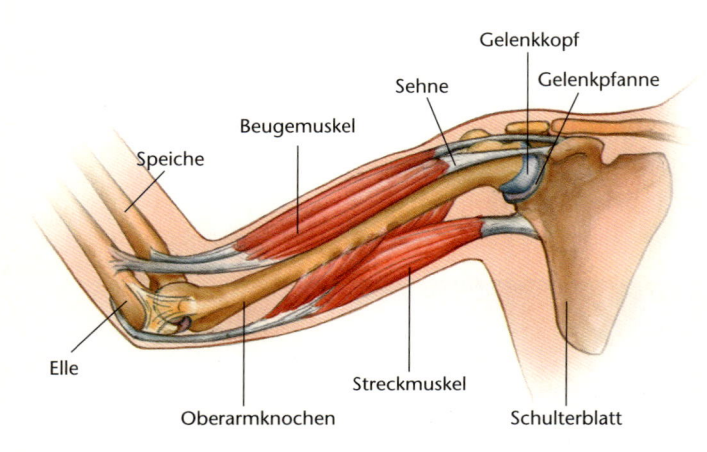

2 Knochen, Muskeln und Gelenke im Oberarm

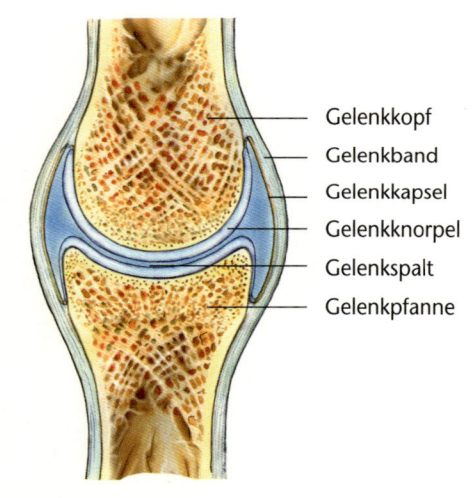

3 Aufbau eines Gelenks

Die Knochen des Skeletts gehören zu den härtesten Teilen des menschlichen Körpers. Der Oberarmknochen ist ein Beispiel für einen **Röhrenknochen** (Abb.1). Er ist von einer durchbluteten Knochenhaut umgeben. Die äußere kompakte Knochenschicht ist sehr hart und stabil. Das Innere des Knochens ist besonders an den Enden von vielen **Knochenbälkchen** netzartig durchzogen. Diese funktionieren wie die Verstrebungen bei einem Kran und verleihen dem Knochen zusätzliche Stabilität. Der Knochen ist durchsetzt von lebenden Zellen, die versorgt werden müssen. Aus diesem Grund sind die Knochenhaut und der Knochen selbst von Blutgefäßen und Nerven durchzogen. Beim Oberarmknochen ist der hohle Knochenschaft mit **Knochenmark** gefüllt. Im Knochenmark werden die Blutzellen gebildet (Abb. 1).

Das **Schultergelenk** verbindet den Oberarmknochen mit dem Schulterblatt (Abb. 2). Das runde, kugelförmige Ende wird als Gelenkkopf bezeichnet. Dieser ragt in die Vertiefung des anderen Knochens, die Gelenkpfanne, hinein (Abb. 3). Beide sind sie von einer sehr glatten und sehr festen Knorpelschicht überzogen. Zwischen den beiden Knochen gibt es den **Gelenkspalt**. Darin befindet sich eine schleimige Flüssigkeit, die Gelenkschmiere. Knorpel und Gelenkschmiere verhindern, dass die Knochen aufeinander reiben. Der Knorpel wirkt außerdem wie ein Stoßdämpfer.

Nach außen wird das Gelenk durch die **Gelenkkapsel** abgeschlossen. Diese besteht aus einer sehr festen Haut und den Gelenkbändern. Beide sind fest mit den Knochen verwachsen. Die Gelenkkapsel hält das Gelenk zusammen und verhindert bei normaler Belastung, dass der Gelenkkopf aus der Gelenkpfanne herausspringt. Alle Gelenke des menschlichen Körpers sind ähnlich aufgebaut. Im Gelenk sind die Knochenenden so geformt, dass das eine genau in das andere hineinpasst (Abb. 2).

1 Wie beweglich sind die Gelenke? Erprobe, welche Bewegungen die Fingergelenke, die Zehengelenke und das Hüftgelenk ermöglichen. Begründe, welcher Gelenktyp hier vorliegt.

2 Verschiedene Gelenktypen.
a) Betrachte in Abbildung 4 die Schemazeichnungen der Gelenktypen und erkläre, welche Bewegungen sie ermöglichen. Ordne den abgebildeten Gelenken die passenden Gelenktypen zu.
b) Überprüfe deine Zuordnungen, indem du an deinem eigenen Körper erprobst, welche Bewegungen diese Gelenke ermöglichen. Notiere deine Erfahrungen.

3 Gelenkige Verbindungen in deiner Umgebung. Suche in der Schule und zu Hause verschiedene Gegenstände mit gelenkigen Verbindungen (z.B. Klappstuhl, Tafelzirkel, Schreibtischlampe) und ordne diese dem passenden Gelenktyp zu (Abb. 4).

4 Warum lässt sich der Knochenabbau im Alter verlangsamen? Sportmediziner empfehlen sich auch im Alter regelmäßig zu bewegen. Der altersbedingte Knochenabbau kann dadurch verlangsamt werden. Stelle begründete Vermutungen über die Ursache hierfür an.

4 Verschiedene Gelenke und Gelenktypen

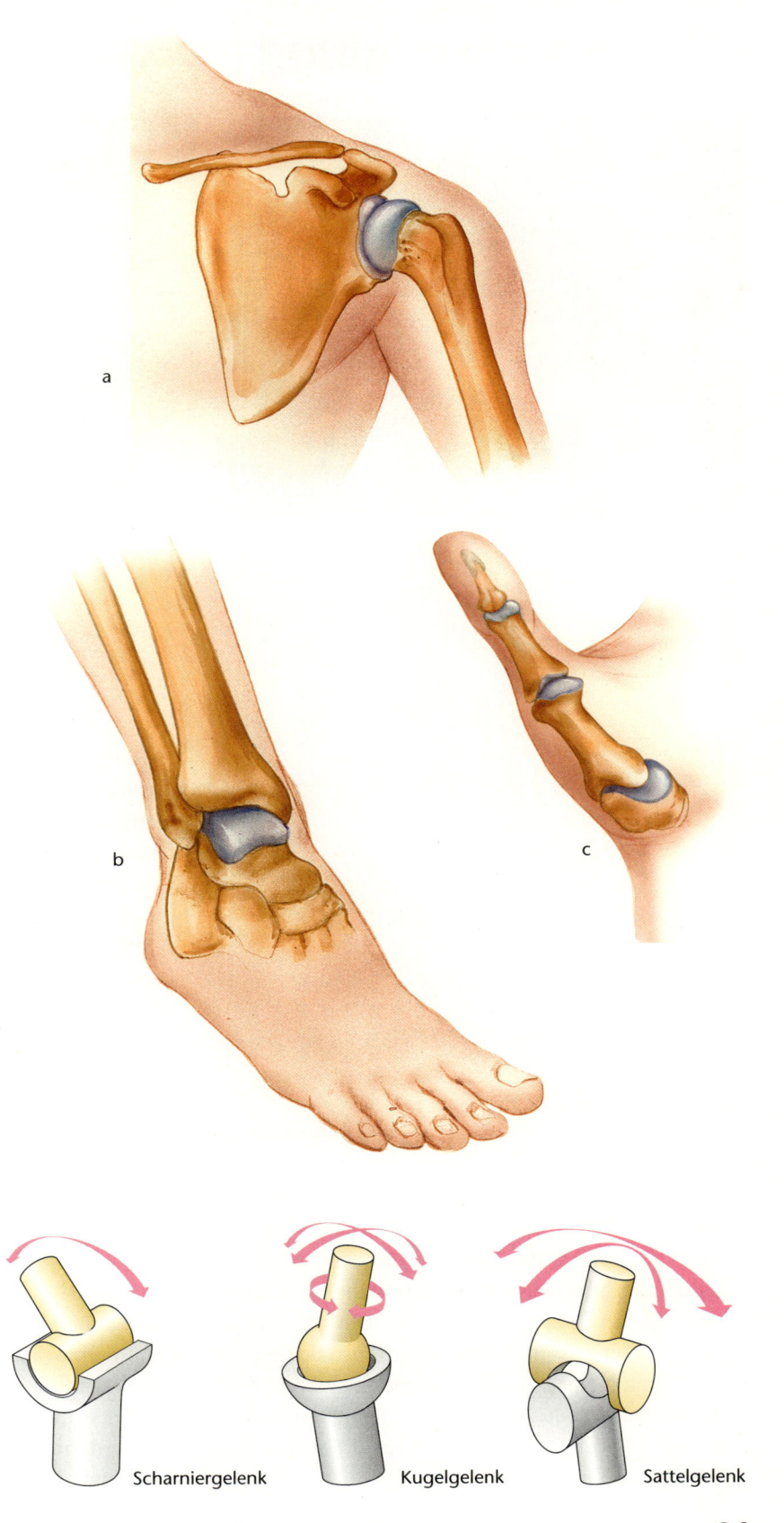

a

b

c

Scharniergelenk   Kugelgelenk   Sattelgelenk

Arbeitsmaterial

4.3 Muskeln bewegen den Körper

1 Hochspringerin

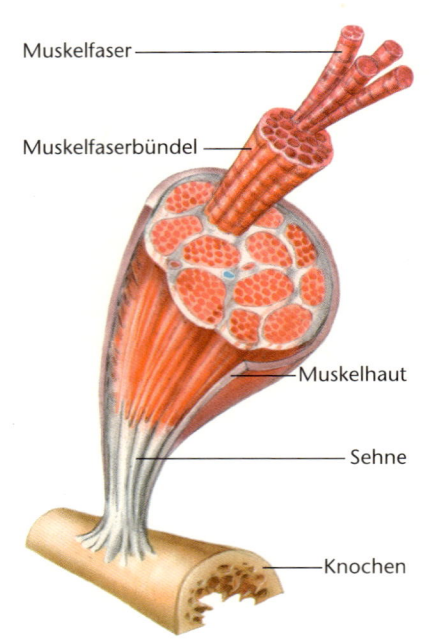

2 Aufbau eines Muskels

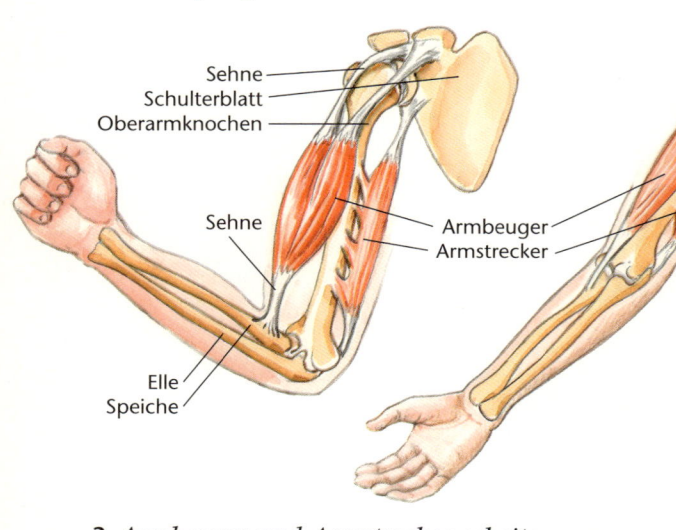

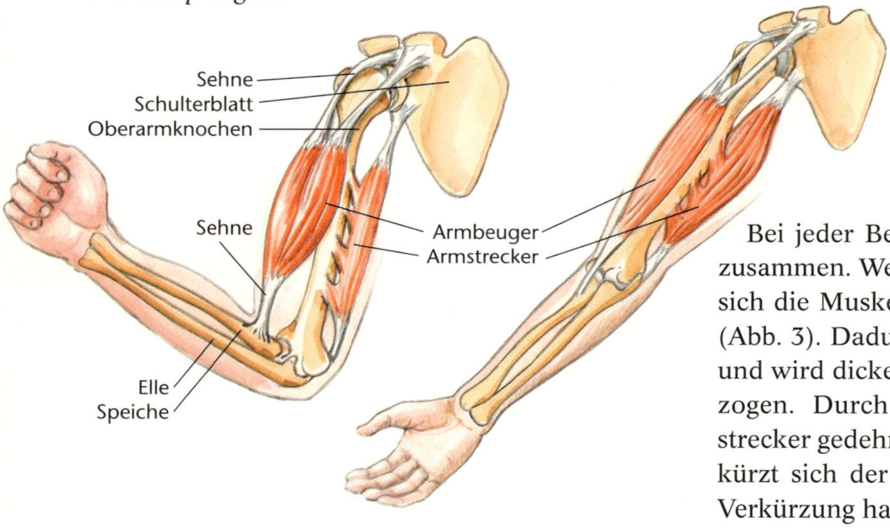

3 Armbeuger und Armstrecker arbeiten zusammen

Der Mensch ist in der Lage sehr viele unterschiedliche Bewegungen auszuführen (Abb. 1). Dies geschieht mithilfe seiner mehr als 600 verschiedenen Muskeln. Sie bestehen aus vielen einzelnen **Muskelfasern**. Mehrere Muskelfasern lagern sich zu einem **Muskelfaserbündel** zusammen und mehrere dieser Bündel bilden den Muskel (Abb. 2). Der ganze Muskel ist von einer sehr festen Haut umschlossen. An beiden Enden eines Muskels befinden sich die **Sehnen**, die den Muskel fest mit den Knochen verbinden. Die Sehnen übertragen die Kraft der Muskeln auf die Knochen.

Bei jeder Bewegung arbeiten mehrere Muskeln zusammen. Wenn man z. B. den Arm beugt, ziehen sich die Muskelfasern des Armbeugers zusammen (Abb. 3). Dadurch verkürzt sich der ganze Muskel und wird dicker, der Unterarm wird nach oben gezogen. Durch diese Bewegung wird der Armstrecker gedehnt. Bei der Streckung des Armes verkürzt sich der Armstrecker und wird dicker. Die Verkürzung hat zur Folge, dass der Unterarm nach unten gezogen wird, der Arm wird gestreckt. Dabei wird gleichzeitig der Armbeuger in die Länge gezogen und gedehnt. Beuge- und Streckmuskeln arbeiten paarweise zusammen. Wenn sich der eine Muskel zusammenzieht, wird der andere gedehnt. Deshalb werden Beuge- und Streckmuskeln als Gegenspieler bezeichnet.

Muskeln sind gut durchblutet. Mit dem Blut gelangen Sauerstoff und Nährstoffe, vor allem Glucose (Traubenzucker), zu den Muskeln. In den Muskeln wird Glucose unter Beteiligung von Sauerstoff zu Kohlenstoffdioxid und Wasser abgebaut. Die dabei freiwerdende Energie wird zum Teil für die Arbeit der Muskeln genutzt.

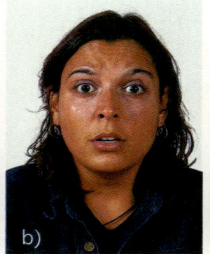

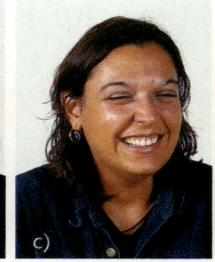

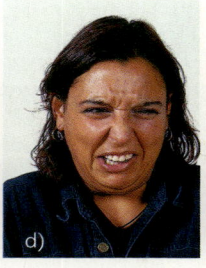

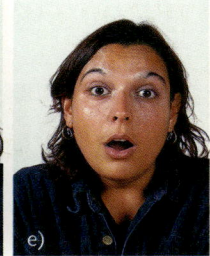

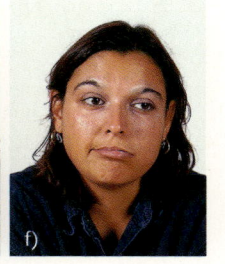

4 *Mimik und Gefühle*

1 Gegenspielerprinzip bei der Beinbeugung und Beinstreckung. Setze dich auf den Tisch, so dass der Unterschenkel hin- und herpendeln kann. Hebe anschließend dein Bein so weit an, bis es völlig gestreckt ist. Ertaste dabei mit beiden Händen abwechselnd deine Oberschenkelvorderseite und -rückseite, so dass du die Muskeltätigkeiten fühlen kannst. Ordne den Oberschenkelmuskeln die Begriffe Beinstrecker und Beinbeuger zu und erkläre deren Zusammenarbeit bei den Bewegungen.

2 Hebel – Mit kleiner Muskelkraft eine große Wirkung erzielen. Mithilfe eines Hebels kann man Kraft sparen. Man unterscheidet bei einem Hebel Drehachse, langen und kurzen Hebelarm (Abb. 6). Mit einer kleinen Kraft an einem langen Hebelarm kann man eine große Kraft an einem kurzen Hebelarm bewirken. Dadurch kann man mit wenig Muskelkraft eine große Kraft ausüben und z. B. einen schweren Schrank heben. Beschreibe genau die Wirkung des Hebels in Abbildung 6. In Abbildung 5 sind verschiedene Werkzeuge gezeichnet, bei denen ein Hebel wirkt. Zeichne sie schematisch ab und kennzeichne jeweils Drehachse und Hebelarme. Zeichne die Kraftpfeile ein.

3 Gesichtsmuskeln.
a) Ordne den Bildern folgende Gefühle oder Stimmungen zu: Freude, Erstaunen, Ekel, Angst, Zorn, Ratlosigkeit (Abb. 4). Vergleiche deine Einordnung mit der deiner Mitschüler.
b) Erkläre anhand dieser Beispiele, welche Aufgaben die Gesichtsmuskeln haben.

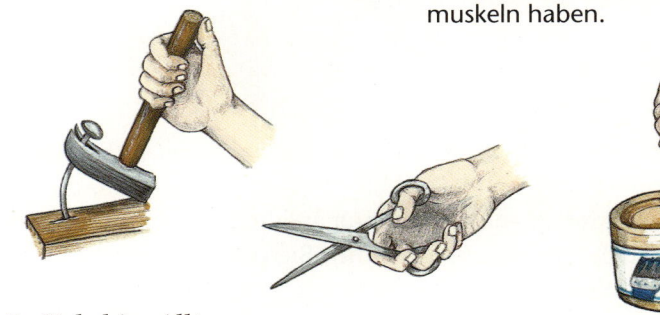

5 *Hebel im Alltag*

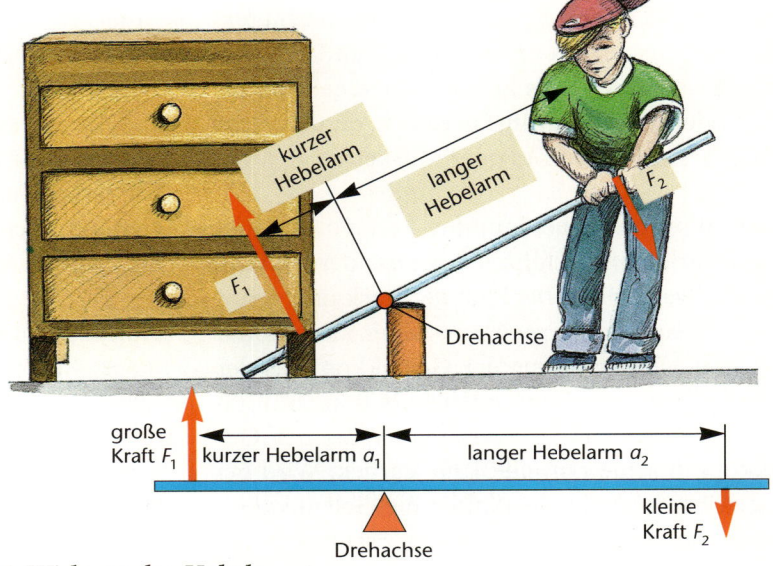

6 *Wirkung des Hebels*

4.4 Verletzungen und Erkrankungen der Bewegungsorgane

Kopf, Hals 16 %

Hand, Unterarm, Ellenbogen 32 %

Rumpf, Becken 11 %

Knie, Fuß, Unterschenkel 26 %

Sonstige 15 %

1 *Inlineskaten ist gesund – aber auch gefährlich: Verletzte Körperregionen beim Inlineskaten*

Zu den **Muskelverletzungen** gehört unter anderem die Prellung (auch Quetschung genannt). Sie entsteht durch eine äußere Gewalteinwirkung, zum Beispiel durch einen Schlag, Tritt oder Sturz. Durch die Quetschung des Gewebes werden kleine Blutgefäße verletzt, es kommt zu einem Bluterguss. Die Muskelzerrung entsteht durch Überdehnung eines Muskels. Es können einzelne Muskelfasern oder der ganze Muskel reißen, dann spricht man von Muskelfaserriss oder Muskelriss.

Überlastung und Überdehnung können auch zu **Gelenkverletzungen** führen. Eine Bänderdehnung liegt vor, wenn die Gelenkbänder stark überdehnt werden. Das kommt meistens daher, dass durch plötzliche Überbelastung der Gelenkkopf aus der Gelenkpfanne rutscht und dabei die Bänder übermäßig gedehnt werden. Meistens kehrt der Gelenkkopf in seine normale Lage zurück. Wird bei dieser Überdehnung der Bänder die Gelenkkapsel verletzt, spricht man von einer Verstauchung. Kehrt der Gelenkkopf nicht in die Gelenkpfanne zurück, spricht man von einer Ausrenkung. Ist die Überdehnung der Bänder sehr groß, können sie reißen. Dann handelt es sich um einen **Bänderriss**. Wenn der Gelenkknorpel einreißt oder allmählich abgerieben wird, liegt ein Knorpelschaden vor. Häufig ist das Kniegelenk betroffen. Ein zusätzlicher Gelenkknorpel des Kniegelenks heißt Meniskus.

Die Art eines **Knochenbruches** lässt sich im Röntgenbild feststellen. Bei einfachen Knochenbrüchen bleibt das umliegende Gewebe intakt. Bei komplizierten Knochenbrüchen werden Muskeln, Nerven und größere Blutgefäße mit beschädigt.

Haltungsschwächen oder schwerwiegendere Haltungsfehler betreffen die Körperhaltung eines Menschen. Meistens wird die Wirbelsäule allmählich und oftmals unbemerkt in Mitleidenschaft gezogen. Bewegungsmangel und dauerhaft falsche Belastungen können Ursachen für einen Rundrücken, Hohlrücken oder für seitliche Verkrümmungen der Wirbelsäule sein.

1 Sicheres Inlineskaten. Stellt euch vor, ihr sollt auf der Sportseite einer Tageszeitung den Lesern Empfehlungen für sicheres Inlineskaten geben. Besprecht gemeinsam, was in den Zeitungsartikel hinein soll. Wählt auch eine Titelzeile und eine Unterüberschrift. Beachtet bei der Lösung dieser Aufgabe auch die Abbildung 1.

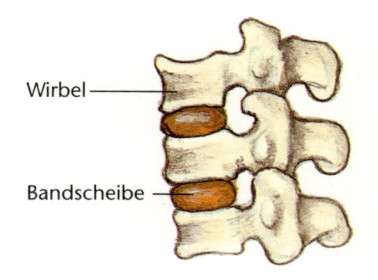

Wirbel

Bandscheibe

„Brötchenmodell"

2 *Wirbel und Bandscheiben beim Heben schwerer Lasten*

2 Richtiges Heben. Die Bandscheiben befinden sich zwischen den Wirbelkörpern (Abb. 2). Sie bestehen aus einem gallertigen Gewebe. Die Bandscheiben haben die Funktion Belastungen und Stöße abzufedern. Vergleiche die Belastung der Wirbelsäule beim Heben mit geradem und gekrümmtem Rücken. Demonstriere deinen Mitschülerinnen und Mitschülern, wie man schwere Lasten richtig hebt.

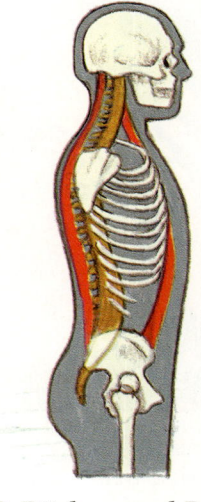

3 *Rücken- und Bauchmuskulatur im Vergleich mit einem Segelboot als Modell*

3 Modelle. Modelle dienen häufig dazu, bestimmte Sachverhalte oder Abläufe in der Wirklichkeit zu vereinfachen und zu veranschaulichen. In Abbildung 2 und 3 findest du zwei Modelle. Gib für jedes der beiden Modelle an, in welchen Eigenschaften es mit dem wirklichen Sachverhalt übereinstimmt und in welchen Eigenschaften es davon abweicht.

4 Bedeutung der Rücken- und Bauchmuskulatur für die Körperhaltung.
a) Beschreibe anhand der Abbildung 3 die Bedeutung der Rücken- und Bauchmuskulatur für die Form der Wirbelsäule und die Körperhaltung. Was geschieht, wenn die Rückenmuskulatur aufgrund von Bewegungsmangel und Verspannungen dauerhaft verkrampft und verkürzt ist?
b) Begründe, warum regelmäßiges und vielseitiges Bewegungstraining und das Vermeiden von Übergewicht empfehlenswert sind.

5 Verletzungen der Bewegungsorgane. Stellt in einer zweispaltigen Tabelle Verletzungen und Erkrankungen der Bewegungsorgane zusammen. In der zweiten Spalte beschreibt die entsprechende Verletzung bzw. Erkrankung genauer.

Arbeitsmaterial

4.5 Fit durch Bewegung

1 *Sport und Spiel*

Menschen haben verschiedene Gründe, sich bei Spiel und Sport zu bewegen (Abb. 1). Die meisten fühlen sich wohl, wenn sie bei körperlichen Anstrengungen ihren Körper spüren. Außerdem finden sie es gut, etwas für ihre **Gesundheit und Fitness** zu tun. Manche Menschen mögen lieber gemeinsam mit anderen Menschen Sport treiben, andere lieber für sich alleine. Bei Wettbewerben spielt es eine wichtige Rolle, sich mit anderen zu vergleichen.

Durch regelmäßiges **Bewegungstraining** werden Muskeln, Bänder und Sehnen kräftiger und die Durchblutung wird gefördert. Das Skelett wird gelenkiger, die Knochen werden fester und Gelenkverletzungen werden vermieden. Eine kräftige Rückenmuskulatur wirkt bestimmten Haltungsschäden und Erkrankungen der Wirbelsäule entgegen. Regelmäßige körperliche Anstrengungen fördern auch die Leistungsfähigkeit der Lungen, des Herzens und des Blutkreislaufs.

Mangel an Bewegung kann eine wichtige Ursache für Übergewicht sein. Wer längere Zeit mit der Nahrung mehr Energie aufnimmt, als der Körper benötigt, fördert Übergewicht. Viele Menschen leiden heute an Bewegungsmangel. Manche von ihnen bevorzugen auch in ihrer Freizeit Tätigkeiten, die keine oder nur geringe körperliche Aktivität verlangen.

Ausdauer, Kraft, Schnelligkeit und Beweglichkeit sind körperliche Fähigkeiten des Menschen. In der Geschichte der Menschheit spielten diese Fähigkeiten für das Überleben eine große Rolle.

1 Gründe für sportliche Betätigung. Nenne möglichst viele Vermutungen, warum sich die in Abbildung 1 dargestellten Personen körperlich und sportlich betätigen.

2 Was machst du in deiner Freizeit am liebsten? Die Abbildung 2 zeigt das Ergebnis einer Befragung unter Schülern und Schülerinnen unterschiedlichen Alters aus dem Jahre 1998. Die Befragten konnten mehrere Antworten geben. Lesebeispiel: Auf die Frage „Was machst du in deiner Freizeit am liebsten?" antworteten von 100 Schülern im Alter von 13 bis 14 Jahren 60 mit „Schwimmen".

a) Werte die Abbildung 2 zunächst nach Jungen und Mädchen getrennt aus und anschließend im Vergleich Jungen – Mädchen. Formuliere schließlich fünf Ergebnissätze zu deiner Auswertung.

b) Beschreibe die Bedeutung von Bewegung, Spiel und Sport in den Freizeitaktivitäten der Befragten in der Altersgruppe, zu der du gehörst. Nenne mögliche Gründe dafür.

3 Körperliche Fähigkeiten bei verschiedenen Sportarten. Schreibe die Namen folgender Sportarten untereinander auf: Aerobic, Basketball, Bergwandern, Eislaufen, Fußball, Gymnastik, Jogging, Radfahren, Schwimmen, Skilanglauf, Squash, Tanzen, Tennis, Tischtennis, Wandern. Welche Sportarten fördern besonders a) die Ausdauer, b) die Kraft, c) die Schnelligkeit, d) die Beweglichkeit ? (Mehrfachnennungen möglich). Vergleicht die Ergebnisse eurer Einschätzung.

4 Körperliche Fähigkeiten in der Steinzeit. Mehr als eine Million Jahre lang lebten Menschen als Sammler und Jäger. Wurzeln, Knollen, Früchte, schmackhafte Blätter und junge Triebe wurden auf den Nahrungsstreifzügen gesammelt und kleine und größere Tiere gejagt oder gefischt. In dieser Zeit mussten sich Menschen ausschließlich mithilfe ihrer eigenen Muskeln fortbewegen. Auch beim Tragen von Lasten, beim Herstellen von Werkzeugen und bei der Abwehr von Raubtieren waren sie auf ihre eigenen körperlichen Fähigkeiten und die ihrer Mitmenschen angewiesen. Erst seit ungefähr zehntausend Jahren betreiben Menschen Ackerbau. Das Pferd als Lastenträger und als Reittier kennt man erst seit einigen tausend Jahren. Eisenbahn, Fahrräder und Autos gab es für breite Bevölkerungsschichten erst im 19. und 20. Jahrhundert. Versetze dich in Gedanken in den Alltag von Jägern und Sammlern aus der Steinzeit. Beschreibe dann Situationen, die die Bedeutung von Ausdauer, Kraft, Schnelligkeit und Beweglichkeit aufzeigen.

Was machst du in Deiner Freizeit am liebsten?
Jungen im Altersvergleich

	unter 11 Jahren	11-12 Jahre	13-14 Jahre
Ballspiele	63	77	64
Schwimmen	24	51	60
Bewegung auf Rädern	28	26	24
Computer / Fernsehen	9	20	20
andere Außenaktivitäten	10	15	8
Lesen	6	5	8

Was machst du in Deiner Freizeit am liebsten?
Mädchen im Altersvergleich

	unter 11 Jahren	11-12 Jahre	13-14 Jahre
Ballspiele	10	22	31
Schwimmen	43	43	56
Bewegung auf Rädern	34	30	13
Computer / Fernsehen	10	22	50
andere Außenaktivitäten	18	13	26
Lesen	25	16	6

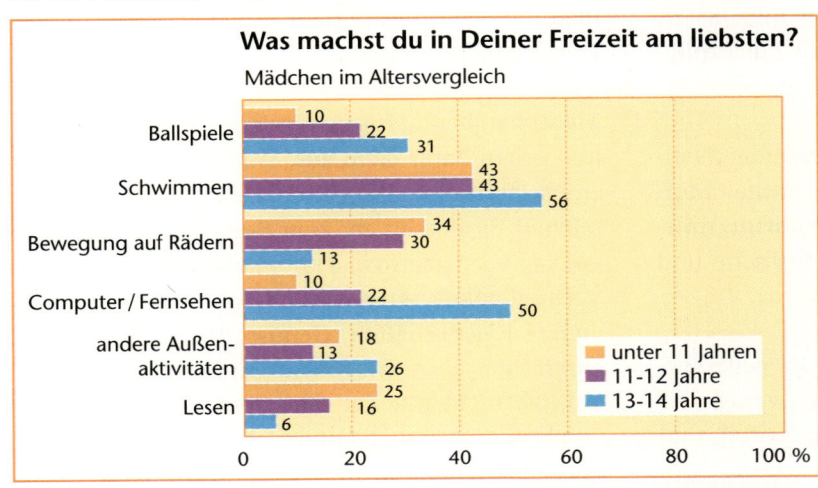

2 Befragung zum Freizeitverhalten *(Mehrfachnennungen möglich)*

5 Ernährung

5.1 Bedeutung der Ernährung

Geschmack Eiweiß Süßes Lieblingsessen
Toilette lecker
Gemüse Kochkunst Geruch
Hunger Fett Fleisch Milch
Zucker Zähne
Familie Werbung
Atmung Pausenfrühstück Durst
Energie
Pflanzen Blut Krankheit
Tischsitten Wachstum
Muskeln Obst eklig
gemeinsam Einkaufen Fast-Food

1 *Auswahl von Worten, die etwas mit „Ernährung" zu tun haben können*

Alle Lebewesen nehmen Stoffe aus ihrer Umgebung auf, wandeln sie im Körper um und geben Stoffe an ihre Umgebung ab. Aufnahme, Umwandlung und Abgabe von Stoffen nennt man **Stoffwechsel**. Neben der Atmung ist auch die Ernährung ein wichtiger Stoffwechselvorgang.

Für jeden Menschen ist es lebensnotwendig, Nahrung zu sich zu nehmen. Die Nahrung enthält Stoffe, die im Körper benötigt werden. **Nahrungsmittel** werden nach ihrer Herkunft in tierische und pflanzliche Nahrungsmittel unterteilt.

Manche Nahrungsmittel werden roh gegessen, zum Beispiel Obst, andere sind nur wenig verarbeitet. Stark verarbeitete Nahrungsmittel sind zum Beispiel Cornflakes.

Die Vielfalt an Nahrungsmitteln ist sehr groß. In verschiedenen Ländern der Erde gibt es unterschiedliche **Hauptnahrungsmittel**. So bezeichnet man die Nahrungsmittel, die den größten Teil zur Ernährung beitragen.

Menschen beschäftigen sich täglich mit Ernährung und geben dafür Geld aus. Was jemand gerade zu einem bestimmten Zeitpunkt isst, hängt von zahlreichen Einflüssen ab: zum Beispiel vom Hungergefühl, Verfügbarkeit des Nahrungsmittels, Preis, Verträglichkeit, Anspruch an den Geschmack und andere Eigenschaften, Genuss, Neugier sowie anderen Menschen. Essen und Trinken sind Tätigkeiten, die nicht nur der Sättigung dienen, sondern von Wahrnehmungen und Gefühlen begleitet werden. Wohlbefinden und Gesundheit eines Menschen hängen auch von seiner Ernährung ab.

Stoffe+Energie, Vielfalt

Grundwissen

2 Familie Caven, USA.
Hauptnahrungsmittel: *Weißbrot, Nudeln, Bagles, Brezeln, Tortillas, Waffeln, Brokkoli, Mischgemüse aus der Gefriertruhe, Karotten, Erbsen, Äpfel, Bananen, Weintrauben, Mandarinen, Eier, Hühnerbrust, Rindfleisch, Thunfisch, Käse, Milch, Apfelsaft, Cola, Kaffee, Orangensaft, Mineralwasser.*
Ausgaben für Lebensmittel pro Familienmitglied und Woche: *35 Euro.*
Durchschnittseinkommen in den USA pro arbeitende Person und Woche: *650 Euro.*
Lebenserwartung: *77 Jahre*

3 Familie Natomo, Mali.
Hauptnahrungsmittel: *Hirse, Reis, Mais, Okraschoten, Zwiebeln, Tomaten, Tamarinden, Mangos, Orangen, Trockenfisch, Wasser, Sauermilch.*
Ausgaben für Lebensmittel pro Familienmitglied und Woche: *2 Euro.*
Durchschnittseinkommen in Mali pro arbeitende Person und Woche: *6 Euro.*
Lebenserwartung: *54 Jahre*

4 Familie Celik, Türkei.
Hauptnahrungsmittel: *Brot, Reis, Linsen, Kartoffeln, Spinat, Zucchini, Tomaten, Erbsen, Oliven, Kopfsalat, Kohl, Lauch, Bananen, Orangen, Granatäpfel, Eier, Rindfleisch, Fisch, Joghurt, Feta-Käse, Tee, Milch, Cola, Saft, Kaffee.*
Ausgaben für Lebensmittel pro Familienmitglied und Woche: *21 Euro.*
Durchschnittseinkommen in der Türkei pro arbeitende Person und Woche: *66 Euro.*
Lebenserwartung: *69 Jahre*

1 Ernährungssätze. Schreibe untereinander verschiedene sinnvolle Sätze über das Thema Ernährung. Jeder Satz soll wenigstens ein Wort aus Abbildung 1 enthalten, zum Beispiel: „Ich freue mich auf das leckere Pausenfrühstück".

2 Zu Gast bei Familie Caven (USA), Familie Natomo (Mali) und Familie Celik (Türkei).
a) Fertige auf einer ganzen Seite in deinem Heft eine Tabelle mit vier Spalten (für jede Familie eine und eine für die Beschriftung) und sechs Zeilen an. Beschrifte die Zeilen von oben nach unten mit „Getreideprodukte", „Gemüse", „Früchte", „tierische Erzeugnisse", „Milchprodukte" und „Getränke". Fülle die Tabelle aus, indem du die schriftlichen Angaben aus Abbildung 2 bis 4 auswertest.
b) Vergleiche das durchschnittliche Einkommen pro Woche und die Ausgaben für Ernährung in den USA, in Mali und in der Türkei.

Arbeitsmaterial

5.2 Nährstoffe sind wichtige Bestandteile der Nahrung

Margarine
Senf
Magerquark
Pesto
Tomatenmark

Käse
Aufschnitt
Mais
Möhre
Radieschen
Sellerie
Tomate
Salat
Kräuter

Vollkornbrot
Vollkorntoast
Knäckebrot

1 *Welches Brot würdest du dir zusammenstellen?*

In einem Nahrungsmittel sind Nährstoffe enthalten. Das sind lebensnotwendige Stoffe die im Körper aus der Nahrung freigesetzt und verwertet werden. Sie machen einen großen Teil der verwertbaren Stoffe eines Nahrungsmittels aus. **Nährstoffe** werden in drei Gruppen unterteilt: Kohlenhydrate, Fette und Eiweiße.

Die **Kohlenhydrate** aus unserer Nahrung stammen vor allem aus Brot und anderen Getreideprodukten sowie aus Kartoffeln und Hülsenfrüchten. Es gibt verschiedene Kohlenhydrate. Dazu gehören Traubenzucker (Glucose) und Fruchtzucker. Der handelsübliche Haushaltszucker heißt in der Fachsprache Saccharose. Stärke ist ein sehr häufiges Kohlenhydrat, vor allem in Kartoffeln und in Getreide. **Fette** kommen in Ölen, Butter, Wurst und anderen Fleischprodukten in hohen Anteilen vor. Fette werden in der Fachsprache auch Lipide genannt. Der Begriff **Eiweiß** geht auf das Weiße in gekochten Hühnereiern zurück. Außer Eiern enthalten Hülsenfrüchte, Fleisch und Fisch viel Eiweiß. In der Fachsprache werden Eiweiße auch Proteine genannt.

Der Anteil von Kohlenhydraten, Eiweißen und Fetten in Nahrungsmitteln ist sehr unterschiedlich. Ob ein Nahrungsmittel einen Nährstoff enthält, kann man mit chemischen Nachweisverfahren untersuchen. Viele Nachweisverfahren in der Biologie, Chemie, Lebensmitteltechnik und Arzneimittelherstellung beruhen auf Farbveränderungen. Der Nachweis von Stärke durch Iod-Kaliumiodid-Lösung oder von Glucose mit Teststäbchen erfolgt durch Farbveränderungen.

Traubenzucker (Glucose):
Fruchtzucker (Fructose):
Haushaltszucker (Saccharose):
Stärke

2 *Modelldarstellung von Kohlenhydraten*

Stoffe+Energie

Grundwissen

Nährstoffe nachweisen

1 Nachweis von Eiweiß. Wenn Milch einige Tage im Warmen steht, kann sie sauer werden. In saurer Milch gerinnt das enthaltene Eiweiß zu weißen Flocken. Die Eiweißgerinnung kannst du bei frischer Milch auch durch Zugabe von Essig (enthält Essigsäure) oder durch Zitronensaft (enthält Zitronensäure) auslösen (Abb. 3). Prüfe Eiklar und verschiedene Getränke auf Eiweiß – z.B. Orangensaft, Mineralwasser – durch Zugabe von Zitronensaft oder Essig.

2 Nachweis von Stärke. Iod-Kaliumiodid-Lösung färbt Stärke blau-violett. Untersuche verschiedene Nahrungsmittel auf Stärke, zum Beispiel Brot, Bananen, Äpfel. Trockene Nahrungsmittel wie Nudeln oder Brot müssen erst eingeweicht werden.

3 Eiweißnachweis

3 Nachweis von Fett. Nimm ein Blatt Papier, streiche etwas Butter darauf und halte das Blatt gegen das Licht. Was beobachtest du? Untersuche mit diesem Nachweisverfahren auch andere Nahrungsmittel, zum Beispiel Wurst, Apfel, Käse, Brot.

4 Nachweis von Glucose. Glucose kann man mit Teststäbchen nachweisen. Sie enthalten ein kleines Feld, dessen Farbe sich je

4 Fettnachweis

nach Gehalt an Glucose verfärbt. Prüfe verschiedene Flüssigkeiten und Säfte auf Glucose, zum Beispiel Orangensaft, Traubensaft, Mineralwasser, Cola-Getränke, Light-Getränke. Früchte und bestimmte Gemüse, zum Beispiel Zwiebeln, Möhren, Gurken, kannst du vorher auspressen oder zu einem Brei zerquetschen, bevor du das Teststäbchen einsetzt.

	K	F	E
Hühnerfleisch	0	12	22
Rindfleisch	0	14	20
Schweinefleisch	0	27	17
Gänsefleisch	0	44	13
Eier	1	10	13
Champignons	2	21	5
Spinat	2	0	2
Vollmilch	5	3	3
Nüsse	8	61	17

	K	F	E
Fruchtjogurt	10	2	3
Kartoffeln	19	21	2
Bananen	24	0	1
Schokolade	34	26	20
Vollkornbrot	48	1	8
Weißbrot	56	1	7
Reis	78	1	7
Honig	79	0	<1
Gurken	1	0	<1

*5 Nährstoffgehalt (**Kohlenhydrate**, **Fette**, **Eiweiße**) verschiedener Nahrungsmittel (g pro 100 g)*

5 Nahrungsmittel nach ihrem Nährstoffgehalt ordnen. Ordne die Nahrungsmittel in Abbildung 5 schriftlich in aufsteigender Folge nach ihrem Gehalt a) an Kohlenhydraten: **K**, b) an Fetten: **F** und c) an Eiweißen: **E**.

101

Arbeitsmaterial

5.3 Vitamine, Mineralsalze, Zusatzstoffe

Vitamine sind Stoffe, die schon in kleinsten Mengen lebenswichtige Funktionen erfüllen. Viele Vitamine kann der menschliche Körper nicht selbst herstellen. Er ist deshalb auf eine regelmäßige Versorgung mit Vitaminen aus der Nahrung angewiesen. Fehlt ein Vitamin längere Zeit in der Nahrung, kann das zu Vitamin-Mangelerkrankungen führen. Bei uns sind solche Erkrankungen sehr selten. Eine abwechslungsreiche Ernährung verhindert Mangelerkrankungen. Man unterteilt Vitamine in Gruppen, die mit einem Großbuchstaben versehen sind. Nach der Art ihres Transportes im Körper unterscheidet man fettlösliche und wasserlösliche Vitamine.

Wasser ist ein sehr wichtiges Lebensmittel. Es muss in größerer Menge mit der Nahrung aufgenommen werden. Es sollten etwa zwei Liter Wasser, z. B. als Saft oder Früchtetee, täglich getrunken werden.

Mineralsalze sind ebenfalls Bestandteile der Nahrung, die im Körper für vielfältige Aufgaben benötigt werden. Wenn der tägliche Bedarf eines Mineralsalzes geringer als 100 Milligramm (mg) ist, spricht man auch von Spurenelementen.

Zusatzstoffe werden einem Nahrungsmittel bei der Herstellung bewusst zugesetzt. Dazu gehören unter anderem Konservierungsmittel, die ein Nahrungsmittel nicht so schnell verderben lassen, sowie Farbstoffe, Aromastoffe und Süßungsmittel. Zusatzstoffe werden häufig mit einer E-Nummer auf der Verpackung gekennzeichnet.

Julius Bernhard Rohr (1688–1742) behauptet, es bestünde eine Beziehung zwischen dem Vorkommen von Heilpflanzen und der Häufigkeit von Krankheiten. Als Beispiel führt er das Scharbockskraut (Skorbutkraut) an. …
So gibt die göttliche Vorsehung den Seeleuten ein bequemes Mittel gegen den Skorbut in die Hand. (aus dem Text zur Zeichnung)

1 Heilkräuter-Buch aus dem Jahre 1773, mit Zeichnung des Scharbockskraut

Vitamin A
Schutz und Erneuerung der Haut; Bestandteil der Netzhaut des Auges

B-Vitamine
Verdauung von Kohlenhydraten; Wachstum

Vitamin C
Knochenbau, kann die Abwehrkräfte gegen Erkältung stärken

Vitamin D
Härtung von Knochen und Zähnen

Vitamin E
vernichtet bestimmte Schadstoffe

Vitamin K
Blutgerinnung

2 Vitamine – Vorkommen und Bedeutung

1 Skorbut und Scharbockskraut. Die Krankheit Skorbut war früher bei Seefahrern berüchtigt. Erste Symptome zeigten sich in starker Müdigkeit, Zahnfleischblutungen und verstärkter Anfälligkeit gegenüber Infektionskrankheiten. Die Krankheit galt als unheilbar, bis der englische Schiffsarzt JAMES LIND im Jahre 1752 bewies, dass die vorbeugende Einnahme von Zitronensaft Skorbut verhinderte. LIND gab zwölf erkrankten Personen eine Basiskost, die mit verschiedenen Substanzen kombiniert wurde. Je zwei Personen erhielten Apfelwein, verdünnte Schwefelsäure, Essig, Meerwasser oder Zitrusfrüchte. LIND fiel auf, dass bei den Personen, die die Zitrusfrüchte erhalten hatten, die Symptome zurückgingen. Später erwiesen sich auch frische Kartoffeln und Sauerkraut, sowie Kräuter wie Scharbockskraut und Löffelkraut als wirksam gegen Skorbut.

Beschreibe anhand des Textes die Untersuchungsergebnisse des Schiffsarztes LIND (1752). Erkläre, welche Bedeutung der Name Scharbockskraut hat (Abb. 1).

2 Vorkommen von Vitaminen. Fertige anhand der Abbildung 2 eine Tabelle an. Schreibe zu jedem Vitamin, in welchen Nahrungsmitteln es häufig vorkommt.

3 Vitamin-A-Mangel. Lies den Text in Abbildung 4. Schreibe in Stichworten die Ursachen, Folgen und Behandlungsmöglichkeiten der Erblindung in dein Heft.

4 Angaben auf Lebensmittel-Etiketten. Fertige eine Tabelle für drei Lebensmittel an. Beschrifte die Spalten mit: Kohlenhydrate, Fette, Eiweiße, Vitamine, Mineralsalze und Energiegehalt. Übertrage die Angaben von sechs verschiedenen Lebensmittel-Etiketten in die Tabelle und vergleiche.

5 Nachweis von Vitamin C. Vitamin-C-Teststäbchen zeigen durch eine Farbveränderung den Gehalt an Vitamin C an (Abb. 4). Prüfe mit solchen Teststäbchen den Vitamin-C-Gehalt verschiedener frisch gepresster Säfte. Erarbeite am Beispiel von Orangensaft, ob sich kurzzeitiges Kochen und mehrtägiges Aufbewahren im Kühlschrank auf den Vitamin-C-Gehalt auswirken.

3 *Nachweis von Vitamin C*

Jedes Jahr erblinden in den Entwicklungsländern über 200 000 Kinder. In vielen Regionen Afrikas können Babys und Kleinkinder in der Dämmerung kaum mehr sehen. In ihren Augen treten schaumig-weiße Flecken auf. Die Kinder meiden das Licht und haben oft lange Zeit die Augen geschlossen. Schließlich vereitert die Hornhaut und löst sich binnen 3 bis 4 Stunden völlig auf. Die Kinder erblinden. Schuld daran ist eine einfache Tatsache: Sie bekommen zu wenig Vitamin A! Doch schwerer Vitamin-A-Mangel kann noch drastischere Folgen haben. Die Kinder sterben an Infektionskrankheiten, die ihr Körper nicht mehr bekämpfen kann.

Das Kinderhilfswerk der Vereinten Nationen (UNICEF) schützt das Augenlicht und das Leben der Kinder mit Hilfprogrammen. Es gibt drei Wege zum Schutz vor Vitamin-A-Mangel:
1. Vitamin-A-Kapseln. Sie beseitigen Vitamin-A-Mangel. Drei Kapseln pro Jahr schützen die Kinder wirkungsvoll vor Erblindung und Tod.
2. Vitamin A in Lebensmitteln. In einigen Ländern unterstützt UNICEF Programme zur Anreicherung von Lebensmitteln mit Vitamin A.
3. Vitaminreiche Ernährung. Viele Mütter wissen zuwenig über vitaminreiche Ernährung. Hier informiert UNICEF die Mütter, wie wichtig gesunde Ernährung für die Entwicklung der Kinder ist. UNICEF hilft den Familien beim Anlegen von Gemüsegärten.

4 *Vitamin-A-Mangel in Entwicklungsländern*

5.4 Nahrung liefert Stoffe und Energie für den Körper

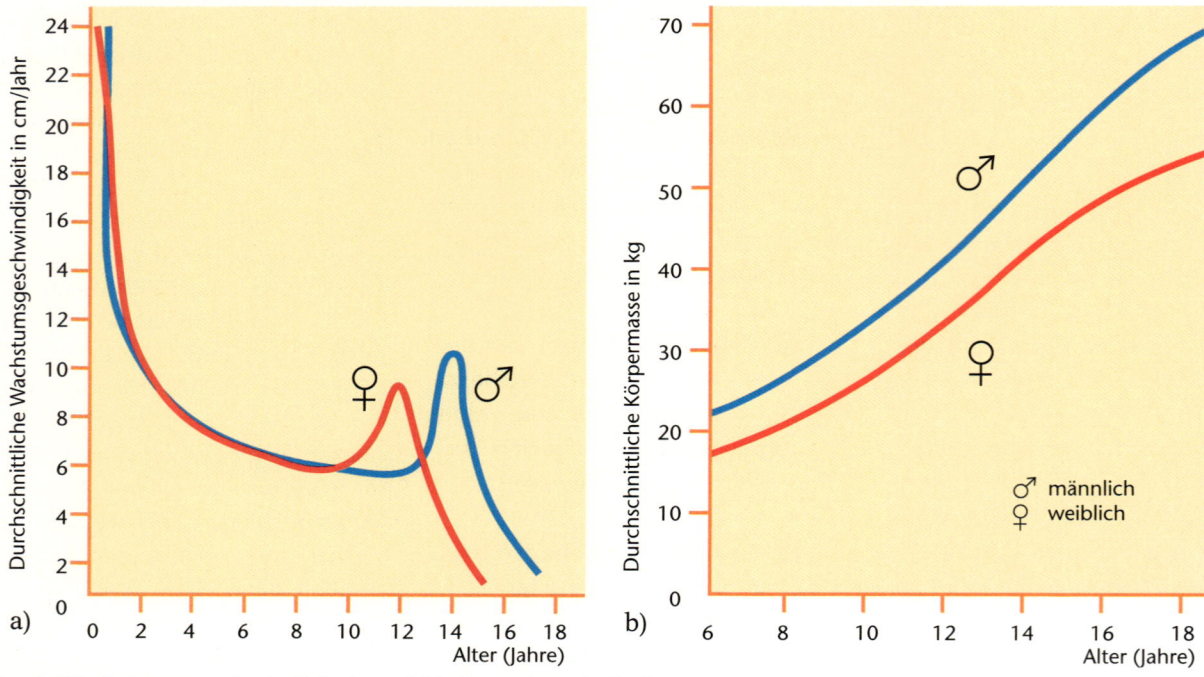

1 a) Wachstumsgeschwindigkeit und b) Gewichtstabelle für Kinder

Energie kann nicht neu erschaffen und nicht vernichtet werden. Energie kann nur umgewandelt werden – von einer Energieform in eine andere Energieform. Beim Sport zum Beispiel wandelt der Körper chemische Energie aus den Nährstoffen in Bewegungsenergie und in Wärmeenergie um.

Eine Einheit der Energie ist das Joule, abgekürzt **J**.
1000 J entsprechen einem **Kilojoule (kJ)**. (Um einen Liter Wasser um ein Grad zu erwärmen sind ungefähr 4 kJ notwendig.)

1 g Kohlenhydrate oder 1 g Proteine liefern im Körper etwa 17 kJ Energie; 1 g Fett liefert etwa 39 kJ Energie.

2 Energieumwandlung, Einheit der Energie und Energiegehalt der Nährstoffe

Der Körper eines Menschen hält die Temperatur auf konstant 37 °C. Er kann sich mithilfe von Muskeln bewegen, mit dem Herzen Blut pumpen, mit Sinnesorganen und Gehirn Informationen aufnehmen und verarbeiten und mit den Nieren Stoffe ausscheiden. Für diese und andere Lebensvorgänge ist Energie notwendig. Sie wird dem Körper mit den Nährstoffen zugeführt.

Energie ist unsichtbar und dennoch kann sie Dinge bewegen und erwärmen. Energie tritt in verschiedenen Formen auf. Man spricht zum Beispiel von Wärmeenergie, von Lichtenergie, von Bewegungsenergie und von elektrischer Energie. Chemische Energie ist für Menschen und andere Lebewesen eine sehr wichtige Energieform. So bezeichnet man Energie, die in Stoffen enthalten ist. Manche Stoffe enthalten viel, andere wenig chemische Energie. **Nährstoffe** enthalten viel chemische Energie, die von Menschen und anderen Lebewesen genutzt werden kann. Kohlenhydrate und Fette sind die wichtigsten Energielieferanten.

Nährstoffe werden auch zum Aufbau, zum Wachstum und zur Erhaltung des Körpers benötigt. Als **Baustoffe** werden vor allem Eiweiße, aber auch Fette und Kohlenhydrate genutzt. In Lebensabschnitten mit starkem Wachstum werden mithilfe der Nährstoffe Zellen und Gewebe aufgebaut (Abb. 1). Aber auch ohne Wachstum benötigt der Körper Baustoffe, denn Zellen und Gewebe werden ständig erneuert.

100 g Nahrungsmittel	Energie in kJ
Roggenbrot	950
Brötchen	1126
Spaghetti	1544
Kartoffeln	318
Walnüsse	2725
Banane	356
Apfel (süß)	243
Joghurt	297
Kuhmilch	268
Butter	2996
Margarine	3013
Hühnerei	678
Honig	1272
Traubenzucker	1611
Forelle	423
Schweinekotelett	1427
Rinderfilet	511

3 *Energiegehalt verschiedener Nahrungsmittel*

Alter	durchschnittlicher Energiebedarf in kJ pro Tag			
10–13	Jungen	9 410	Mädchen	9 000
13–15	Jungen	10 460	Mädchen	9 620
15–19	Jungen	12 550	Mädchen	10 040
19–25	Männer	10 880	Frauen	9 200

4 *Energiebedarf und Alter*

1 Wachstum. Beschreibe die Kurven in Abbildung 1. Gib an, in welcher Zeit das Längenwachstum besonders stark ist.

2 Energie. Schlage dieses Buch zu und beantworte dann folgende Frage: „Was verstehst du unter Energie?" Schreibe deine Antwort mit großer Schrift auf ein Blatt DIN-A4-Papier. Besprecht die Antworten in der Klasse. Wenn ihr eine Pinwand habt, stellt die Antworten aus. Erörtert Gründe dafür, warum man möglichst nicht das Wort „Energieverbrauch" verwenden sollte.

3 Energiegehalt und Energiebedarf. Ordne die Nahrungsmittel in Abbildung 3 in aufsteigender Folge nach dem Energiegehalt. In Abbildung 5 befinden sich Angaben über den Energiebedarf bei verschiedenen Tätigkeiten. Formuliere anhand der geordneten Angaben der Abbildung 3 und anhand der Abbildung 5 weitere Sätze nach dem folgenden Muster: „100 Gramm Butter liefern ungefähr 3000 kJ Energie. Das entspricht etwa dem Bedarf, der entsteht, wenn eine Stunde lang mit einer Geschwindigkeit von 8 km/h gegangen wird."

4 Energiebedarf je kg. Berechne den ungefähren Energiebedarf je Kilogramm Körpermasse und Tag für ein 12-jähriges Mädchen von 45 Kilogramm und für einen 14-jährigen Jungen mit 50 Kilogramm Körpermasse (Abb. 4).

5 Energiebedarf auch bei körperlicher Ruhe. Auch dann, wenn jemand keine besonderen Tätigkeiten ausführt, zum Beispiel schläft, hat der Körper einen grundlegenden Bedarf an Energie. Nenne Beispiele, wofür dieser grundlegende Energiebedarf benötigt wird.

Tätigkeiten	Kilojoule pro Stunde
Ruhiges Liegen	350
Ruhiges Stehen	420
Gehen, 3 km/h	585
Gehen, 8 km/h	2950
Schwimmen, 0,6 km/h	880
Schwimmen, 4,2 km/h	7360
Radfahren, 9 km/h	880
Radfahren, 30 km/h	3530
Laufen, 11 km/h	1750
Laufen, 19 km/h	9710
Büroarbeit	ca. 380 – 470

5 *Ungefährer Energiebedarf eines 35-jährigen Mannes mit 70 kg Körpermasse bei verschiedenen Tätigkeiten*

Arbeitsmaterial

5.5 Ausgewogene, gesunde Ernährung

1 *Schlaraffenland (Pieter Bruegel der Ältere, 1520–1569)*

Die aufgenommene Nahrung sollte genügend Energie enthalten und alle Stoffe für Wachstum und Erhalt des Körpers liefern. Außerdem ist wichtig, dass die Nahrung appetitlich aussieht, gut riecht, lecker schmeckt und mit Genuss verzehrt werden kann.

Man spricht von **ausgewogener Ernährung**, wenn die Nahrung alle Nährstoffe sowie Wasser, Vitamine, Mineralsalze und Ballaststoffe in der Mischung enthält, die ein Mensch braucht, um gesund und leistungsfähig zu bleiben. Weil kein Nahrungsmittel für sich allein ausgewogen zusammengesetzt ist, wird eine abwechslungsreiche, vielseitige Ernährung empfohlen. Unausgewogene Ernährung kann auf Dauer die Gesundheit gefährden. Sie bedeutet heutzutage bei uns meistens, dass zu fett, zu süß, zu salzig und zu viel gegessen wird.

Fehlernährung ist weltweit die häufigste Krankheitsursache. Dazu gehören Überernährung und Unternährung. Vielen hundert Millionen Kindern weltweit mangelt es an Nährstoffen, häufig an Eiweißen, bestimmten Vitaminen oder Mineralsalzen. Kinder, die bereits in ihren ersten Lebensjahren ständig Mangel leiden, bekommen sehr häufig ansteckende Krankheiten und lebensbedrohliche Durchfallerkrankungen. Ihre körperliche und geistige Entwicklung bleibt zurück.

Übergewicht entsteht dann, wenn dem Körper mehr Nährstoffe zugeführt werden, als er benötigt. Überschüssige Kohlenhydrate können im Körper in Fett umgewandelt und gespeichert werden. Andauernder Bewegungsmangel kann Übergewicht fördern.

1 Schlaraffenland. Fertige zu Abbildung 1 eine schriftliche Bildbeschreibung an. Was drückt das Bild aus? Welche Vorstellungen hast du vom Schlaraffenland? Wie steht es mit der Gesundheit im Schlaraffenland?

2 Ausgewogene Ernährung. Erläutere anhand des Ernährungskreises, was du unter einer ausgewogenen Ernährung verstehst (Abb. 2).

3 Fehlernährung. Beschreibe verschiedene Formen von Fehlernährung und ihre Ursachen.

4 Der Ernährungskreis. Man kann Nahrungsmittel in sieben Gruppen einteilen (Abb. 2). Die Empfehlung lautet: Wähle täglich und reichlich aus den Gruppen 1 bis 5, weniger und seltener Nahrungsmittel aus den Gruppen 6 und 7. Stelle mithilfe des Ernährungskreises und den Empfehlungen dazu die Mahlzeiten für einen Tag zusammen. Wähle dabei besonders solche Lebensmittel, die du gerne magst.

2 Ernährungskreis

5 Ernährung in der Steinzeit und heute. Viele Jahrhunderttausende haben die Vorfahren der Menschen als Jäger und Sammler in Gruppen gelebt. Dieser lange Zeitraum hat die Ernährungsweise der Menschen mehr beeinflusst als die ungefähr 50 Jahre, in denen es Supermärkte gibt.

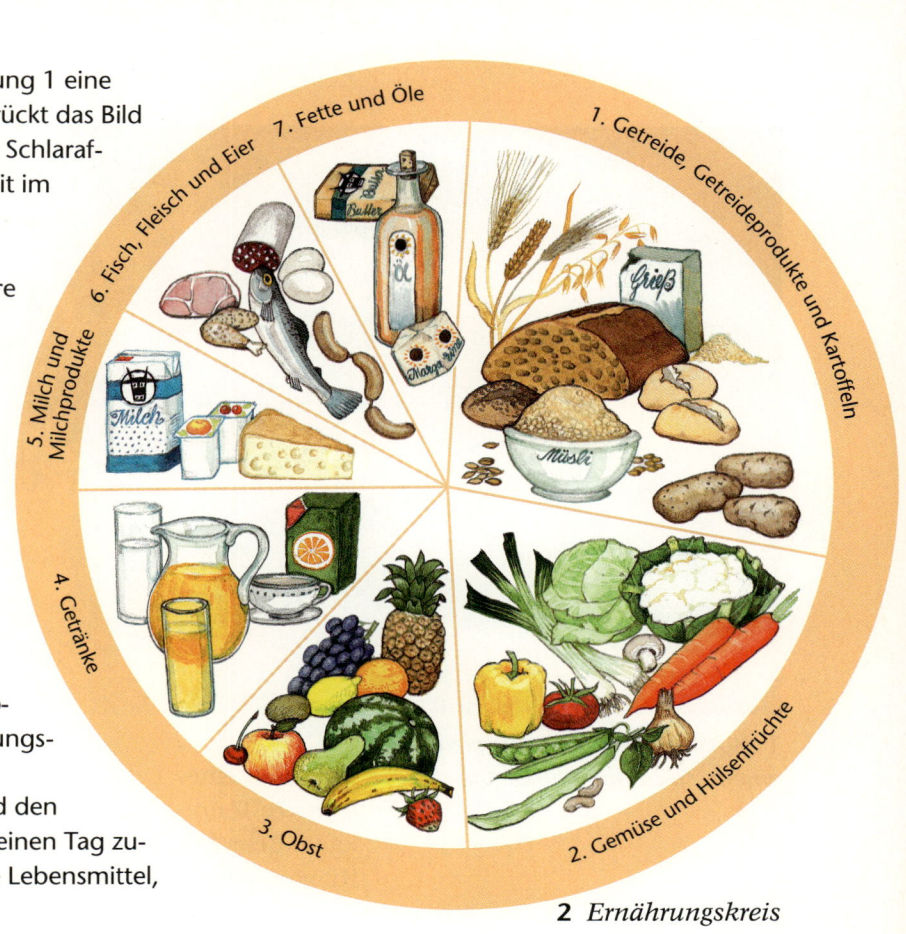

a) Beschreibt die Lebensweise der Sammler und Jäger.
b) Vergleicht die Ernährung der Jäger und Sammler mit der heutiger Mitteleuropäer (Abb. 2). Sammelt zunächst Stichworte für den Vergleich. Führt dann den Vergleich durch. Diskutiert über das Ergebnis.

3 In der Steinzeit

Arbeitsmaterial

5.6 Zähne und Gebiss

1 Borsten einer Zahnbürste an einem Zahn mit Zahnbelag

Im Laufe eines Lebens zerkleinert ein Mensch mit seinen Zähnen mehrere Tonnen Nahrung – weiche und harte, süße, saure, heiße und kalte. Beim kräftigen Zubeißen tritt ein Druck auf, der über hundert Kilogramm pro Quadratzentimeter entspricht.

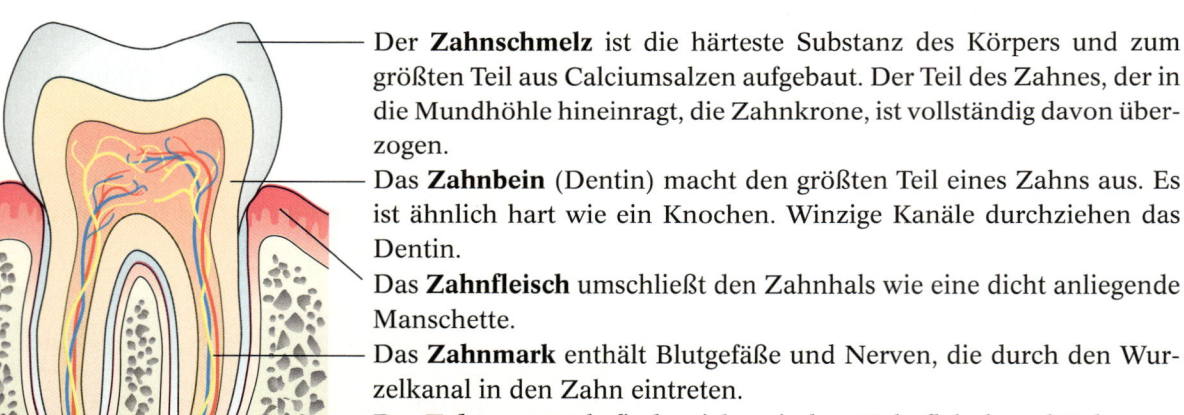

Der **Zahnschmelz** ist die härteste Substanz des Körpers und zum größten Teil aus Calciumsalzen aufgebaut. Der Teil des Zahnes, der in die Mundhöhle hineinragt, die Zahnkrone, ist vollständig davon überzogen.

Das **Zahnbein** (Dentin) macht den größten Teil eines Zahns aus. Es ist ähnlich hart wie ein Knochen. Winzige Kanäle durchziehen das Dentin.

Das **Zahnfleisch** umschließt den Zahnhals wie eine dicht anliegende Manschette.

Das **Zahnmark** enthält Blutgefäße und Nerven, die durch den Wurzelkanal in den Zahn eintreten.

Der **Zahnzement** befindet sich zwischen Zahnfleisch und Zahnwurzel. Im Zahnzement sind winzige Fasern verankert, die den Zahn mit dem Kieferknochen verbinden. Diese Fasern halten den Zahn fest in seinem „Bett", dem **Zahnhalteapparat** (Parodont) und wirken bei kräftigem Kauen wie Stoßdämpfer.

2 Aufbau eines Backenzahns

Häufige **Zahnerkrankungen** sind Karies und Zahnfleischentzündung. Zahnfleischentzündungen können zur Lockerung und zum Ausfall von Zähnen führen. Regelmäßige und sorgfältige Zahnpflege sind sehr wirksame Möglichkeiten, um Zahnerkrankungen vorzubeugen. Karies ist die häufigste Erkrankung der Menschheit.

In der Mundhöhle leben **Bakterien**. Bakterien sind Kleinstlebewesen, sogenannte Mikroorganismen. Viele Millionen von ihnen würden in den Rauminhalt eines Stecknadelkopfes passen. Bakterien können sich sehr schnell vermehren. Mithilfe eines klebrigen, zuckerhaltigen Stoffes heften sich bestimmte Bakterien an die Zahnoberfläche. Vor allem, wenn sie **Zucker** und andere Kohlenhydrate als Nahrung bekommen, vermehren sich die Bakterien stark. Überschüssiger Zucker wird in den klebrigen Haftstoff verwandelt. Der klebrige Haftstoff, die Bakterien selbst und Nahrungsreste bilden den **Zahnbelag** (Abb.1), auch Plaque (sprich:plak) genannt. Wenn die Bakterien Zucker aufnehmen und seine Energie für sich nutzen, fällt ein Abfallstoff an. Es ist eine **Säure**, die Milchsäure. Diese Säure kann den Zahnschmelz angreifen und Mineralsalze herauslösen. Wird der Zahnbelag nicht regelmäßig und gründlich entfernt, können Vertiefungen und schließlich kleine Löcher im Zahnschmelz entstehen. Bestimmte Stellen in den **Zähnen** werden von der Zahnbürste nur schwer erreicht. Bekommen die Bakterien weiterhin genug Zucker, bilden sie entsprechend viel Säure, die weiter Löcher in den Zahnschmelz und schließlich in das Zahnbein ätzt. Der Zahn fault. **Karies** heißt übersetzt „Zahnfäule".

3 Entstehung von Karies

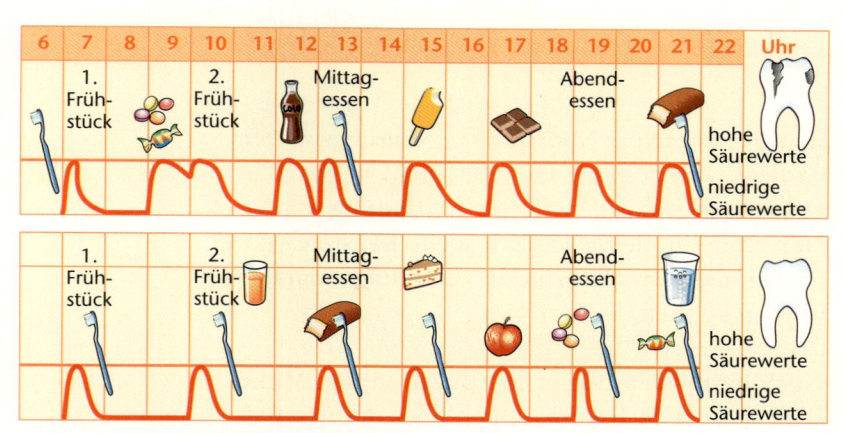

4 Säurewerte im Tagesverlauf

1 Säurewerte im Tagesverlauf. Werte die Abbildung 4 aus und notiere wichtige Ergebnisse in ganzen Sätzen.

2 Fließdiagramm: Entstehung von Karies. Betrachte Abbildung 1 und 3. Erstelle aus dem Text ein Fließdiagramm zur Entstehung von Karies.
Du könntest so beginnen:

Bakterien besiedeln die Zahnoberfläche ...

Wenn diese Bakterien Zucker...

3 Vier Faktoren bei der Kariesentstehung. Erläutere in zusammenhängenden Sätzen die Abbildung 5.

4 Harte Materialien. Ordne wenigstens zehn verschiedene Materialien auf einer Skala von „weich wie Butter" bis „hart wie Stahl" ein. Wo würdest du Zahnschmelz in die Skala einordnen?

5 Versuch zur Wirkung von Fluoriden. Reibe eine Hälfte eines Eies mit einem Fluoridgelee ein und lass es zehn Minuten wirken. Spüle nun das Gel unter dem Wasserhahn ab. Lege es anschließend in Essig (enthält Essigsäure). Beschreibe deine Beobachtungen. Viele Zahnpasten enthalten Fluoride. Welche Bedeutung haben Fluoride in Zahnpasta vermutlich?

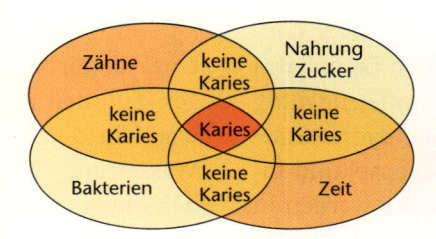

5 Vier Faktoren wirken bei der Entstehung von Karies zusammen

6 Eine Eihälfte wurde mit Fluoridgel eingerieben

Arbeitsmaterial

5.7 Verdauung der Nahrung

In der Form, in der Nährstoffe in Nahrungsmitteln vorliegen, können sie meistens nicht in das Blut aufgenommen werden. Bei der **Verdauung** werden Nährstoffe in kleine wasserlösliche Bausteine abgebaut, die vom Darm in das Blut aufgenommen werden können.

Noch bevor man den ersten Bissen in den Mund schiebt, werden Informationen über die Beschaffenheit, Farbe und Geruch der Nahrung über die Sinnesorgane dem Gehirn gemeldet. Daraufhin regt das Gehirn die **Speicheldrüsen** zur Absonderung von Speichel an. Im Mund wird die Nahrung mit den **Zähnen** mechanisch zerkleinert und mithilfe des Speichels flüssiger gemacht. Ein kleiner Teil der Stärke wird im Mund in kleinere Bausteine zerlegt.

Durch Schlucken gelangt eine Portion Nahrungsbrei in die etwa 25 cm lange **Speiseröhre**. Von dort wird die Nahrung schubweise in den **Magen** befördert. Kräftige Muskeln der Magenwand durchkneten den Nahrungsbrei. In der Magenwand befinden sich auch Drüsen, die täglich ungefähr drei Liter **Magensaft** absondern. Er enthält unter anderem Salzsäure. Durch die Salzsäure wird der Nahrungsbrei angesäuert. Dadurch quellen Eiweiße auf und gerinnen. So können sie besser verdaut werden. Im Magen beginnt der Abbau der Eiweiße in ihre Bausteine.

Vom Magen gelangt der Nahrungsbrei in den **Zwölffingerdarm**. So heißt der erste Teil des **Dünndarms**. Die Schleimhaut des Dünndarms, die Bauchspeicheldrüse und die Leber mit ihrer Gallenblase geben Verdauungssäfte in den Dünndarm ab. Im Dünndarm werden die Nährstoffe endgültig in ihre Bausteine zerlegt. Das Kohlenhydrat Stärke wird dabei in Traubenzucker (Glucose) und Eiweiße in Aminosäuren gespalten. Fette werden in Fettsäuren und Glycerin zerlegt. Durch die Wand des Dünndarms werden die Bausteine der Nährstoffe in das **Blut** aufgenommen und mit dem Blut in alle Teile des Körpers transportiert.

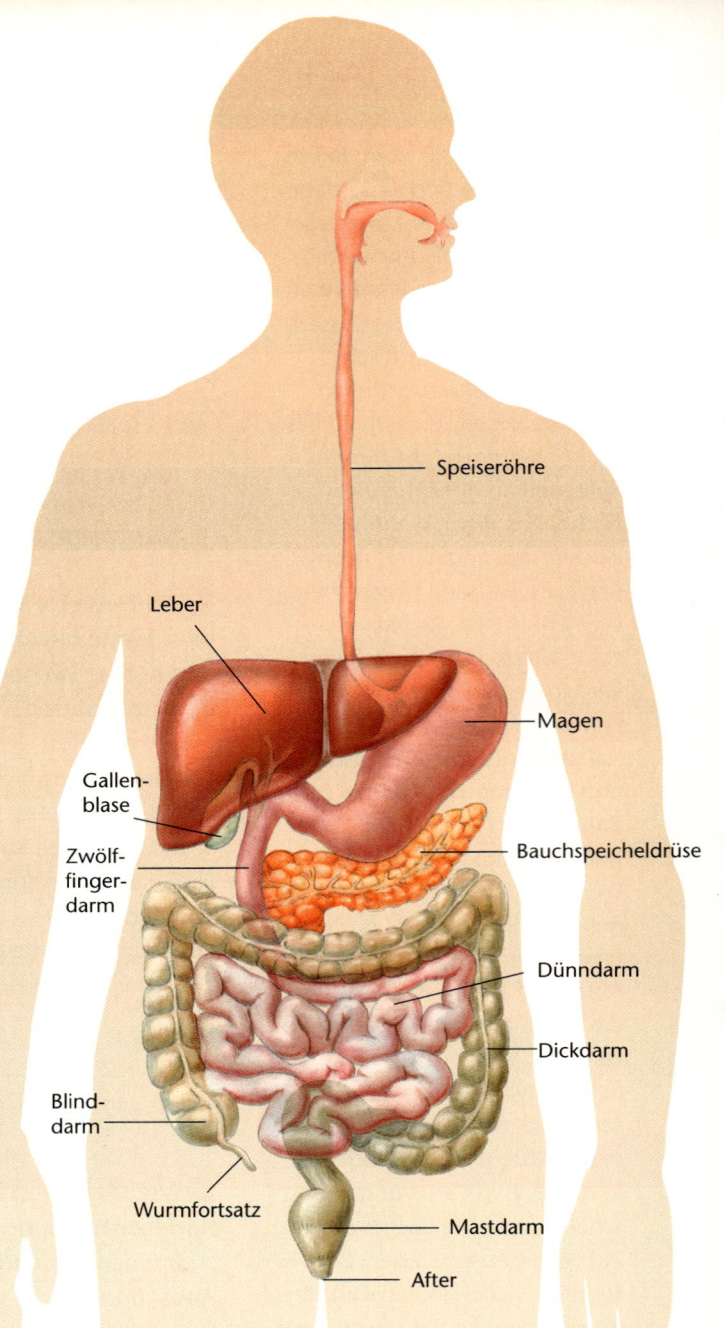

1 *Weg der Nahrung bei der Verdauung*

Unverdauliche Nahrungsreste gelangen nach einigen Stunden durch Bewegungen der Dünndarmwand in den **Dickdarm**. Dort werden dem Brei Wasser und Mineralsalze entzogen. Dadurch werden die Nahrungsreste eingedickt, fester und können als Kot durch den **After** ausgeschieden werden (Stuhlgang). Das kann manchmal schon einen halben Tag nach der Nahrungsaufnahme, manchmal erst nach einem oder zwei Tagen erfolgen.

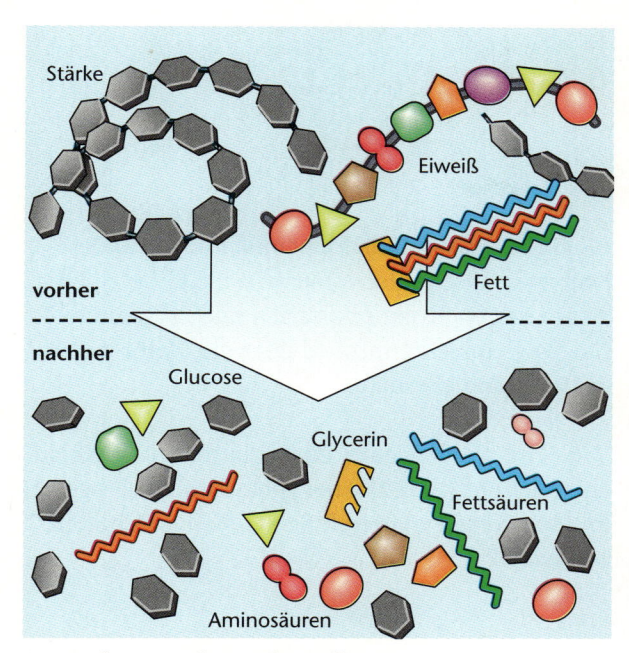

2 *Verdauung der Nährstoffe*

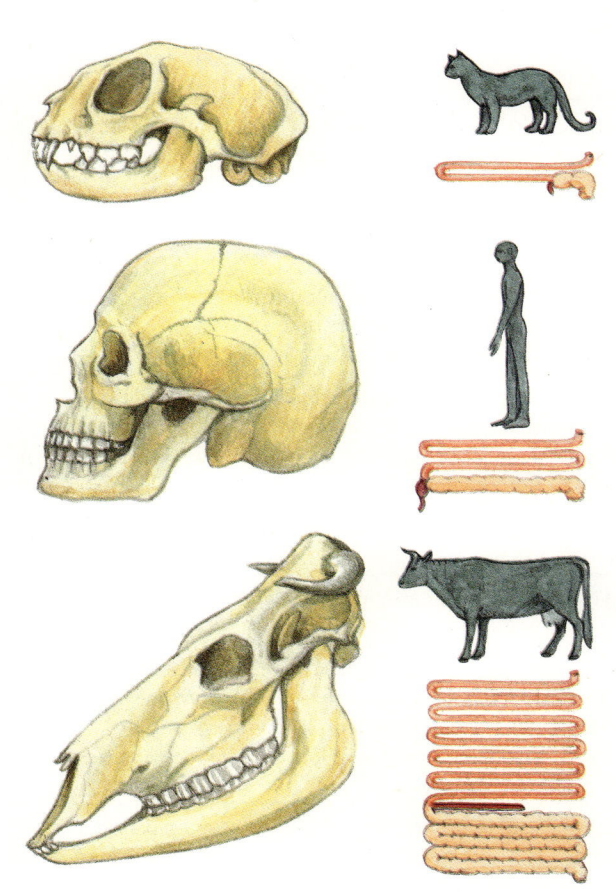

3 *Nahrung, Gebiss und Darmlänge bei Katze, Mensch und Rind*

1 **Riechen von Nahrungsmitteln mit geschlossenen Augen.** Überlegt euch ein Experiment, mit dem ihr überprüfen könnt, wie gut jemand Nahrungsmittel mit geschlossenen Augen allein am Geruch erkennt. Führt dieses Experiment durch. Fertigt ein Protokoll an.

2 **Fließdiagramm zum Weg der Nahrung im Körper.** Lies den Text auf der Grundwissenseite. Unterteile dann den Weg der Nahrung im Körper in verschiedene Abschnitte. Gib jedem Abschnitt einen Namen und beschreibe in Stichworten das Wesentliche von jedem Abschnitts. Erstelle daraus in deinem Heft ein Ablaufschema. So kannst du beginnen:

> **Verdauung im Mund:**
> Mechanische Zerkleinerung mit den Zähnen, …
>
> ↓
>
> **Speiseröhre:**

3 **Verdauung.** Beschreibe anhand der Abbildung 2, was bei der Verdauung geschieht. Formuliere einen Merksatz über Verdauung. Diskutiert in der Klasse über die Merksätze.

4 **Planung eines Versuchs zur Verdauung von Stärke mit Speichel.** Entwickelt im Gespräch miteinander einen Versuch, mit dem die Verdauung von Stärke durch Speichel nachgewiesen werden kann. Beachtet bei euren Überlegungen, dass Stärke durch Iod-Kaliumiodid-Lösung gefärbt wird. Das könnt ihr in diesem Buch nachlesen. Führt den Versuch durch und beschreibt das Ergebnis.

5 **Nahrung, Gebiss und Darmlänge beim Menschen und bei verschiedenen Säugetieren.** Entwerft Vermutungen über den Zusammenhang zwischen Nahrung, Gebiss und Darmlänge eines Lebewesens. Wertet dann die Abbildung 3 aus. Welche Vermutungen waren zutreffend?

6 **Erschließungsfelder.** Überlege, ob man das Thema dieser Doppelseite auch unter den Erschließungsfeldern „Regulation" und „Wechselwirkungen" betrachten kann. Begründe deine Antwort.

Arbeitsmaterial

Methode

Versuche durchführen

Biologen, Physiker und Chemiker sowie andere Naturwissenschaftler versuchen die Gesetzmäßigkeiten der Natur zu erforschen und zu verstehen. Ein Weg, um Erkenntnisse über die Natur zu gewinnen, sind Versuche.

Versuche werden nach einem bestimmten Ablauf durchgeführt (Abb.2). Hier geht es um die Frage, ob Kochen von Orangensaft den Gehalt an Vitamin C verändert?

1 *Der Gehalt an Vitamin-C in Orangensaft kann mit Teststreifen gemessen werden*

Beobachtung	Mit Teststreifen kann man nachweisen, dass Gemüse und Obst Vitamin C enthält. Bei der Zubereitung von Essen werden Vitamin-C-haltige Nahrungsmittel oft erhitzt und gekocht.
Problemfrage	Wie beeinflusst drei Minuten langes Kochen den Gehalt an Vitamin-C in frisch gepresstem Organsaft?
Hypothesen (Vermutungen)	Hypothese 1: Die Vitamin-C-Konzentration bleibt unverändert. Hypothese 2: Die Vitamin-C-Konzentration erhöht sich. Hypothese 3: Die Vitamin-C-Konzentration nimmt ab.
Versuch: Planung, Durchführung	Zwei Gläser werden mit frisch gepresstem Orangensaft je zur Hälfte gefüllt. Ein Glas wird nicht erhitzt (Kontrollversuch), die Flüssigkeit im anderen Glas wird erhitzt und drei Minuten gekocht, anschließend abgekühlt. Danach wird mit Teststäbchen in beiden Gläsern der Vitamin C-Gehalt gemessen.
Ergebnis	Der Vitamin-C-Gehalt ist in drei Minuten lang gekochtem Orangensaft geringer als in ungekochtem Organsaft.
Ergebnis-Auswertung in Bezug auf die Hypothesen	In diesem Versuch wurde die Hypothese 3 bestätigt, die beiden anderen Hypothesen nicht.
Fehlerdiskussion	Welche Fehlerquellen könnten dem Ergebnis zu Grunde liegen? Zum Beispiel: Teststreifen zu alt, nicht mehr brauchbar; Teststreifen nicht lange genug in die Flüssigkeit getaucht; durch das Kochen ging viel Flüssigkeit verloren, so dass Stoffe in der Flüssigkeit konzentrierter wurden, …
Übertragung	Es wird geprüft, ob das Ergebnis auf ähnliche Sachverhalte übertragen werden kann, zum Beispiel auf Gemüsesaft oder gekochte Kartoffeln. Unter Umständen ergeben sich neue Problemfragen, die weitere Versuche erfordern.

2 *Durchführung eines Versuchs*

3 Die Messergebnisse des Versuchs

	15. März 2005

Versuchsprotokoll

Beobachtung:	Gemüse und Früchte werden oftmals bei der Nahrungszubereitung gekocht.
Problemfrage:	Wird durch Kochen der Vitamin-C-Gehalt beeinflusst?
Hypothesen:	(1) Der Vitamin-C-Gehalt bleibt unverändert, (2) nimmt zu, (3) nimmt ab.
Versuch:	Vitamin-C-Teststäbchen; frisch gepresster Orangensaft; zwei Gläser etwa halbvoll mit gleichem Volumen Orangensaft befüllt; der Inhalt des einen Glases wird erhitzt und drei Minuten gekocht; anschließend abkühlen lassen; dann messen; der Kontrollversuch wird nicht erhitzt.
Ergebnis:	Der Vitamin-C-Gehalt ist in drei Minuten lang gekochtem Orangensaft geringer als in ungekochtem Organsaft. Hypothese 3 bestätigt, die beiden anderen Hypothesen konnten in diesem Versuch nicht bestätigt werden.
Fehlerdiskussion:	Die Teststreifen wurden unterschiedlich lang in die beiden Gläser eingetaucht; das könnte das Messergebnis beeinflusst haben.

4 Beispiel für ein Versuchsprotokoll

Um die Ergebnisse von Versuchen zu dokumentieren, werden Protokolle geschrieben. Darin werden die Schritte des Versuchs beschrieben (Abb. 4). Ein sorgfältiges Protokoll ermöglicht es anderen, die Ergebnisse nachzuvollziehen und zu überprüfen.

1 Vitamin-C-Gehalt und Dauer des Kochens. Entwirf eine Versuchsreihe, in der die Abhängigkeit des Vitamin-C-Gehalts von der Dauer der Kochzeit untersucht wird. Führe die Versuchsreihe durch und fertige ein Protokoll an.

6 Atmung und Blutkreislauf

6.1 Eigenschaften und Zusammensetzung der Luft

Die Erdoberfläche ist von einer Hülle aus Gasen umgeben. Diese Gashülle bezeichnet man auch als **Atmosphäre** oder als Lufthülle. Wäre die Erde so groß wie ein Fußball, hätte die Atmosphäre die Dicke einer Briefmarke. Die Lufthülle der Erde ist lebenswichtig. Menschen und viele andere Lebewesen atmen Luft aus der Atmosphäre.

Luft ist ein Gemisch verschiedener Gase. Luft hat weder Farbe, Geruch noch Geschmack. Luft nimmt Raum ein. Ein anderes Wort für Rauminhalt ist Volumen.

Luft hat Masse. Mit seiner Masse übt Luft eine Gewichtskraft aus, den Luftdruck. In Wetterberichten wird von Hoch- und Tiefdruckgebieten gesprochen.

Luft besteht hauptsächlich aus den Gasen Stickstoff und Sauerstoff. In sehr kleinen Anteilen ist auch das Gas Kohlenstoffdioxid enthalten. Von hundert Litern Luft sind 78 Liter Stickstoff, 21 Liter Sauerstoff und ein Liter andere Bestandteile, darunter Kohlenstoffdioxid.

Alle Stoffe, also auch die Luft, bestehen aus winzigen Bausteinen, den Atomen. Atome sind so klein, dass ungefähr zehn Millionen auf einem Millimeter nebeneinander gereiht Platz haben.

Einen Stoff, den man chemisch nicht weiter in andere Stoffe zerlegen kann, bezeichnet man als Element. Sauerstoff ist zum Beispiel ein Element, Kohlenstoff ein anderes. Jedes Element hat seine eigene Sorte von Atomen.
Elemente werden mit Buchstaben bezeichnet. Sauerstoff hat als Elementzeichen den Großbuchstaben O, Kohlenstoff den Großbuchstaben C.

Ein Atom Sauerstoff
O

Ein Atom Kohlenstoff
C

Oft schließen sich mehrere Atome zusammen. Man spricht dann von einem Molekül. Ein Molekül besteht immer aus zwei oder mehr Atomen. Sauerstoff kommt in der Natur nicht in Form von einzelnen Atomen vor, sondern als Molekül aus zwei Atomen Sauerstoff. Kohlenstoffdioxid ist ein Molekül aus zwei Atomen Sauerstoff und einem Atom Kohlenstoff.

Ein Molekül Sauerstoff
O_2

Ein Molekül Kohlenstoffdioxid
CO_2

1 *Stoffe bestehen aus kleinen Bausteinen*

2 *Ausschnitt der Erdoberfläche und der Atmosphäre, vom Weltraum aus fotografiert*

Weltall

Atmosphäre

Erdoberfläche

Stoffe + Energie

Grundwissen

1 Steckbrief Luft. Lies den Text auf der Grundwissenseite. Fertige einen Steckbrief über Luft an, benutze Stichworte.

2 Luft hat Rauminhalt (Volumen). Überlegt euch ein Experiment, mit dem ihr nachweisen könnt, dass Luft Raum einnimmt. Benutzt dazu eine durchsichtige Flasche und eine durchsichtige Schüssel.

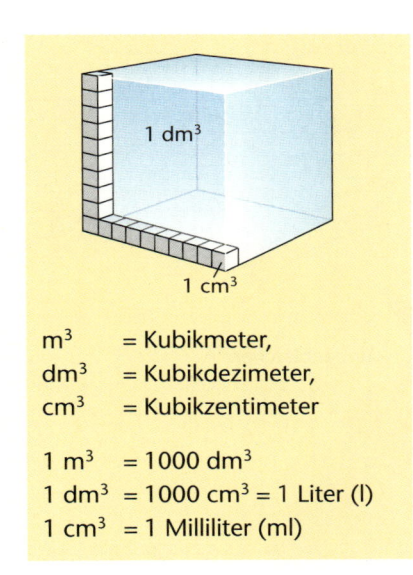

m³ = Kubikmeter,
dm³ = Kubikdezimeter,
cm³ = Kubikzentimeter

1 m³ = 1000 dm³
1 dm³ = 1000 cm³ = 1 Liter (l)
1 cm³ = 1 Milliliter (ml)

3 Volumen-Einheiten

3 Merksätze: Atome, Elemente und Moleküle. Schreibe in dein Heft je einen Merksatz über die Begriffe Atom, Element und Molekül (Abb. 1).

unten offenes Glasgefäß mit Wasser gefüllt   Schlauch ins Glasgefäß

Wanne mit Wasser

4 Bestimmung des Atemvolumens

4 Atemvolumen bestimmen.
a) Berechne anhand der Angaben in Abbildung 5 das Atemvolumen pro Minute und pro Stunde. Gib die Ergebnisse auch in Kubikdezimetern und in Kubikmetern an (Abb. 3).
b) Beschreibe den in Abbildung 4 dargestellten Versuch. Bestimme mit diesem Versuch, wie viel Liter Luft du nach ganz tiefem Einatmen maximal ausatmen kannst.

5 Moleküle in der Luft. Beschreibe die Abbildung 6. Benutze dabei die Fachbegriffe. Um welche Elemente handelt es sich bei den dargestellten Atomen und Molekülen?

6 Nachweis von Kohlenstoffdioxid. Kalklauge ist ein Nachweismittel für Kohlenstoffdioxid.
a) Fülle ein Reagenzglas und den Boden einer Petrischale mit Kalklauge (Abb. 7). Verschließe das Reagenzglas sofort. Die Petrischale bleibt offen. Vergleiche beide Proben im Abstand von zehn Minuten etwa vierzig Minuten lang. Protokolliert die Veränderungen und erklärt das Ergebnis.
b) Überlegt euch eine Versuchsanordnung, mit der ihr Kohlenstoffdioxid in der Ausatmungsluft nachweisen könnt. Dazu soll Kalklauge benutzt werden. Führt die Versuche nach Absprache mit eurem Lehrer oder eurer Lehrerin durch.

	Atemhäufigkeit pro Minute	Volumen je Atemzug in Milliliter
Neugeborene	50	18
Kinder 2–3 Jahre	24	122
Jungen, 12 Jahre	16	305
Mädchen, 12 Jahre	16	289

5 Atemhäufigkeit und Atemvolumen je Atemzug, in Ruhe

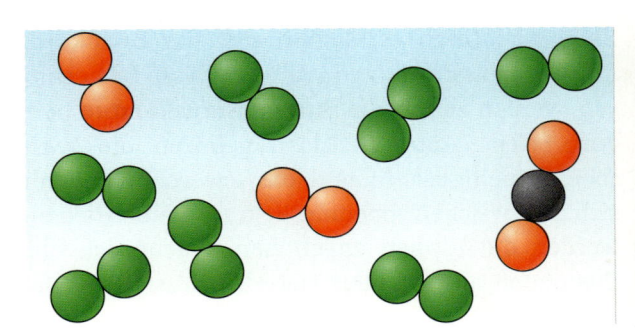

6 Luft ist ein Gasgemisch

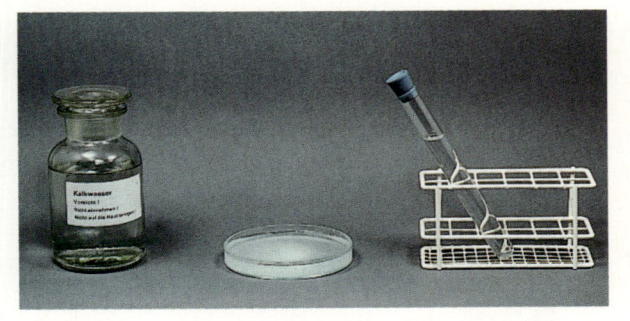

7 Nachweis von Kohlenstoffdioxid mit Kalklauge

Arbeitsmaterial

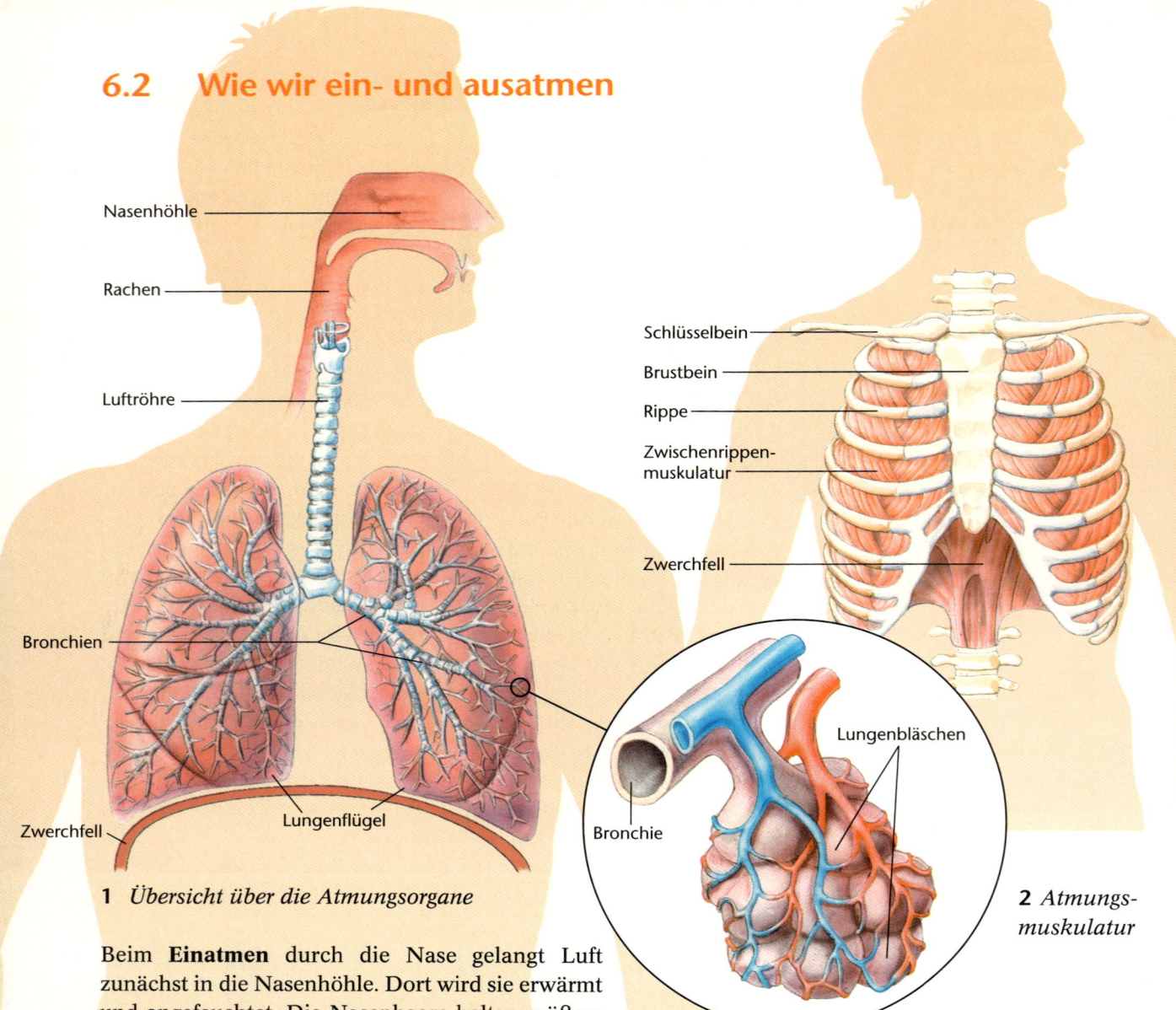

6.2 Wie wir ein- und ausatmen

1 *Übersicht über die Atmungsorgane*

2 *Atmungsmuskulatur*

Beim **Einatmen** durch die Nase gelangt Luft zunächst in die Nasenhöhle. Dort wird sie erwärmt und angefeuchtet. Die Nasenhaare halten größere Staubteilchen zurück. Vom Rachen gelangt die Luft in die ungefähr zwölf Zentimeter lange Luftröhre (Abb. 1). Diese verzweigt sich in die Bronchien, die sich im rechten und linken Lungenflügel immer weiter verästeln.

Die Gesamtlänge der Bronchien wird auf fast einen Kilometer geschätzt. Die Bronchien sind mit einer feuchten Schleimhaut ausgekleidet. Im Schleim werden feinste Staubteilchen und Bakterien festgehalten. Am Ende der Verästelungen der Bronchien befinden sich winzige, traubenförmig angeordnete **Lungenbläschen**. Sie sind dünnwandig und von einem dichten Netz von Blutgefäßen umgeben. Beim Einatmen erweitert sich der Brustkorb und Luft wird in die Lungen eingesaugt.

Beim **Ausatmen** verkleinert sich der Brustkorb. Luft wird aus der Lunge gedrückt. Diese Bewegungen werden durch die **Atmungsmuskulatur** hervorgerufen (Abb. 2). Dazu gehören die Zwischenrippenmuskeln und das Zwerchfell. Wenn sich die Zwischenrippenmuskeln zusammenziehen, werden die Rippen angehoben. Flacht sich das Zwerchfell ab, erweitert sich der Brustraum. Die Lunge folgt diesen Bewegungen und erweitert sich beim Einatmen.

Was ist ein Modell?

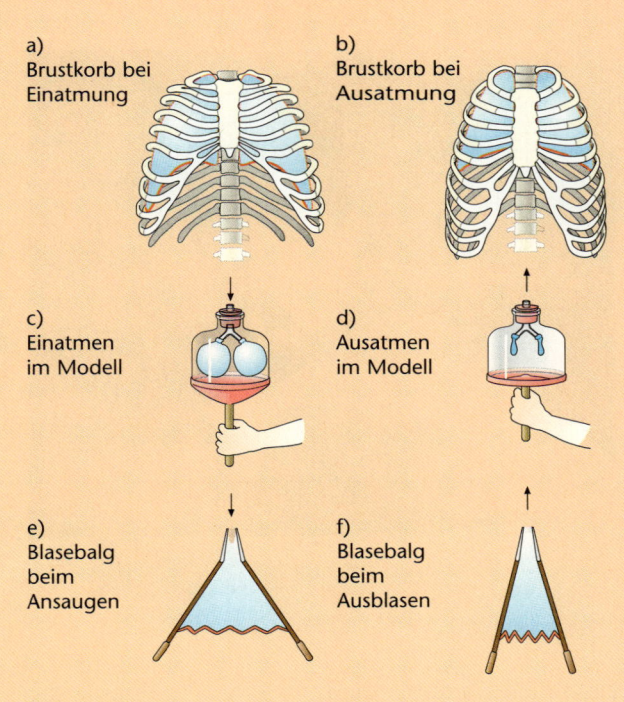

a) Brustkorb bei Einatmung
b) Brustkorb bei Ausatmung
c) Einatmen im Modell
d) Ausatmen im Modell
e) Blasebalg beim Ansaugen
f) Blasebalg beim Ausblasen

Ein Modell stellt die Wirklichkeit in vereinfachter Form dar. Modelle dienen der Veranschaulichung von Bau und Funktion. Dadurch tragen Modelle zum Verständnis komplizierter Sachverhalte bei. Ein Modell berücksichtigt immer nur Teile der Wirklichkeit. Die abgebildeten Modelle zur Atmung veranschaulichen vor allem die Funktion der Atmungsmuskulatur, nicht ihren Bau.

1 Modelle zum Ein- und Ausatmen. Ordne den Modellen in Abbildung 3 den Bau der Atmungsorgane und die Vorgänge bei der Atmung zu. Beschreibe anhand der Modelle die Atembewegungen. Besorge dir einen Blasebalg und beschreibe daran das Ein- und Ausatmen.

3 Atmung; a, b: Brustkorb mit farbig eingezeichneter Ausdehnung der Lunge; c, d: Modell mit Glasglocke; e, f: Blasebalg als Modell

Methode

2 Weg der Einatmungsluft. Erstelle ein Ablaufschema über den Weg der Einatmungsluft. Berücksichtige dabei Abbildung 1 und den Text.

3 Atmungsmuskulatur. Beschreibe die Tätigkeit der Atmungsmuskulatur beim Einatmen und beim Ausatmen (Abb. 2, 3 a, b).

4 Atmen und Sprechen. Beschreibe möglichst umfassend die Zusammenhänge zwischen Atmen und Sprechen. Beobachte dabei auch dich selbst, eine Mitschülerin oder einen Mitschüler beim langsamen, lauten Vorlesen eines Textes.

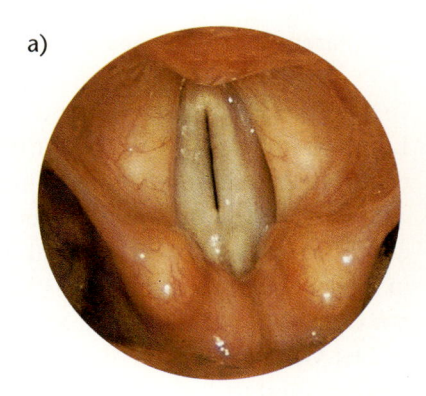

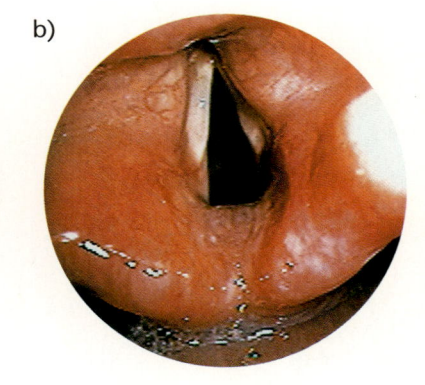

4 Sprechlaute entstehen, wenn beim Ausatmen die Luft durch die Stimmbänder gepresst wird (a). Geöffnete Stimmbänder, wenn man nicht spricht (b).

Arbeitsmaterial

6.3 Gasaustausch in der Lunge

1 *Situationen mit erhöhtem Sauerstoffbedarf*

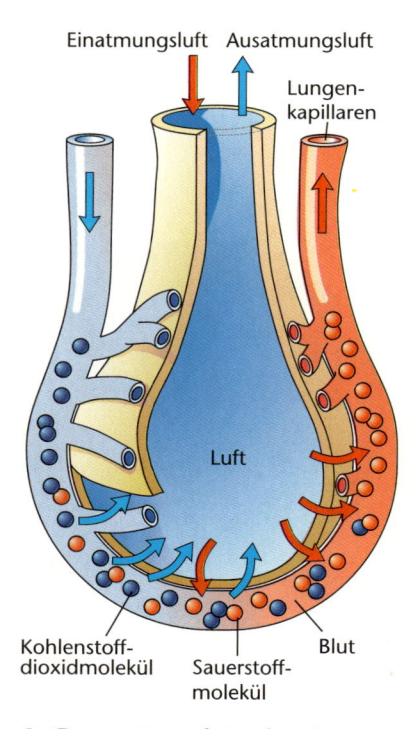

2 *Gasaustausch in den Lungenbläschen*

Beim Einatmen gelangt die Luft durch die Luftröhre sowie durch die Bronchien bis zu den Lungenbläschen. Beide Lungenflügel enthalten mehrere hundert Millionen Lungenbläschen. Würde man alle Lungenbläschen flach nebeneinander ausbreiten, ergäbe sich eine Fläche von zehn mal zehn Metern, also hundert Quadratmetern. Die Wand der Lungenbläschen ist sehr dünn. Ein dichtes Geflecht von Blutgefäßen umgibt jedes Lungenbläschen. Man nennt sehr feine Blutgefäße Kapillaren. In der Lunge bezeichnet man sie als **Lungenkapillaren**.

In den Lungenbläschen findet der Austausch der Atemgase zwischen Luft und Blut statt (Abb. 2). Die eingeatmete Luft ist reicher an Sauerstoff und ärmer an Kohlenstoffdioxid als das Blut, das in die Lungenkapillaren fließt. Dieser Unterschied bewirkt, dass Sauerstoff von den Lungenbläschen in das Blut übertritt. Kohlenstoffdioxid gelangt in umgekehrter Richtung vom Blut in die Lungenbläschen. Die anderen Gase in der Atemluft spielen beim Gasaustausch keine große Rolle. Der **Gasaustausch** in den Lungenbläschen hat zur Folge, dass die Ausatmungsluft mehr Kohlenstoffdioxid und weniger Sauerstoff als die Einatmungsluft enthält. Der verbleibende Sauerstoff und das Kohlenstoffdioxid werden ausgeatmet.

Das sauerstoffreiche Blut fließt von der Lunge zum Herzen. Das Herz pumpt das Blut in alle Teile des Körpers. Mit dem strömenden Blut gelangt Sauerstoff überall hin. In einem Liter sauerstoffhaltigem Blut sind ungefähr 200 Milliliter Sauerstoff enthalten.

1 Sauerstoffbedarf in verschiedenen Situationen. Beschreibe die Situationen der in Abbildung 1 dargestellten Menschen. Was lässt sich über ihre Atmung und ihren Sauerstoffbedarf sagen?

2 Gasaustausch in den Lungenbläschen. Beschreibe den Gasaustausch in den Lungenbläschen anhand der Abbildung 2.

3 Nachweis von Kohlenstoffdioxid in der Ausatmungsluft. Informiere dich im Stichwortverzeichnis, wo in diesem Buch der Nachweis von Kohlenstoffdioxid beschrieben ist. Überlegt euch einen Versuchsaufbau, mit dem ihr nachweisen könnt, dass die Ausatmungsluft mehr Kohlenstoffdioxid enthält als die Einatmungsluft. Führt diesen Versuch nach Rücksprache mit eurer Lehrerin oder eurem Lehrer durch. Fertigt ein Versuchsprotokoll an.

4 Vergleich von Ein- und Ausatmungsluft. Vergleiche die Zusammensetzung der Einatmungsluft mit der Zusammensetzung der Ausatmungsluft (Abb. 3). Begründe die Unterschiede.

5 Luftbedarf bei verschiedenen Tätigkeiten. Stelle die Daten in der Abbildung 4 als Säulendiagramm dar. Werte das Diagramm aus. Begründe die Unterschiede im Luftbedarf (Maßstab: 1 mm entspricht einem Liter).

Schlafen	5
Liegen	7
Stehen	8
Gehen	17
Radfahren	24
Schwimmen	43
Bergsteigen	52
Rudern	60

4 Luftbedarf bei verschiedenen Tätigkeiten (in Litern Luft pro Minute)

6 Kohlenstoffdioxid im Klassenraum. Beschreibe den Kurvenverlauf in Abbildung 5. Erkläre den Kurvenverlauf und gib Empfehlungen zum Lüften im Klassenzimmer.

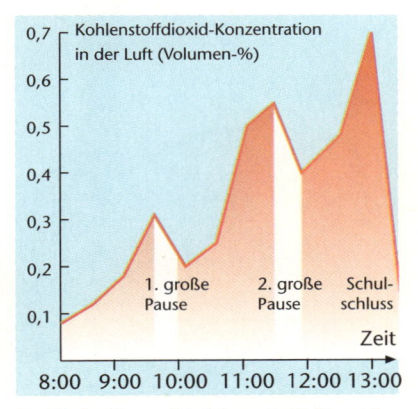

5 Gehalt an Kohlenstoffdioxid in einem Klassenzimmer

7 Große Atmungsoberfläche. Alle Lungenbläschen zusammen haben eine Fläche von ungefähr 100 m². Welche Vorteile hat diese große Fläche? Vergleiche mit dem Umschlagplatz Hafen (Abb. 6).

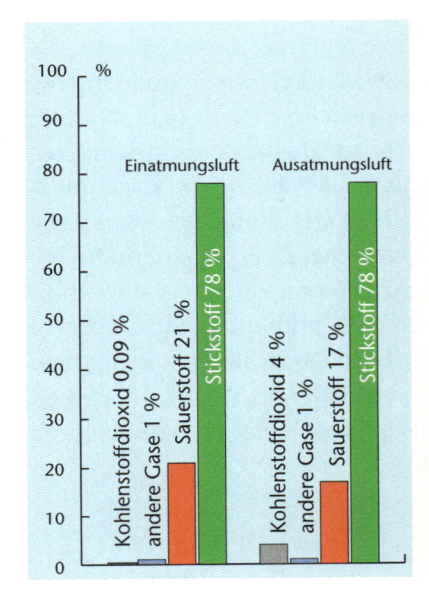

3 Zusammensetzung von Ein- und Ausatmungsluft

6 Hamburger Hafen, ein großer Umschlagplatz

Arbeitsmaterial

6.4 Tabak

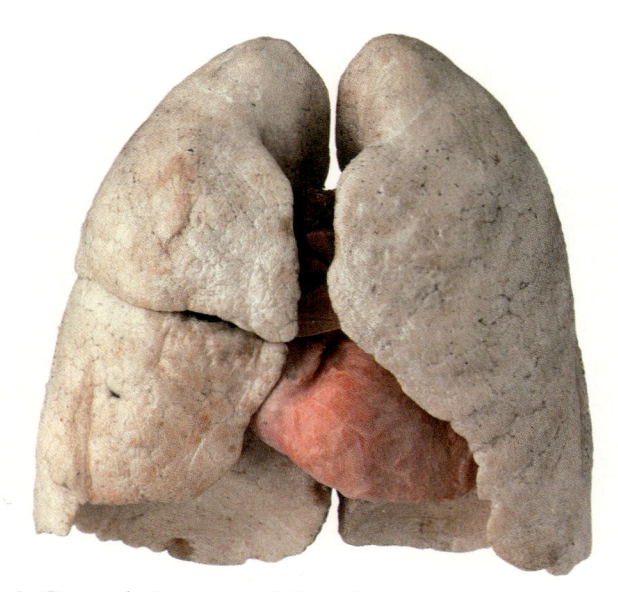

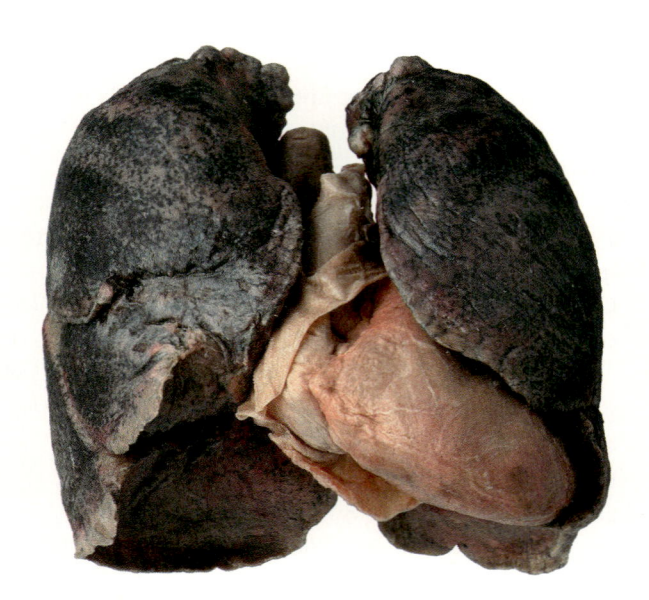

1 *Gesunde Lunge und Raucherlunge*

Beim Verbrennen von Tabak entstehen gesundheitsschädliche Stoffe. Diese gelangen beim Rauchen über die Lunge in den Körper. Jährlich sterben in Deutschland etwa 100.000 Menschen an den Folgen des Rauchens.

Die **Teerstoffe** aus dem Tabakrauch verbleiben zum Teil im Körper des Rauchenden. Sie lagern sich auch in den Atemwegen und in der Lunge ab (Abb. 1). So werden die Flimmerhärchen der Bronchialschleimhaut verklebt. Schmutz und Krankheitserreger verengen die Bronchien und können nicht mehr so gut mit dem Schleim entfernt werden. Dadurch werden Erkrankungen der Atmungsorgane gefördert. Kurzatmigkeit und Raucherhusten sind typische Folgen regelmäßigen Tabakrauchens. Wer täglich 20 Zigaretten konsumiert, führt seiner Lunge in einem Jahr eine Tasse Teer zu! Teer enthält über 40 verschiedene krebserregende Stoffe. Mehr als 90 Prozent der Menschen, die in Deutschland an Lungenkrebs sterben, sind Raucher.

Kohlenstoffmonooxid ist ein farb- und geruchloses Gas im Tabakrauch. Es beeinträchtigt im Blut den Transport von Sauerstoff. Dadurch wird die körperliche Leistungsfähigkeit nach dem Tabakrauchen gemindert.

Die Abhängigkeit vom Rauchen entsteht durch das **Nikotin**. Diese Droge regt in geringen Mengen die Gehirntätigkeit an. Müdigkeit wird kurzfristig beseitigt. In höheren Konzentrationen kann Nikotin allerdings die Leistungsfähigkeit beeinträchtigen. Nikotin bewirkt, dass sich die Adern zusammenziehen. Dadurch steigt der Blutdruck. Auch die Häufigkeit des Herzschlages steigt. Dauerhafte Nikotineinnahme fördert Herz- und Kreislauferkrankungen. Häufig sind Durchblutungsstörungen in bestimmten Organen. In Deutschland wird jährlich vielen tausend Menschen ein Bein amputiert, weil Teile des Beins infolge mangelhafter Durchblutung abgestorben sind.

1 Teerstoffe im Zigarettenrauch. In einem Experiment rauchte eine Person eine Zigarette. Den eingezogenen Rauch atmete sie durch ein Papiertaschentuch aus. Im ersten Fall wurde der Rauch nur in die Mundhöhle gesaugt (Abb. 2a). Im zweiten Fall wurde er vorher als sogenannter „Lungenzug" in die Lunge eingesaugt (Abb. 2b). Erkläre.

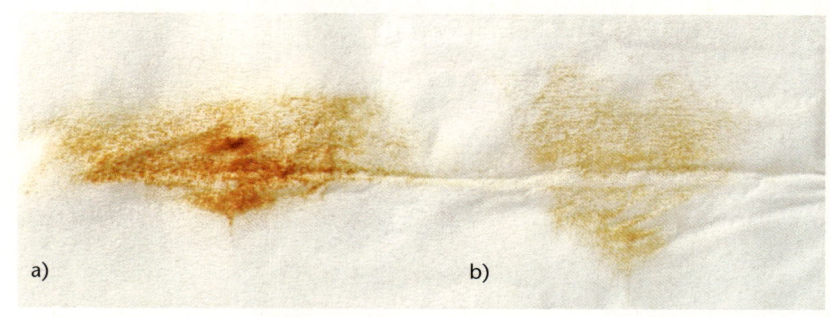

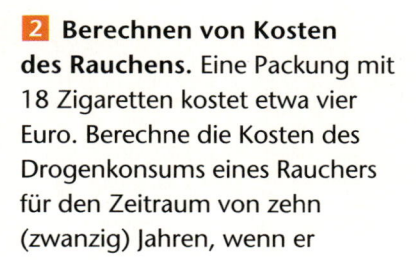

2 Teerstoffe im Tabakrauch a) Rauchen ohne „Lungenzug", b) Rauchen mit „Lungenzug"

2 Berechnen von Kosten des Rauchens. Eine Packung mit 18 Zigaretten kostet etwa vier Euro. Berechne die Kosten des Drogenkonsums eines Rauchers für den Zeitraum von zehn (zwanzig) Jahren, wenn er
a) täglich eine Schachtel Zigaretten raucht;
b) alle zwei Tage eine Schachtel oder
c) in einer Woche durchschnittlich eine Schachtel Zigaretten raucht.

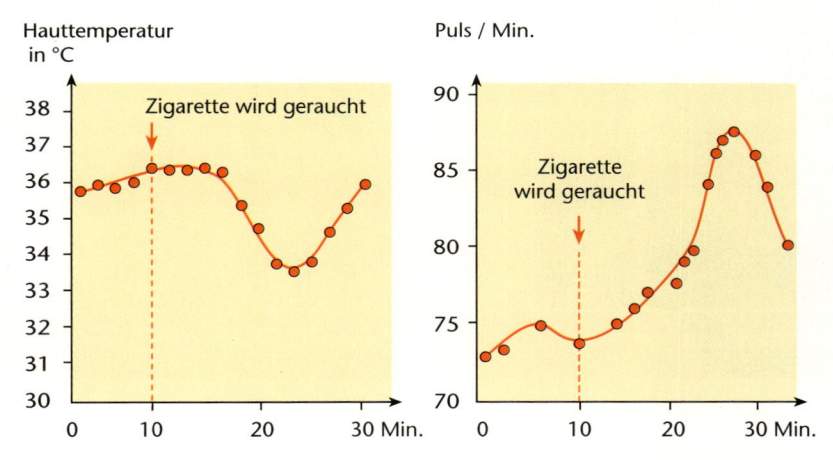

3 Hauttemperatur an den Fingerspitzen und Puls vor, während und nach dem Rauchen

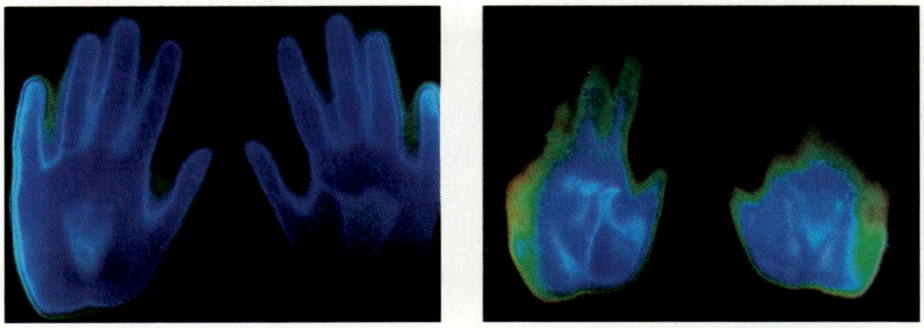

3 Hauttemperatur und Puls beim Zigarettenrauchen. Werte die Abbildungen 3 und 4 aus. Begründe deine Aussagen sorgfältig.

4 Stress-Raucher, Geselligkeits-Raucher und andere Raucher-Typen. Je nach den Gelegenheiten und Umständen, in denen ein Raucher bevorzugt zur Zigarette greift, unterscheidet man unter anderem folgende Raucher-Typen: a) Stress-Raucher, b) Geselligkeits-Raucher, c) Ablenkungs-Raucher, d) Genuss-Raucher, e) Automatik-Raucher, f) Anspannungs-Raucher, g) Anregungs-Raucher, h) Schlanke-Linie-Raucher. Diskutiert, was mit den einzelnen Begriffen a) bis h) gemeint sein könnte. Welche Empfehlung gebt ihr den Rauchern, um in den genannten Situationen nicht zur Zigarette zu greifen?

4 Wärmebilder von Händen vor dem Konsum einer Zigarette und nach drei bzw. sechs Lungenzügen (dunkelblau: warm; grün, orange: kühler).

Arbeitsmaterial

6.5 Zusammensetzung des Blutes

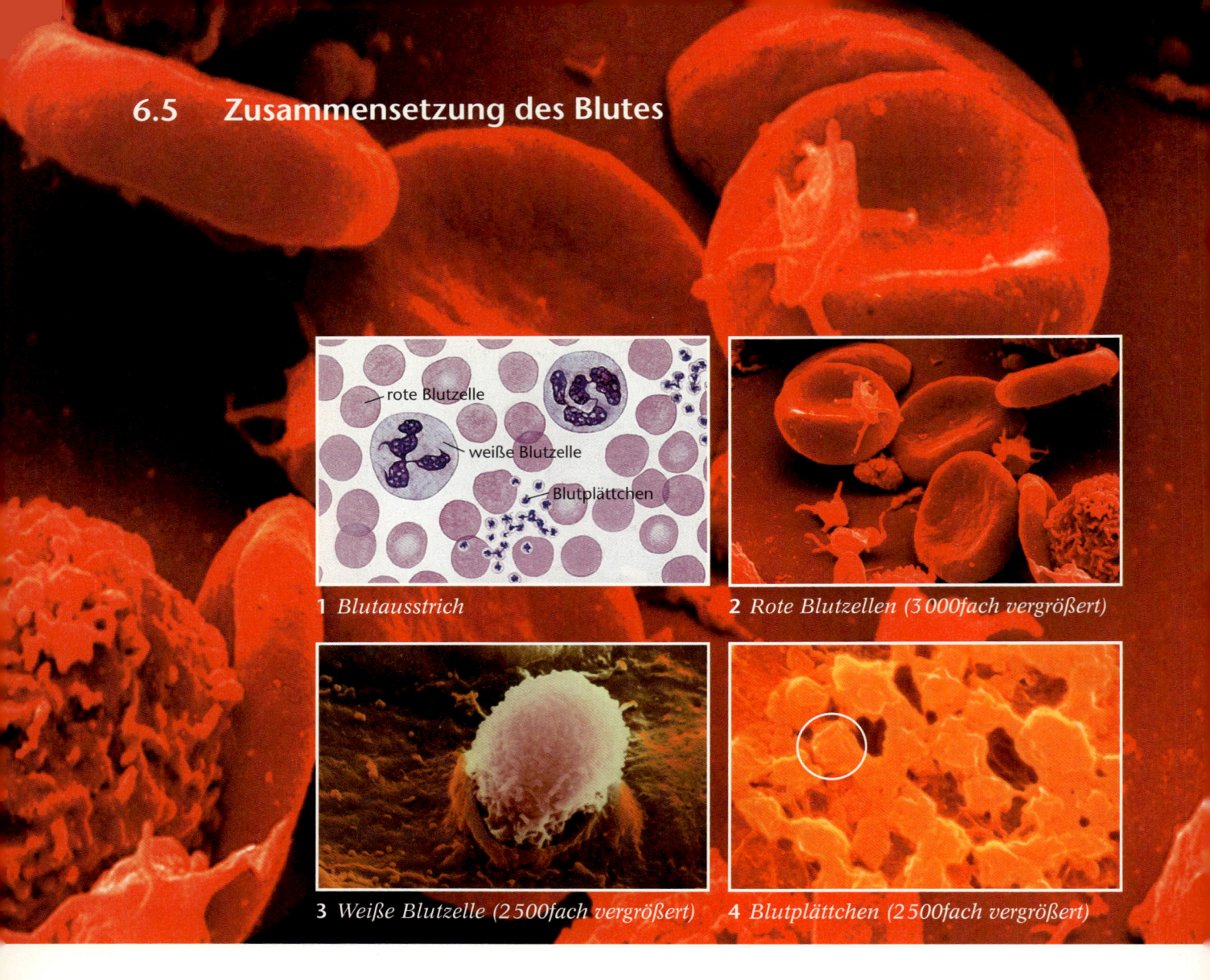

1 Blutausstrich

2 Rote Blutzellen (3 000fach vergrößert)

3 Weiße Blutzelle (2 500fach vergrößert)

4 Blutplättchen (2 500fach vergrößert)

(Beschriftungen in Abb. 1: rote Blutzelle, weiße Blutzelle, Blutplättchen)

Für das bloße Auge erscheint das Blut als einheitlich rot gefärbte Flüssigkeit. Ein Blick durch das Lichtmikroskop offenbart jedoch bereits die Zusammensetzung des Blutes (Abb. 1).

Da fallen zunächst die zahllosen **roten Blutzellen** auf (Abb. 2). In einem Kubikmillimeter (mm³) Blut befinden sich etwa fünf Millionen dieser Zellen. Im Elektronenmikroskop erkennt man ihre scheibenförmige Gestalt.

Die **weißen Blutzellen** sind kugelförmig (Abb. 3). Von ihnen findet man in einem Kubikmillimeter etwa 800.

Die **Blutplättchen** sind zu klein für das Lichtmikroskop. Abbildung 4 zeigt Blutplättchen bei starker Vergrößerung im Elektronenmikroskop. In einem Kubikmillimeter Blut befinden sich etwa 250 000 Blutplättchen.

Alle festen Blutbestandteile schwimmen in der Blutflüssigkeit, dem **Blutplasma**. Durch die darin gelösten Stoffe erhält das Blutplasma seine rötlich-gelbe Farbe. Wenn man Blut länger stehen lässt oder zentrifugiert, setzen sich die Blutkörperchen unten ab (Abb. 5).

Struktur+Funktion

Grundwissen

Der Dreisatz

1 Berechnungen mit dem Dreisatz. Der Dreisatz ist eine praktische Rechenmethode. Mit ihm ist es möglich, aus der gegebenen Beziehung zweier Größen eine andere zu berechnen. Die Berechnung erfolgt in drei Schritten. Deshalb nennt man diese Rechenmethode auch „Dreisatz".

a) Die Zahl der Blutzellen wird im Text als Anzahl pro mm^3 angegeben. Der obere Würfel hat eine Kantenlänge von 1 mm, sein Volumen beträgt also 1 mm^3. Der größere Würfel hat eine Kantenlänge von 1 cm. Er ist mit Blut gefüllt. Wie viele rote Blutkörperchen, weiße Blutkörperchen und Blutplättchen sind in diesem Würfel? Berechne mit dem Dreisatz.
b) Im Körper eines Erwachsenen befinden sich etwa 5 l Blut. Berechne die Gesamtzahl der roten Blutzellen eines Erwachsenen.
c) Ein Arzt hat einem Patienten 10 ml Blut entnommen. Im Labor konnte in dieser Menge 7 mg Blutzucker nachgewiesen werden. Wie viel mg Zucker befinden sich in 100 ml Blut?
d) Ein Patient erhält eine Infusion. 500 ml einer vitaminhaltigen Zuckerlösung sollen langsam in seine Adern fließen. Nach 17 Minuten sind im Infusionsbeutel noch 375 ml Infusionslösung vorhanden. Wie lange muss der Patient noch warten?

Beispiel: Die Messung bei einem Ausdauersportler hat ergeben, dass sein Herz in 8 Minuten 56 Liter Blut pumpt. Welches Blutvolumen pumpt sein Herz in 60 Minuten?

1. Aufstellen der gegebenen Beziehung:
In 8 min werden 56 ℓ gepumpt
2. Rückschluss von der Vielheit zur Einheit:
In 1 min werden 56 ℓ : 8 gepumpt
3. Schluss von der Einheit auf die neue Vielheit:
In 60 min werden (56 ℓ : 8) · 60 = 420 ℓ gepumpt

Mathematische Kurzschreibweise:
1. 8 min ≙ 56 ℓ
2. 1 min ≙ 56 ℓ : 8
3. 60 min ≙ (56 ℓ : 8) · 60 = 420 ℓ

Wenn sich die gegebene Beziehung bereits auf die Einheit bezieht, erübrigt sich natürlich der erste und zweite Schritt.

e) In einem Experiment wurde gemessen, dass 67 ml menschliches Blut 14 ml Sauerstoff aufnehmen können. Wie viel Milliliter Sauerstoff befinden sich in 1000 ml Blut?

2 Größe der Blutzellen. Bestimme mithilfe der Abbildungen 2, 3 und 4 den Durchmesser der Blutzellen. (Dazu musst du den Durchmesser mit dem Lineal messen und den Messwert durch die Vergrößerung teilen.) Übertrage die ermittelten Werte in Form einer Tabelle in dein Heft.

$1\ dm^3 = 1\ ℓ$
$1\ dm^3 = 1000\ cm^3$
$1\ mℓ = \frac{1}{1000}\ ℓ$
$1\ cm^3 = 1000\ mm^3$

3 Blutzusammensetzung. Bestimme mithilfe der Abbildung 5 den Anteil der Blutzellen im Blut. In welchen Einheiten lässt sich der jeweilige Anteil angeben?

5 *100 ml Blut nach längerem Stehen*

6.6 Aufgaben des Blutes

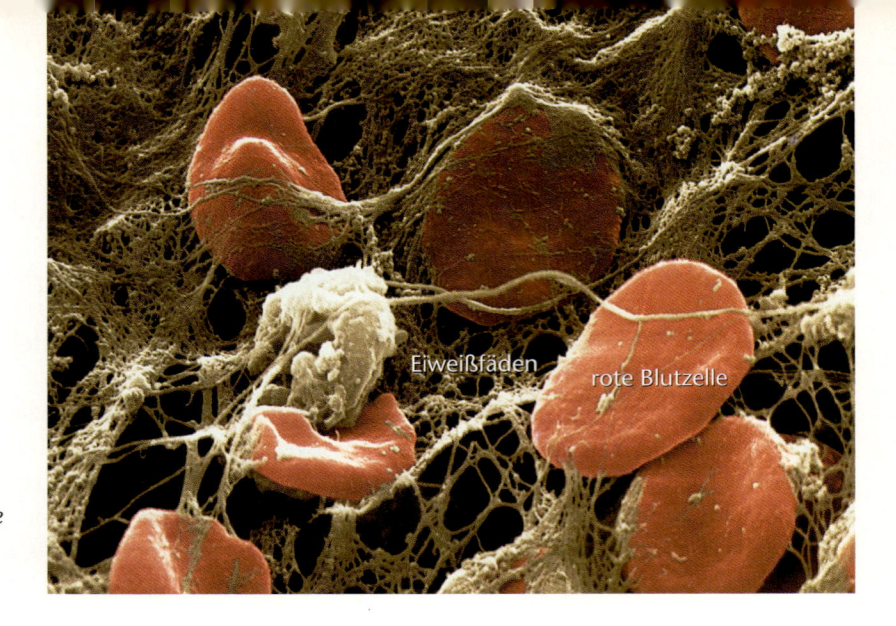

1 Mikroskopische Aufnahme eines Blutpfropfes

2 Sauerstoffreiches und kohlenstoffdioxidreiches Blut

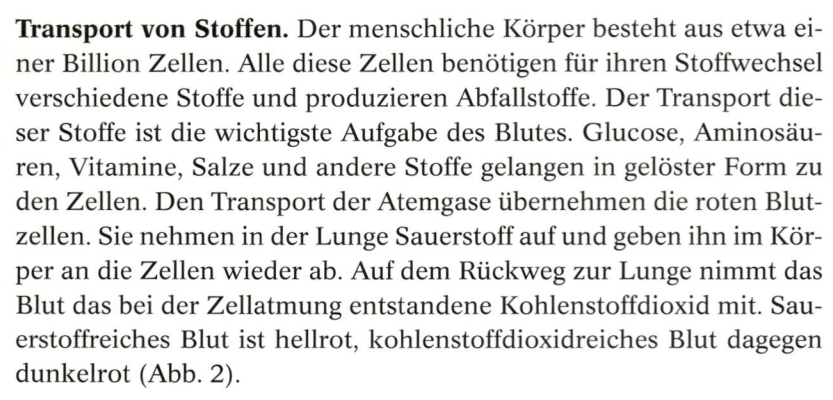

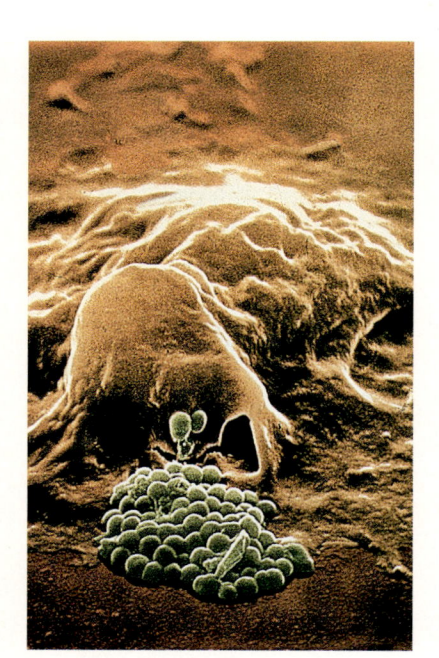

3 Weiße Blutzellen mit Bakterien (grün gefärbt)

Transport von Stoffen. Der menschliche Körper besteht aus etwa einer Billion Zellen. Alle diese Zellen benötigen für ihren Stoffwechsel verschiedene Stoffe und produzieren Abfallstoffe. Der Transport dieser Stoffe ist die wichtigste Aufgabe des Blutes. Glucose, Aminosäuren, Vitamine, Salze und andere Stoffe gelangen in gelöster Form zu den Zellen. Den Transport der Atemgase übernehmen die roten Blutzellen. Sie nehmen in der Lunge Sauerstoff auf und geben ihn im Körper an die Zellen wieder ab. Auf dem Rückweg zur Lunge nimmt das Blut das bei der Zellatmung entstandene Kohlenstoffdioxid mit. Sauerstoffreiches Blut ist hellrot, kohlenstoffdioxidreiches Blut dagegen dunkelrot (Abb. 2).

Wundverschluss. Wenn man sich schneidet, tritt aus der Wunde Blut aus. Nach kurzer Zeit bildet sich ein Blutpfropf, der die Wunde verschließt. An fadenförmige Eiweiße werden rote Blutzellen angelagert (Abb. 1). So wird weiterer Blutverlust vermieden. Gleichzeitig wird verhindert, dass Krankheitserreger in den Körper gelangen. Die **Blutgerinnung** ist eine Leistung der Blutplättchen und von Eiweißen im Blutplasma.

Abwehr von Krankheitserregern. Krankheitserreger, die in den Körper gelangen, können eine Entzündung verursachen. Durch die Blutströmung werden weiße Blutkörperchen zum Entzündungsort transportiert, wo sie die Eindringlinge vernichten (Abb. 3).

Transport von Wärme. Auf seinem Weg durch den Körper strömt das Blut immer wieder durch die Leber. Deren Temperatur ist etwa 1–2 °C höher als die Temperatur des übrigen Körpers. Das Blut wird dadurch erwärmt. Ein anderer Teil der Wärme wird in den Muskeln erzeugt. Die in den Muskeln und der Leber aufgenommene Wärme wird dann vom Blut durch den Körper transportiert (Abb. 5, 6).

1 Aufgaben der Blutbestandteile. Fasse die Aufgaben der Bestandteile des Blutes in Form einer Tabelle zusammen.

2 Viele rote Blutzellen. Lamas kommen in den Anden in mehr als 4000 m Höhe vor. Erkläre den Zusammenhang ihres Verbreitungsgebietes mit der hohen Zahl an roten Blutzellen (Abb. 4).

Art	Anzahl pro mm³
Lama	13 000 000
Maus	9 500 000
Schimpanse	5 100 000
Mensch	5 000 000
Elefant	2 000 000
Erdkröte	380 000

4 Rote Blutzellen

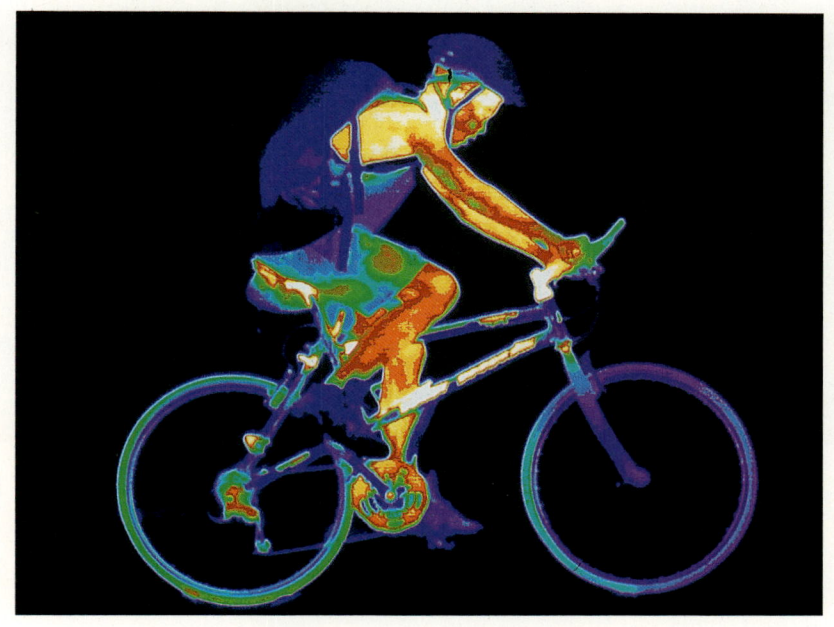

3 Atmung und Wärme.
a) Vergleiche die Zahl der roten Blutzellen der Maus mit der der etwa gleich großen Erdkröte, einem wechselwarmen Tier (Abb. 4). Erkläre deine Feststellung.
b) Maus und Elefant sind gleichwarme Tiere. Die Wärme, die bei der Zellatmung im Körper freigesetzt wird, wird zum Teil durch die Haut wieder abgegeben. Eine Maus benötigt im Durchschnitt pro Gramm Körpermasse ungefähr 20-mal mehr Sauerstoff als ein Elefant. Zur Erklärung ein Gedankenmodell. Vier freistehende Einfamilienhäuser haben einen insgesamt höheren Heizenergieverbrauch als ein Reihenhaus aus vier ebenso großen Einzelhäusern. Vergleiche Volumen und Oberfläche (Abb. 7).

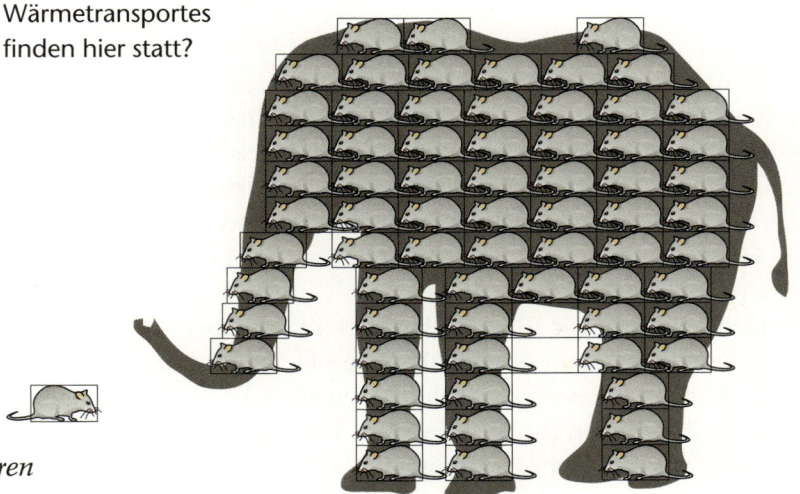

7 Volumen und Oberfläche von Tieren

4 Die drei Möglichkeiten des Wärmetransportes. Ein heißer Tee in einer Teekanne kühlt langsam ab, weil die Wärme an die Umgebung abtransportiert wird. Die Abbildung 6 zeigt, dass dabei drei Möglichkeiten des Wärmetransportes stattfinden.
Das Thermobild zeigt die Wärmeverteilung im menschlichen Körper (Abb. 5). Welche Arten des Wärmetransportes finden hier statt?

5 Thermobild eines Menschen (rote Bereiche sind am wärmsten)

6 Ausbreitung der Wärmeenergie

Arbeitsmaterial

6.7 Blutkreislauf

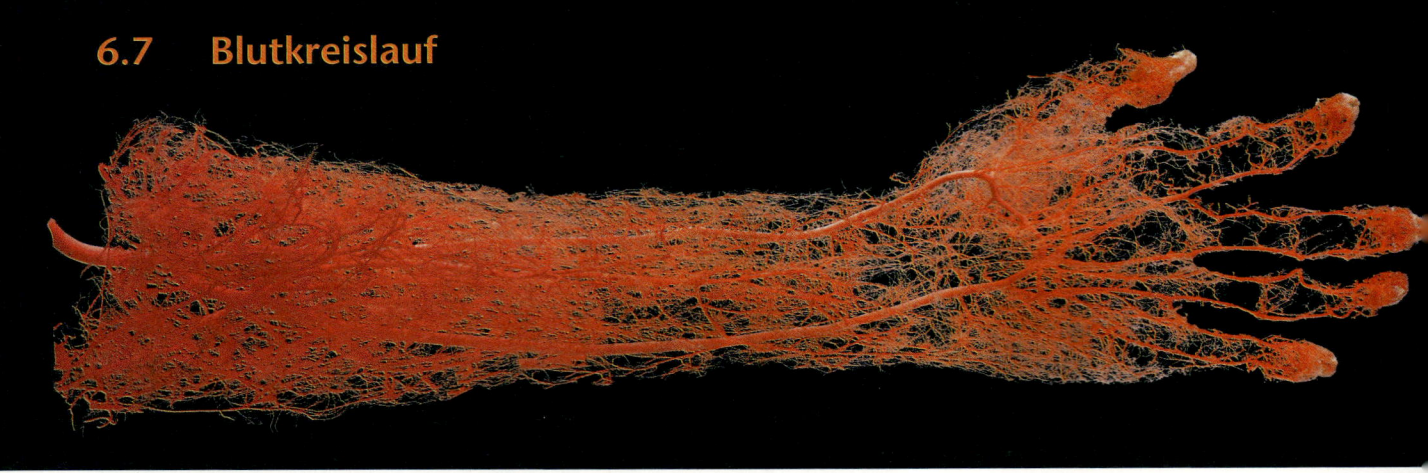

1 Blutgefäße in einem Arm

Das Blut wird in unserem Körper durch das Blutgefäßsystem transportiert. Es hat eine Gesamtlänge von etwa 160 000 km. Das entspricht einer Strecke, die etwa viermal um den Äquator führt. Jedes Organ unseres Körpers wird durch dieses System mit Blut versorgt.

Die Blutgefäße im menschlichen Körper verzweigen sich sehr stark (Abb. 1). Mithilfe der schematischen Übersicht kann man den Weg des Blutes im Körper verfolgen (Abb. 2). Das Zentrum des Blutgefäßsystems bildet das **Herz**. Gefäße, die Blut zum Herzen transportieren, nennt man **Venen**. **Arterien** dagegen führen vom Herzen weg. Wenn das Herz pumpt, wird ein Druck auf das Blut in den Adern ausgeübt. Dieser Blutdruck kann z.B. vom Arzt gemessen werden. Bei jedem Herzschlag steigt der Blutdruck in den Blutgefäßen. Diese Druckwellen in den Blutgefäßen kann man z.B. auf den Innenseiten der Handgelenke als Pochen spüren. Dieses Pochen nennt man den Puls. Jeder Pulsschlag entspricht einem Herzschlag. Durch das Messen des Pulses kann man die Zahl der Herzschläge pro Minute ermitteln.

Von der linken Herzhälfte aus verlässt das Blut das Herz durch eine große Arterie, die Aorta. Verzweigungen führen in den Kopf, zu den Armen und Beinen, aber auch zum Darm und in die Leber. Dort verästeln sich die Blutgefäße in haardünne Kapillaren mit einem Durchmesser von 0,008 mm. Auf ihrem Weg zurück zum Herzen vereinigen sich die Kapillaren zu fingerdicken Venen. Wenn das Blut in der rechten Herzhälfte ankommt, ist der Körperkreislauf beendet.

Verfolgt man nun das Blut durch das Herz und über die Arterien in Richtung Lunge, dann durchläuft es den kleineren Lungenkreislauf. Egal, ob es den linken oder rechten Lungenflügel durchfließt, der Weg führt über die Venen zurück zum Herz. Das Blut benötigt für den gesamten Kreislauf etwa eine Minute.

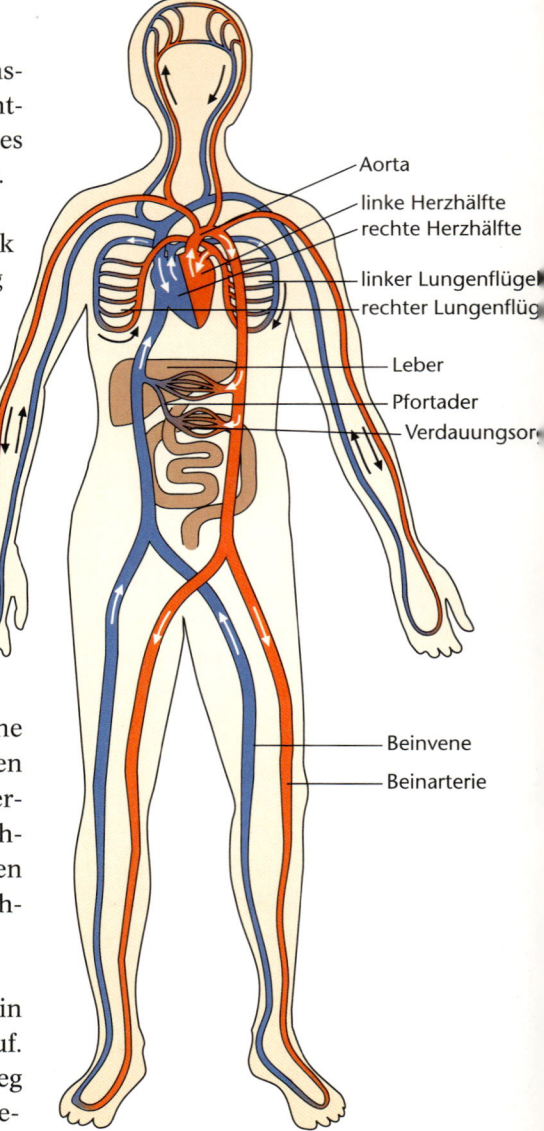

- Aorta
- linke Herzhälfte
- rechte Herzhälfte
- linker Lungenflügel
- rechter Lungenflügel
- Leber
- Pfortader
- Verdauungsor[gane]
- Beinvene
- Beinarterie

2 Blutkreislauf

Struktur+Funktion, Regulation

Grundwissen

1 Wegbeschreibung. Beschreibe den Weg des Blutes als Abfolgediagramm. Beginne von der linken Herzhälfte bis in den Fuß. Beschreibe den Rückweg des Blutes in die linke Herzhälfte.

2 Veränderung der Blutzusammensetzung. Stelle dir vor, du bist mit einem Mini-U-Boot im Blutgefäßsystem eines Menschen unterwegs. Leider gibt es keine Fenster, du kannst also nicht sehen, wo du bist. Zum Glück hat das U-Boot Messinstrumente. Diese messen den Sauerstoffgehalt, die Kohlenstoffdioxidkonzentration und die Konzentration der Nährstoffe. Wo könntest du jeweils sein, wenn folgende Messwerte vorliegen?

Standort	Konzentration von		
	O_2	CO_2	Nährstoffen
1	groß	klein	klein
2	klein	groß	groß
3	klein	groß	klein

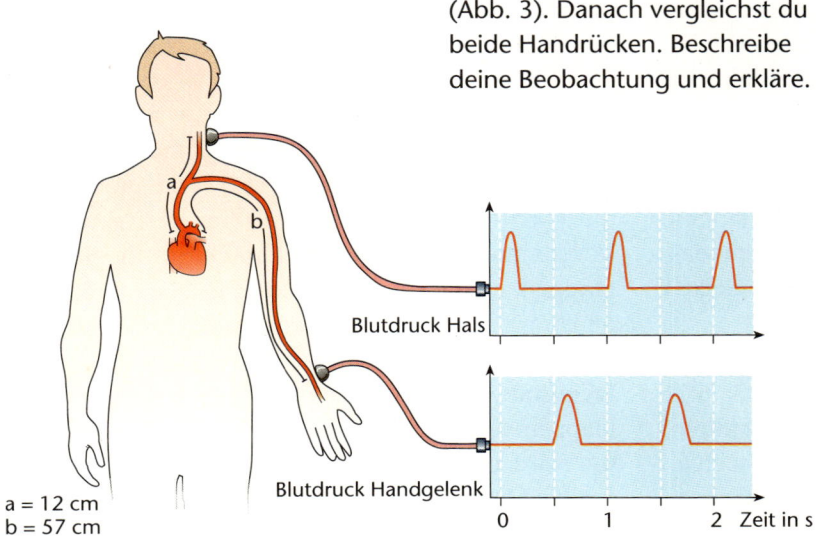

3 Ein Arm wird hoch gehalten

3 Blutfluss und Schwerkraft. Das Blut muss häufig gegen die Schwerkraft gepumpt werden. Um das zu verdeutlichen, musst du eine Minute lang einen Arm hoch über den Kopf halten, den anderen Arm lässt du hängen (Abb. 3). Danach vergleichst du beide Handrücken. Beschreibe deine Beobachtung und erkläre.

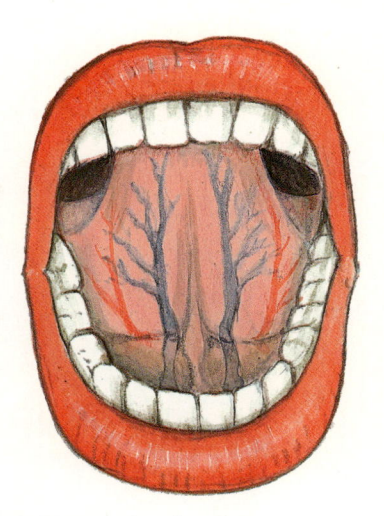

4 Unterseite der Zunge

4 Blutgefäße der Zunge. An der Unterseite der Zunge lassen sich die Blutgefäße besonders gut beobachten. Schau dir die Zungenunterseite mit einer Lupe im Spiegel an.
Wie viele Venen und Arterien kannst du erkennen? Siehst du Verzweigungen?

5 Blutflussgeschwindigkeit. Unser Herz pumpt das Blut stoßweise. Bei jedem Herzschlag entsteht deshalb eine Ausdehnung der Arterien. Das in den Arterien fließende Blut lässt diese Ausdehnung als „Puls" mitwandern. Am Hals ist der Puls besonders leicht ertastbar. In einem Experiment wurden bei einer Versuchsperson an der Halsschlagader und am Handgelenk der Puls gemessen. Die beiden Stethoskope waren mit einem Bildschirm verbunden, der die Anzahl der Pulsschläge grafisch darstellt. Beschreibe das auf dem Bildschirm dargestellte Bild. Verwende dabei die Begriffe Blutdruck und Puls. Ermittle aus den angegebenen Werten die Blutflussgeschwindigkeit im Arm.

a = 12 cm
b = 57 cm

5 Messungen des Pulsschlages

6.8 Das Herz

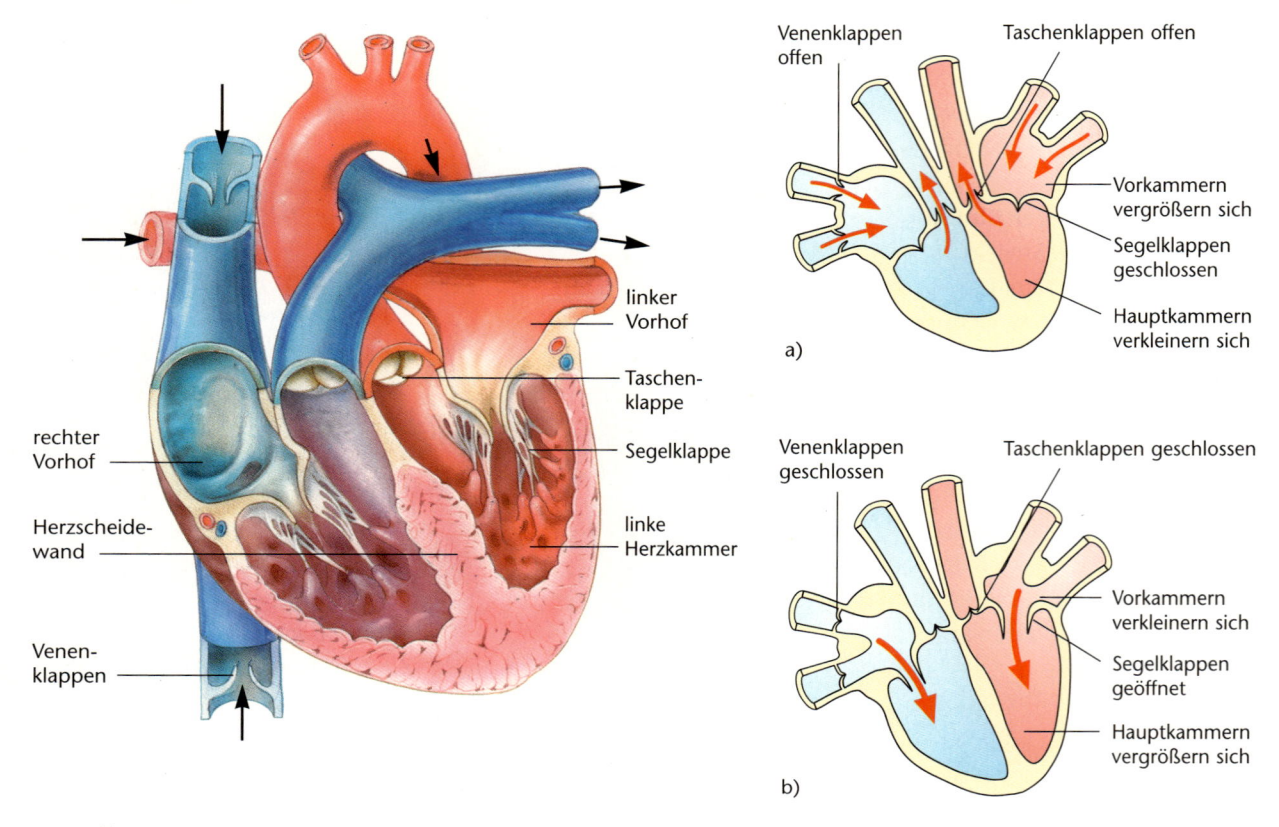

1 geöffnetes Herz

2 Arbeitsphase (a) und Ruhephase (b) des Herzens

Aufbau des Herzens. Das Herz ist ein etwa faustgroßer hohler Muskel. Es hat die Aufgabe, das Blut durch die Blutgefäße zu pumpen. Das Herz wird von der Herzscheidewand in zwei Hälften geteilt. Die rechte Hälfte versorgt den Lungenkreislauf, die linke Herzhälfte den Körperkreislauf. Jede Herzhälfte besteht aus jeweils zwei miteinander verbundenen Hohlräumen, dem Vorhof und der Herzkammer. Ein kompliziertes System von Klappen steuert die Richtung des Blutflusses durch das Herz. Man unterscheidet Venenklappen, Segelklappen und Taschenklappen (Abb. 1).

Arbeitsphase. Das Herz arbeitet wie eine Saug-/Druckpumpe. Dabei sind die beiden Herzhälften aufeinander abgestimmt. Sie arbeiten gleichzeitig, man sagt auch synchron. In der Arbeitsphase verkleinern sich die Hauptkammern (Abb. 2a). Da die Segelklappen geschlossen sind, wird das Blut durch die Arterien aus dem Herzen heraus gedrückt. Gleichzeitig vergrößern sich die Vorkammern. Dadurch saugen sie Blut aus den Venen. Das Herz pumpt und saugt gleichzeitig. Pro Herzschlag pumpt jede Herzkammer eines Erwachsenen etwa 70 ml Blut.

Erholungsphase. In der Erholungsphase vergrößern sich die Hauptkammern und verkleinern sich die Vorhöfe (Abb. 2b). Blut strömt jetzt von den Vorkammern in die Hauptkammern, die Segelklappen werden aufgedrückt. Taschen- und Venenklappen sind geschlossen.

Herztöne. Das abwechselnde Schließen der Herzklappen verursacht die Herztöne. Der erste Herzton wird durch das Schließen der Segelklappen, der zweite durch das Schließen der Taschenklappen erzeugt.

1 Technische Pumpen. Eine Spritze ist eine Pumpe, mit der man Flüssigkeiten ansaugen kann. Natürlich kann man Flüssigkeiten auch herausdrücken. Zum Ansaugen muss der Kolben herausgezogen werden, das Volumen wird größer. Der entstehende Unterdruck saugt die Flüssigkeit ein. Wenn das Volumen durch Hineindrücken des Kolbens verkleinert wird, drückt der entstandene Überdruck die Flüssigkeit wieder hinaus.

Die Abbildung 3 zeigt eine Pumpe, die gleichzeitig pumpen und saugen kann.

a) Beschreibe genau, was passiert, wenn der Kolben in die Pumpe gedrückt wird (Abb. 3a). Welche Ventile sind geöffnet, welche geschlossen? Wo entsteht Überdruck, wo Unterdruck? Wo fließt Flüssigkeit?

b) Beschreibe nun die Verhältnisse für den Fall, dass der Kolben nach unten gezogen wird (Abb. 3b).

c) Welche Folgen hätten undichte Ventile. Untersuche die Ventile einzeln und beschreibe die Folgen.

d) Übertrage die Bauteile der technischen Pumpe auf das Herz. Bilde mit den sich entsprechenden Bauteilen Pärchen.

e) Beim Herzschlag wird gleichzeitig Blut über die Vorkammer angesaugt und durch die Hauptkammer hinausgedrückt. Begründe mithilfe der technischen Begriffe Volumen und Druck, warum beim Herzen der Pump- und Saugvorgang gleichzeitig erfolgen muss.

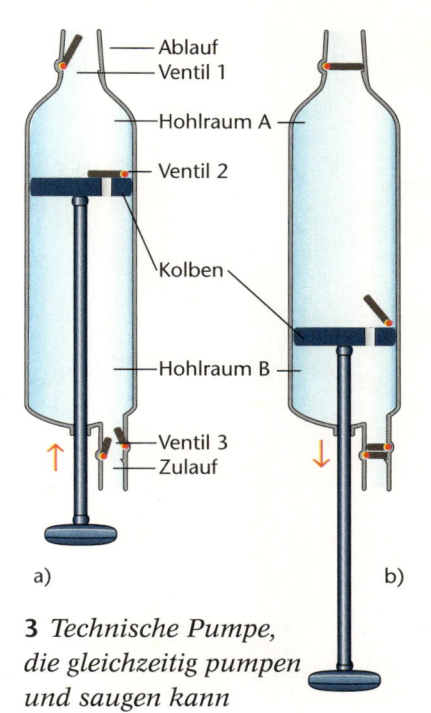

3 *Technische Pumpe, die gleichzeitig pumpen und saugen kann*

2 Ein Stethoskop bauen. Aus zwei kleinen Kunststofftrichtern und einem Stück Schlauch kannst du ein einfaches Stethoskop bauen (Abb. 4). Mit diesem Stethoskop kannst du den Herz-Doppelschlag bei dir selbst hören.

4 *Stethoskop*

5 *Experiment zur Leistung des Herzens*

3 Leistung des Herzens. Mit einem einfachen Experiment kannst du die Leistung des Herzens verdeutlichen (Abb. 5). Du brauchst dazu zwei Kunststoffeimer, einen leeren Joghurtbecher (150 ml) und eine Uhr mit Sekundenanzeige. Fülle einen Eimer mit Wasser und versuche innerhalb einer Minute 60 Becher Wasser von einem in den anderen Eimer zu schöpfen. Wenn du das geschafft hast, hast du die gleiche Leistung erbracht, wie dein Herz – aber nur eine Minute lang. Welche Wassermenge müsstest du innerhalb eines Tages, Monats oder Jahres schöpfen? Berechne.

6.9 Zusammenwirken der Organe

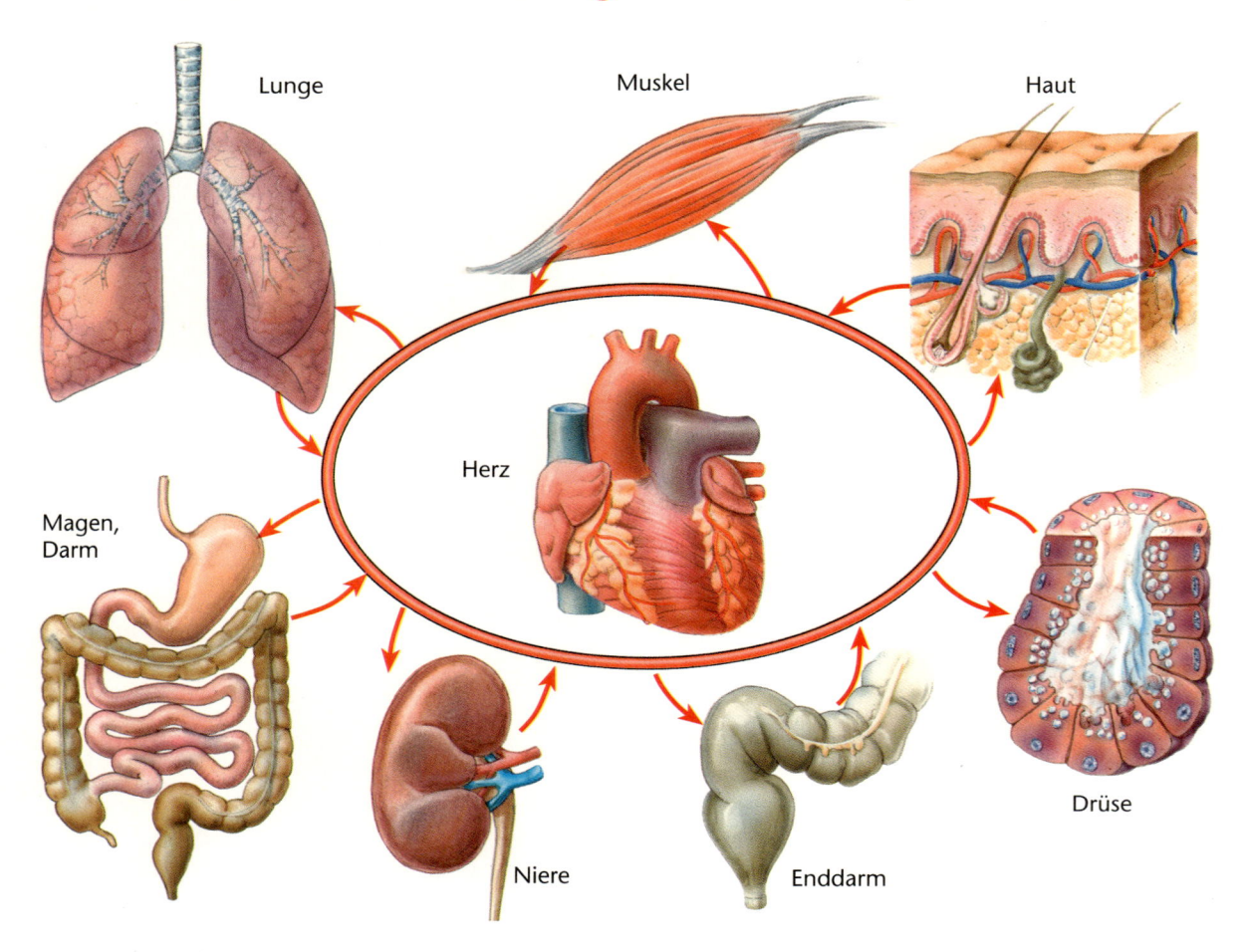

Lunge — Muskel — Haut — Magen, Darm — Herz — Niere — Enddarm — Drüse

1 *Am Stoffwechsel beteiligte Organe*

Der Motor eines Autos funktioniert nur dann fehlerfrei, wenn alle beteiligten Bauteile zu einem System verknüpft sind. Unter einem System versteht man eine Menge von Einzelteilen, die aufeinander abgestimmt sind und so ein funktionsfähiges Ganzes ergeben.

Der menschliche Körper ist ein kompliziertes **Organsystem**. Ein reibungsloser Ablauf ist nur gewährleistet, wenn alle beteiligten Einzelorgane sinnvoll und kontrolliert zusammenarbeiten. Die Abbildung 1 zeigt Organe, die im menschlichen Körper am Stoffwechsel beteiligt sind.

Dient der Stoffwechsel dem Aufbau von Stoffen für das Wachstum oder die Erneuerung, spricht man von **Baustoffwechsel**. Beispiele für Zellen mit besonders umfangreichem Baustoffwechsel sind Drüsenzellen und Schleimhautzellen. Stoffwechselvorgänge, die der Bereitstellung von nutzbarer Energie dienen, nennt man **Energiestoffwechsel**. Muskelzellen betreiben einen intensiven Energiestoffwechsel.

Das Stoffwechselgeschehen des Menschen lässt sich in mehrere Abschnitte gliedern (Abb. 2). Nach der Aufnahme der benötigten Stoffe erfolgt der Transport zu den verschiedenen Körperzellen. Dort findet der Stoffumbau statt. Die Nieren reinigen das Blut von bestimmten Abfallstoffen. Für die Abgabe der Abfallstoffe stehen mehrere Ausscheidungsorgane zur Verfügung.

Stoffe + Energie, Wechselwirkungen

Grundwissen

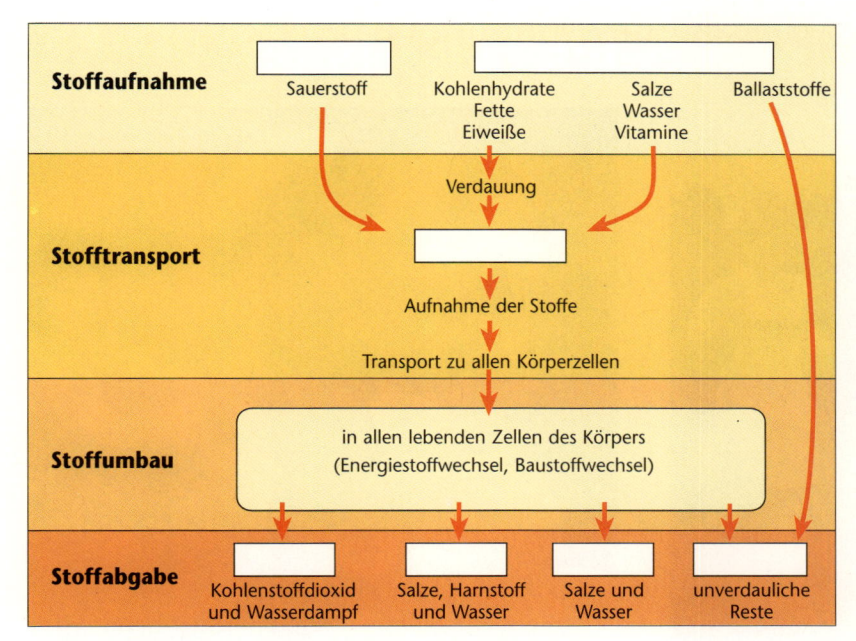

Stoffaufnahme	Sauerstoff	Kohlenhydrate Fette Eiweiße	Salze Wasser Vitamine	Ballaststoffe
Stofftransport		Verdauung ↓ Aufnahme der Stoffe Transport zu allen Körperzellen		
Stoffumbau		in allen lebenden Zellen des Körpers (Energiestoffwechsel, Baustoffwechsel)		
Stoffabgabe	Kohlenstoffdioxid und Wasserdampf	Salze, Harnstoff und Wasser	Salze und Wasser	unverdauliche Reste

2 *Schema zum menschlichen Stoffwechsel*

1 Systeme.
a) Vergleiche das Produktionssystem der Fabrik mit dem Stoffwechselsystem des Menschen (Abb. 1, 3, 4). Stelle die sich entsprechenden Einzelteile in Form einer Tabelle dar.
b) Nenne weitere Systeme, in denen mehrere Einzelteile zu einer funktionsfähigen Einheit verknüpft sind. Suche nach Beispielen im Bereich der Technik, der Biologie und der Gesellschaft.

2 Der menschliche Stoffwechsel. Das Schema veranschaulicht die Vorgänge beim menschlichen Stoffwechsel (Abb. 2). Übertrage das Schema in dein Heft. Schreibe in die leeren Kästchen jeweils den Namen des entsprechenden Organs oder Organteils.

Alle Stoffe, die zur Bereitstellung der Energie oder als Grundstoff benötigt werden, müssen auf das Firmengelände gebracht werden. Dazu kommen noch Stoffe, wie z.B. Verpackungsmaterial, die das Gelände gleich wieder verlassen. Auf Förderbändern oder Fahrzeugen werden alle Abteilungen mit den notwendigen Stoffen versorgt. Mit ihrer Hilfe werden nun die Produkte der Firma hergestellt.
Energie und Wärme liefern Kraftwerke. Hierzu werden die energiehaltigen Stoffe verbrannt. Die benötigte Luft wird durch Gebläse in die Kraftwerke gepumpt. Bei der Produktion fallen verschiedene feste, flüssige und gasförmige Abfallstoffe an. Diese verlassen über Abflussrohre, Kamine oder Lastkraftwagen das Gelände. Dem Abwasser werden vorher alle wieder verwertbaren Stoffe entnommen.

3 *Produktionssystem einer Fabrik*

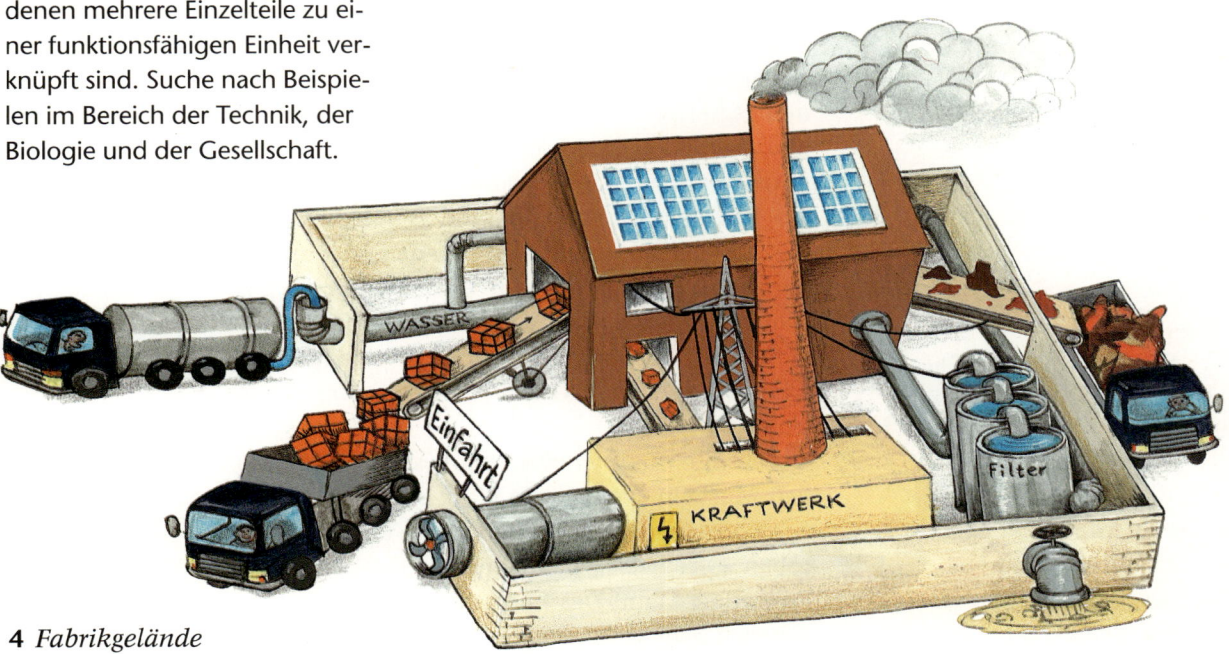

4 *Fabrikgelände*

Arbeitsmaterial

6.10 Anpassung an körperliche Anstrengungen

1 Jugendliche beim Laufen

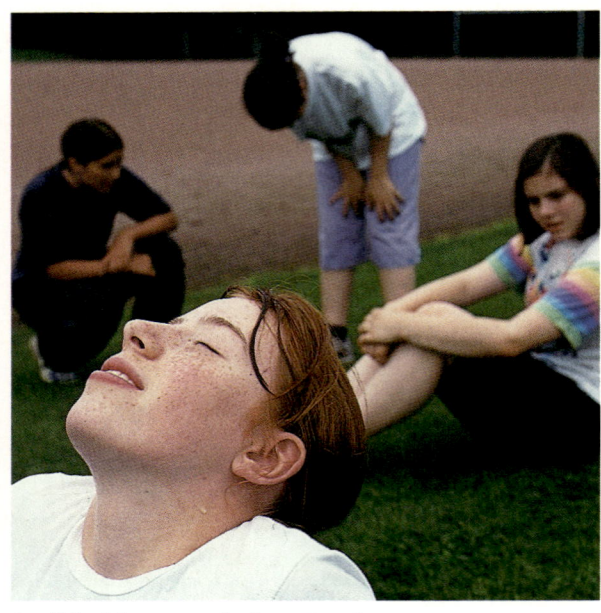

2 Abkühlung nach dem Lauf

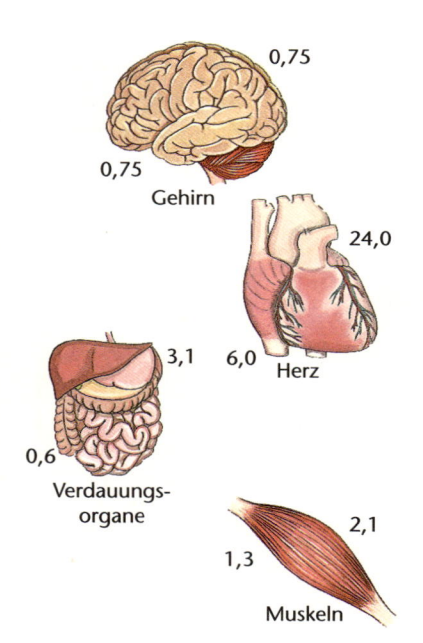

3 Durchblutung der Organe in Liter pro Minute ohne (Zahlen links) und bei Belastung (Zahlen rechts)

Gehirn 0,75 / 0,75
Herz 6,0 / 24,0
Verdauungsorgane 3,1 / 0,6
Muskeln 1,3 / 2,1

Körperliche Anstrengungen sind nur möglich, weil mehrere Organe sinnvoll zusammenarbeiten (Abb. 1). Die arbeitenden Muskeln haben bei Belastung einen erhöhten **Stoffwechsel**. Sie benötigen dann viel mehr Sauerstoff und Glucose. Durch die gesteigerte Zellatmung entsteht mehr Kohlenstoffdioxid. Außerdem erwärmen sich die Muskeln.

Um den **erhöhten Sauerstoffbedarf** zu decken ist bei körperlicher Belastung eine raschere und tiefere Atmung der Lunge notwendig. Jetzt schlägt auch das Herz schneller und kräftiger, dadurch wird die Strömungsgeschwindigkeit des Blutes gesteigert. Nur so kann der benötigte Sauerstoff in ausreichender Menge zu den Muskelzellen transportiert werden. Über das rasch fließende Blut ist es nun gleichzeitig möglich, den Muskelzellen die benötigte Glucose zu liefern. Diese kommt von den Verdauungsorganen oder aus den Glucosespeichern der Leber und der Muskeln. Auf dem Rückweg zur Lunge nimmt das Blut das von den Muskelzellen produzierte Kohlenstoffdioxid mit. Das Herz-Kreislaufsystem von gut trainierten Menschen ist sehr leistungsfähig. Man sagt, sie weisen eine besondere Fitness auf.

Durch die Muskelerwärmung besteht **Überhitzungsgefahr**. Die von den Muskeln produzierte Wärme wird vom Blut aufgenommen und zur Körperoberfläche transportiert. Dort wird sie über die Haut abgegeben. Gleichzeitig erweitern sich die Blutgefäße der Haut. Dadurch errötet die Haut. Das Verdunsten des aus den Schweißdrüsen abgegebenen Schweißes verstärkt die Abkühlung (Abb. 2).

Regulation, Wechselwirkungen

Grundwissen

1 Herzschlag bei körperlicher Anstrengung. Clarissa ist 11 Jahre alt. Durch Messungen hat man festgestellt, dass ihr Herz 60 ml Blut pro Schlag pumpt. Während ihres 800-m-Laufs trug sie einen Pulsmesser am Körper. Die Tabelle in Abbildung 5 zeigt die Messwerte:

a) Übertrage das Koordinatensystem in dein Heft (Abb. 4). Trage die angegebenen Werte aus Abbildung 5 in dein Koordinatensystem ein. Welche Informationen kannst du dem Säulendiagramm entnehmen?

b) Wie viel Blut hat Clarissas Herz
– in den 5 Minuten vor dem Lauf
– während des 5-minütigen Laufs
– in den 5 Minuten nach dem Lauf gepumpt?

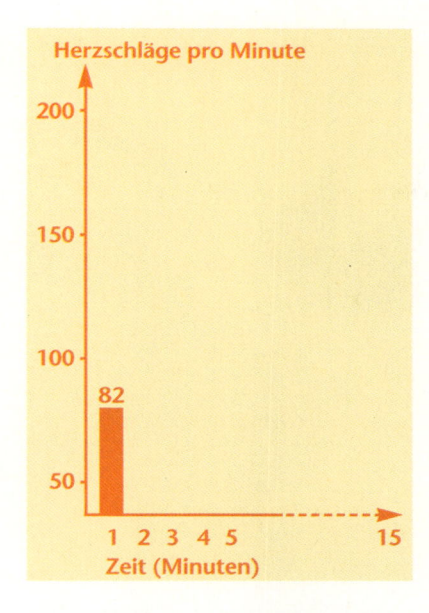

4 *Säulendiagramm zum Herzschlag*

	Zeit (Minuten)	Herzschläge pro Minute
vor dem Lauf	1	82
	2	84
	3	80
	4	81
	5	84
während des Laufs	6	137
	7	171
	8	182
	9	191
	10	199
nach dem Lauf	11	166
	12	122
	13	119
	14	90
	15	82

5 *Anpassung des Herzschlags*

2 Wirkung von Ausdauertraining. Ausdauersportler haben größere Herzen als Untrainierte, ihre Herzmuskulatur ist viel kräftiger. Dadurch wird das Herz bei einer körperlichen Belastung geschont. Während das Herz eines Untrainierten bereits heftig arbeitet, pumpt das Sportlerherz bei gleicher Belastung sozusagen mit halber Kraft. Durch Ausdauertraining kann man sein Herz schonen.

Die Tabelle zeigt das Lauftagebuch eines 13-jährigen Jungen (Abb. 6). Durch ein 3-wöchiges Ausdauertraining hat er die Wirkung auf sein Herz-Kreislauf-System ermittelt. Dazu ist er auf einer etwa 3 km langen Laufstrecke ohne große Steigungen 3 – 4 mal in der Woche mit etwa der gleichen Geschwindigkeit gelaufen. Direkt vor dem Lauf hat er seinen Ruhepuls und direkt nach dem Lauf seinen Belastungspuls, jeweils im Stehen, gemessen. Drei Minuten nach dem Lauf erfolgte die Messung seines Erholungspulses.

Übertrage die Werte der Tabelle in ein Koordinatensystem. Benutze unterschiedliche Farben für die Werte von Ruhepuls, Belastungspuls und Erholungspuls. Überlege dir eine sinnvolle Einteilung der Koordinatenachsen.
Interpretiere die Werte der Tabelle und die Kurven deiner grafischen Darstellung.

3 Erschließungsfelder und das Thema dieses Abschnitts. Informiere dich in diesem Buch auf der Methodenseite „Erschließungsfelder", was man unter den Erschließungsfeldern „Regulation", „Wechselwirkungen" und „Stoffe und Energie" versteht. Erläutere dann in schriftlicher Form, welche Zusammenhänge es zwischen diesen drei Erschließungsfeldern und dem Thema dieses Abschnitts gibt.

	Mo	Di	Mi	Do	Fr	Sa	So	Mo	Di	Mi	Do	Fr	Sa	So	Mo	Di	Mi	Do	Fr	Sa	So
Ruhepuls	78	P	77	P	77	P	72	P	72	P	P	74	P	71	P	69	P	68	P	P	69
Belastungspuls	154	P	157	P	145	P	140	P	141	P	P	142	P	139	P	135	P	135	P	P	134
Erholungspuls	90	P	92	P	90	P	80	P	85	P	P	86	P	80	P	79	P	75	P	P	75

6 *Lauftagebuch, P bedeutet Pause*

Fortpflanzung und Entwicklung

135

7 Sexualität des Menschen

7.1 Jeder Mensch ist einmalig

1 *Neben vielen Gemeinsamkeiten sind Menschen auch unterschiedlich*

Auf der Erde leben über sechs Milliarden Menschen. Sie haben sehr viele Gemeinsamkeiten. Doch gleicht kein Mensch einem anderen vollständig. Zwischen allen Menschen gibt es Unterschiede. Jeder Mensch besitzt bestimmte Merkmale, Eigenschaften, Verhaltensweisen und Fähigkeiten. Als Ganzes genommen, machen sie jeden Menschen einmalig und einzigartig. Man spricht in diesem Zusammenhang von „Individuum" und „Individualität". Das Wort **Individuum** kommt aus dem Lateinischen und heißt wörtlich übersetzt „das Unteilbare". Damit ist das einzelne Lebewesen, zum Beispiel der einzelne Mensch gemeint. Die Eigenarten und Eigentümlichkeiten eines einzelnen Menschen machen seine **Individualität** aus.

Zwei Menschen können sich unter anderem in ihrem **Geschlecht** unterscheiden. Ob man ein Junge oder ein Mädchen, ein Mann oder eine Frau ist, hat für jeden Menschen große Bedeutung. Auch bei vielen anderen Lebewesen gibt es männlich und weiblich. Das spielt bei der Fortpflanzung eine wichtige Rolle. Wenn die Nachkommen durch Geschlechter gezeugt werden, spricht man von **geschlechtlicher Fortpflanzung**. Der Mensch und die meisten Tiere und Pflanzen erzeugen Nachkommen durch geschlechtliche Fortpflanzung.

Bei tausenden von Lebewesen mit geschlechtlicher Fortpflanzung wurden die Eigenschaften der Nachkommen untersucht. Dabei stelltten man immer wieder fest, dass die Nachkommen bei jeder Art von Lebewesen neben vielen Gemeinsamkeiten auch Unterschiede aufweisen. Bei Menschen fällt es uns leicht, Unterschiede zwischen den Individuen wahrzunehmen (Abb. 1). Auch bei Haustieren wie Katzen und Hunden können wir Unterschiede zwischen den einzelnen Lebewesen feststellen. Bei vielen anderen Arten von Lebewesen sieht man dagegen nicht sofort Unterschiede. Auch wenn uns auf den ersten Blick zum Beispiel alle kleinen Hunde, alle Stiefmütterchen oder alle Bänderschnecken gleich erscheinen, so weisen sie doch Unterschiede auf (Abb. 4). Nicht nur für den Menschen, sondern für alle Arten von Lebewesen mit geschlechtlicher Fortpflanzung gilt, dass kein Einzelwesen einem anderen Individuum der Art vollkommen gleicht.

Vielfalt

Grundlagen

1 **Kleine und große Unterschiede.** Beschreibe anhand der Abbildung 1 Gemeinsamkeiten und Unterschiede zwischen den Jugendlichen der Klasse. Suche auch bei den Lebewesen, die jeweils auf einem Foto der Abbildung 4 abgebildet sind, nach Gemeinsamkeiten und Unterschieden.

2 **Du bist einmalig!** Übertrage die Tabelle in Abbildung 3 in dein Heft und gib für die Merkmale 2 bis 19 an, ob das Merkmal zutrifft oder nicht. Hat jemand in der Klasse die gleiche Kombination von Merkmalen wie du?

> **Du bist …**
>
> **Du** bist ein Kind
> **Du** hast einen Namen
> **Du** bist einmalig
> **Du** bist verletzbar und unbesiegbar
> **Du** bist fröhlich und traurig
> **Du** bist zurückhaltend und aufgeschlossen
> **Du** bist hungrig und satt

2 *Ein Gedicht*

3 **Du bist … .** Setze das in Abbildung 2 angefangene Gedicht durch weitere Zeilen mit gegensätzlichen Adjektiven fort, so dass die Vielfalt der Eigenschaften von Menschen deutlich wird.

1. Körpergröße in cm
2. glatte Haare
3. Gewellte/ lockige Haare
4. Krause Haare
5. Geschlecht männlich
6. Geschlecht weiblich
7. Gerader Haaransatz an der Stirn
8. Haaransatz an der Stirn mit Spitze oder Bogen
9. Hautfarbe hell (im ungebräunten Zustand)
10. Hautfarbe leicht braun
11. Hautfarbe dunkel
12. Augenfarbe blau
13. Augenfarbe grün
14. Augenfarbe braun
15. Augenfarbe (fast) schwarz
16. Zungenrollen: Die Zunge kann zu einer „Tüte" gerollt werden
17. Kein Zungenrollen
18. Unteres Ohrläppchen frei
19. Unteres Ohrläppchen angewachsen

3 *Einige Merkmale*

4 *Lebewesen haben Gemeinsamkeiten und Unterschiede*

Arbeitsmaterial

7.2 Veränderungen in der Pubertät

1 *Aus Babys werden Jugendliche*

Entwicklung ist ein Kennzeichen aller Lebewesen. Auch der Mensch entwickelt sich: vor der Geburt im Körper der Mutter und nach der Geburt innerhalb seiner Familie. Beim Menschen geht die Entwicklung vom Embryo und Fetus über Säugling, Kind, Jugendlicher, Erwachsener und altem Menschen bis zum Tod.

Mit **Pubertät** bezeichnet man einen Entwicklungszeitraum von ungefähr vier bis sechs Jahren, in dem aus einem Mädchen eine junge Frau und aus einem Jungen ein junger Mann wird. Meistens beginnt die Pubertät zwischen neun und vierzehn Jahren. Die Pubertät ist eine Zeit allmählicher seelischer und **körperlicher Veränderungen**. Im Verlauf der Pubertät werden Jungen und Mädchen geschlechtsreif. Darunter versteht man, dass im Körper regelmäßig Geschlechtszellen gebildet werden. Im Hoden eines jungen Mannes werden männliche Geschlechtszellen, die Spermazellen, gebildet. In den Eierstöcken einer jungen Frau reifen regelmäßig weibliche Geschlechtszellen, die Eizellen, heran. Außerdem entwickeln sich äußerliche Merkmale, die typisch für einen Mann oder eine Frau sind. Zu diesen Geschlechtsmerkmalen gehören unter anderem der Bartwuchs beim Jungen und das Wachstum der Brust bei Mädchen. Beide Geschlechter zeigen in der Pubertät einen Wachstumsschub.

Mit **seelischen Veränderungen** während der Pubertät meint man Veränderungen im Fühlen, Denken und Verhalten. Betroffen davon sind viele Bereiche eines jungen Menschen. Es geht um seine Gefühle, seine Interessen, seine Selbstwahrnehmung, das Verhältnis zum anderen Geschlecht, das Leben mit Eltern und Geschwistern in der Familie, die Bedeutung der Gruppe oder der Clique und häufig auch der Schulklasse. Bei vielen Jugendlichen treten in der Pubertät starke Stimmungsschwankungen auf, von „himmelhoch jauchzend" bis „zu Tode betrübt". Auf dem Weg zu einer größeren Selbstständigkeit fühlen sich Jugendliche manchmal sehr unsicher und falsch verstanden. Im Elternhaus und in der Schule können Auseinandersetzungen, Verstimmungen, Streit und Konflikte häufiger auftreten. Das legt sich bei den meisten Jugendlichen im Laufe der Jahre. Die Jugendlichen werden selbstsicherer und ausgeglichener.

1 Zeitlicher Verlauf der Entwicklung in der Pubertät. Fertige auf einer ganzen Seite in deinem Heft ein Diagramm nach dem Muster von Abbildung 2 an. Trage dann die schriftlichen Angaben aus Abbildung 3 in das Diagramm ein.

2 Hast du dich verändert? Betrachte Abbildung 1. Sie zeigt Momentaufnahmen aus der Entwicklung zweier Jugendlicher. Auch du hast eine Entwicklung hinter dir und vor dir. Wie hast du dich seit der Einschulung in die erste Klasse verändert?
Gliedere deine Antwort in
a) deine Meinung über Schule;
b) deine Ansichten über Mädchen (Jungen);
c) deine Freizeitbeschäftigung.

3 Jugendliche. Beschreibe die körperlichen Veränderungen der Personen in Abbildung 1.

Der zeitliche Verlauf der Entwicklung bei Mädchen	
Alter (Jahre)	8 9 10 11 12 13 14 15 16 17 18 19
Wachstum von Scheide und Gebärmutter	▬▬▬▬
Beginn der Schambehaarung	▬▬▬▬
...	...

2 Diagramm als Vorlage

bei Mädchen:
Beginn des Wachstums von Scheide und Gebärmutter: 8½ bis 12½ Jahre (bereits eingetragen, siehe Abb. 2);
Beginn der Schambehaarung: 8½ bis 12½ Jahre (siehe Abb. 2);
Beginn der Brustentwicklung: 9 bis 14 Jahre;
Erste Menstruation: 9 bis 16 Jahre;
Beginn des Wachstumsschubs (Körperlänge): 10 bis 14½ Jahre;

bei Jungen:
Beginn des Hodenwachstums: 9½ bis 14½ Jahre;
Beginn des Peniswachstums: 9½ bis 15½ Jahre;
Beginn der Geschlechtsbehaarung: 9½ bis 15 Jahre;
Erster Samenerguss: 10 bis 15 Jahre;
Beginn des Wachstumsschubs (Körperlänge): 11 bis 16 Jahre;
Einsetzen des Stimmbruchs: 12 bis 17 Jahre;
Beginn des Bartwuchses: 13 bis 19 Jahre

3 Körperliche Entwicklung in der Pubertät bei Jungen und Mädchen

---

Pubertät: Der nervige Umbau im Gehirn
Hirnforscher fanden eine überraschende Begründung dafür, warum Teenies manchmal unausstehlich sein können

Im einen Moment sind sie lieb und zuvorkommend, im nächsten völlig gereizt und mies gelaunt. Bei Kindern, die gerade die Pubertät durchmachen, kann die Stimmung sehr schnell wechseln. Bislang dachte man, dass Hormone schuld daran seien. Hirnforscher haben herausgefunden, dass nicht nur Hormone, sondern auch der Umbau von Nervenverbindungen im Gehirn für die unterschiedlichen Gemütslagen verantwortlich sind. Vor allem im Stirnhirn würden in diesem Alter etliche neue Verbindungen zwischen den Nervenzellen geknüpft.

Die Folge: Jugendliche verlieren in dieser Umbauphase viel von ihrer Fähigkeit, die Gefühle ihrer Mitmenschen richtig einzuschätzen. Ungefähr ab dem elften Lebensjahr büßen die Kinder ihr Gespür für mitmenschliche Situationen geradezu "im Sturzflug" ein. Die sich daraus ergebende Unsicherheit und Verwirrung in gefühlsbeladenen Situationen sei ein Grund dafür, dass Teenager gereizt reagieren und das Leben oft als "unfair" empfinden. Nach einiger Zeit legen sich die plötzlichen Stimmungsschwankungen.

Erläuterungen:
Hormone: In Drüsen gebildete Stoffe, die mit dem Blut im Körper transportiert werden und in sehr geringen Mengen wirken können. Hormone der Hirnanhangdrüse spielen in der Pubertät eine Rolle.
Nervenzellen: Milliarden von ihnen sind im Gehirn unter anderem am Verhalten, an der Informationsverarbeitung, an Lernen und Gedächtnis, Willenshandlungen, Sprache und an der Entstehung von Gefühlen beteiligt. Im Durchschnitt hat jede Nervenzelle über tausend Verbindungen zu anderen Nervenzellen.
Stirnhirn: Der Bereich des Großhirns über den Augen.

4 Ein Zeitungsartikel

Arbeitsmaterial

7.3 Weibliche Geschlechtsorgane

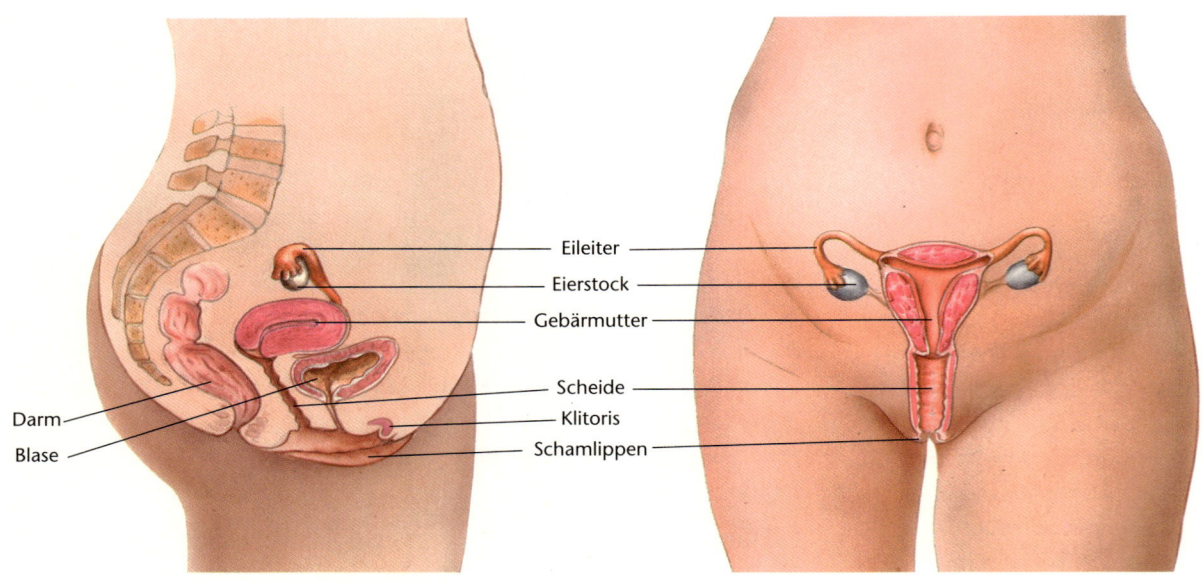

Eileiter
Eierstock
Gebärmutter
Scheide
Klitoris
Schamlippen
Darm
Blase

1 *Schema der weiblichen Geschlechtsorgane*

Während der Pubertät reifen die Geschlechtsorgane heran. In den beiden **Eierstöcken** einer Frau werden weibliche Geschlechtszellen, die Eizellen gebildet. Sie gehören mit etwa 0,1 Millimeter Durchmesser zu den größten Zellen des Menschen. Durchschnittlich reift alle 28 Tage in einem der beiden Eierstöcke eine Eizelle in einem flüssigkeitsgefüllten Bläschen heran. Wenn dieses Bläschen platzt, wird die Eizelle aus dem Eierstock in den Eileiter freigesetzt. Man nennt diesen Vorgang **Eisprung** oder mit dem Fachbegriff **Ovulation**. Im Eileiter wird die Eizelle in einigen Tagen zur Gebärmutter transportiert. Dort stirbt sie ab, wenn sie nicht befruchtet wird.

Die **Gebärmutter** hat eine muskulöse Wand und ist innen von einer gut durchbluteten Schleimhaut ausgekleidet. Die Scheide wird auch Vagina genannt. Die Schamlippen umgeben den Scheideneingang und die Klitoris. Die Klitoris ist eine sehr empfindsame Stelle für sexuelle Erregung.

Für jedes Mädchen ist die erste **Menstruation** ein wichtiges und manchmal aufregendes Ereignis. Andere Begriffe für Menstruation sind unter anderem Regel, Periode oder „die Tage". Während der Menstruation tritt blutige Flüssigkeit aus der Scheide. Die gut durchblutete Schleimhaut löst sich von der Wand der Gebärmutter und gelangt durch die Scheide nach außen. Die Menstruation dauert meistens zwischen drei und sieben Tagen. Sie ist Teil des natürlichen und normalen Lebens einer Frau und ein Zeichen dafür, dass sich der Körper auf die Möglichkeit einstellt, Kinder zu bekommen. Die Menstruation wiederholt sich durchschnittlich alle 28 Tage (Abb. 2). Dabei wird vom ersten Tag der Menstruation bis zum Beginn der nächsten Menstruation gezählt. Menstruationszyklen von drei bis fünf Wochen Dauer sind jedoch normal. Am Anfang sind die Menstruationszyklen bei den meisten Mädchen noch sehr unregelmäßig. Manchmal ist die Menstruation schmerzhaft. Gegen leichte Schmerzen hilft eine Wärmflasche.

Für die Menstruation gibt es Binden und Tampons. Während Binden die Menstruationsflüssigkeit vor der Scheide aufnehmen, saugen Tampons die Flüssigkeit in der Scheide auf. Zur **Intimhygiene** von Mädchen und Frauen gehört auch, sich immer von der Scheide in Richtung After zu waschen und nicht umgekehrt.

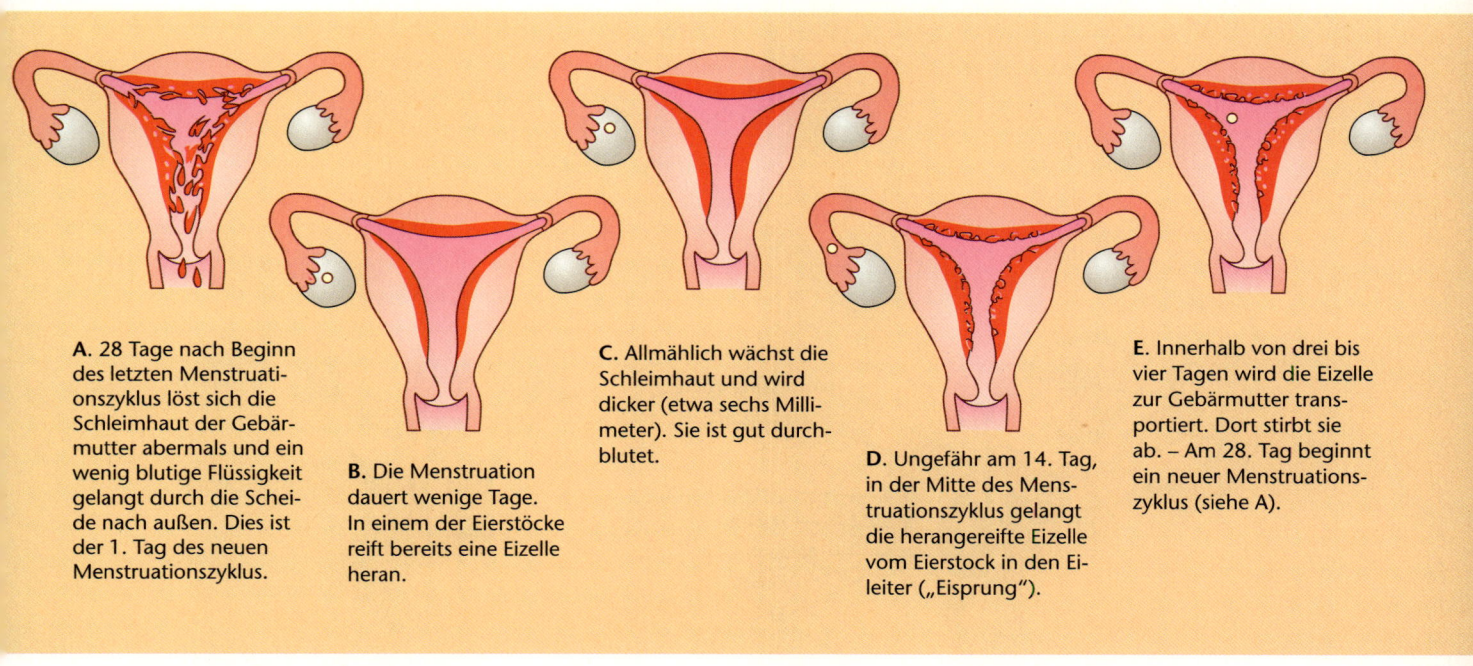

A. 28 Tage nach Beginn des letzten Menstruationszyklus löst sich die Schleimhaut der Gebärmutter abermals und ein wenig blutige Flüssigkeit gelangt durch die Scheide nach außen. Dies ist der 1. Tag des neuen Menstruationszyklus.

B. Die Menstruation dauert wenige Tage. In einem der Eierstöcke reift bereits eine Eizelle heran.

C. Allmählich wächst die Schleimhaut und wird dicker (etwa sechs Millimeter). Sie ist gut durchblutet.

D. Ungefähr am 14. Tag, in der Mitte des Menstruationszyklus gelangt die herangereifte Eizelle vom Eierstock in den Eileiter („Eisprung").

E. Innerhalb von drei bis vier Tagen wird die Eizelle zur Gebärmutter transportiert. Dort stirbt sie ab. – Am 28. Tag beginnt ein neuer Menstruationszyklus (siehe A).

2 *Menstruationszyklus (A – E)*

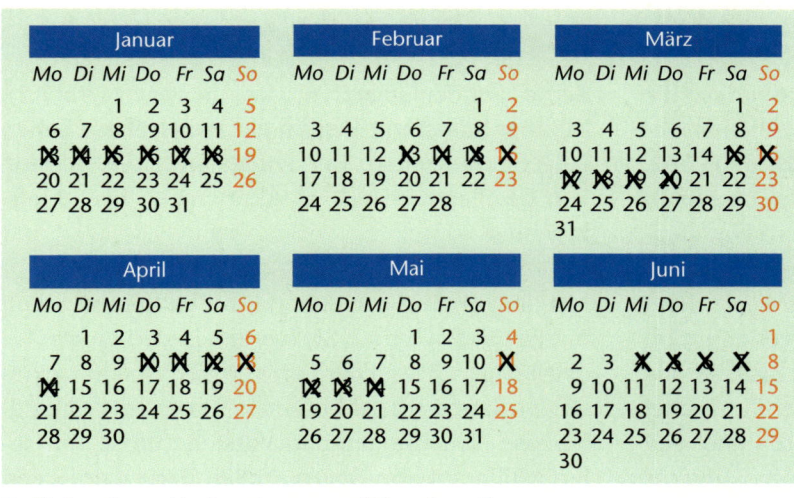

3 *Kalender mit eingetragenen Menstruationen*

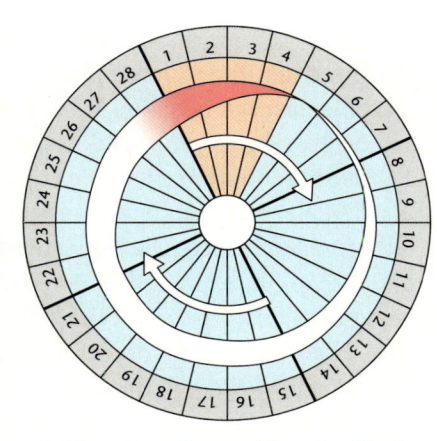

4 *Menstruationszyklus in Kreisdarstellung*

1 Bau der weiblichen Geschlechtsorgane. Beschreibe anhand der Abbildung 1 den Bau der weiblichen Geschlechtsorgane.

2 Menstruationszyklus in Kreisdarstellung. Ordne der Abbildung 4 die Abschnitte A bis E der Abbildung 2 zu und begründe deine Zuordnung.

3 Menstruationskalender. Frau G., 19 Jahre alt, hat die Tage der Menstruation mit Kreuzen in einen Kalender eingetragen (Abb. 3).
a) Berechne die durchschnittliche Dauer der Menstruationszyklen von Frau G. in dem angegebenen Zeitraum.
b) Gib für den dargestellten Zeitraum in Abbildung 3 die Tage an, an denen wahrscheinlich ein Eisprung stattfand.
c) Wann ist die nächste Menstruation zu erwarten, wann der nächste Eisprung? Begründe deine Antworten.

141

Arbeitsmaterial

7.4 Männliche Geschlechtsorgane

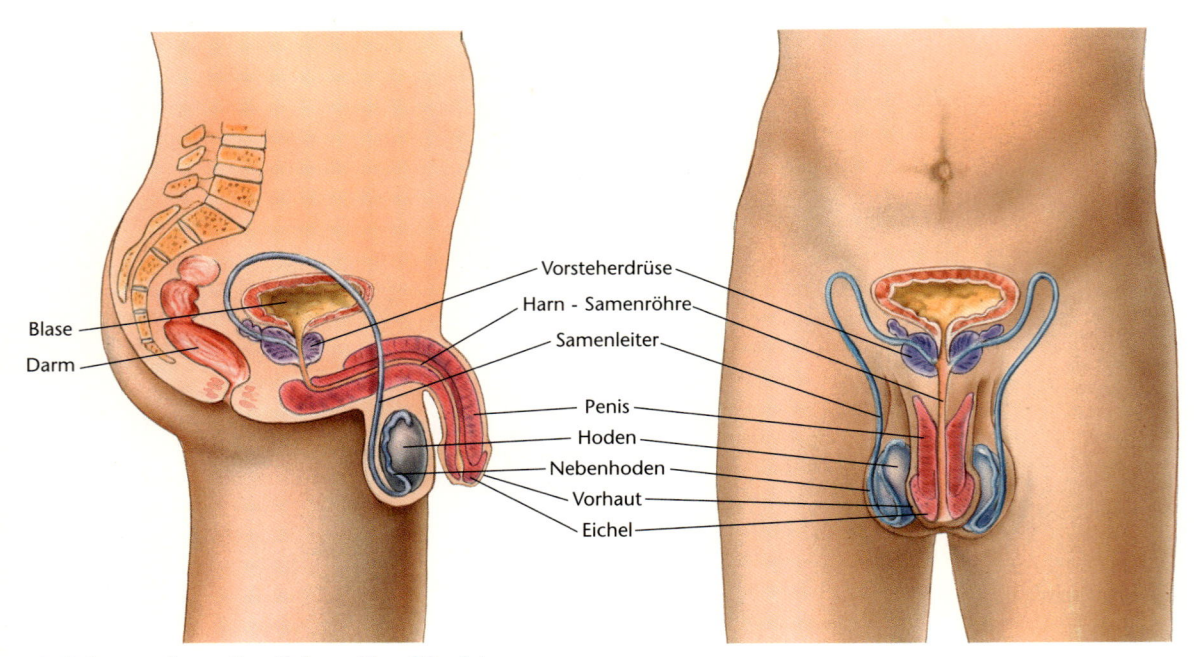

1 *Schema der männlichen Geschlechtsorgane*

(Beschriftungen: Blase, Darm, Vorsteherdrüse, Harn-Samenröhre, Samenleiter, Penis, Hoden, Nebenhoden, Vorhaut, Eichel)

Während der Pubertät reifen auch beim Jungen die Geschlechtsorgane heran. Zu den männlichen Geschlechtsorganen gehören die beiden **Hoden** (Abb. 1). Sie sind meistens nicht gleich groß. Zusammen mit den Nebenhoden liegen sie in einem Hautbeutel, dem Hodensack. Die Vorsteherdrüse (Prostata) bildet eine Flüssigkeit. Der Penis wird auch Glied genannt. Sein vorderster Teil ist die sogenannte Eichel. Die Eichel wird von der Vorhaut bedeckt. Sie kann zurückgezogen werden, so dass die Eichel freiliegt. Der Penis kann sich aufrichten und steif werden. Das nennt man eine Erektion. Mitunter findet sie im Schlaf statt.

In den Hoden eines Mannes werden ständig die männlichen Geschlechtszellen gebildet (Abb. 2). Sie heißen auch **Spermazellen** oder Spermien. Verbreitet ist auch der Begriff Samenzelle. Das ist jedoch eine unzutreffende Bezeichnung, weil in einem pflanzlichen Samen bereits ein winziges, vollständiges neues Lebewesen enthalten ist.

Im Vergleich zu Eizellen sind Spermazellen viel kleiner und sie können sich mit dem langen Schwanzfaden selbst vorwärts bewegen (Abb. 2). Männer bilden mit Beginn der Pubertät ein Leben lang Spermazellen. Bei Frauen hört die Bildung von Eizellen meistens im Alter von 45 bis 50 Jahren auf.

Mit dem Beginn der Pubertät reifen Spermazellen in den Hoden heran. Sie werden in den Nebenhoden gelagert. Wenn der Penis erigiert ist, kann es zu einem Samenerguss kommen. Dann tritt Flüssigkeit aus Nebenhoden und Vorsteherdrüse mit vielen Millionen von Spermazellen darin durch den Samenleiter und die Harnröhre nach außen. Die meisten Jungen haben zwischen 10 und 15 Jahren ihren ersten Samenerguss.

Bei Jungen und Männern können sich unter der Vorhaut des Penis Bakterien und Pilze ansiedeln. Deshalb gehört es zur **Intimhygiene** von Jungen und Männern, dass die Vorhaut beim Reinigen ganz zurückgezogen wird.

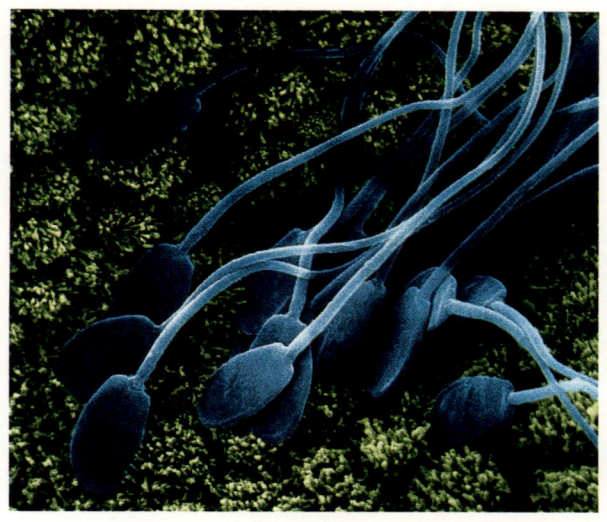

2 *Spermazellen und Eizelle mit Spermium (Fotos eingefärbt)*

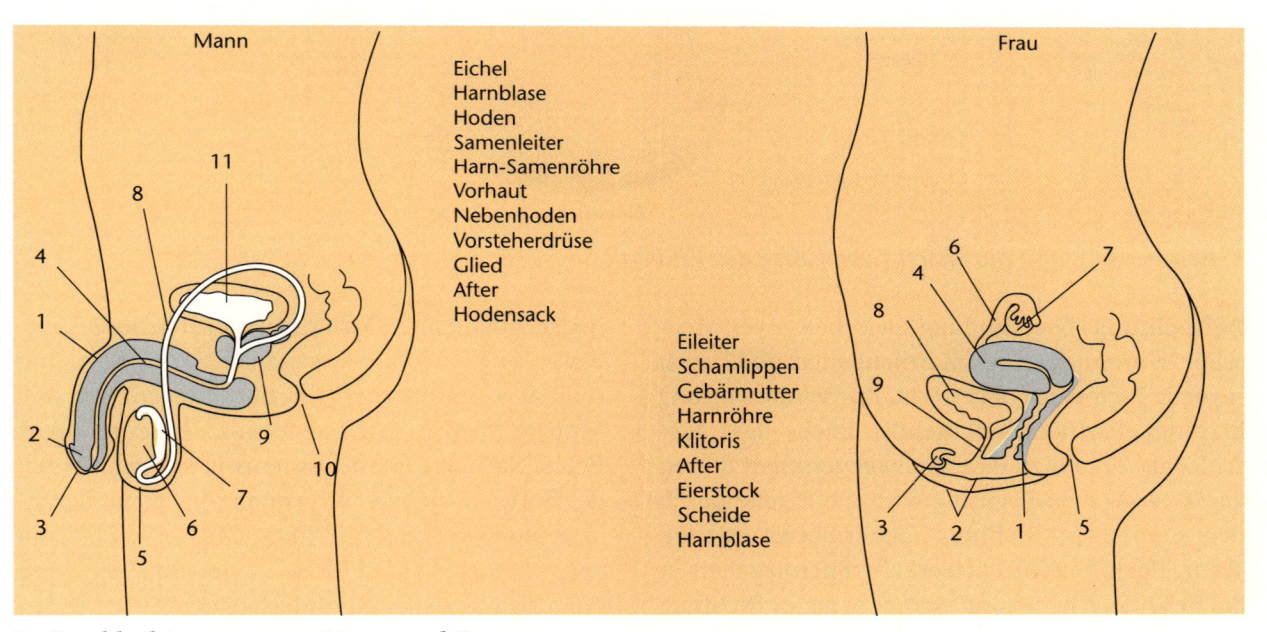

Mann		Frau
	Eichel	
	Harnblase	
	Hoden	
	Samenleiter	
	Harn-Samenröhre	
	Vorhaut	
	Nebenhoden	
	Vorsteherdrüse	
	Glied	
	After	
	Hodensack	
	Eileiter	
	Schamlippen	
	Gebärmutter	
	Harnröhre	
	Klitoris	
	After	
	Eierstock	
	Scheide	
	Harnblase	

3 *Geschlechtsorgane von Mann und Frau*

1 Männliche Geschlechtsorgane. Beschreibe Bau und Funktion der männlichen Geschlechtsorgane (Abb. 1).

2 Spermazellen – Eizelle. Vergleiche in Form einer tabellarischen Übersicht Spermazellen und Eizelle (Abb. 2). Berücksichtige dabei auch die Bildung dieser Geschlechtszellen. Benutze die Information im vorherigen Abschnitt und in diesem Abschnitt.

3 Männliche und weibliche Geschlechtsorgane. Schreibe in deinem Heft zu den Ziffern in Abbildung 3 für Mann und Frau getrennt die richtigen Begriffe.

143

Arbeitsmaterial

7.5 Befruchtung, Schwangerschaft und Geburt

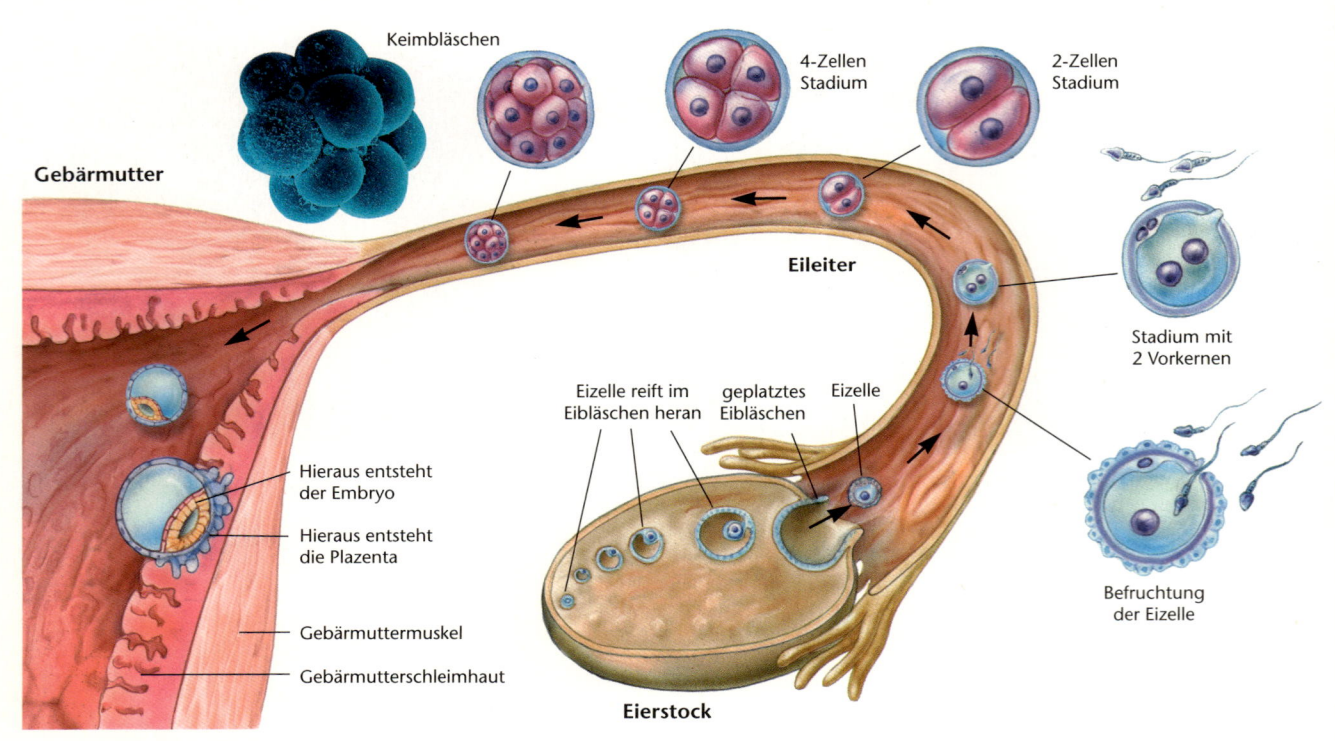

1 *Befruchtung und die ersten Lebenstage des Embryos*

Befruchtung. Die Bindung zwischen zwei Menschen wird auch durch Zärtlichkeiten und durch sexuelle Partnerschaft gestärkt. Zur Verantwortung in einer Partnerschaft gehört auch, dass Geschlechtsverkehr zu einer Schwangerschaft führen kann. Nach dem Eisprung wird die Eizelle durch den Eileiter in Richtung Gebärmutter bewegt. Wenn beim Geschlechtsverkehr Spermazellen in die Scheide gelangt sind, wandern sie in Richtung Eileiter. Trifft dort eine Spermazelle auf eine Eizelle, kommt es zur Befruchtung. Aus der Verschmelzung von Ei- und Spermazelle geht die befruchtete Eizelle, die Zygote, hervor. Damit beginnt die Entwicklung eines neuen Menschen.

Schwangerschaft. Die befruchtete Eizelle teilt sich und wandert dabei in die Gebärmutter. Etwa sechs bis sieben Tage nach der Befruchtung nistet sich der Embryo in die Gebärmutterschleimhaut ein. Diese Einnistung ist der Beginn einer Schwangerschaft. Während der Schwangerschaft bleiben die Menstruationszyklen aus. Der Embryo entwickelt sich in der Fruchtblase. Das Fruchtwasser in der Fruchtblase sorgt für eine konstante Temperatur und schützt vor Stößen und Erschütterungen. Den drei Monate alten Embryo nennt man bis zur Geburt Fetus. Nach der Einnistung entwickelt sich ein Teil des Embryos zu einer schwammartigen, gut durchbluteten Schicht, die Mutterkuchen oder Plazenta genannt wird. In der Plazenta treten Sauerstoff und Nährstoffe aus dem Blutkreislauf der Mutter in den Blutkreislauf des Embryos über. Von dort werden sie über die Nabelschnur zum Embryo transportiert. Auch andere Stoffe wie Alkohol oder Medikamente gelangen über die Plazenta von der Mutter zum Fetus.

Geburt. Durchschnittlich 266 Tage nach der Befruchtung wird das Baby geboren. Die Geburt kündigt sich durch das Zusammenziehen der muskulösen Gebärmutterwand an. Das nennt man Wehen. Dadurch wird das Kind mit dem Kopf voran durch die Scheide gepresst. Unmittelbar nach der Geburt beginnt es, selbstständig zu atmen.

1 Entwicklung.
a) Beschreibe anhand von Abbildung 1 die Vorgänge vom Eisprung bis zur Einnistung.
b) Erläutere die Abbildung 4. Fertige für die Zeit ab der vierten Schwangerschaftswoche eine Wachstumskurve der Körpergröße des Embryos bzw. Fetus.
c) Durch welche Organe wird der Embryo versorgt und wie arbeiten diese Organe (Abb. 3, 4)?

2 Kein Alkohol, Nikotin oder andere Drogen in der Schwangerschaft. Begründe die dringende Empfehlung, während der Schwangerschaft nicht zu rauchen und möglichst auch keinen Alkohol zu trinken.

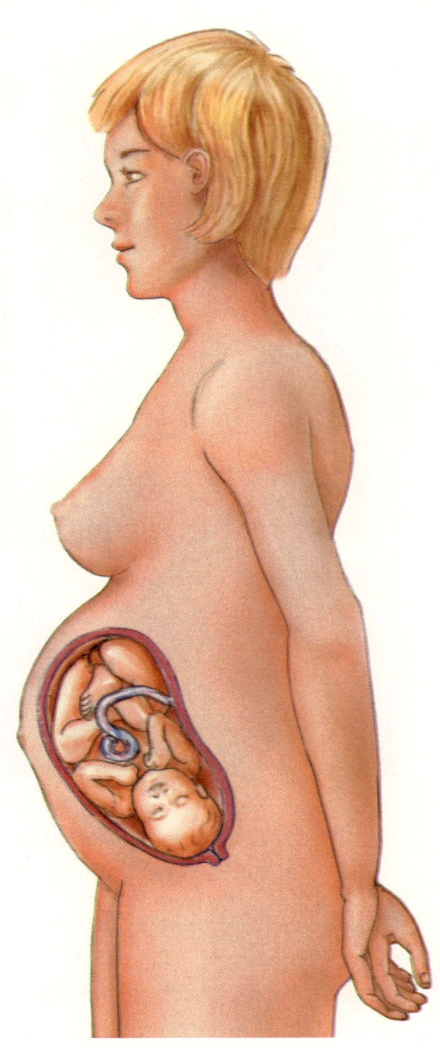

3 Fruchtbare Tage einer Frau. Nach dem Eisprung ist die Eizelle auf ihrem Weg durch den Eileiter etwa sechs bis 24 Stunden befruchtungsfähig. Spermazellen des Mannes sind ungefähr zwei bis fünf Tage befruchtungsfähig. In welchem Zeitraum eines 28-tägigen Menstruationszyklus kann unter Umständen Geschlechtsverkehr zu einer Befruchtung führen?

2 *Mutter und Fetus in der 40. Schwangerschaftswoche*

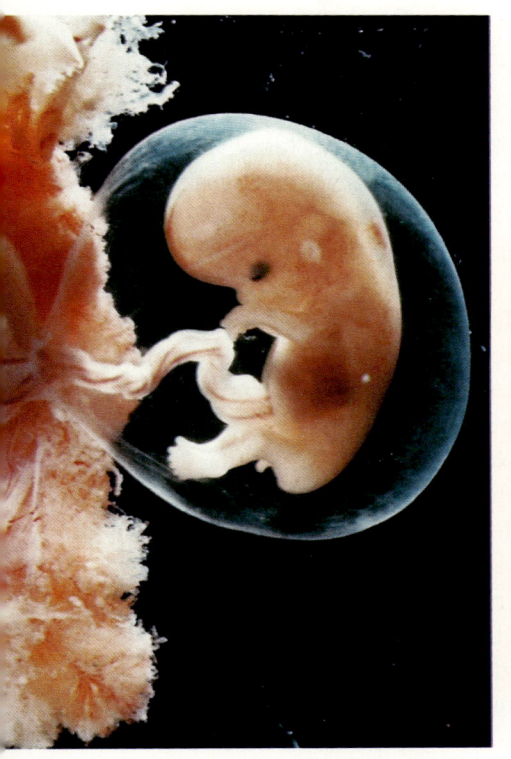

Schwangerschaftswoche	0	4	8	16	20	24	28	32	36	40
Körpergröße (cm)	0,01	1	4	9	15	25	30	35	40	52
Körpergewicht (g)	0,002	6	11	40	170	500	800	1300	2500	3500

Gehirn
Augen
Ohren
Herz
Gliedmaßen
Nieren

Entwicklungsbeginn — deutlich erkennbar — gut entwickelt — voll entwickelt

3 *Embryo, acht Wochen alt, 40 mm groß*

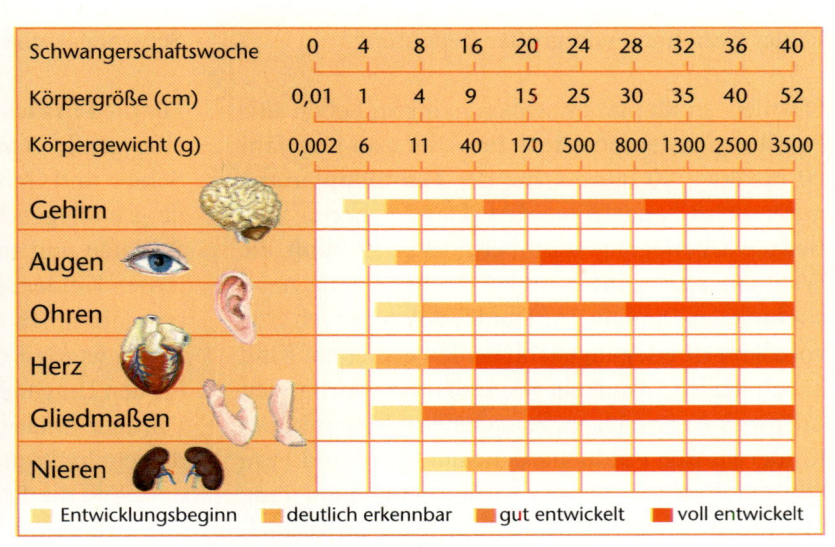

4 *Entwicklung der Organe von Embryo und Fetus*

Arbeitsmaterial

7.6 Familienplanung und Empfängnisverhütung

„Du sollst die Gefühle eines Menschen nicht ausnutzen und ihn nicht mutwillig enttäuschenden Erfahrungen aussetzen." (A. COMFORT)

1 *Beispiele für Beziehungen zwischen Menschen*

Vertrauen, Ehrlichkeit, gegenseitige Achtung, Verständnis und Verantwortung füreinander und gemeinsame Freude sind in jeder partnerschaftlichen Beziehung von großer Bedeutung.

Die meisten Menschen wollen in ihrem Leben eine Familie gründen, meistens im Alter von ungefähr 20 bis etwa 40 Jahren. Bei der **Familienplanung** muss vieles bedacht werden. Dazu gehören zum Beispiel Überlegungen zur beruflichen Zukunft, die Wahl eines Wohnortes sowie die finanzielle Absicherung der Familie. Zur Familienplanung gehören vor allem Überlegungen, ob beide Partner ein Kind haben wollen. Wenn ein Kinderwunsch vorhanden ist, gilt es zu überlegen, zu welchem Zeitpunkt der Kinderwunsch erfüllt werden soll. Mann und Frau können bewusst darauf Einfluss nehmen, eine Schwangerschaft herbeizuführen oder zu vermeiden. Diese Empfängnisregelung ist ein wichtiger Teil der Familienplanung.

Eine Reihe verschiedener Mittel und Methoden fasst man unter dem Begriff **Empfängnisverhütung** zusammen. Ihnen ist gemeinsam, dass sie eine Schwangerschaft verhindern helfen.

Für die **Entwicklung** eines Kindes spielt die Familie eine große Rolle. Kinder finden in der Familie Schutz und Geborgenheit. Sie können in der Familie grundlegende Bedürfnisse wie Essen, Trinken, Schlafen und sich erholen erfüllen. In der Familie lernen Kinder sehr viel, vor allem in den ersten Lebensjahren. In der Familie findet Erziehung statt. Dabei werden den Kindern auch wichtige Regeln für den Umgang mit anderen Menschen vermittelt. Darüber hinaus tragen Eltern **Verantwortung** für die schulische und berufliche Entwicklung ihrer Kinder. Weil die Familie so wichtig ist, wird sie durch das Grundgesetz geschützt. Es heißt dort (Artikel 6, Absatz 1): Ehe und Familie stehen unter dem besonderen Schutz der staatlichen Ordnung.

1 Verantwortung in Beziehungen.
a) Diskutiert darüber, was ihr unter Freundschaft und was ihr unter Liebe versteht.
b) Beschreibe anhand von Bild 1 die Beziehungen zwischen den dargestellten Menschen. Auf welche Weise könnten die Menschen in der jeweiligen Beziehung Verantwortung füreinander übernehmen?
c) Beschreibe, was das Zitat in Abbildung 1 für Beziehungen zwischen Menschen bedeuten kann.

2 Bedeutung der Familie. Beschreibe die Bedeutung der Familie für die Entwicklung eines Kindes anhand des Grundwissentextes.

3 Familienplanung – Empfängnisregelung – Empfängnisverhütung.
Formuliere zu jedem dieser Begriffe einen Merksatz.

4 Mittel und Methoden der Empfängnisverhütung. Gib unter Bezug auf Abbildung 2 an, welche Möglichkeiten der Empfängnisverhütung a) den Eisprung verhindern, b) das Zusammentreffen von Ei- und Spermazellen verhindern.

„Aufpassen"
Der Geschlechtsverkehr wird vor dem Samenerguss abgebrochen. *Sehr unzuverlässige Methode; schon vor dem eigentlichen Samenerguss werden Spermazellen abgegeben.*

Kalendermethode
Kein Geschlechtsverkehr an den „fruchtbaren" Tagen im Zyklus. *Gesundheitlich unbedenklich, ohne besondere Hilfsmittel. Sehr unzuverlässig, da sich viele Faktoren auf den Zeitpunkt des Eisprungs auswirken können.*

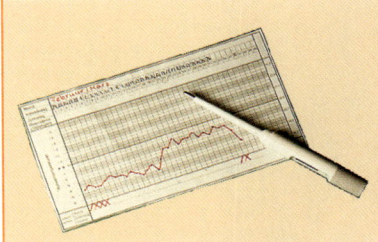

Temperaturmethode
Die Körpertemperatur einer Frau steigt nach dem Eisprung ein wenig an. *Ohne besondere Hilfsmittel, gesundheitlich unbedenklich. Nur bei sehr sorgfältiger Anwendung sicher; Krankheiten und Stress haben Einfluss auf die Temperatur*

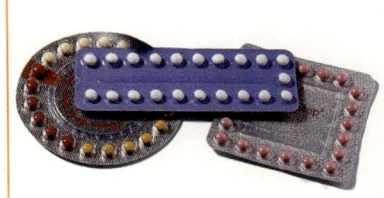

Pille
Hormone in der Pille verhindern den Eisprung. Rezeptpflichtiges Medikament, ärztliche Beratung. *Bei sorgfältiger Anwendung sehr sicher; Eingriff in den natürlichen Hormonhaushalt; evtl. Nebenwirkungen.*

Kondom („Präservativ")
Verhütungsmittel für den Mann. Fängt bei richtiger Anwendung die Spermaflüssigkeit auf. *Leicht zu beschaffen, Schutz vor sexuell übertragbaren Krankheiten wie z. B. AIDS; gesundheitlich unbedenklich. Anwendungsfehler möglich.*

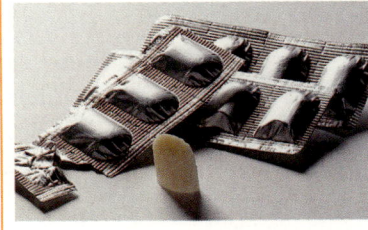

Chemische Mittel
Werden vor dem Geschlechtsverkehr in die Scheide eingeführt; Wirkstoffe töten Spermazellen ab oder machen sie unbeweglich; in Apotheken erhältlich. *Unsicher; Reizung der Schleimhäute möglich*

2 Einige Methoden und Mittel zur Empfängnisverhütung

Arbeitsmaterial

7.7 Sexuelle Belästigung

Was bist du für eine Pfeife!

1 *Jeder Mensch hat persönliche Grenzen, die respektiert werden müssen*

Sexuelle Belästigungen richten sich meistens – wenn auch nicht immer – gegen Mädchen oder Frauen. Es handelt sich oftmals um Verhaltensweisen von Jungen oder Männern,
- die von Frauen oder Mädchen unerwünscht sind,
- die Frauen oder Mädchen beleidigen, abwerten, erniedrigen oder einschüchtern,
- die persönliche Grenze einer Frau oder eines Mädchens verletzen.

Entsprechendes gilt, wenn Jungen oder Männer sexuell belästigt werden.

Sexuelle Belästigungen können sein:
- anzügliche Witze und schamverletzende Worte,
- sexuelle „Anmache",
- anzügliche Bemerkungen über die Figur oder Geschlechtsmerkmale,
- unangebrachte Körperberührungen und „Grabscherei"
- Anspielungen auf das sexuelle Privatleben;
- auch das Herumzeigen pornografischer Bilder gehört dazu.

Wenn Bemerkungen und Verhalten eines anderen unter „die Gürtellinie" gehen und die persönliche Grenze nicht respektiert wird, sollte man sich wehren. Es ist für jeden Menschen sehr wichtig zu wissen, was andere mit ihm machen dürfen und was nicht. Jeder Mensch hat das Recht zu sagen: „Nein! Lass das! Ich will das nicht!"

Man muss sexuelle Belästigung nicht ertragen. Man kann handeln und sich wehren (Abb. 1). Hilfreich ist es, wenn man offen und vor allen Leuten sagen kann, dass man das Verhalten als Belästigung empfindet.

Information, Wechselwirkungen

Grundwissen

1 Grenzverletzungen. Welche Grenze ist gemeint, wenn man davon spricht, dass „sexuelle Belästigungen Grenzverletzungen" sind?

2 Beurteilen einer Situation. Versuche deine Empfindungen mitzuteilen, die du beim Betrachten von Abbildung 2 hast. Wie beurteilst du die abgebildete Situation? Welche Aussagen über sexuelle Belästigungen könnten hier zutreffen?

3 Fallbeispiel. „Claudia beklagt sich bei ihrer Freundin, dass Felix, ein Mitschüler, ihr häufiger an den Po fasst. Claudia hat Felix schon gesagt, dass er das lassen soll, doch es ist schon wieder passiert. ..."
Welche Aussagen über sexuelle Belästigungen könnten hier zutreffen? Was kann getan werden, damit Felix seine Belästigungen unterlässt? Welche Hilfen könnte Claudia sich holen?

Erwachsene nutzen manchmal ihren Einfluss und ihre Macht, um Kinder zu sexuellen Handlungen zu zwingen. Die Erwachsenen überschreiten damit Grenzen eines anderen Menschen, der jünger, schwächer oder von ihm abhängig ist. Wenn Erwachsene das Vertrauen, die Hilflosigkeit oder Abhängigkeit von Kindern für sexuelle Handlungen ausnutzen, nennt man das sexuellen Missbrauch. Der sexuelle Missbrauch ist strafbar.

Sexueller Missbrauch wird oft unter dem Vorwand ausgeübt, liebevoll und zärtlich sein zu wollen. Die Handelnden können fremde Personen sein, aber häufig sind es Väter, Onkel, Großväter und Freunde der Familie. Oft wird von den Kindern verlangt, den Missbrauch geheim zu halten.

Wenn dir einmal etwas passiert, was sexueller Missbrauch sein könnte, denke daran, dass du ein Recht auf Hilfe hast. Auch wenn es sehr schwer fällt, solltest du mit einer Person sprechen, der du vertraust. Das kann deine Mutter oder dein Vater sein, jemand aus der Verwandschaft, eine Lehrerin oder ein Lehrer, eine Freundin, ein Freund oder eine Mitarbeiterin einer Beratungsstelle.

2 Sexueller Missbrauch

„Wenn eine Frau ‚Nein' sagt, dann meint sie ‚Vielleicht'. Wenn eine Frau ‚Vielleicht' sagt, dann meint sie eigentlich „Ja". – Dieser Spruch ist nicht nur dumm, sondern sehr mies, weil er Frauen nicht ernst nimmt. Jeder Junge oder Mann sollte wissen, dass das „Nein" einer Frau genauso unmissverständlich „Nein" bedeutet wie das „Nein" eines Mannes.

„Männer wollen doch immer nur das Eine" ist ein Vorurteil, das Männern unterstellt, in einer Beziehung nur körperlichen Sex zu wollen. Die meisten Männer wünschen, sich ebenso wie Frauen, eine vertrauensvolle Beziehung, in der gegenseitige Achtung, Verständnis füreinander und Zärtlichkeiten sehr wichtig sind.

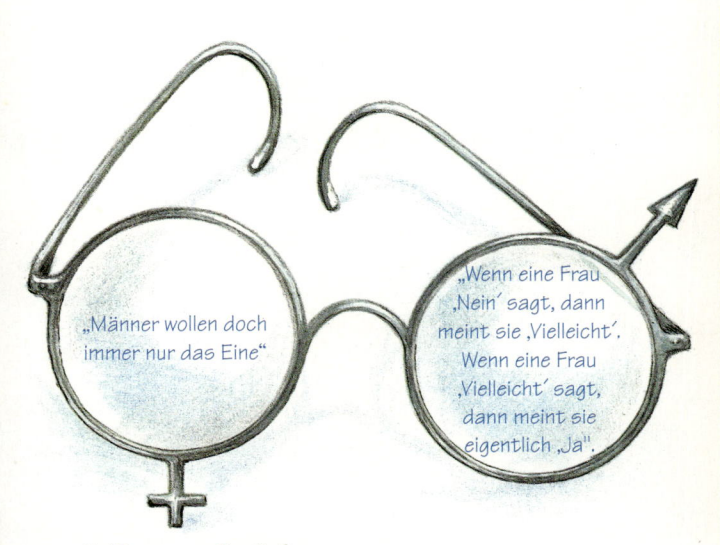

3 Dumme Sprüche

Arbeitsmaterial

Blütenpflanzen

151

8 Der Bau der Blütenpflanzen

8.1 Der Grundbauplan der Blütenpflanzen

Wie alle Lebewesen bestehen auch Pflanzen aus Zellen, die nur im Mikroskop sichtbar sind (Abb. 1). Alle Zellen eines Lebewesens entstehen durch Teilungen aus einer einzigen befruchteten Eizelle, der Zygote. Die Zellen entwickeln sich unterschiedlich. Man sagt, sie **differenzieren** sich. Verschieden differenzierte Zellen sind auf unterschiedliche Aufgaben spezialisiert. Man spricht in diesem Zusammenhang von **Arbeitsteilung**.

Meist stehen viele in gleicher Weise differenzierte Zellen in einer räumlichen Anordnung zusammen und bilden ein **Gewebe** (Abb. 1). Mehrere Gewebe sind zu einem Organ zusammengefasst. Die Gewebe arbeiten in dem **Organ** zusammen, so dass das Organ bestimmte Aufgaben erfüllen kann. Alle Organe gemeinsam sorgen für das Leben der Pflanze. Deshalb bezeichnet man Pflanzen ebenso wie Tiere als Organismen (Einzahl: **Organismus**).

Die meisten Pflanzen gehören zu den Blütenpflanzen. Bei ihnen unterscheidet man die **Grundorgane** Wurzel, Sprossachse und Blatt. Die Wurzel verleiht der Pflanze Standfestigkeit und versorgt sie mit Wasser und Mineralsalzen aus dem Boden. Die Sprossachse trägt Blätter und Blüten und sorgt für die Leitung verschiedener Stoffe zwischen Wurzel und Blättern. In den Blättern findet der Vorgang der Fotosynthese statt, der der Pflanze die nötigen Nährstoffe liefert. Die Fortpflanzung erfolgt mithilfe der Blüten. Sie sind ein Kennzeichen der Blütenpflanzen.

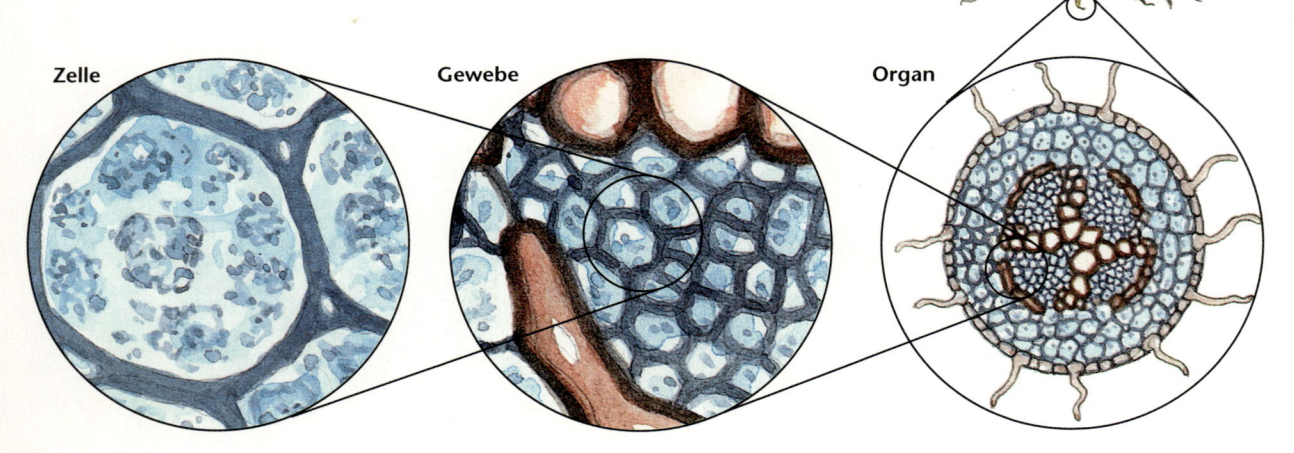

1 *Zelle - Gewebe - Organ - Organismus*

Struktur+Funktion, Vielfalt

Grundwissen

2 *Säulenkaktus*

3 *Mistel*

4 *Buschwindröschen*

1 Zelle - Gewebe - Organ - Organismus. Lies den Text auf der Grundwissenseite und schreibe auf, was die Begriffe Zelle, Gewebe, Organ und Organismus bedeuten. Was versteht man in diesem Zusammenhang unter Arbeitsteilung?

2 Grundorgane als Nahrung. Neben Früchten essen wir Menschen auch andere Pflanzenteile als Gemüse oder Kräuter.
a) Erstelle eine Tabelle mit drei Spalten für die Grundorgane Blatt, Sprossachse, Wurzel. Trage die folgenden Gemüsesorten danach in die Tabelle ein, welches Grundorgan gegessen wird: Salat, Lauch, Mohrrübe, Weißkohl, Spargel, Schwarzwurzel, Kresse.
b) Ergänze weitere Gemüsesorten.

3 Der Grundbauplan von Häusern und Autos. Obwohl es sehr viele verschiedene Autos gibt, haben sie bestimmte Merkmale gemeinsam. Ähnlich ist es bei Häusern. Es gibt sie in verschiedenen Formen, Größen und Materialien.
Liste auf, welche Merkmale allen Autos und welche allen Häusern gemeinsam sind.

4 Bäume, Sträucher und Kräuter. Lies den Text über die Wuchsformen der Blütenpflanzen (Abb. 5).
a) Zeichne je eine Skizze der Wuchsformen und beschrifte sie.
b) Fertige eine Tabelle mit Spalten für Bäume, Sträucher und Kräuter an. Trage die Namen von je fünf Blütenpflanzen ein.

5 Abwandlung der Grundorgane. Manche Pflanzen zeigen auffällige Abwandlungen eines oder mehrerer Organe, ein Organ kann auch ganz fehlen.
Beschreibe die Blütenpflanzen in den Abbildungen 2 bis 4. Beachte dabei vor allem die Grundorgane.

> Blütenpflanzen sehen sehr unterschiedlich aus. Eine Möglichkeit der Einteilung bietet ihre Wuchsform. Bäume haben eine verholzte Sprossachse, wachsen bei uns bis 40 m hoch und sind meist deutlich in Stamm und Baumkrone unterteilt. Sträucher haben auch eine verholzte Sprossachse, werden aber meist nicht höher als fünf Meter und zeigen keine deutliche Unterteilung in Stamm und Krone. Kräuter und Stauden verholzen nicht. Kräuter leben meist nur ein bis zwei Jahre. Stauden sind langlebige Pflanzen, die immer wieder blühen.

5 *Wuchsformen von Blütenpflanzen*

8.2 Blüten und ihr Aufbau

1 *Kirschblüte im Längsschnitt*

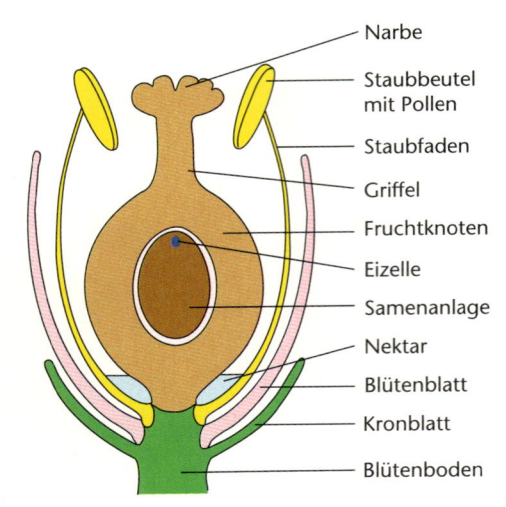

2 *Schema einer Kirschblüte*

Am Beispiel einer längs durchgeschnittenen Kirschblüte kann der Aufbau einer Blüte verdeutlicht werden: Der Blütenstiel trägt die Blüte (Abb. 1, 2). Der Blütenboden bildet die Unterlage für die Blütenteile. Vor dem Aufblühen werden die inneren Blütenteile von den grünen Kelchblättern geschützt. Die Kronblätter sind bei vielen Blütenpflanzen die auffälligsten Blütenteile. Weiße oder farbige Kronblätter locken Insekten an. Manche Blüten enthalten Nektardrüsen. In ihnen wird flüssiger, zuckerhaltiger Nektar gebildet. Bienen stellen aus Nektar Honig her.

Auf die Kronblätter folgen nach innen die Staubblätter. Jedes Staubblatt besteht aus Staubfaden und Staubbeutel. Er enthält den feinen Blütenstaub, die Pollenkörner. Wenn die Staubbeutel bei warmem Wetter aufplatzen, werden die Pollenkörner frei. In der Mitte der Blüte befindet sich das Fruchtblatt. Wegen seiner Ähnlichkeit mit einem umgekehrten Stempel wird das Fruchtblatt auch Stempel genannt. Der Stempel besteht aus drei Abschnitten: Fruchtknoten, länglicher Griffel und klebrige Narbe. Der Fruchtknoten enthält bei der Kirsche eine von Hüllen umgebene Samenanlage.

Darin befindet sich eine mikroskopisch kleine Eizelle. Aus der Samenanlage entwickelt sich nach der Befruchtung der Eizelle der Samen. Die Samen von Blütenpflanzen sind Bestandteil einer Frucht, wie z. B. Kirschkern und Kirsche. Die Früchte entstehen oft aus dem Fruchtknoten.

Die Bildung von Samen ist typisch für Blütenpflanzen. Deshalb werden sie auch **Samenpflanzen** genannt. Wenn Nachkommen durch Geschlechter erzeugt werden, spricht man von geschlechtlicher oder sexueller Fortpflanzung. Blüten dienen der **geschlechtlichen Fortpflanzung** der Blütenpflanzen.

Blütenpflanzen unterscheiden sich in Form, Anordnung, Größe, Farbe und Anzahl der Blütenteile. So entsteht die große Vielfalt von Blüten. Die weit überwiegende Zahl der Blütenpflanzen enthält Blüten, in denen männliche und weibliche Blütenteile wie bei der Kirschblüte vereint sind. In diesem Fall spricht man von **zwittrigen Blüten**. Es gibt jedoch auch Blüten, die nur männliche oder nur weibliche Blütenteile enthalten.

Fortpflanzung, Struktur+Funktion

Grundwissen

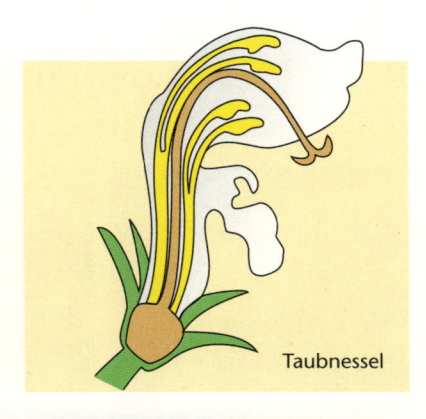

3 *Aufbau verschiedener Blüten*

(Raps, Hahnenfuß, Taubnessel)

1 Blüten-Zeichnung. Zeichne die Kirschblüte aus Abbildung 1 in dein Heft. Beschrifte deine Zeichnung mithilfe der Abbildung 2.

2 Aufgaben der Blütenteile. Lies den Text auf der Grundwissenseite und gib dann in Form einer Tabelle die Aufgabe(n) folgender Blütenteile an: Blütenstiel, Blütenboden, Kelchblätter, Kronblätter, Nektardrüsen, Staubblätter, Fruchtblätter (Stempel), Samenanlage.

3 Vergleich verschiedener Blüten. Abbildung 3 zeigt verschiedene Blüten. Vergleiche diese Blüten in Form einer Tabelle. Überlege vorab, nach welchen Gesichtspunkten du den Vergleich durchführen und wie du die Tabelle gestalten willst.

4 Verteilung männlicher und weiblicher Blüten. Die meisten Blütenpflanzen haben zwittrige Blüten. Daneben gibt es auch noch andere Verteilungen von Staubblättern und Fruchtblättern. Beschreibe anhand der Abbildung 4 die verschiedenen Verteilungen von männlichen und weiblichen Blütenteilen.

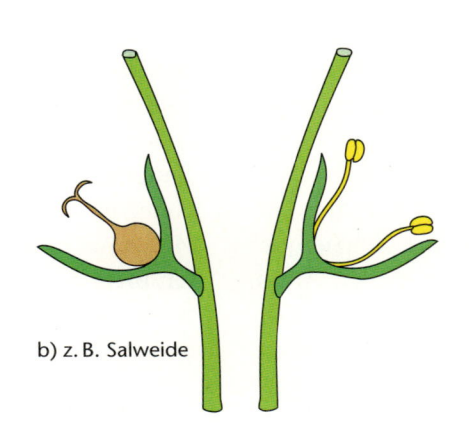

a) z. B. Scharfer Hahnenfuß
b) z. B. Salweide
c) z. B. Rotbuche

4 *Verteilung von männlichen und weiblichen Blütenteilen*

Arbeitsmaterial

8.3 Vielfalt der Pflanzen

1 *Einige einheimische Blütenpflanzen*

Man schätzt, dass es weltweit mehr als 400 000 verschiedene Pflanzenarten gibt. Diese Vielfalt der Pflanzen hat sich in Millionen von Jahren entwickelt. Die kleinste Ordnungseinheit ist die **Art**. Darunter versteht man alle Pflanzen, die sich sehr ähnlich sehen und sich untereinander fortpflanzen können. Jede Art hat eine Summe bestimmter Merkmale, durch die sie sich von anderen Arten unterscheidet. So sieht die Pflanzenart „Stängelloser Enzian" ganz anders aus als die Art „Klatschmohn" (Abb. 1).

Wissenschaftler kennen viele Merkmale der einzelnen Arten. Einige Merkmale sind Zeichen der Verwandtschaft der Pflanzen miteinander. Arten, die sich in diesen Merkmalen ähneln, sind näher verwandt als solche, die sich in diesen Merkmalen unterscheiden. Verwandte Arten werden zu Gruppen zusammengefasst: Gattungen, Pflanzenfamilien, Ordnungen und Klassen (Abb. 4).

Jede Art hat einen **wissenschaftlichen Namen**. Im Jahr 1735 wurde durch den schwedischen Botaniker CARL VON LINNÉ der lateinische Doppelname eingeführt. Seitdem besteht jeder Artname aus zwei Teilen, dem Gattungsnamen und der spezifischen Kennung der Art: „Gentiana acaulis" ist der international übliche, wissenschaftliche Name für „Stängelloser Enzian". Die Gattung heißt Gentiana. Sie umfasst über 400 Enzianarten. Für die Bestimmung einer Pflanzenart sind die Merkmale von Blüte, Frucht und Blatt wichtig. Eine Methode, die Baueigentümlichkeiten einer Blüte zu untersuchen, ist das Erstellen eines **Blütendiagramms**. Hierzu erstellt man zunächst mithilfe der konkreten Blüte ein Legebild und vereinfacht dieses dann zu einem Blütendiagramm (Abb. 2). Vergleicht man die Blütendiagramme verschiedener Pflanzen, so werden Übereinstimmungen und Unterschiede deutlich. Pflanzenfamilien haben einen charakteristischen Blütenbau.

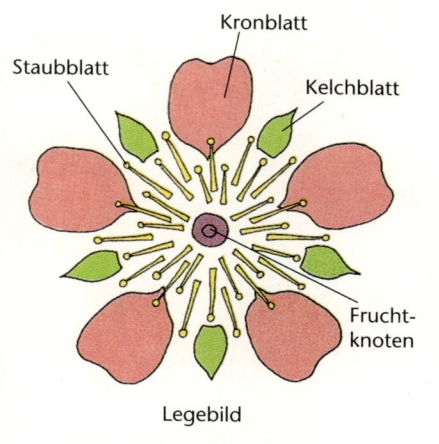

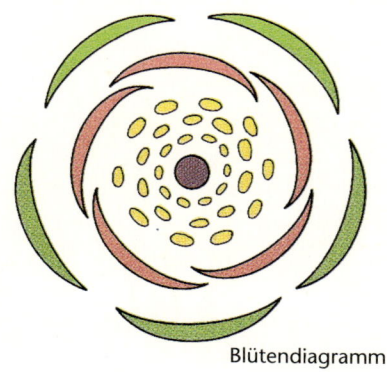

2 Von der Blüte zum Blütendiagramm (Beispiel Kirschblüte)

Labels: Kronblatt, Staubblatt, Kelchblatt, Fruchtknoten, Legebild, Blütendiagramm

1 Pflanzen ordnen. Die Pflanzen in Abbildung 1 unterscheiden sich in verschiedenen Merkmalen. Gruppiere die Pflanzen nach Merkmalen. Ordne die Gruppen so an, dass du jede Pflanze fehlerfrei wiederfinden kannst.

2 Verwandtschaftsgruppen.
a) Stelle an zwei Beispielen aus Abbildung 4 die Verwandtschaftsgruppen in einer Zeichnung dar, z. B. durch Kreise. Beginne bei der Gattung.

b) Schreibe für die Pflanzenart Stängelloser Enzian die Verwandtschaftsverhältnisse so auf, wie sie in Abbildung 4 für den Klatschmohn angegeben sind.

3 Blütendiagramm. Die Große Sternmiere gehört zur Familie der Nelkengewächse. Ihr Blütendiagramm ist typisch für diese Familie. Zeichne es anhand des Fotos in Abbildung 3. Benutze für die verschiedenen Blütenteile dieselben Farben wie in Abbildung 2.

3 Die Blüte der Großen Sternmiere

4 Verwandtschaftsgruppen im Pflanzenreich

157

Arbeitsmaterial

8.4 Kreuzblütler und Rosengewächse

1 *Kreuzblütler mit Blüten- und Fruchtaufbau*

(Wiesen-Schaumkraut, Raps, Blütenaufbau, Frucht, Klappen, Rahmen)

2 *Rosengewächse: Heckenrose und Erdbeere*

Die **Kreuzblütler** besitzen strahlige Blüten (Abb. 1). Die Blüte besteht aus vier Kelchblättern und vier Kronblättern, die kreuzförmig angeordnet sind. Außerdem besitzen alle Kreuzblütler sechs Staubblätter, vier lange und zwei kürzere. Charakteristisch für die Familie der Kreuzblütler ist außerdem ihre Frucht, die Schote genannt wird (Abb. 1). Bei Fruchtreife fallen zwei große Klappen ab, die Schote öffnet sich. Die Samen bleiben zunächst an einem Rahmen hängen und werden schließlich durch den Wind ausgestreut.

Die **Rosengewächse** haben ebenfalls strahlige Blüten (Abb. 2). Besonders auffallend an diesen Blüten sind die vielen Staubblätter. Viele besitzen fünf Kronblätter und fünf Kelchblätter. Auch die Blattgestalt der Rosengewächse ist charakteristisch. Fast immer sind die Blätter gefiedert und besitzen am Blattgrund Nebenblätter. Die Blätter sind wechselständig.

Kohlrabi Wildkohl

Blumenkohl

Wirsing Weißkohl Rosenkohl

3 *Verschiedene Kohlsorten*

1 Kohlsorten. Kohl gehört zur Familie der Kreuzblütler (Abb. 3). Die verschiedenen Sorten wurden alle aus der Art „Wildkohl" gezüchtet. Bei den Kohlsorten werden unterschiedliche Teile als Nahrung für den Menschen genutzt.
a) Lege eine Liste mit den Kohlsorten von Abbildung 3 an. Benenne die jeweils genutzten Organe.
b) Ergänze weitere Kohlsorten.
c) Gib eine Erklärung, warum man von „Züchtungssorten" spricht und nicht von „gezüchteten Arten".

2 Rosengewächse. Gartenerdbeere und Heckenrose gehören zu den Rosengewächsen (Abb. 2).
a) Fertige eine Tabelle an, in die du die folgenden Merkmale beider Arten einträgst:
Wuchs, Merkmale des Blattes, Merkmale der Blüte.
b) Begründe, warum beide Arten zu den Rosengewächsen gehören.

4 *Sumpfdotterblume*

5 *Blutwurz*

3 Rosengewächs oder nicht? Die beiden Arten in den Abbildungen 4 und 5 haben strahlige Blüten mit vielen Staubblättern, dennoch gehört eine der beiden Arten nicht zu den Rosengewächsen, sondern ist Mitglied der Familie der Hahnenfußgewächse.

a) Vergleiche die Merkmale des Blattes und die Merkmale der Blüten beider Arten.
b) Zeichne von beiden Pflanzen ein Blütendiagramm.
c) Welche Pflanze ist ein Rosengewächs? Aufgrund welcher Merkmale hast du den Vertreter der Rosengewächse zugeordnet?

Arbeitsmaterial

8.5 Korbblütler

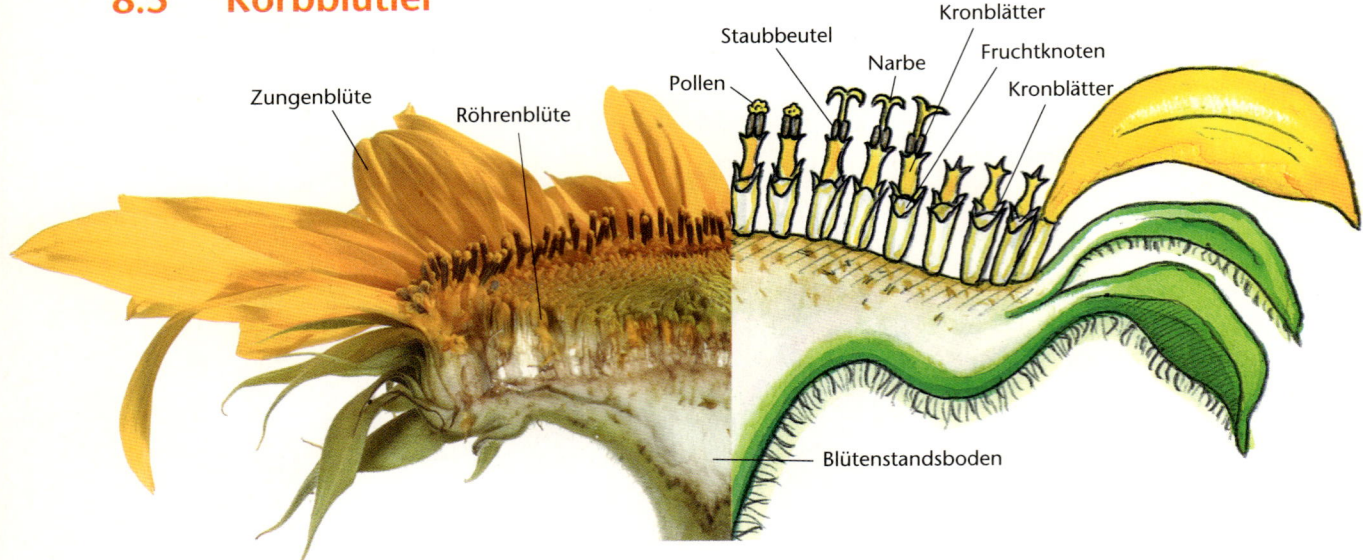

1 *Blütenstand der Sonnenblume*

Bei manchen Pflanzenarten stehen die Blüten nicht einzeln, sondern sind zu einem **Blütenstand** zusammengefasst (Abb. 2). Eine Ähre ist gekennzeichnet durch ungestielte Blüten, die entlang der Sprossachse angeordnet sind. Sie ist typisch für die Familie der Süßgräser. Die Dolde weist lang gestielte Blüten auf, wobei alle Blütenstiele aus einem Punkt entspringen. Möhre und Petersilie sind typische Vertreter der Familie der Doldengewächse. Das Köpfchen der Korbblütler enthält viele Einzelblüten, die auf einem breiten Blütenstandsboden sitzen.

Ein typischer **Korbblütler** ist die Sonnenblume (Abb. 1). Ihre Einzelblüten sind sehr klein und erst bei genauer Betrachtung erkennbar. Sie stehen zu einem Köpfchen vereinigt in großer Zahl auf dem Blütenstandsboden. Oberhalb des Fruchtknotens dieser winzigen Einzelblüten befinden sich die Kronblätter. Sie sind miteinander verwachsen und bilden eine Röhre. Diese Einzelblüten heißen daher auch **Röhrenblüten**.

Bei den Einzelblüten am Außenrand des Blütenstandes bilden die Kronblätter eine große nach außen gewölbte, strahlend gelbe Zunge. Diese Einzelblüten werden **Zungenblüten** genannt. Die Zungenblüten bilden den auffälligen Rand des Blütenstandes. Die Insekten fliegen die Blüten an und suchen dort nach Nektar. Die Insekten nehmen bei ihrem Blütenbesuch Pollen mit und übertragen diesen auf die Narben anderer Blüten. Um zu verhindern, dass Pollen einer Blüte auf die Narbe derselben Blüte gelangt, haben die Blüten in einem Blütenstand eine bestimmte Aufblühfolge. In jeder Einzelblüte reifen dabei zuerst die Pollen, später entwickeln sich die Narben. Dadurch ist sehr wahrscheinlich, dass die Einzelblüten mit dem Pollen anderer Blüten bestäubt werden.

Am einheitlichen Bau des Blütenstandes kann man die verwandtschaftliche Zugehörigkeit der vielen verschiedenen Arten der Korbblütler erkennen.

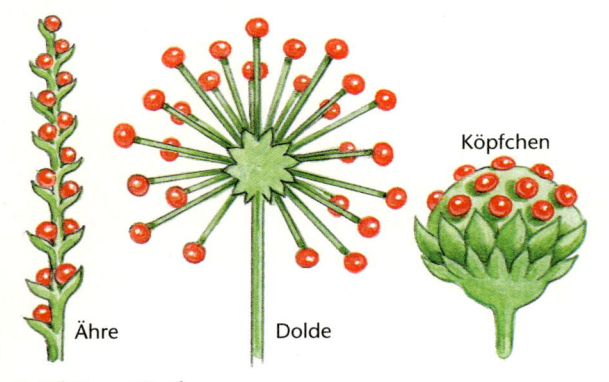

2 *Blütenstände*

Vielfalt, Fortpflanzung

Grundwissen

1 Aufblühfolge. Suche blühende Korbblütler in deiner Umgebung, z. B. Gänseblümchen oder Löwenzahn.
a) Präpariere aus dem Köpfchen die Einzelblüten heraus. Lege die Blüten so in eine Reihe, dass die Aufblühfolge der Abbildung 1 wiedergegeben wird. Klebe deine Blütenreihe mit einem durchsichtigen Streifen Klebeband auf ein Blatt Papier.
b) Zeichne mehrere Einzelblüten und beschrifte die Blütenteile.

2 Bestimmung. Abbildung 3 zeigt sieben Vertreter der Korbblütler.
a) Fertige eine Tabelle an, in die du für diese Arten folgende Merkmale notierst: Merkmale der Blüte, Merkmale des Blattes.
b) Bestimme die Arten mithilfe des Bestimmungsschlüssels. Lies zu jeder Nummer die beiden Beschreibungen a und b, ehe du dich entscheidest.

Bestimmungsschlüssel für Korbblütler		
1a	Körbchen mit Zungenblüten	2
1b	Körbchen ohne Zungenblüten	6
2a	nur ein Körbchen pro Stängel	3
2b	mehrere Körbchen pro Stängel	5
3a	weiße Zungenblüten, gelbe Röhrenblüten	4
3b	alle Einzelblüten gelb, grundständige Blätter als Rosette, gegenständige Beblätterung	Arnika
4a	weiße Zungenblüten mit rosa Rand, Blätter grundständig als Rosette	Gänseblümchen
4b	reinweiße Zungenblüten, Blätter wechselständig	Margerite
5a	grundständige Blätter gestielt, Stängel mit mindestens einem Stängelblatt	Waldhabichtskraut
5b	große gezähnte Blätter mit stacheligen Spitzen, stängelumfassend	Gänsedistel
6a	Körbchen flach, leuchtend gelb	Rainfarn
6b	Körbchen gewölbt, grünlich gelb	Strahlenlose Kamille

3 *Vertreter der Korbblütler*

8.6 Gefährdung und Schutz von Arten

Ausgestorben (Moorsteinbrech)

Stark gefährdet (Behaarte Fetthenne)

Gefährdet (Blauer Tarant)

Sehr selten (Felsenblümchen)

1 *Vier Gefährdungsstufen im Artenschutz (Beispiele bezogen auf Bayern)*

Manche Pflanzenarten wie das Gänseblümchen findet man fast überall, andere Arten sind so selten, dass sie geschützt werden. Geschützt werden auch Arten, deren Bestand abnimmt. Man unterscheidet hierbei drei Kategorien: gefährdet, stark gefährdet, ausgestorben (Abb. 1). Allein zwischen 1960 und 1980 sind in Deutschland 18 Pflanzenarten ausgestorben.

Grund für diesen Artenschwund war vor allem der Rückgang der natürlichen Lebensräume der Pflanzen. Durch Baumaßnahmen und durch den Abbau von Rohstoffen wurden viele Lebensräume zerstört. Im Zuge der intensiven landwirtschaftlichen Nutzung wurden Feuchtgebiete trockengelegt sowie Äcker und Weiden zu großen Flächen ohne Hecken zusammengefasst. Schließlich vernichtete der große Einsatz von Unkrautvernichtungs- und Düngemitteln viele Wildkräuter auf Äckern und in Weinbergen.

Pflanzenarten sind an bestimmte Lebensräume, auch **Biotope** genannt, angepasst. Viele Arten sind empfindlich gegenüber jeder Veränderung. Durch das Ausweisen von Naturschutzgebieten schützt man seltene Biotope und damit auch die darin lebenden Arten vor dem Aussterben: Biotopschutz ist Artenschutz.

Die bedrohten Arten werden in **Roten Listen** zusammengefasst, um ihre Gefährdung zu verdeutlichen. Der allgemeine Schutz wildlebender Pflanzen ist im Bundesnaturschutzgesetz formuliert. Aufgrund der verschärften Artenschutzbestimmungen sind in den letzten 20 Jahren lediglich zwei Pflanzenarten in Deutschland ausgestorben.

Artenschutz erhält uns die Vielfalt der Natur. Artenschutz liegt in der Verantwortung des Menschen. Die Regeln in Naturschutzgebieten müssen deshalb beachtet werden. Ein wichtiger Schritt ist es, Pflanzen seiner Umgebung bestimmen zu können. Denn nur was man kennt, kann man auch schützen.

Wechselwirkungen, Vielfalt

Grundwissen

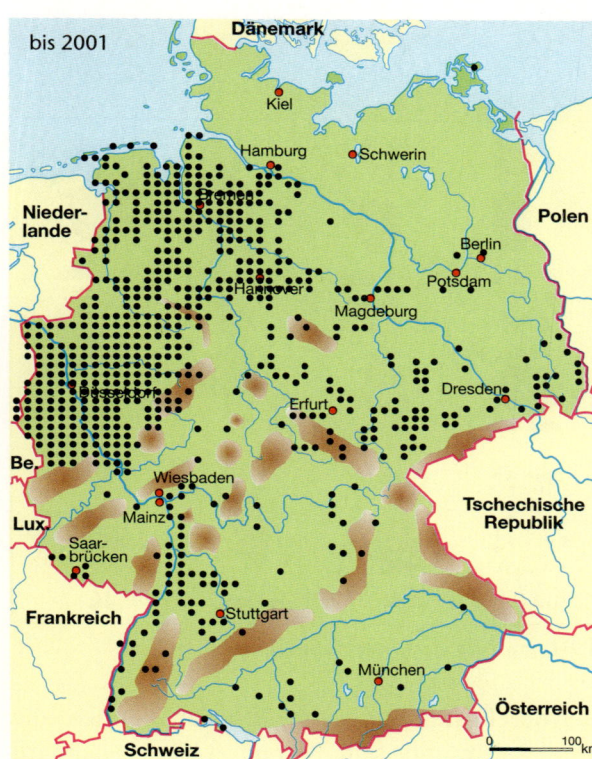

2 *Verbreitungskarte des Schmalblättrigen Greiskrauts*

1 Zuwanderung. Das Schmalblättrige Greiskraut, ein Korbblütler, ist ursprünglich in Südafrika beheimatet. In Deutschland wurde es vor etwa 100 Jahren erstmalig in Bremen gefunden. Seitdem breitet sich die Art in Deutschland aus. Abbildung 2 zeigt die aktuelle Verbreitung dieser Pflanze in Deutschland. Die Früchte des Greiskrautes werden durch den Wind ausgebreitet.

a) Welche Verbreitung ausgehend vom „Startpunkt" Bremen würdest du erwarten?

b) Viele ehrenamtliche Helfer melden jedes Jahr Fundstellen von Pflanzenarten, die dann in die Verbreitungskarten eingetragen werden. Welche beiden Verbreitungstendenzen fallen dir auf?

c) Bei der Verbreitung haben offensichtlich neben dem Wind noch andere Hilfsmittel mitgewirkt. Beschreibe die Ausbreitung und überlege, welche Hilfsmittel eine weitere Rolle gespielt haben könnten.

2 Gefährdungskategorien. Man kann den Gefährdungsgrad der Arten in fünf Gruppen unterteilen. Das Kreisdiagramm in Abbildung 3 zeigt die aktuelle Gefährdungssituation der Pflanzen in Deutschland.

Fertige in deinem Heft eine Tabelle mit drei Spalten an. In die erste Spalte schreibst du die Gefährdungsstufen. In die zweite Spalte schreibst du die dazugehörigen Prozentzahlen. In die dritte Spalte trägst du die absoluten Artenzahlen für jede Gefährdungsstufe ein.

Diese absoluten Artenzahlen musst du so berechnen:

$100\% \triangleq 13\,825$ Arten

$1\% \triangleq \dfrac{13\,825}{100}$ Arten

$4\% \triangleq \dfrac{13\,825 \times 4}{100}$ Arten.

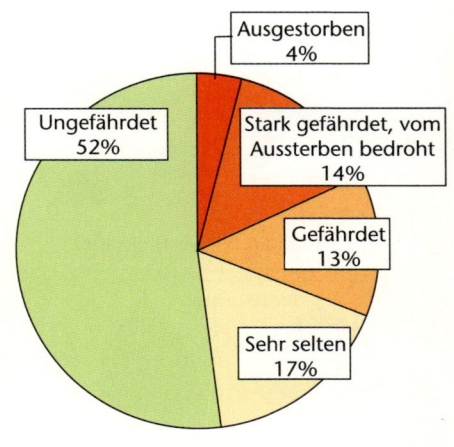

3 *Gefährdungssituation von Pflanzenarten in Deutschland*

Arbeitsmaterial

Ordnen mit einem Bestimmungsschlüssel

Methode

1 Menschen aus vier Familien

Bestimmungsschlüssel der Familien
1a Füße groß 2
1b Füße klein 3
2a Kopf länglich .... Familie Meier
2b Kopf rund .... Familie Henkel
3a Hals lang .... Familie Grosser
3b Hals kurz .... Familie Seele

Die Menschen in Abbildung 1 gehören vier verschiedenen Familien an und unterscheiden sich in vielen Merkmalen. Diese Merkmale haben unterschiedliche Bedeutung für die Verwandtschaft. So sind die Form des Kopfes und die Größe der Füße wichtig, nicht die Länge der Haare. Durch die Bestimmung der Merkmale kann man die Personen ihren Familien zuordnen.

Bei der Bestimmung von Pflanzen können alle Merkmale wichtig sein. Besonders häufig aber wird in Bestimmungsbüchern nach den Merkmalen von Blüten und Blättern gefragt. Bei den Blättern gibt es fünf Merkmalsbereiche, die die Unterschiede zwischen den Arten erkennen lassen: die Stellung der Blätter am Stängel, der Ansatz am Stängel, die Form des Blattes, die Ausprägung des Blattrandes und die Blattäderung (Abb. 2).

Bei einem Bestimmungsschlüssel wird unter einer Nummer ein Merkmalspaar betrachtet. Die erste Entscheidung im Bestimmungsschlüssel der Familien ist die Frage: „Große Füße oder kleine Füße?" Bei großen Füßen geht es mit der Nummer 2 weiter, bei kleinen mit der Nummer 3. Es ist wichtig, immer beide Beschreibungen zu lesen.

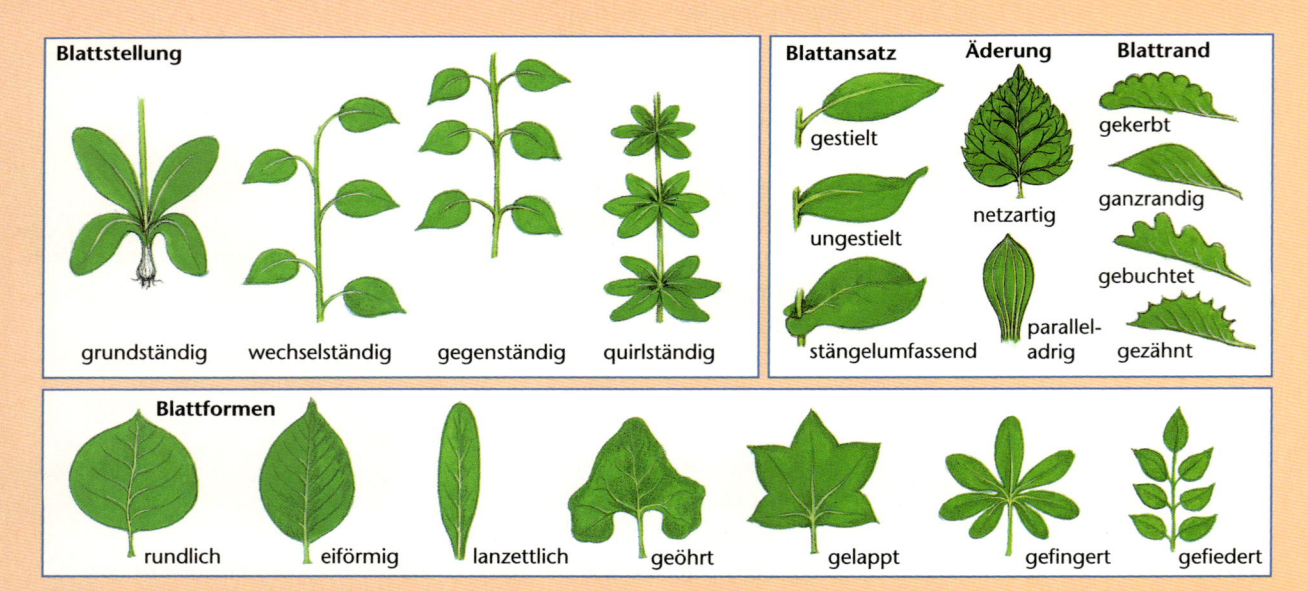

Blattstellung: grundständig, wechselständig, gegenständig, quirlständig

Blattansatz: gestielt, ungestielt, stängelumfassend

Äderung: netzartig, paralleladrig

Blattrand: gekerbt, ganzrandig, gebuchtet, gezähnt

Blattformen: rundlich, eiförmig, lanzettlich, geöhrt, gelappt, gefingert, gefiedert

2 Blattmerkmale für die Bestimmung

Bestimmungsschlüssel der Familie Meier	
1a weiblich	Meier Grete
1b männlich	2
2a kurzer Hals	Meier Siggi
2b langer Hals	Meier Jupp

1 Personen bestimmen.
a) Bestimme mithilfe des Bestimmungsschlüssels der Familien die Familienzugehörigkeit für alle zwölf Personen.
b) Für Familie Meier gibt es einen eigenen Bestimmungsschlüssel. Bestimme für diese Familie die Namen der Personen.
c) Stelle einen entsprechenden Bestimmungsschlüssel für die Familie Grosser auf. Die Vornamen kannst du dir ausdenken.

2 Blattmerkmale. In Abbildung 3 ist der Gemeine Gilbweiderich zu sehen. Beschreibe die Merkmale der Blätter. Verwende die Begriffe aus Abbildung 2.

3 Bestimmen anhand von Blattmerkmalen. Die Abbildung 4 zeigt die Blätter von acht verschiedenen Blütenpflanzen. Bestimme die Namen der Pflanzen mithilfe des Bestimmungsschlüssels. Die verwendeten Fachbegriffe sind in Abbildung 2 verdeutlicht.

Methode

3 *Gemeiner Gilbweiderich*

1a	Blätter ungeteilt	2
1b	Blätter geteilt	6
2a	Blätter ungestielt, paralleladrig	Spitzwegerich
2b	Blätter gestielt, netzadrig	3
3a	Blätter ganzrandig, eiförmig, mit Spitze	Rotbuche
3b	Blätter anders	4
4a	Blätter gebuchtet	Stieleiche
4b	Blätter gesägt oder gezähnt	5
5a	Blätter rundlich, ohne deutliche Spitze, schwach gesägt	Schwarzerle
5b	Blätter gelappt, buchtig gezähnt, mit deutlicher Spitze	Spitzahorn
6a	Blätter gefingert	Rosskastanie
6b	Blätter gefiedert	7
7a	Rand der Fiedern glatt, Endfieder zur Ranke umgebildet	Saaterbse
7b	Rand der Fiedern gesägt, am Stielansatz mit Nebenblättern	Heckenrose

4 *Blätter von verschiedenen Blütenpflanzen*

8.7 Getreide – wichtige Nutzpflanzen

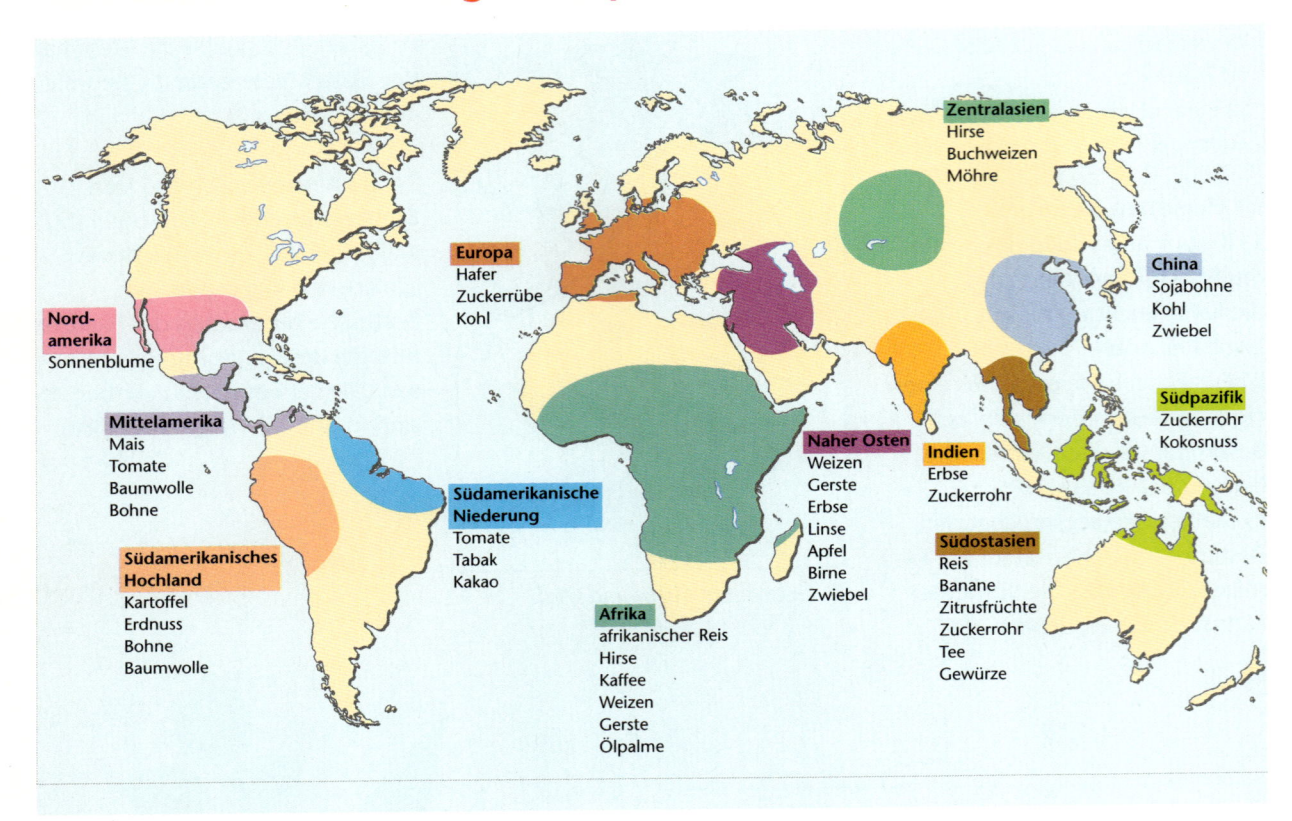

Nordamerika
Sonnenblume

Mittelamerika
Mais
Tomate
Baumwolle
Bohne

Südamerikanisches Hochland
Kartoffel
Erdnuss
Bohne
Baumwolle

Südamerikanische Niederung
Tomate
Tabak
Kakao

Europa
Hafer
Zuckerrübe
Kohl

Afrika
afrikanischer Reis
Hirse
Kaffee
Weizen
Gerste
Ölpalme

Zentralasien
Hirse
Buchweizen
Möhre

Naher Osten
Weizen
Gerste
Erbse
Linse
Apfel
Birne
Zwiebel

Indien
Erbse
Zuckerrohr

China
Sojabohne
Kohl
Zwiebel

Südostasien
Reis
Banane
Zitrusfrüchte
Zuckerrohr
Tee
Gewürze

Südpazifik
Zuckerrohr
Kokosnuss

1 *Herkunft wichtiger Nutzpflanzen*

Die Menschen der Altsteinzeit waren Jäger und Sammler. Sie lebten vor mehr als 10 000 Jahren von dem, was sie in der Natur fanden. In Resten jungsteinzeitlicher Siedlungen wurden Getreidekörner gefunden. Diese Körner waren größer als die Samen von Wildgräsern. Daher weiß man, dass die Menschen der Jungsteinzeit bereits Getreidepflanzen anbauten. Man nimmt an, dass sie diese aus Wildgräsern mit besonders dicken Körnern gezüchtet haben. Neben dem Ackerbau begannen die Menschen Vieh zu halten. Allmählich fand ein Übergang zu einer sesshaften Lebensweise statt. Auch die Vorratshaltung wurde verbessert. Die Nahrungsversorgung war dadurch auch im Winter sicherer. Wegen der tief greifenden Veränderungen der Lebensweise der Menschen wird diese Phase der Vorgeschichte als Ackerbaurevolution bezeichnet. In dieser Zeit entstanden die ersten Hochkulturen und großen Städte.

Wenn man die Ursprungsgebiete der Kulturpflanzen untersucht, stellt man fest, dass sie häufig in Regionen früherer Hochkulturen liegen (Abb.1).

Getreide ist heute die wichtigste und unverzichtbare Grundlage der menschlichen Ernährung. Getreidepflanzen erwiesen sich weltweit als geeignete Nahrungspflanzen, da sie anspruchslos sind und auch in trockenen und warmen Gebieten gute Erträge liefern. Zu den bedeutendsten **Getreidearten** gehören Reis, Mais, Weizen, Gerste und Hirse. Nicht nur Getreide und Getreideprodukte selbst werden verzehrt, ohne Getreide als Viehfutter wäre auch die Fleischproduktion in heutigem Ausmaß nicht möglich. Weitere Nahrungspflanzen mit großer Bedeutung sind Kartoffel, Zuckerrohr, Zuckerrübe und Sojabohne.

1 Kulturpflanzen und ihre Herkunft.
a) Liste unter Verwendung von Abbildung 1 die Herkunftsgebiete der dort genannten Kulturpflanzen auf. Ordne in einer Tabelle Getreide und Nicht-Getreide.
b) Vergleiche mithilfe einer Atlaskarte die Ursprungsgebiete von Reis, Weizen, Mais und Hirse mit den heutigen Anbaugebieten. Was stellst du dabei fest?

2 Bevölkerungsentwicklung und Ernährungssituation.
a) Stelle die Daten zur Bevölkerungsentwicklung von Christi Geburt bis heute in geeigneter Weise grafisch dar.
b) Analysiere die Daten der Abbildung 2 zur Bevölkerungsentwicklung anhand von zwei Fragestellungen: Wie verlief die Entwicklung der Bevölkerung? Welche Ursachen könnte der Verlauf der Bevölkerungsentwicklung haben?

2 Bevölkerungsentwicklung

Bevölkerung in Millionen Menschen	
2020 n. Chr.	?
1999 n. Chr.	6 000
1985 n. Chr.	4 800
1950 n. Chr.	2 400
1900 n. Chr.	1 610
1800 n. Chr.	906
1750 n. Chr.	728
1650 n. Chr.	545
Chr. Geb.	133
6 000 v. Chr. Geb.	86,5
10 000 v. Chr. Geb.	5,32
25 000 v. Chr. Geb.	3,34
300 000 v. Chr. Geb.	1
1 000 000 v. Chr. Geb.	0,125

Kreisdiagramme

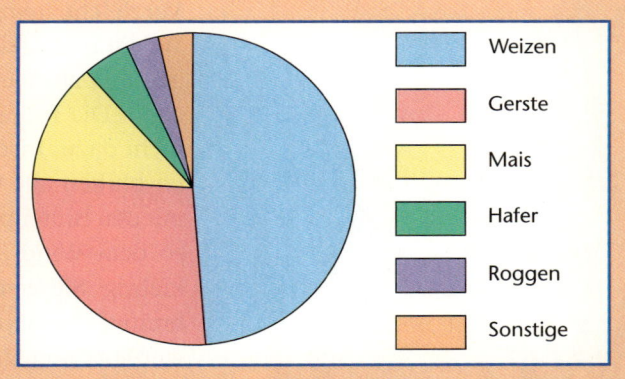

3 Konstruktion eines Kreisdiagramms

4 Anteile von Getreideanbauflächen; weltweit (Weizen, Gerste, Mais, Hafer, Roggen, Sonstige)

3 Wie zeichnet man ein Kreisdiagramm?
Daten lassen sich anschaulich in Diagrammen darstellen. Die Anteile kann man zum Beispiel als unterschiedlich große Kreisausschnitte verdeutlichen. Ein solches Diagramm nennt man Kreisdiagramm. Die Winkelsumme in einem Kreis beträgt 360°. Das entspricht 100%. Für einen Halbkreis gilt ein Winkel von 180° (≙ 50%) und für einen Viertelkreis ein Winkel von 90° (≙ 25%). Abbildung 3 zeigt, wie man einen Kreis in Segmente aufteilen kann. Die Fläche der kleinen Segmente beträgt jeweils 6,25% der gesamten Kreisfläche.

Wenn man die Größe eines Segmentes exakt bestimmen will, berechnet man den Winkel nach folgender Formel:

$$\text{Winkel} = \frac{\text{Anteil in \%} \cdot 360°}{100}$$

a) Stelle die Daten aus dem Kreisdiagramm in Abbildung 4 in einer Tabelle zusammen.
b) Weltweit wurde Getreide im Jahr 2000 in folgenden Anteilen geerntet: Weizen 30%, Reis 27%, Mais 25%, Gerste 10%, andere Getreidearten 8%. Veranschauliche diese Daten mithilfe eines Kreisdiagramms.

8.8 Getreide sind Gräser

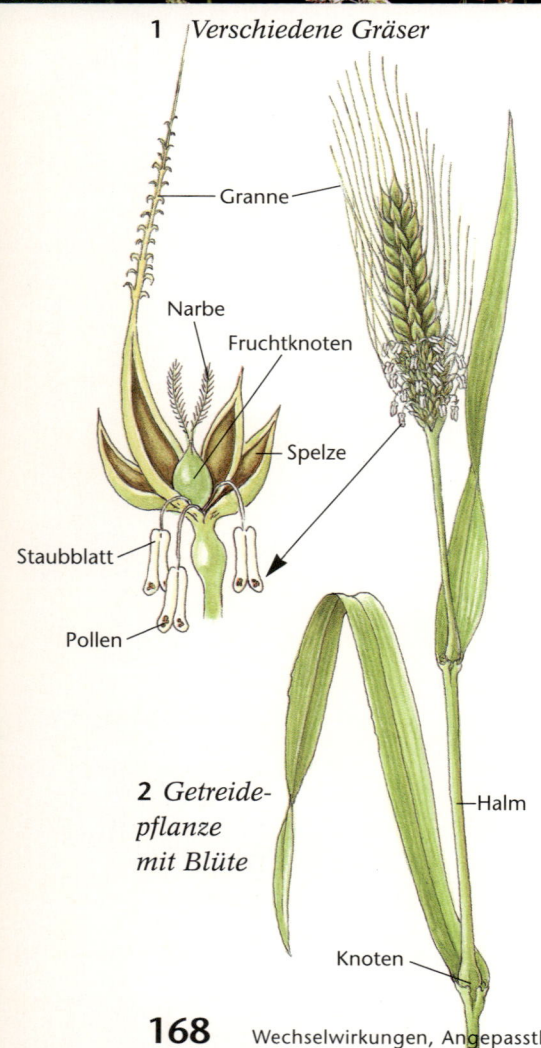

1 Verschiedene Gräser

2 Getreidepflanze mit Blüte

Vergleicht man das Aussehen von Getreidepflanzen mit dem von Wildgräsern, fallen große Übereinstimmungen auf. Alle Getreidearten gehören zur Familie der **Gräser**. Gräser haben gemeinsame Kennzeichen. Die Blüten der Gräser sind unauffällig (Abb. 1, 2). Sie dienen nicht dazu, Insekten anzulocken. Bei sonnigem und trockenem Wetter blühen alle Graspflanzen einer Art gleichzeitig. Die Staubblätter mit den Blütenpollen befinden sich dann außerhalb der Blüte und sind so dem Wind ausgesetzt. Gräserpollen sind klein, leicht und nicht klebrig. Sie werden durch den Wind über große Entfernungen verbreitet, manchmal mehrere hundert Kilometer weit. Die Pollen werden durch die klebrigen Narben anderer Blüten aufgefangen. Man bezeichnet Gräser als **Windbestäuber**. Gräser haben viele kleine Einzelblüten, die am Halm einen Blütenstand bilden. Wenn die Einzelblüten eng zusammen stehen, nennt man sie Ähre.

Das Korn entwickelt sich aus dem Fruchtknoten der Grasblüte (Abb. 2). Die Fruchtknoten und später die Körner werden durch trockene Blätter, die Spelzen, umhüllt. Häufig trägt eine der Spelzen eine Borste, die Granne. Sie kann bis zu vier Zentimeter lang sein.

Die hohlen Stängel der Gräser bezeichnet man als Halme. Sie werden durch Knoten in kurze röhrenförmige Abschnitte unterteilt (Abb. 2). Dadurch sind Grashalme sehr stabil. Elastische Wände machen die Grashalme biegsam. Sie knicken auch bei starkem Wind nur selten um. Die schmalen Blätter der Gräser setzen immer an den Knoten an und umhüllen in ihrem unteren Abschnitt den Halm. Das stabilisiert den Halm zusätzlich.

| a | b | c | d |

Ordne zu:

1 Weizen
- benötigt mildes Klima und fruchtbaren Boden
- sehr ertragreich
- wichtigstes Brotgetreide, ergibt weißes Mehl
- kurze Halme
- keine Grannen
- dicke Körner
- Einzelblüten in Ähren

2 Roggen
- gedeiht auch auf wenig fruchtbarem Boden und bei rauem Klima
- Brotgetreide, ergibt dunkles Mehl
- lange, dünne Halme
- lange Grannen
- dunkle Körner
- Einzelblüten in Ähren

3 Hafer
- gedeiht bei feuchtem, kühlem Klima
- Verwendung als Haferflocken und Kindernahrung, da leicht verdaulich
- auch Verwendung als Viehfutter
- keine oder sehr kurze Grannen
- längliche Körner
- keine Ähren

4 Gerste
- ältestes bekanntes Getreide
- klimatisch anspruchslos, erträgt Frost
- Verwendung als Viehfutter und für die Bierherstellung
- meist lange, dünne Halme
- sehr lange Grannen
- längliche Körner
- Einzelblüten in Ähren

3 Getreidepflanzen und ihre Steckbriefe

1 Kennübung: Getreide.
a) Ordne die Texte über die Getreidepflanzen den Fotos in Abbildung 3 begründet zu.
b) Triticale ist eine häufig angebaute Kreuzung aus Weizen und Roggen. Welche Ziele haben die Züchter mit dieser Kreuzung verfolgt? Begründe deine Antwort.

2 Heuschnupfen durch Gräserpollen. Bei manchen Menschen lösen Gräserpollen eine Allergie aus, den so genannten Heuschnupfen.
a) Erläutere die Bedeutung des Pollenflugkalenders für Allergiker.
b) Herr P. leidet in jedem Jahr, vor allem in den Monaten März bis Mai, unter Heuschnupfen. Können Getreidepollen die Ursache sein? Begründe.

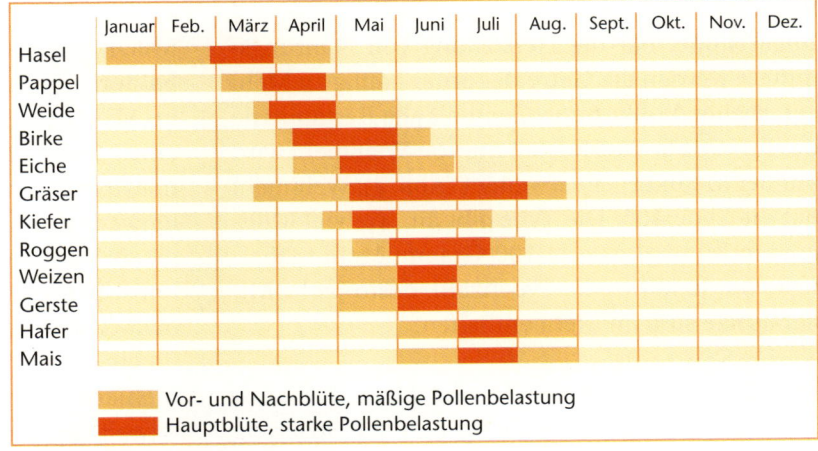

4 Pollenflugkalender (Hasel, Pappel, Weide, Birke, Eiche, Gräser, Kiefer, Roggen, Weizen, Gerste, Hafer, Mais)

Vor- und Nachblüte, mäßige Pollenbelastung
Hauptblüte, starke Pollenbelastung

8.9 Vom Korn zum Brot – Biotechnologie in der Küche

Weizenbrot: Aus Weizenmehl Type 550 hergestellt, milder Geschmack, sehr locker, geringe Haltbarkeit, niedriger Vitamin- und Mineralsalzgehalt.

Weizenvollkornbrot: Enthält alle Bestandteile des ganzen Weizenkorns. Kräftiger Geschmack, lange Haltbarkeit, hoher Vitamin- und Mineralsalzgehalt.

Roggenbrot: Aus 75 % Roggenmehl Type 1150 und 25 % Weizenmehl Type 550 hergestellt, leicht säuerlicher Geschmack, lange Haltbarkeit, mittlerer Vitamin- und Mineralsalzgehalt.

Roggenvollkornbrot: Enthält alle Bestandteile des Roggenkorns, lange Haltbarkeit, hoher Vitamin- und Mineralsalzgehalt, kräftiger Geschmack.

1 Brotsorten

Getreidekörner enthalten fast alles, was wir zu unserer Ernährung benötigen: Kohlenhydrate in Form von Stärke, Eiweiß und nur wenig Fett. Vor allem in den äußeren Schichten des Getreidekorns befinden sich viele Vitamine, Mineralsalze und Ballaststoffe. Für die Herstellung von Nahrungsmitteln werden die Getreidekörner häufig zu Mehl verarbeitet. Vollkornmehl enthält alle Bestandteile des Korns. Für die Herstellung von Weißmehl wird nur der Mehlkörper verwendet (Abb. 2). Weißmehl hat die Type 405. Die Type gibt an, wie viel Milligramm Mineralsalze in 100 Gramm Mehl enthalten sind. Je höher die Typenzahl, desto mehr Mineralsalze sind im Mehl enthalten.

Die Biotechnologie des Brotbackens. Vor etwa 5000 Jahren entdeckten die Ägypter den Sauerteig und entwickelten das Brotbacken. Dabei werden Organismen eingesetzt um aus Mehl ein wohlschmeckendes, lockeres Brot herzustellen.

Sauerteig entsteht, wenn Wasser und Roggenmehl vermischt werden. Im Roggenmehl befinden sich Milchsäurebakterien und Hefen. Die **Milchsäurebakterien** wandeln die im Mehl enthaltene Stärke in Milchsäure um. Dadurch bekommt der Teig einen leicht säuerlichen Geschmack. **Hefen** sind mikroskopisch kleine Pilze. Wenn Hefen Stärke umwandeln, entstehen Alkohol und Kohlenstoffdioxidgas. Diesen Vorgang bezeichnet man als alkoholische **Gärung**. Die entstehenden Kohlenstoffdioxid-Gasblasen lockern den Teig auf und sorgen so für ein gut kaufähiges und bekömmliches Brot. Der Mehlkörper der Getreidekörner enthält ein Klebereiweiß. Dieses Eiweiß verfestigt sich beim Backen und sorgt für die Stabilität des Brotes.

170 Stoffe + Energie

Grundwissen

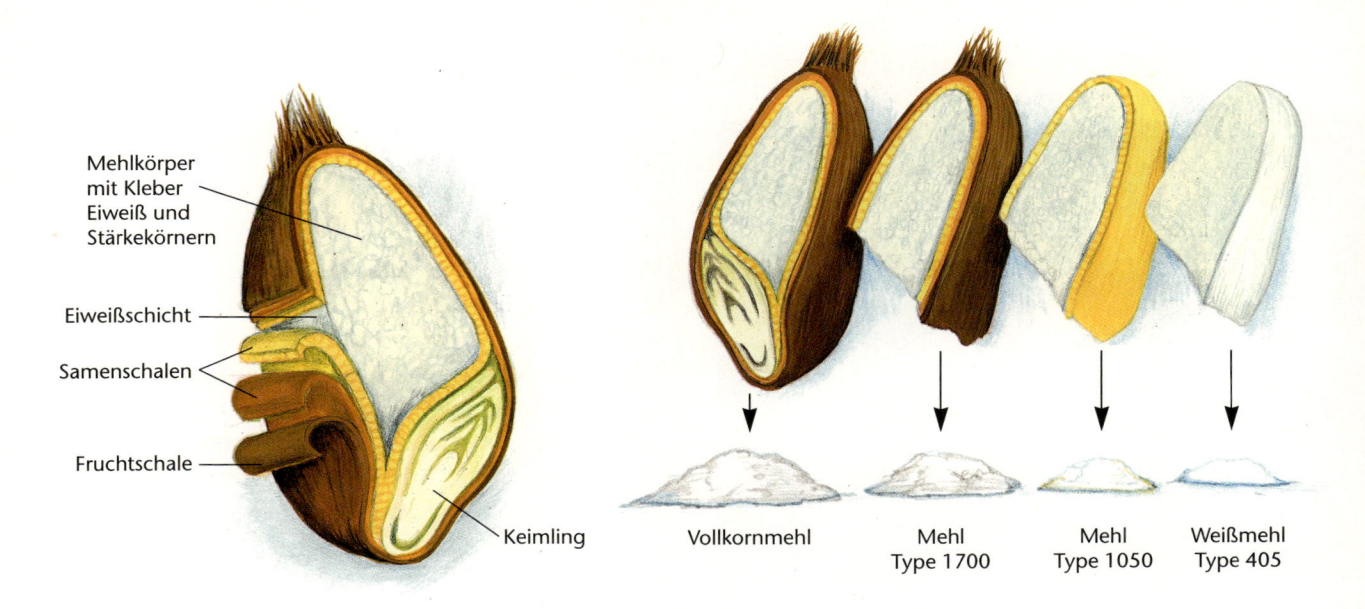

Labels (Abbildung 2, links):
- Mehlkörper mit Kleber Eiweiß und Stärkekörnern
- Eiweißschicht
- Samenschalen
- Fruchtschale
- Keimling

Vollkornmehl — Mehl Type 1700 — Mehl Type 1050 — Weißmehl Type 405

2 *Bau eines Getreidekorns und Mehltypen*

	Kohlenhydrate	Eiweiß	Fett	Mineralsalze	Vitamine B_1 + B_2
1	50,2 g	7,6 g	1,2 g	1400 mg	0,280 mg
2	45,4 g	7,4 g	1,2 g	2200 mg	0,330 mg

3 *Inhaltsstoffe in je 100 g Brot*

1 Mehle – ein Qualitätsvergleich.
a) Der Abbildung 2 ist zu entnehmen, woraus unterschiedliche Mehltypen hergestellt werden. Beurteile mithilfe des Grundwissentextes die Qualität der Mehle im Hinblick auf unsere Ernährung.
b) Abbildung 3 gibt die Inhaltsstoffe von zwei Roggenbrotsorten an. Ordne die Daten den Brotsorten in Abbildung 1 begründet zu.

2 Versuch: Herstellung von Sauerteig. Verrühre 100 g Roggen-Vollkornmehl, drei Esslöffel Buttermilch und eine Messerspitze Trockenhefe in einer Schüssel mit lauwarmem Wasser zu einem dickflüssigen Teig. Lass den Teig etwa 24 Stunden zugedeckt an einem warmen Ort bei 25–30 °C stehen. Gib dann erneut 100 g Mehl zu und lass erneut über Nacht stehen.
Verfahre weiter so, bis ein säuerlicher Geruch entsteht und an der Oberfläche des Teigs eine deutliche Bläschenbildung stattfindet. Nach drei bis vier Tagen sollte der Sauerteig fertig sein. Er kann dann einige Tage im Kühlschrank aufbewahrt und zum Backen verwendet werden. Durch welche Vorgänge entstehen der säuerliche Geruch und die Bläschenbildung?

3 Versuch: Sauerteigbrot.
a) Gib 0,5 Liter Sauerteig, 200 ml Wasser, 1 Teelöffel Salz und 500 Gramm Mehl in eine Schüssel. Verrühre und verknete, bis sich der Teig von der Schüssel löst. Gib den Teig in eine gefettete Kastenform und stelle ihn 2–6 Stunden an einen warmen Ort, bis sich das Volumen verdoppelt hat. Backe das Brot 40–60 Minuten in einem vorgeheizten Backofen bei 200 °C.
b) Erläutere die Vorgänge, die beim Backen des Sauerteigbrotes ablaufen.
c) Unter Biotechnologie versteht man die Produktion durch Verfahren, bei denen Organismen eingesetzt werden. Ist das Herstellen eines Sauerteigbrotes Biotechnologie? Begründe.

Arbeitsmaterial

8.10 Der Grashalm als Modell: leicht, schlank, stabil

Viele Bauwerke enthalten Elemente, die in ähnlicher Form in der Natur vorkommen (Abb. 1). Eine Graspflanze kann in Hinblick auf Stabilität und Materialeinsparung Anregungen für technische Lösungen bieten. Die Wissenschaft, die sich mit der technischen Umsetzung und der Anwendung von Strukturen aus der Biologie befasst, ist die **Bionik**. Der Name Bionik ist eine Kombination aus den Begriffen Biologie und Technik.

Seit langem interessieren sich Bioniker für Grashalme. Sie sehen in Gräsern natürliche Modelle für materialsparende Konstruktionen von Bauwerken, z. B. von Hochhäusern und Fernsehtürmen. Wie ist es möglich, dass die leichten und dünnen Grashalme Wind und Wetter trotzen, obwohl sie schwere Ähren tragen?

Grashalme sind röhrenartig aufgebaut (Abb. 1). Innen sind sie hohl oder mit leichtem Mark gefüllt. Zellen mit stark verdickten Zellwänden bilden in Längsrichtung stabile Fasern. Diese Fasern bilden ringförmig angeordnete Festigungselemente. Manchmal enthält ein Halm zwei miteinander verbundene Ringe aus festem Material, zwischen denen sich leichtes Füllmaterial befindet. In der Technik spricht man bei einer solchen Konstruktion von einer Sandwichbauweise.

Stabilisierend wirkt sich bei einem Grashalm zudem aus, dass er durch Knoten in Abschnitte untergliedert ist. Oberhalb der Knoten umhüllen die Blätter als Blattscheiden den Halm. Dies ist von großer Bedeutung, da sich an den Knoten weiches Material befindet, das durch die Blattscheiden geschützt wird. Vergleicht man den Aufbau eines Fernsehturms mit dem eines Grashalms, fallen viele Ähnlichkeiten auf (Abb. 1).

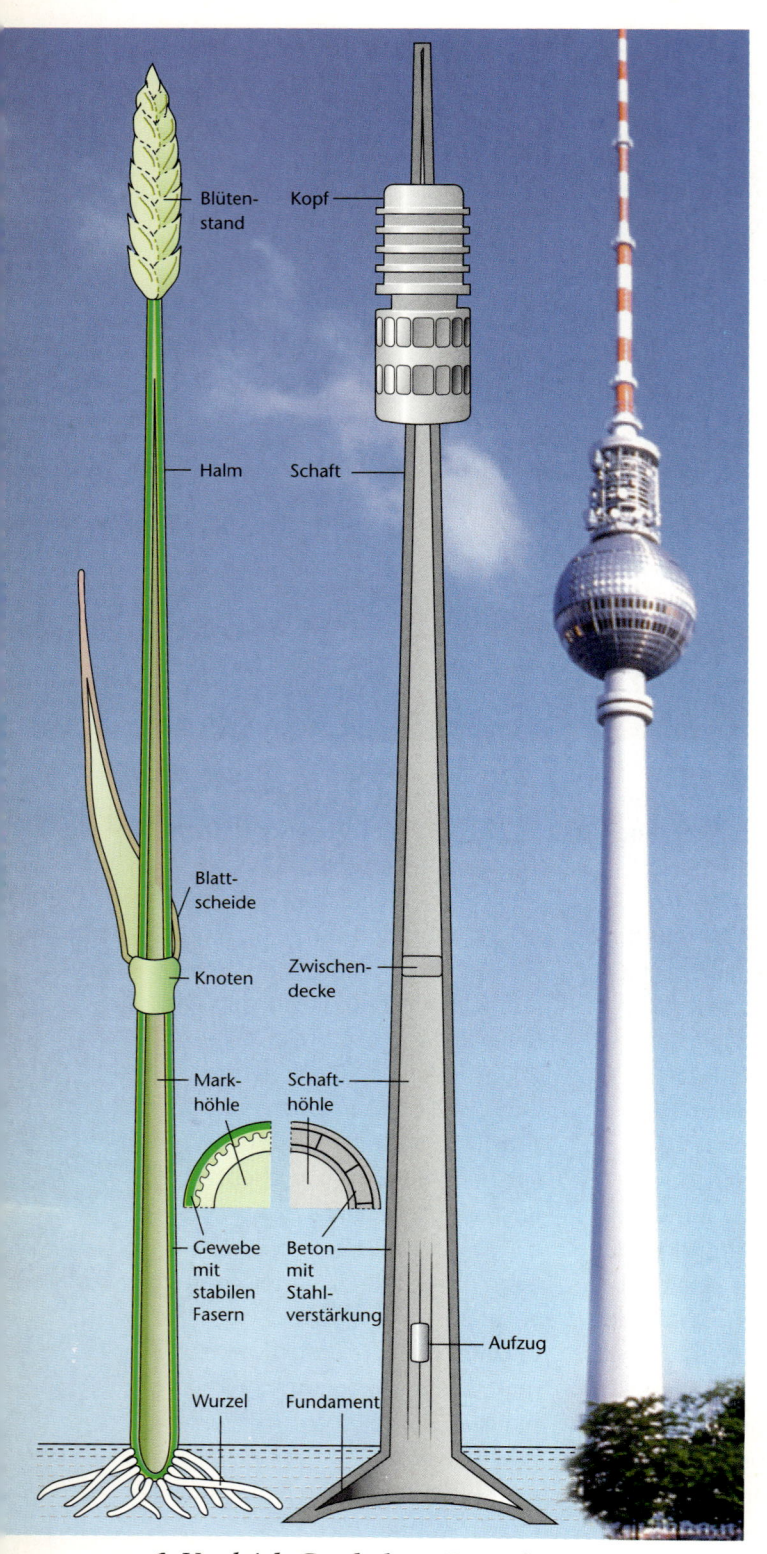

1 *Vergleich Grashalm – Fernsehturm*

172 Struktur+Funktion, Angepasstheit

Grundwissen

1 Ähnlichkeiten zwischen Graspflanze und Fernsehturm. Notiere in einer Tabelle, welche Übereinstimmungen du zwischen der technischen Konstruktion eines Fernsehturms und der natürlichen Struktur eines Grashalms feststellst.

	Höhe	Basisdurchmesser
Heinrich-Hertz-Turm in Hamburg	272 m	41 m
Fernsehturm in Berlin	368 m	32 m
Rheinturm in Düsseldorf	234 m	34 m
Fernsehturm in Stuttgart	217 m	10,8 m
Roggenpflanze	1,60 m	4 mm

2 Höhe und Durchmesser verschiedener Objekte

2 Schlankheitsgrade. Man bezeichnet den Quotienten aus Höhe und Basisdurchmesser als Schlankheitsgrad eines Objektes. Bei vielen Hochbauten werden möglichst hohe Werte angestrebt, da dies zu einer Materialeinsparung führt.
a) Berechne und vergleiche die Schlankheitsgrade der in Abbildung 2 genannten Objekte.
b) Ermittle für weitere Pflanzen, z. B. Blumen oder Bäume, durch eigene Messung die Schlankheitsgrade.

3 Falt- und Wellenprofile und Stabilität. Blätter, besonders wenn sie groß sind, sind stabil gebaut. Manchmal sind die Blattflächen gefaltet (Abb. 5). In den folgenden Versuchen soll der Einfluss von Faltungen auf die Stabilität untersucht werden.
a) Lege die Wellpappe wie abgebildet auf die Gläser (Abb. 3). Die Gläser sollen einen Abstand von 15 cm haben. Stelle auf die Pappen in die Mitte jeweils ein weiteres leeres Glas. Fülle in diese Gläser so lange Wasser, bis die Pappe einknickt. Welche Pappe hat eine höhere Traglast?
b) Falte stabiles Papier in 1 cm breite Streifen. Lege das Papier so auf zwei Gläser, dass die Falten in Längsrichtung verlaufen (Abb. 4). Ermittle wie in Versuch a die maximale Traglast.
c) Führe weitere Versuche mit Papier durch, bei denen du die Breite der Streifen variierst. Ermittle die optimale Streifenbreite.
d) Wo werden in der Technik Falt- und Wellenprofile verwendet?

3 Versuch zur Stabilität von Wellpappe

4 Versuch zur Stabilität von gefaltetem Papier

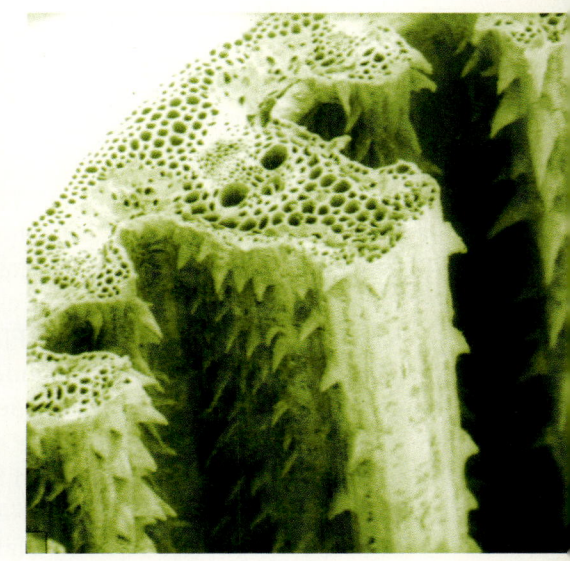

5 Grasblatt im Querschnitt mit gewellter Unterseite

8.11 Kartoffeln – nahrhafte Knollen

Züchtungserfolge. Die ursprünglichen Kartoffeln bildeten nur kleine Knollen. Durch gezielte Züchtung entstanden daraus die heutigen Sorten. Unter einer **Sorte** versteht man Pflanzen einer Art, die sich in mindestens einem Merkmal von Pflanzen anderer Sorten unterscheiden. Für unterschiedliche Verwendungszwecke gibt es Kartoffelsorten mit besonders großen, fest kochenden Knollen und Sorten mit besonders hohem Stärkegehalt, die von der Industrie benötigt werden. Die in den Kartoffeln enthaltene Stärke ist ein bedeutender Rohstoff für die Industrie. Sie stellt daraus unter anderem Klebstoffe, Verpackungsmaterialien und Alkohol her.

Heute gehört die Kartoffel bei uns zu den bedeutendsten Nahrungspflanzen. Kartoffeln enthalten neben Stärke besonders wertvolles pflanzliches Eiweiß und viele Vitamine.

1 Kartoffelpflanze

Die Kartoffel stammt aus Südamerika. Spanische Seefahrer brachten sie im 16. Jahrhundert nach Europa. Kartoffeln gehören zur Familie der Nachtschattengewächse. Alle grünen Pflanzenteile sind giftig. Auch in den Knollen befinden sich in geringer Konzentration giftige Alkaloide. Durch das Kochen werden diese zerstört. Die essbaren, unterirdisch wachsenden Knollen sind Speicherorgane. In Knollen speichern Pflanzen Nährstoffe, die sie bei der Fotosynthese in ihren Blättern produziert haben. Kartoffeln speichern in ihren Knollen hauptsächlich Stärke. **Pflanzenknollen** können aus Verdickungen des Sprosses oder der Wurzel entstehen. **Sprossknollen** werden grün, wenn sie im Hellen lagern, und bilden Blätter. Kartoffeln sind Sprossknollen, die unterirdisch wachsen.

2 Kartoffelpflanze: Blüten, Früchte und Kartoffelknollen

3 Stärkenachweis

5 Eine Folie herstellen

1 Versuch: Stärkenachweis in Kartoffelknollen.
a) Schneide eine Kartoffel durch. Tropfe Iod-Kaliumiodid-Lösung auf die Schnittfläche (Abb. 3).
Hinweis: Iod-Kaliumiodid ist ein Nachweismittel für Stärke. Blaufärbung zeigt das Vorhandensein von Stärke an.
b) Wiederhole diesen Versuch mit den Speicherorganen anderer Pflanzen. Geeignet sind Möhren, Zwiebeln, Getreidekörner, Bohnen und andere.

2 Kartoffelanbau – Erntemengen, Anbauflächen und Erträge.
a) Berechne für die in Abbildung 4 genannten Länder die Hektarerträge (Ernte pro Hektar Anbaufläche) in den Jahren 1989 und 1999.
b) Entwickle mögliche Begründungen für die unterschiedlichen Hektarerträge in den angegebenen Ländern.

3 Versuch: Herstellung einer Folie aus Stärke.
Gib in ein Becherglas 10 g Kartoffelstärke, 12 ml Glycerin und 100 ml Wasser. Erwärme unter ständigem Rühren etwa 15 Minuten lang in einem kochenden Wasserbad, bis ein klares Gemisch entstanden ist. Gieße die noch heiße Masse auf eine Plexiglasscheibe (Abb. 5). Am nächsten Tag kannst du die Folie vom Rand her vorsichtig abziehen. Diese Stärkefolie ist biologisch abbaubar. Folien dieser Art werden für Verpackungen genutzt.

4 Versuch: Herstellung von Stärkekleister. Gib 10 g Kartoffelstärke und 50 ml destilliertes Wasser in ein Becherglas. Rühre mit einem Glasstab um und erwärme unter ständigem Rühren in einem Wasserbad. Wenn die zähflüssige Masse am Glasstab festzukleben beginnt, ist der Kleber gebrauchsfertig. Der Kleber lässt sich zum Papierkleben verwenden.

Land	Ernte in Millionen Tonnen 1989	Ernte in Millionen Tonnen 1999	Anbaufläche in Mio Hektar 1989	Anbaufläche in Mio Hektar 1999
China	31	65	2,8	4,2
Russland	keine Angabe	31	keine Angabe	3,3
Indien	15	23	0,9	1,3
USA	18	22	0,5	0,5
Polen	33	20	1,8	1,3
Deutschland	14	12	0,5	0,3

4 Erntemenge und Anbaufläche von Kartoffeln in verschiedenen Ländern

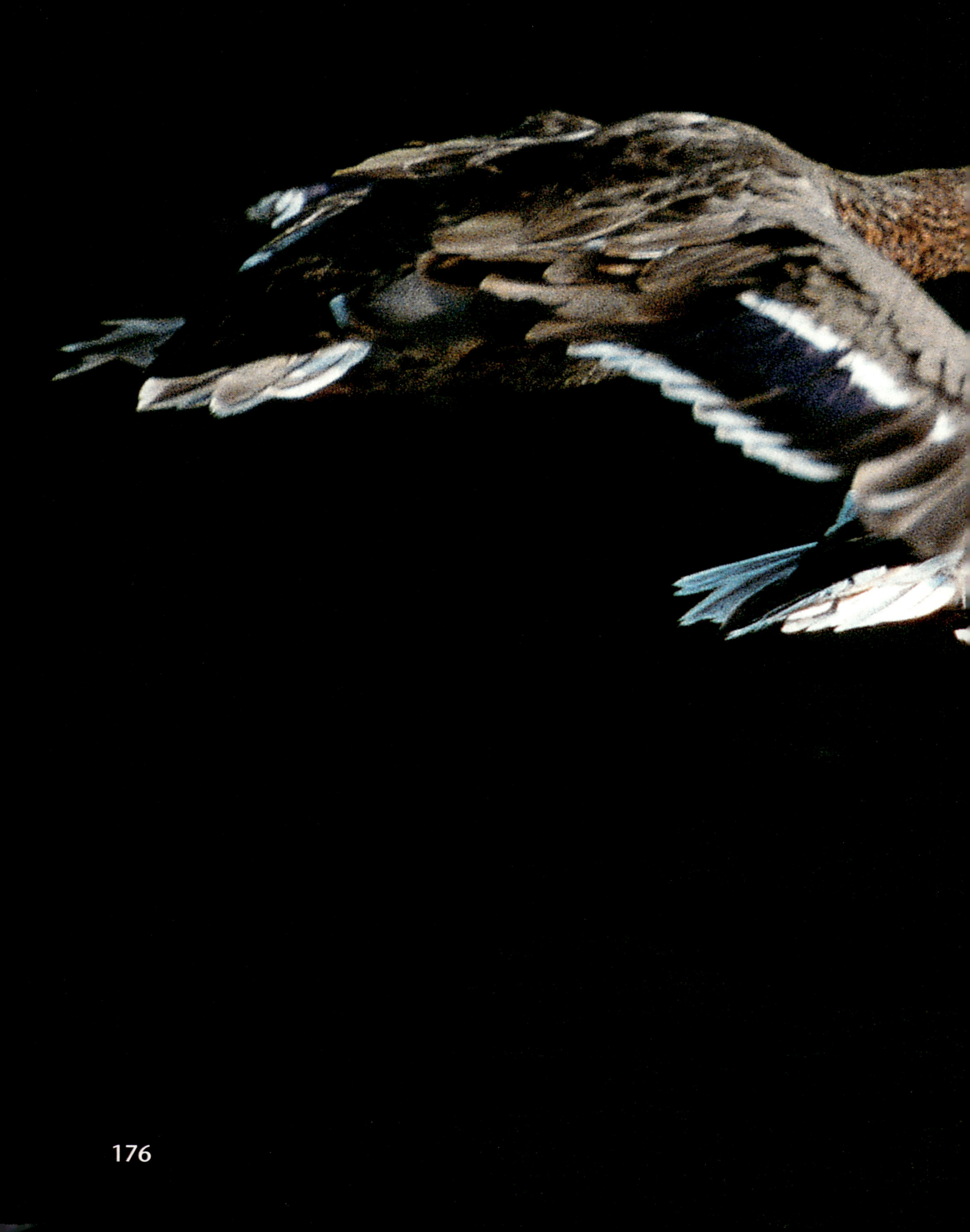

Angepasstheiten von Wirbeltieren an ihren Lebensraum

9 Fische

9.1 Körperbau der Fische

1 Äußerer Bau eines Karpfens

2 Skelett eines Karpfens

Fische sind **Wirbeltiere**. Sie leben im Wasser und sind wechselwarm. Das heißt, ihre Körpertemperatur ist von der Umgebungstemperatur abhängig. Schuppen mit Schleim bedecken den Körper. Das **Skelett** besteht aus Knochen und Knorpel (Abb. 2). Zur Fortbewegung dienen die Flossen. Der Antrieb erfolgt im Wesentlichen über die Schwanzflosse und den Hinterleib, die von kräftigen Muskeln bewegt werden. Die anderen Flossen dienen zum Steuern. Fische nehmen den notwendigen Sauerstoff über **Kiemen** aus dem Wasser auf. Wichtige Sinnesorgane für die Fische sind die Augen, der Geruchssinn und das Seitenlinienorgan. Mit dem Seitenlinienorgan können die Tiere auch kleine Wasserbewegungen wahrnehmen. So sind sie in der Lage, Hindernisse im Wasser zu umgehen sowie angreifende Feinde oder Beutetiere im trüben Wasser oder bei Dunkelheit zu bemerken.

Angepasstheit, Struktur+Funktion

Grundwissen

1 Fische haben einen unterschiedlichen Bau.
Die Abbildungen 3 und 4 zeigen zwei Fische. Schreibe für beide alle Abweichungen auf, die sich beim Vergleich mit Abbildung 1 ergeben.

3 Aal

Zugrichtung →	Zeit [s]
Würfel	10
Tropfenform	5
Tropfenform	4
Zylinder	7
spindelförmiger Körper	3

5 Versuchsergebnis

4 Kofferfisch

2 Verschieden geformte Körper. In einem Versuch wurden fünf verschieden geformte Körper von gleicher Masse und gleichem Volumen durch ein Wasserbecken gezogen (Abb. 5). Die Körper wurden durch gleich große Gewichte, die an Zugschnüren hingen, vorwärts bewegt. Dabei wurde die Zeit gemessen, in der der jeweilige Körper eine Strecke von 2 m zurücklegte. Die Ergebnisse des Versuchs zeigt Abbildung 5.
a) Zeichne den Versuchsaufbau.
b) Beschreibe und erkläre die Ergebnisse.
c) Zeige Zusammenhänge zwischen Körperform und Höchstgeschwindigkeit bei Fischen auf. Begründe deine Überlegungen.

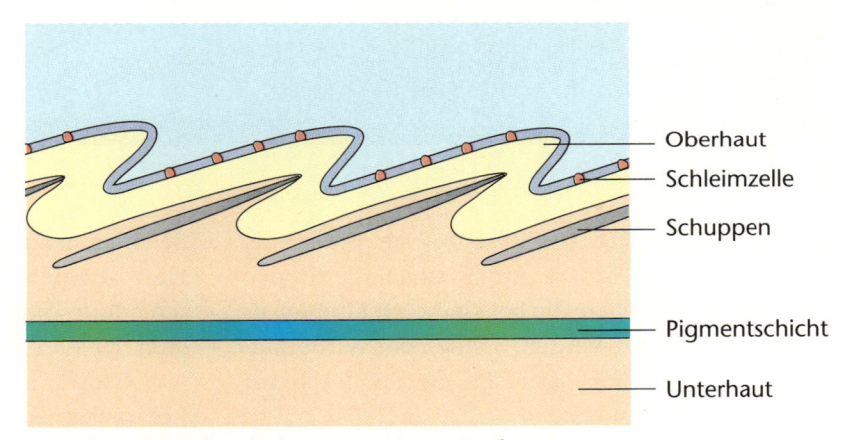

Oberhaut
Schleimzelle
Schuppen
Pigmentschicht
Unterhaut

6 Schnittbild durch die Haut eines Fisches

3 Die Haut der Fische.
a) Betrachte den Schnitt durch die Haut eines Fisches (Abb. 6). In welcher Richtung liegt der Kopf, in welcher die Schwanzflosse? Begründe deine Annahme.

b) Die Schleimzellen produzieren ein glitschiges Sekret. Überlege, welche Bedeutung dies für den Fisch haben könnte.

9.2 Die inneren Organe der Fische

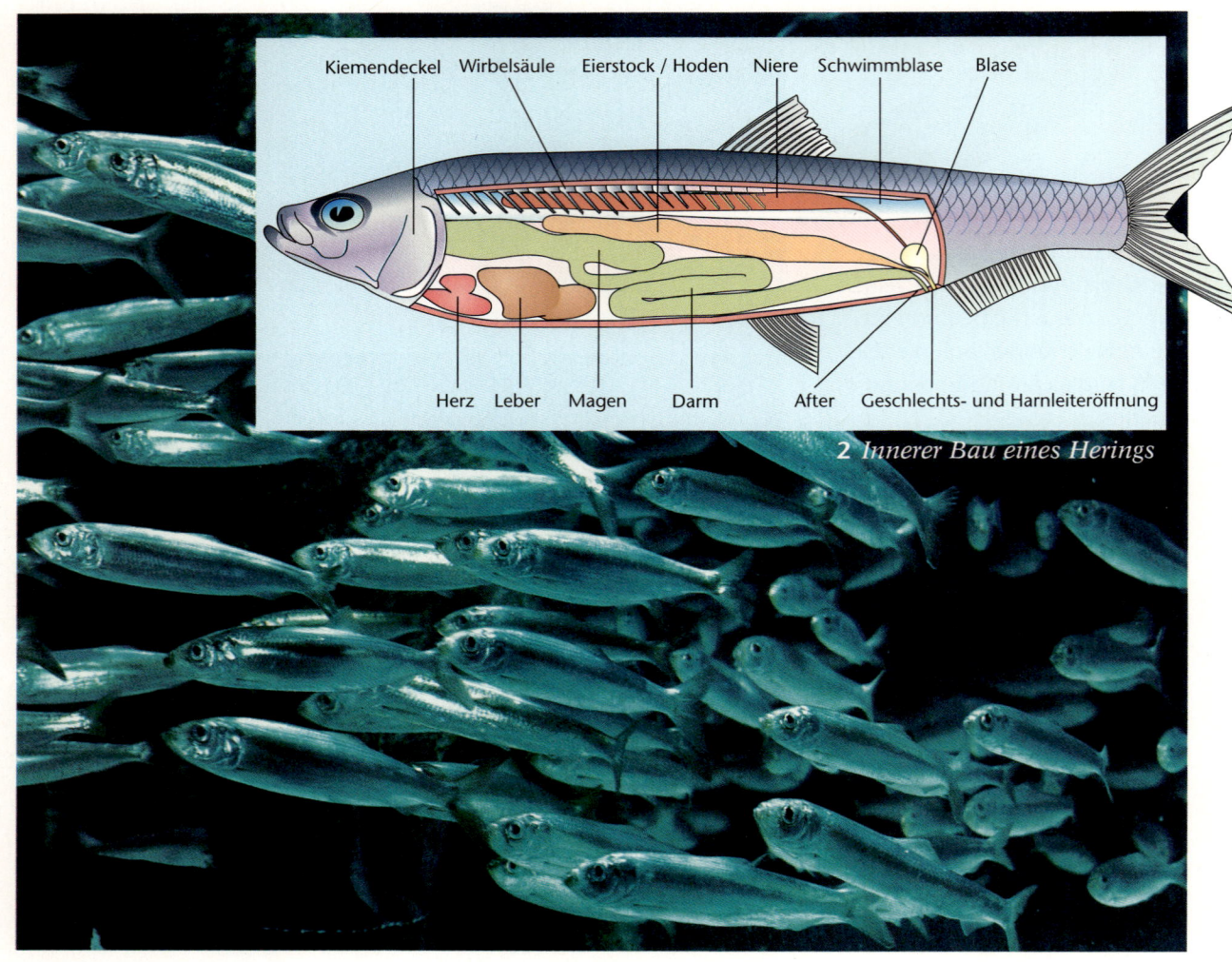

2 Innerer Bau eines Herings

Labels: Kiemendeckel, Wirbelsäule, Eierstock / Hoden, Niere, Schwimmblase, Blase, Herz, Leber, Magen, Darm, After, Geschlechts- und Harnleiteröffnung

1 Heringsschwarm

Fische haben eine Wirbelsäule, sie bildet die Längsachse des Körpers. An ihr sitzen die Rippen und weitere Knochen, die bei kleineren Fischen als Gräten bezeichnet werden. Seitlich der Wirbelsäule liegen die großen Muskeln, die der Fisch zur Fortbewegung benötigt.

Im vorderen Bereich des Körpers liegt an der Unterseite das Herz (Abb. 2). Darüber durchzieht der Darm den ganzen Körper. Vom Darm werden die Nährstoffe aufgenommen und in das Blut gegeben. Die Leber nimmt einen großen Raum ein. In ihr werden Stoffe umgewandelt, um sie nutzbar zu machen. Dabei entstehen auch Abfallstoffe, die von den Nieren aus dem Blut herausgefiltert und in den Harn abgegeben werden. Die Nieren sind ein Ausscheidungsorgan. Sie liegen bei den Fischen unterhalb der Wirbelsäule. Man bezeichnet die Aufnahme, Umwandlung und Abgabe von Stoffen bei Lebewesen als **Stoffwechsel**. Bei den geschlechtsreifen Tieren findet man im Bauchraum außerdem die Geschlechtsorgane, Hoden oder Eierstöcke.

Fische besitzen Kiemen als Atmungsorgane. Sie sitzen seitlich hinter der Mundöffnung. In der Körpermitte befindet sich unterhalb der Wirbelsäule die mit Gas gefüllte Schwimmblase. Mit ihrer Hilfe kann der Fisch im Wasser schweben.

Struktur+Funktion, Stoffe+Energie

Grundwissen

Präparation

3 *Schnittführung bei der Präparation*

1 Präparation eines Fisches. Lege den Fisch mit dem Kopf nach links in die Präparationsschale oder auf eine andere Unterlage. Benenne die einzelnen Flossen.

1. Schnitt: Entferne mit der Schere den Kiemendeckel. Untersuche die Kiemen mit einer Sonde.

2. Schnitt: Schneide vorsichtig von der Afterflosse an der Bauchseite bis zum Ansatz der Brustflossen. Schneide vorsichtig und nicht zu tief, um die inneren Organe nicht zu verletzen.

3. Schnitt: Schneide vom vorderen Ende des Bauchschnittes so weit es geht nach oben.

4. Schnitt: Schneide vom hinteren Ende des Bauchschnittes so weit wie möglich nach oben und klappe das entstandene Seitenteil nach oben.

5. Schnitt: Entferne das Seitenteil, indem du möglichst weit oben am Rücken von hinten nach vorn schneidest. Die Bauchhöhle liegt nun frei. Versuche nun vorsichtig mit Sonde und Pinzette die inneren Organe freizulegen. Achte dabei auf die natürliche Anordnung. Zeichne und beschrifte nun den geöffneten Fisch.

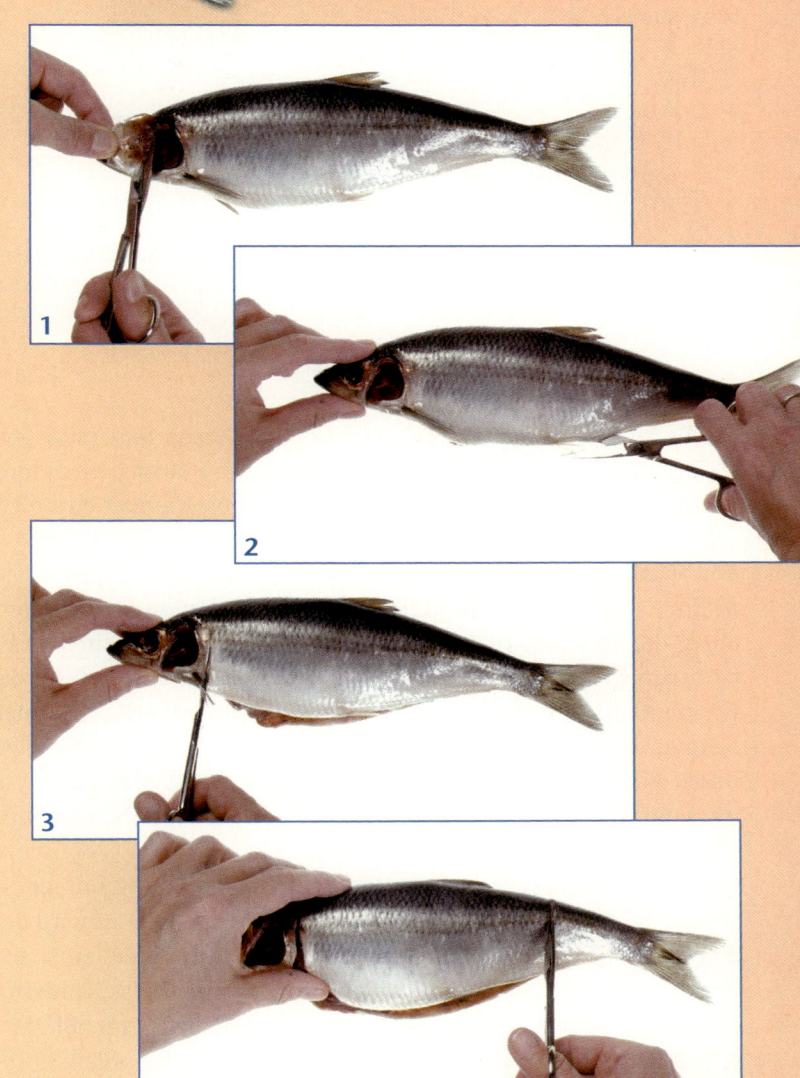

4 *Präparation*

2 Die inneren Organe. Abbildung 5 zeigt innere Organe des Fisches. Zeichne den Fisch und beschrifte die Organe mithilfe von Abbildung 2.

5 *Präparierter Fisch*

Methode

9.3 Atmung und Blutkreislauf der Fische

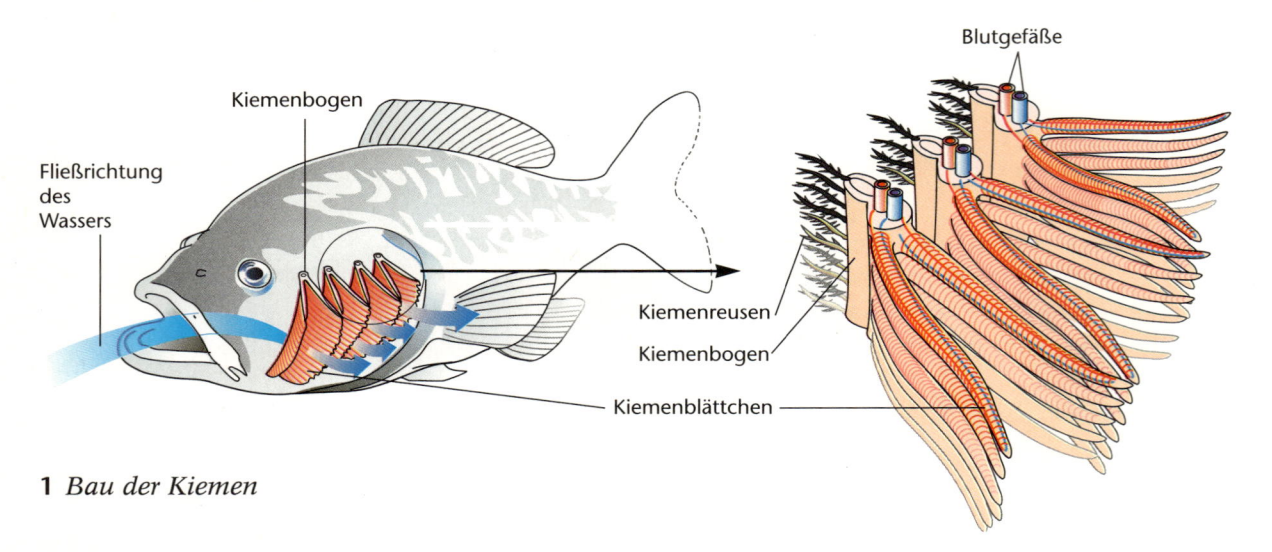

1 Bau der Kiemen

Fische benötigen **Sauerstoff** zum Leben. Diesen Sauerstoff nehmen sie mithilfe der Kiemen aus dem Wasser auf. Ständig wird durch das Maul neues Wasser aufgenommen und an den Kiemen vorbeigeleitet.

Die **Kiemen** liegen in der Kiemenhöhle unter den beiden Kiemendeckeln (Abb. 1). Sie bestehen aus sehr vielen zarten Kiemenblättchen, die an Kiemenbögen befestigt sind. Auf jeder Seite des Fisches befinden sich vier Kiemenbögen. Kiemenreusen verhindern, dass die Kiemenblättchen von festen Teilchen im Wasser verletzt werden. Die Kiemenblättchen sind sehr stark durchblutet. Während das Wasser an ihnen vorbeiströmt, tritt der Sauerstoff ins Blut über. Der Vorgang wird durch eine große Oberfläche der Kiemenblättchen begünstigt.

Das Herz, das aus einer Vorkammer und einer Hauptkammer besteht, pumpt das Blut in einem Kreislauf zu den Organen. Dort wird der Sauerstoff für Stoffwechselvorgänge benötigt. In den Zellen wird Kohlenstoffdioxid gebildet und Energie umgewandelt. Das Kohlenstoffdioxid wird vom Blut abtransportiert und durch die Kiemenblättchen an das Wasser abgegeben. Dieses sauerstoffarme und kohlenstoffdioxidreiche Wasser wird hinter den Kiemendeckeln aus dem Körper gestoßen.

Je größer die Aktivität des Fisches ist, umso höher ist seine Stoffwechselaktivität. Bei hoher Stoffwechselaktivität wird viel Sauerstoff benötigt. Dabei gilt: Die Stoffwechselaktivität eines Fisches ist bei höheren Temperaturen größer als bei Kälte. Viele Fische sind bei höheren Temperaturen auch aktiver.

Der Sauerstoffgehalt der Luft beträgt 21%, das heißt in 100 l Luft sind 21 l Sauerstoff enthalten. Ein Teil der Sauerstoffmoleküle vermischt sich an der Oberfläche des Wassers mit den Wassermolekülen. Die Sauerstoffmoleküle verteilen sich nun langsam im Wasser. Diesen Vorgang bezeichnet man als Lösen von Sauerstoff in Wasser. Der Lösevorgang und die Verteilung des Sauerstoffs im Wasser werden durch Strömung und Wellengang beschleunigt. Sauerstoff wird auch von Wasserpflanzen durch Fotosynthese ins Wasser abgegeben.
Die Menge an Sauerstoff, die sich maximal in Wasser lösen kann, ist aber beschränkt. Sie hängt von der Temperatur ab und liegt zwischen 20 und 50 ml Sauerstoff in einem Liter (1000 ml) Wasser. Das bedeutet, der Sauerstoffgehalt des Wassers liegt bei 2 – 5%.

2 Wie gelangt der Sauerstoff ins Wasser?

1 Fische im warmen Wasser.
Bei lange andauernden Hitzeperioden kommen manche Fische mit geöffnetem Maul aus dem Wasser heraus. Das kann man z.B an Fischteichen beobachten.
a) Versuche, das Verhalten der Fische zu erklären. Begründe deine Ansicht (Abb. 3).
b) Warum ziehen sich die Tiere nicht ins tiefere Wasser zurück? Stelle Hypothesen auf und begründe sie. Benutze dazu Abbildung 3 und 4.

2 Kiemendeckelbewegung beim Fisch. In einer Versuchsreihe hat man einen größeren Goldfisch in ein Gefäß gesetzt, das nacheinander mit Wasser unterschiedlicher Temperatur gefüllt wurde. Nach etwa einer halben Stunde, in der sich der Fisch an die jeweilige Wassertemperatur gewöhnen konnte, zählte man, wie oft der Fisch die Kiemendeckel in einer Minute bewegt. Der Versuch wurde an drei weiteren Tagen wiederholt. Abbildung 5 zeigt das Versuchsergebnis.
a) Berechne für jede Temperatur den Mittelwert und zeichne diese Werte in ein Diagramm.
b) Stelle Vermutungen auf, wie die Ergebnisse zu erklären sind.

3 Vergleich der Blutkreisläufe von Fisch und Mensch. Vergleiche den Blutkreislauf des Fisches mit dem Kreislauf des Menschen (Abb. 6). Arbeite dabei Gemeinsamkeiten und Unterschiede heraus.

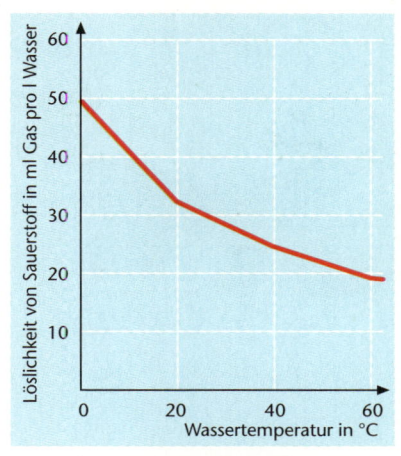

3 Maximaler Sauerstoffgehalt von Wasser

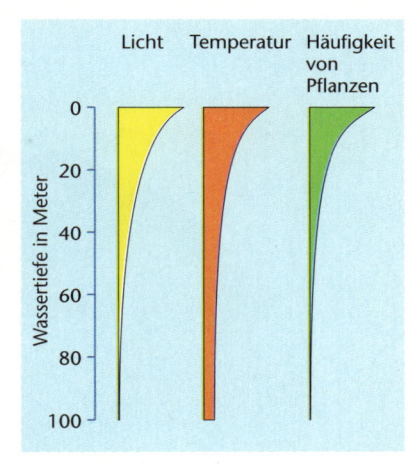

4 Verteilung von Licht, Temperatur und Pflanzen in Gewässern

Wassertemperatur	Kiemendeckelbewegungen pro Minute			
	Tag 1	Tag 2	Tag 3	Tag 4
10 °C	36	40	43	38
15 °C	52	58	63	55
20 °C	71	80	87	75
25 °C	106	115	123	110

5 Versuchsergebnis

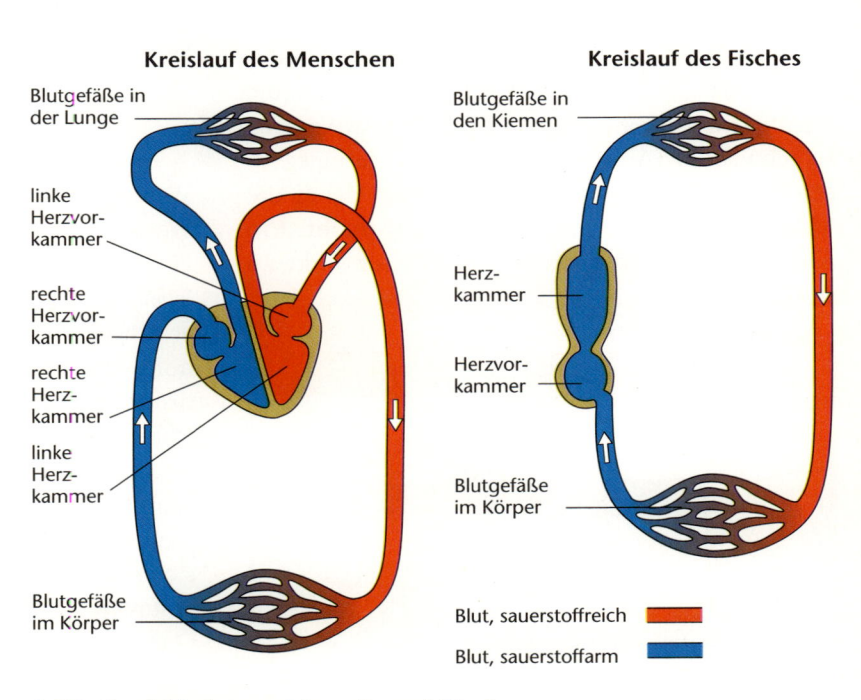

6 Blutkreisläufe von Mensch und Fisch

Arbeitsmaterial

9.4 Schweben, Steigen, Sinken

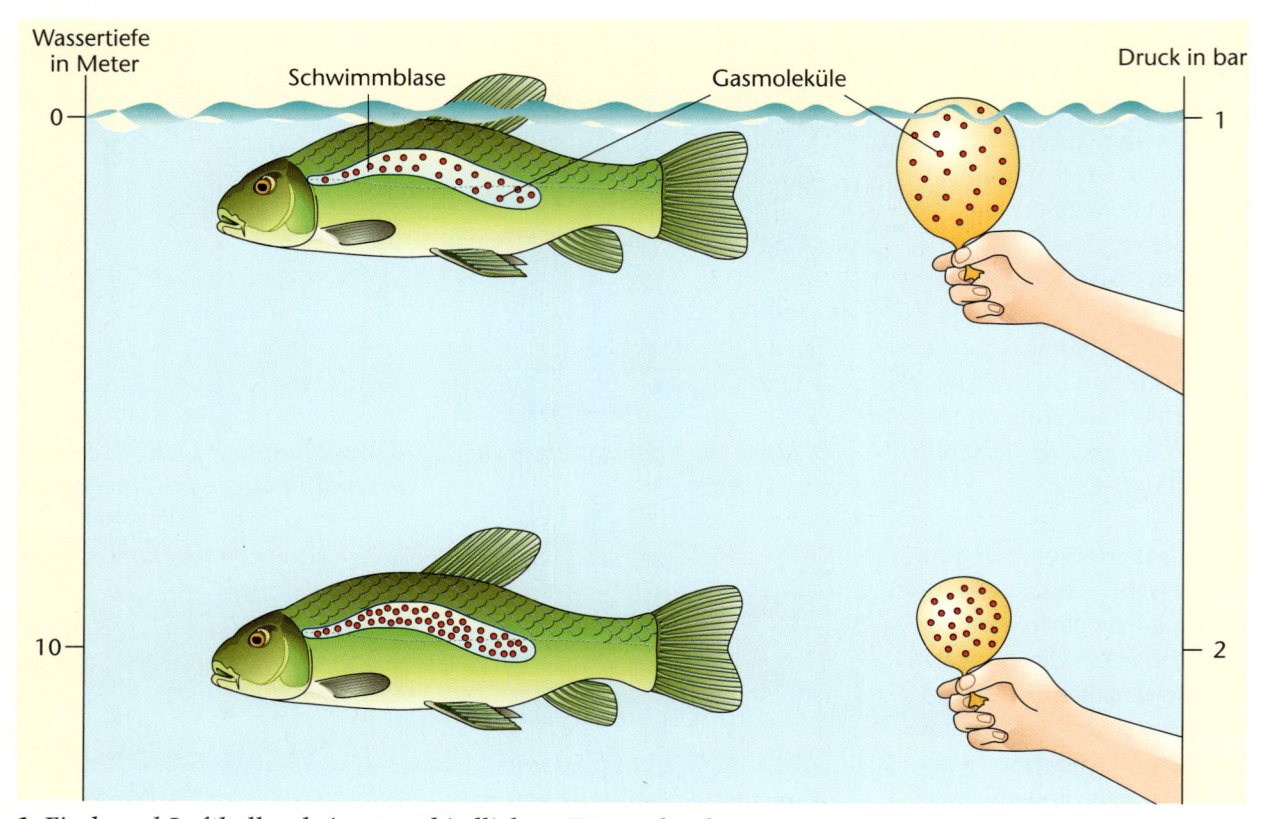

1 *Fisch und Luftballon bei unterschiedlichem Wasserdruck*

Ob ein Körper im Wasser schwimmt, schwebt oder zu Boden sinkt, hängt von seiner **Dichte** ab. Ist die Dichte des Körpers gleich der Dichte des Wassers, so schwebt er (Abb. 2). Ist die Dichte geringer, so schwimmt der Körper und verdrängt dabei die Menge Wasser, die seiner Masse entspricht. Ein Körper mit höherer Dichte als Wasser sinkt zu Boden.

2 *Körper mit unterschiedlicher Dichte im Wasser*

Die Dichte wird durch folgende Formel berechnet:

$$Dichte = \frac{Masse}{Volumen} \quad \left[\frac{g}{cm^3}\right]$$

Wenn man einen aufgeblasenen Luftballon von der Wasseroberfläche auf eine Tiefe von zehn Metern zieht, so wird sein Volumen kleiner (Abb. 1). Der Wasserdruck ist in zehn Meter Tiefe doppelt so groß wie an der Oberfläche. Mit größerer Tiefe erhöht sich der Wasserdruck weiter. Dieser Wasserdruck drückt den Luftballon zusammen. Sein Volumen wird geringer.

Wenn ein Fisch von der Wasseroberfläche auf eine Tiefe von zehn Metern schwimmt, so verändert sich sein Volumen nicht. Fische halten ihr Körpervolumen und damit ihre Dichte konstant, indem sie Gas in die Schwimmblase abgeben oder aus ihr entfernen. So können sie durch die Schwimmblase in jeder Wassertiefe schweben.

Struktur+Funktion, Regulation

Grundwissen

5 *Hai*

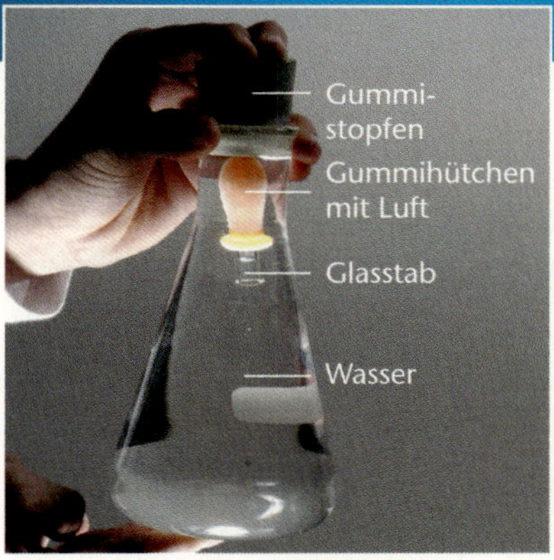

3 *Versuch zur Schwimmblase*

1 Modell zur Schwimmblase.
Baue einen Versuch wie in Abbildung 3 auf. Drücke mit unterschiedlicher Kraft auf den Gummistopfen. Stelle das Gefäß dann auf den Kopf und wiederhole den Versuch.
a) Beschreibe in beiden Fällen deine Beobachtungen und versuche, sie zu erklären. Wofür steht in diesem Modell das Herunterdrücken des Gummistopfens? Wofür steht das Gummihütchen mit dem Glasstab?
b) Worin unterscheidet sich die Funktionsweise des Modells von der der Schwimmblase?

2 Fische mit und ohne Schwimmblase.
Fische bestehen im Wesentlichen aus Knochen, Muskeln, Fett und Wasser. Diese Materialien haben verschiedene Dichten (Abb. 4).
a) Die meisten Fische haben eine Schwimmblase. Welche besonderen Möglichkeiten haben diese Fische?
b) Haie und Rochen haben keine Schwimmblase. Sie führen im freien Wasser ständig Schwimmbewegungen aus. Finde eine Begründung dafür und erkläre, was geschieht, wenn sie mit den Schwimmbewegungen aufhören.

3 Ein Tauchgang.
a) Beschreibe genau, was während der einzelnen Stationen des Tauchers in Abbildung 7 vorgeht.
b) Übertrage die Vorgänge auf einen Fisch.
c) Ein Taucher will von 10 m Wassertiefe auf 30 m abtauchen und dort einen Schwebezustand erreichen. Erkläre, wie er vorgehen muss, um sein Ziel zu erreichen. Was passiert mit der Schimmblase eines Fisches in gleicher Situation?

Taucher machen sich das gleiche Prinzip wie die Fische zunutze, um im Wasser zu schweben. Sie verändern ihre Dichte, indem sie Luft in das Jackett hineinblasen oder Luft ablassen.

6 *Taucher lernen von der Natur*

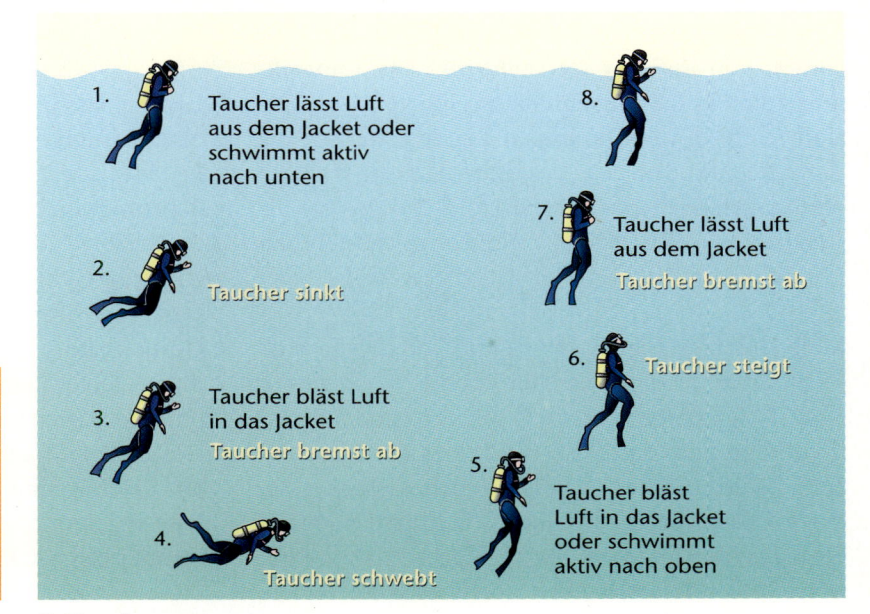

Material	Dichte [g/cm³]
Wasser	1
Luft	0,0013
Fett	0,93
Muskeln	1,06
Knochen	1,944

4 *Angaben zur Dichte*

1. Taucher lässt Luft aus dem Jacket oder schwimmt aktiv nach unten
2. Taucher sinkt
3. Taucher bläst Luft in das Jacket — Taucher bremst ab
4. Taucher schwebt
5. Taucher bläst Luft in das Jacket oder schwimmt aktiv nach oben
6. Taucher steigt
7. Taucher lässt Luft aus dem Jacket — Taucher bremst ab
8.

7 *Tauchgang*

Arbeitsmaterial

9.5 Fortpflanzung und Wanderung von Fischen

1 *Entwicklung der Forelle*

Fortpflanzung. Im Laufe der Paarung geben weibliche Fische die unbefruchteten Eier ins Wasser ab. Man nennt die Eier auch Laich. Die Männchen geben die Spermienflüssigkeit hinzu. Die Befruchtung erfolgt außerhalb des Körpers im Wasser. Man spricht von **äußerer Befruchtung**. Die Entwicklung zum Fisch findet zunächst noch in der Eihülle statt (Abb. 1a). Nach einigen Tagen schlüpfen die Larven (Abb. 1b). Sie ernähren sich aus einem nährstoffreichen Dottersack (Abb. 1c), bis sie als Jungfische selbstständig Nahrung aufnehmen können (Abb. 1d, e).

Meist bleiben Eier, Larven und Jungfische sich selbst überlassen, wie bei der Forelle. Doch gibt es auch Beispiele von Brutpflege: So bauen Stichlingsmännchen ein Nest, bewachen die Brut und fächeln ihr frisches, sauerstoffreiches Wasser zu. Viele Fischarten können nach dem Erreichen der Geschlechtsreife jedes Jahr ablaichen, z. B. die Forelle. Einige Arten laichen nur einmal im Leben, z. B. der Aal.

Wanderungen. Manche Fische verlassen ihre Geburtsgewässer als Jungtiere und kehren nach der Geschlechtsreife wieder dorthin zurück, um selbst abzulaichen. Damit können große Wanderungen verbunden sein. Lachs und Aal sind dafür Beispiele.

Lachse laichen in den Oberläufen von Bächen. Nach ein bis zwei Jahren wandern die Jungfische ins Meer, wo sie weitere zwei bis drei Jahre auf Nahrungssuche umherstreifend verbringen. Als erwachsene Tiere kehren sie in großen Schwärmen zu ihren Geburtsgewässern zum Laichen zurück. Den Weg dorthin finden sie mithilfe ihres guten Geruchssinns. Sie kennen den speziellen Geruch ihres Geburtsgewässers. Die Tiere nehmen während der Laichwanderung keine Nahrung zu sich. Die meisten Lachse sterben nach dem Ablaichen an Erschöpfung. Einige Tiere kehren nach der Paarung zum Meer zurück und können die Laichwanderung wiederholen.

Fortpflanzung, Angepasstheit

2 Jungaale. Aale haben ihr Laichgebiet in der Sargasso-See vor der nordamerikanischen Küste (Abb. 2).

Die Jungaale wandern nach dem Schlüpfen mehrere Jahre lang Tausende von Kilometern bis nach Europa, wo sie als Glasaale an der Küste ankommen. Als so genannte Steigaale schwimmen sie die Flüsse hinauf. In Flüssen, Bächen und Binnenseen leben sie sechs bis zehn Jahre.

In dieser Zeit wachsen die Aale bis zu einer Länge von etwa einem Meter heran. Als erwachsene Blankaale kehren sie zur Sargasso-See zurück.

Für den 6000 bis 7000 km langen Rückweg benötigen sie etwa sechs bis acht Monate. Während dieser Zeit nehmen die Tiere keine Nahrung auf, ihr Verdauungssystem wird vor dem Aufbruch zurückgebildet. Nach dem Laichen sterben die Aale.

In Abbildung 2 sind Größe, Alter und Vorkommen der Jungaale dargestellt.

a) Stelle die Größe der Jungaale in Abhängigkeit vom Alter in einem Diagramm dar.
b) Vergleiche das Wachstum der Aale mit dem der jungen Forellen (Abb. 1).
c) Nenne mögliche Gefahren für die wandernden Fische.

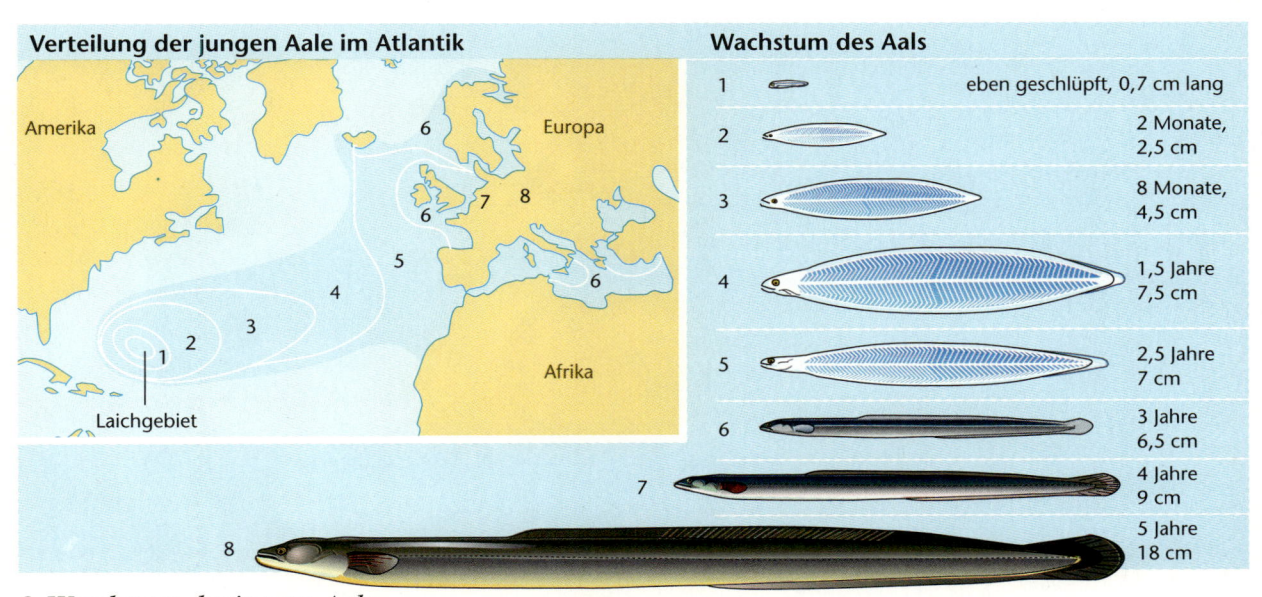

e   220. Tag 18 mm
f   450. Tag 46 mm

1 Entwicklung der Forellen.
a) Beschreibe die Entwicklung vom Ei bis zum ausgewachsenen Fisch (Abb. 1).
b) Miss die Größe der Larven und erstelle eine Grafik, die das Wachstum der Larven veranschaulicht.

Verteilung der jungen Aale im Atlantik

Wachstum des Aals

1	eben geschlüpft, 0,7 cm lang
2	2 Monate, 2,5 cm
3	8 Monate, 4,5 cm
4	1,5 Jahre 7,5 cm
5	2,5 Jahre 7 cm
6	3 Jahre 6,5 cm
7	4 Jahre 9 cm
8	5 Jahre 18 cm

2 Wanderung der jungen Aale

Arbeitsmaterial

9.6 Fische in extremen Lebensräumen

1 *Polarbarsch*

Fische in den Meeresgebieten um die Antarktis leben in -1,86 °C kaltem Meerwasser (Abb. 1). Der Gefrierpunkt von Wasser liegt umso tiefer, je mehr Teilchen, z. B. Salze, im Wasser gelöst sind. Die Fische, deren Blut und Zellen Wasser enthalten, können nur mit einem speziellen Eiweiß (Glykoprotein) als „Frostschutzmittel" überleben. Ohne dieses Eiweiß würde ihre Körperflüssigkeit gefrieren.

Tiefseebewohner leben bei sehr hohem Wasserdruck (Abb. 2, 3). Mit luftgefüllten Schwimmblasen könnten sie unter diesen Bedingungen nicht leben. Tiefseefische haben Schwimmblasen, die mit Fett gefüllt sind. In der absolut dunklen Umgebung der Tiefsee gibt es keine Pflanzen. Die Fische leben deshalb räuberisch oder von totem Material, das aus den oberen Wasserschichten herabsinkt. Manche steigen bei Nacht zum Fressen in höhere Wasserschichten auf. Der Nahrungsmangel in der Tiefsee hat zur Folge, dass dort nur wenige Fische leben. Außerdem sind die Fische klein. Leuchtorgane, die die Fische an- und abschalten können, dienen der Verständigung unter Artgenossen oder zum Anlocken von Beute.

2 *Schwarzangler*

3 *Anglerfisch mit zwei Männchen*

4 Tiefseefische:
a Tiefseekreuzbarsch mit gefressener Beute
b Pelikanaal
c Maulstachler

1 Fische in der Tiefsee. Tiefseefische sind klein; nur wenige Arten sind größer als 25 cm. Dafür besitzen viele besondere Einrichtungen zum Überleben.
a) Schreibe auf, was dir an den Tiefseefischen besonders auffällt (Abb. 2, 3, 4). Setze diese Merkmale in Bezug zum Lebensraum der Tiere.
b) Eine Besonderheit vieler Anglerfische, ist in folgendem Text beschrieben (Abb. 3):
„ ... Nur die Weibchen besitzen eine ‚Angel' zum Anlocken der Beute. Die Männchen sind sehr klein, meist nur wenige Millimeter groß. Sie durchstreifen die Tiefsee auf der Suche nach Weibchen, die sie über große Entfernungen wittern können. Haben sie ein Weibchen gefunden, verbeißen sie sich in den Körper des Tieres. Augen und Verdauungsorgane des Männchens werden zurückgebildet und der Blutkreislauf verwächst mit dem des Weibchens. Anschließend wachsen die Geschlechtsorgane, die die Spermien bilden..."
Überlege, inwiefern die geschilderten Besonderheiten Anpassungen an den Lebensraum sind.

2 Luft oder Fett in der Schwimmblase. Fülle einen Luftballon mit Speiseöl, knote ihn zu und lege ihn in ein Gefäß mit Wasser. Tauche den Ballon unter. Versuche, den Ballon zusammenzudrücken.
a) Schreibe deine Beobachtungen auf.
b) Erläutere die Vorteile einer fettgefüllten Schwimmblase gegenüber einer luftgefüllten Schwimmblase bei Fischen, die in der Tiefsee leben. Werte dazu auch den Text in Abschnitt 9.4 aus.

3 Gefrierpunkte.
a) Löse 4 g Kochsalz in 100 ml Wasser. Gib diese Flüssigkeit in ein Gefäß und friere sie in einer Tiefkühltruhe ein. Verfahre genauso mit 100 ml Wasser ohne Zusatz. Bestimme beim langsamen Auftauen die Temperatur der entstehenden Flüssigkeit. Beschreibe und erkläre das Ergebnis.
b) Vergleiche die Gefrierpunkte in Abbildung 5 und finde Gründe für die unterschiedlichen Werte.
c) Bei Experimenten mit dem Blut des Polarbarsches erhielt man die in Abbildung 6 dargestellten Werte. Vergleiche die Werte mit denen in Abbildung 5. Mache Angaben über die Zusammensetzung des Blutes beim Polarbarsch und stelle Vermutungen an, warum es eine solche besondere Zusammensetzung aufweist.

Flüssigkeit	Gefrierpunkt
Süßwasser	0 °C
Meerwasser	-1,86 °C
Blut des Goldfisches	-0,60 °C
Blut des Aals	-0,62 °C
Blut des nordatlantischen Dorsches	-0,76 °C
Blut des Polarbarsches	-2,20 °C

5 Gefrierpunkte von Flüssigkeiten

Flüssigkeit	Gefrierpunkt
Blut des Polarbarsches ohne Glykoprotein	-1,00 °C
Blut des Polarbarsches ohne gelöste Salze	-1,20 °C

6 Blutuntersuchung beim Polarbarsch

9.10 Vom Wasser zum Land

1 Lebensbild aus dem Devon; vor 410 bis 355 Millionen Jahren

Im Erdzeitalter des Devons breiteten sich Pflanzen ausgehend von den Uferzonen der Gewässer über das Festland aus. Ihnen folgten wirbellose Tiere wie Tausendfüßer und Insekten. Gegen Ende des Devon traten die ersten Wirbeltiere an Land auf.

Cheirolepis ist ein Vorfahr der heutigen Knochenfische. Zu ihnen gehören z.B. Hering und Forelle. Cheirolepis lebte im freien Wasser und atmete durch Kiemen (Abb. 1). Eine Schwimmblase sorgte für den notwendigen Auftrieb und ermöglichte das Schweben im Wasser. Auf der Jagd nach kleineren Fischen konnte Cheirolepis mithilfe seiner Flossen schnell und geschickt schwimmen.

Der Lungenfisch Dipterus lebte in flachen Uferbereichen in der Übergangszone zwischen Wasser und Land (Abb. 1). Angepasst an diese Bedingungen besaß er sowohl Kiemen als auch Lungen. So konnte er sich aus dem Wasser und aus der Luft mit Sauerstoff versorgen. Seine Flossen sahen aus wie kleine Stummelbeine und besaßen kräftige Muskeln. Mit ihrer Hilfe konnte er sich im Wasser, im Uferschlamm und kurze Strecken über Land bewegen. An Land stand ihm ein reichhaltiges Nahrungsangebot an Gliedertieren zur Verfügung. Im Devon lebende Lungenfische sind vermutlich die Vorfahren aller heute lebenden Landwirbeltiere.

Ichthyostega ist ein früher Vertreter der Landwirbeltiere und atmete ausschließlich durch Lungen (Abb. 1). Auf dem Land wirkt die Schwerkraft viel stärker als im Wasser, da der Auftrieb fehlt. Angepasst an diese Bedingungen besaß Ichthyostega eine stärkere Wirbelsäule als die Fische. Seine Gliedmaßen waren stabil genug, um den Körper an Land zu tragen und fortzubewegen. Ichthyostega konnte sich auch im Wasser fortbewegen, wie der Flossensaum am Schwanz zeigt. Das Tier benötigte Wasser, um sich fortzupflanzen und sich vor Austrocknung zu schützen. Aufgrund seiner Merkmale gehört Ichthyostega zu den Amphibien. Ausgehend von Ichthyostega entwickelten die Amphibien in der Zeit des Karbons vor 355 bis 290 Millionen Jahren eine große Artenvielfalt.

1 Angepasstheiten. Stelle mithilfe der Grundwissenseite in einer Tabelle die Anpassungsmerkmale von Cheirolepis, Lungenfisch und Ichthyostega an ihren jeweiligen Lebensraum zusammen. Übernimm dazu die Tabelle von Abbildung 2 in dein Heft und fülle sie aus.

	Cheirolepis	Lungenfisch	Ichthyostega
Lebensraum			
Atmung			
Gliedmaßen			
Fortbewegung			

2 Anpassungsmerkmale

2 Entwicklung der Gliedmaßen. Vergleiche die abgebildeten Skelette der Vorderbeine von Ichthyostega und eines heute lebenden Amphibs (Abb. 3).

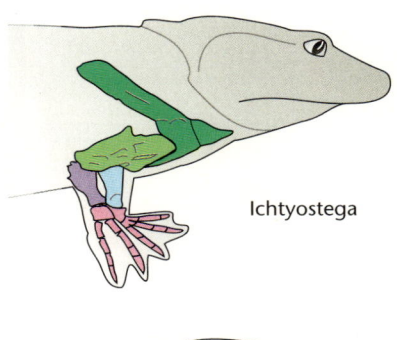

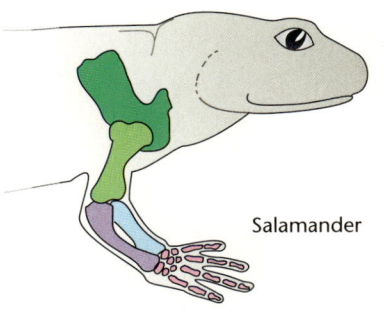

Ichtyostega

Salamander

■ Schultergürtel
■ Oberarmknochen
■ Speiche
■ Elle
■ Handknochen

3 Vorderbeine von Ichthyostega und eines heutigen Amphibs

3 Reihenfolge. Überlege, warum zunächst die Pflanzen und erst später die Tiere das Land besiedelten. Notiere mögliche Gründe.

4 Entwicklungslinien. Vor 435 bis 410 Millionen Jahren, im Silur, lebten ursprüngliche Fische in flachen, warmen, sauerstoffarmen Tümpeln, die leicht austrockneten. Angepasst an diese Bedingungen besaßen sie neben Kiemen auch einfache Lungen. Von diesen ursprünglichen Fischen gehen drei Entwicklungslinien aus. Die erste Entwicklungslinie führt zu den heutigen Knochenfischen wie Hering und Forelle. Im Laufe der Stammesgeschichte bildete sich die Lunge zu einem Auftrieb erzeugenden Organ um, der Schwimmblase.
Eine zweite Entwicklungslinie führt zu den heutigen Knorpelfischen wie dem Hai. Im Laufe dieser Entwicklung wurde das ursprünglich vorhandene Knochenskelett durch ein leichteres Knorpelskelett ersetzt. Die Lunge bildete sich zurück. Haie haben keine Schwimmblase.
Die dritte Entwicklungslinie führt zu den heute lebenden Landwirbeltieren. Im Laufe der Stammesentwicklung bildeten sich die Kiemen zurück, die Lunge wurde zum alleinigen Atemorgan.

a) Übernimm das Diagramm von Abbildung 4 in dein Heft. Setze statt der Ziffern aus den folgenden Begriffen die jeweils passenden ein:
mit Kiemen, ohne Schwimmblase – Umbildung der Lunge – Landwirbeltiere – Rückbildung der Kiemen – mit Kiemen und Schwimmblase – mit Kiemen und Lunge – Knorpelfische.

b) Trage in das Diagramm in anderer Farbe an die passenden Stellen folgende Arten ein: Karpfen, Weißer Hai, Cheirolepis, Dipterus, Ichthyostega.

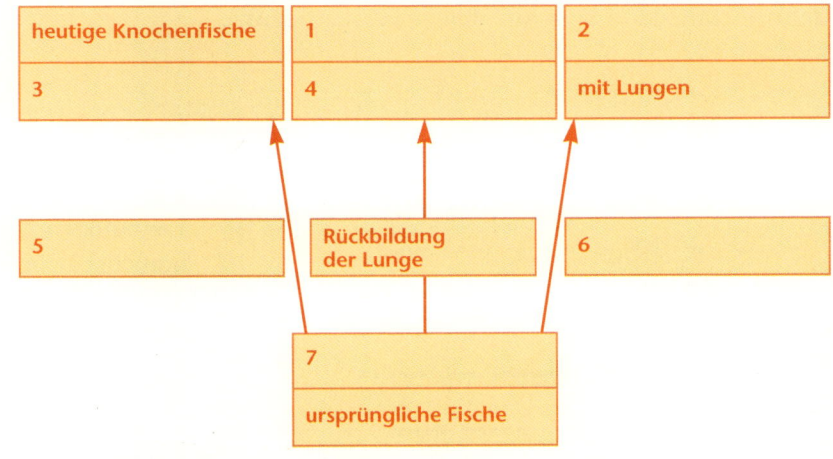

heutige Knochenfische	1	2
3	4	mit Lungen

| 5 | Rückbildung der Lunge | 6 |

7
ursprüngliche Fische

4 Von den Fischen ausgehende Stammesgeschichte

Informationen mithilfe des Internets beschaffen

Durch das Internet steht dir die größte Bibliothek zur Verfügung, die man sich vorstellen kann. Mithilfe vieler Suchprogramme - man nennt sie auch Suchmaschinen - wie „lycos", „fireball", „yahoo" und „Google" kannst du dir über ein Suchwort Internetseiten zu dem von dir gesuchten Thema anzeigen lassen.

Gehe wie folgt vor (hier am Beispiel Google):

1. Gib in das Adressfeld die Adresse google.de ein und drücke die Enter-Taste.
2. Dort, wo der Cursor blinkt, gib ein Stichwort ein.
3. Beschränke die Suche auf „Seiten auf Deutsch".
4. Klicke den Button „Google Suche" an. Das Internet wird dann nach Einträgen durchsucht, in denen dein Stichwort vorkommt.

Es kann passieren, dass die Einträge nichts mit dem von dir gesuchten Thema zu tun haben. Wenn du als Stichwort Tiger eingegeben hast, bekommst du auch Einträge über den Panzer „Tiger". Wenn das der Fall ist, gibst du ein neues Stichwort ein, z. B. „Königstiger" und als zweites Stichwort „Tier". Dadurch beschränkst du die Auswahl auf wesentliche Seiten. Das Wichtigste bei der Suche sind die richtigen Stichwörter, um brauchbare Ergebnisse zu bekommen. Aus den Suchergebnissen kannst du dir jetzt interessante Internetseiten anschauen, indem du mit der Maus auf den jeweiligen Link klickst.

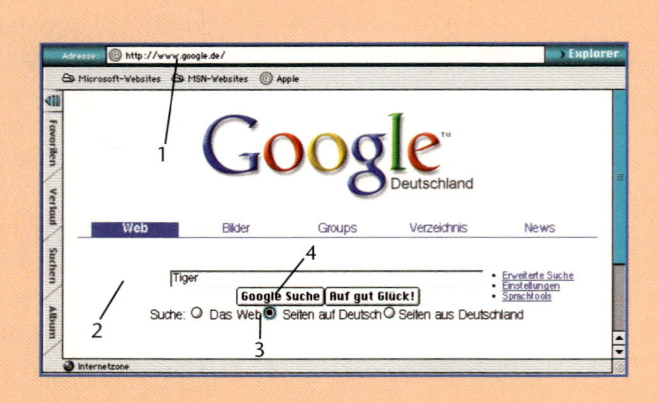

Es ist sinnvoll, interessante Adressen zu speichern. Diese Adressen nennt man Favoriten. Bei einigen Browsern heißen sie auch Lesezeichen. Durch das Hinzufügen der Adressen zu den Favoriten brauchst du beim nächsten Aufruf nicht erst wieder über „Google" zu suchen oder die lange Adresse einzugeben.

So trägst du Adressen bei Favoriten ein:

1. Aufrufen des Menüpunktes Favoriten. Die Liste der bereits gespeicherten Internetadressen wird sichtbar.
2. Den Menüpunkt „Zu Favoriten hinzufügen" wählen
3. Anschließend OK anklicken: Die Internetadresse wird in die Liste der Adressen eingetragen.

Oder anklicken von „Erstellen in": Damit baust du ein Ordnungssystem aus Ordnern auf, mit dessen Hilfe du Adressen schneller wiederfindest. Du kannst beispielsweise die Ordner Sport, Mathe, Englisch und Biologie anlegen. Jedem Ordner kann man noch Unterordner zuordnen. Der Ordner Biologie könnte folgende Unterordner beinhalten:

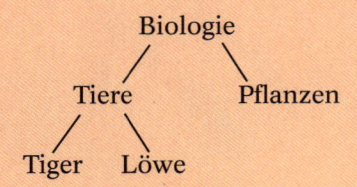

```
            Biologie
           /        \
        Tiere      Pflanzen
       /    \
    Tiger  Löwe
```

Um Bilder aus dem Internet zu ziehen, kann man bei Google auf die Rubrik Bilder klicken.

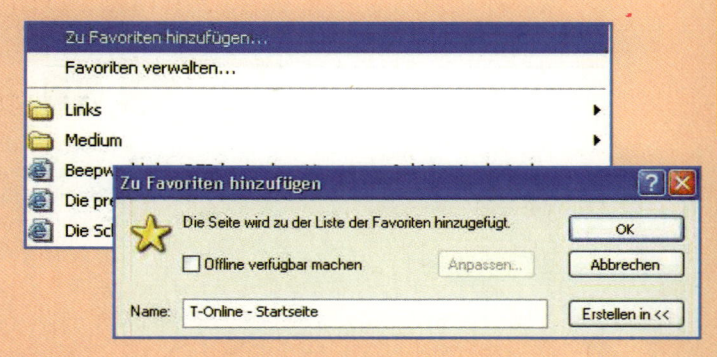

Das passende Bild anklicken und das Kontextmenü mit der rechten Maustaste aufrufen. Dann hat man die Auswahl, das Bild in einem eigenen Ordner zu speichern (Menüpunkt „Bild speichern unter") oder man kopiert das Bild direkt in den Text an die passende Stelle (Menüpunkt „kopieren"). Voraussetzung für das Kopieren bzw. Speichern ist, dass man vorher das Bild markiert hat.

10 Amphibien

10.1 Leben im Wasser und auf dem Land

Haut mit vielen Schleimdrüsen, immer feucht und gut durchblutet. Farbe: Unterschiedlich, meist braun bis gelb mit dunklen Flecken. Stark entwickelte Hinterbeine.

Fängt Beute mit der Klappzunge, die am vorderen Ende des Kiefers festgewachsen ist. Erbeutet nur Tiere, die in Bewegung sind: Insekten, deren Larven, Spinnen, Asseln, Schnecken, Würmer.

Lebt meist an Land. Entfernung zum Gewässer bis 1100 m. Zur Paarungszeit und manchmal zur Überwinterung im Wasser.

Larven: Kaulquappen, die sich von Algen ernähren.

Schwimmhäute zwischen den Zehen an den Hinterbeinen, verschließbare Nasenlöcher.

1 *Grasfrösche in ihrem Lebensraum*

194 Angepasstheit, Vielfalt

Grundwissen

a Feuersalamander
d Erdkröte
b Wasserfrosch
e Bergmolch
c Teichmolch
f Laubfrosch

2 *Verschiedene Amphibienarten*

1 **Amphibien.**
a) Ordne die Steckbriefe 1 bis 9, soweit möglich, den Tieren in Abbildung 2 zu und begründe deine Entscheidung.
b) Versuche zu den übrigen Steckbriefen die entsprechenden Tierarten zu finden.
c) Erstelle einen ausführlichen Steckbrief für den Grasfrosch (Abb. 1).
d) Die Abbildung 2 stellt typische Tiere einheimischer Amphibiengruppen dar. Ordne die Tiere in verschiedene Gruppen und begründe deine Entscheidung.
e) Der Begriff Amphibien kommt aus dem Griechischen „amphi bios" und bedeutet so viel wie „beidseitig lebend". Erläutere den Begriff am Beispiel des Grasfrosches.

1: Größe bis 11 cm. Farbe braun bis oliv, häufig gefleckt, Unterseite leuchtend orange mit dunklen Flecken. Männchen während der Balz mit Hautkamm. Schwanz mit Flossensaum. Meist in Wassernähe. Nahrung: Insekten, Larven, Würmer.

2: Größe bis 30 cm. Farbe der Weibchen braun. Männchen: grüner Kopf, weißer Halsring, brauner Rücken, braune Brust, Unterseite hell. Schwimmhäute an den Füßen. Körperbedeckung: Federn. Nahrung: Kleintiere.

3: Größe bis 10 cm. Farbe grün bis gelb. 4 Flügel, 6 Beine. Legt Eier an Stängel von Wasserpflanzen. Larve im Wasser lebend.
Nahrung: fliegende Insekten.

4: Größe bis 15 cm. Farbe braun bis oliv, Unterseite hell. Gedrungener Körper, warzige Haut. Nur zur Paarung im Wasser. Nahrung: Insekten, Schnecken, Würmer.

5: Größe bis 12 cm. Farbe grün bis oliv mit schwarzen Flecken. Männchen zur Paarungszeit mit seitlichen Schallblasen. Meist im Wasser oder in unmittelbarer Nähe. Nahrung: hauptsächlich fliegende Insekten.

6: Größe bis 5 cm. Farbe grün bis braun, dunkler Längsstreifen an den Seiten. Haftscheiben an Finger- und Zehenenden. Männchen während der Paarungszeit mit Schallblase unter dem Kinn. Im Sommer auf Bäumen und Sträuchern in Wassernähe. Nahrung: fliegende Insekten.

7: Größe bis 150 cm. Farbe dunkelbraun bis schwarz, weißer Kehlfleck. Schwimmhäute zwischen den Zehen. Körperbedeckung: Fell. Nahrung: Fische, Frösche, Vögel, Krebse und Muscheln.

8: Größe bis 12 cm. Farbe dunkel, Unterseite orange. Schwanz mit Flossensaum. Fast immer in Wassernähe oder im Wasser. Nahrung: Insekten, Larven, Würmer, Krebstiere.

9: Größe bis 20 cm. Farbe schwarz mit gelben Flecken oder Streifen. Schwanz ohne Flossensaum. Nahrung: Insekten, Larven, Schnecken, Würmer.

3 *Steckbriefe einheimischer Tierarten*

10.2 Fortpflanzung und Entwicklung

Grasfrösche wandern nach der Winterruhe im Februar oder Anfang März zu ihren **Laichgewässern**. Das sind die Gewässer, in denen die Fortpflanzung stattfindet.

Häufig finden sich die Paare schon auf diesem Weg. Dabei umfasst das Männchen das Weibchen und lässt sich von ihm auf dem Rücken tragen. Im Wasser gibt das Weibchen die Eier in Ballen ins Wasser ab, worauf das Männchen die Spermien dazugibt. Es findet also eine Befruchtung außerhalb des Körpers statt. Dies nennt man eine **äußere Befruchtung**.

Aus den Eiern schlüpfen nach zwei Wochen Larven, die man bei den Amphibien Kaulquappen nennt. Sie atmen mit büschelartigen Außenkiemen und ernähren sich noch etwa zehn Tage lang vom Dottervorrat in den Eiern.

Danach leben die Larven von Algen, die sie von Pflanzenteilen abnagen. Zwei bis drei Wochen nach dem Schlüpfen werden die Kiemen in den Körper verlagert. Man spricht jetzt von inneren Kiemen.

Es folgt das Wachstum der Hinterbeine. Gleichzeitig entwickeln sich die Vorderbeine unter der Haut.

Etwa zehn bis elf Wochen nach dem Schlüpfen bricht zunächst das linke Vorderbein, einige Tage später auch das rechte Bein durch die Haut.

Anschließend wölben sich die Augen vor und der Schwanz wird zurückgebildet. Auch die Kiemen bilden sich zurück. Die Tiere atmen jetzt mit der Lunge. Die jungen Grasfrösche verlassen etwa Mitte Juni das Wasser. Sie ernähren sich nun von lebenden Tieren.

Die Umwandlung des Körpers von der Larve zum Frosch nennt man **Metamorphose**. Es dauert dann noch drei bis vier Jahre, bis die Tiere geschlechtsreif sind.

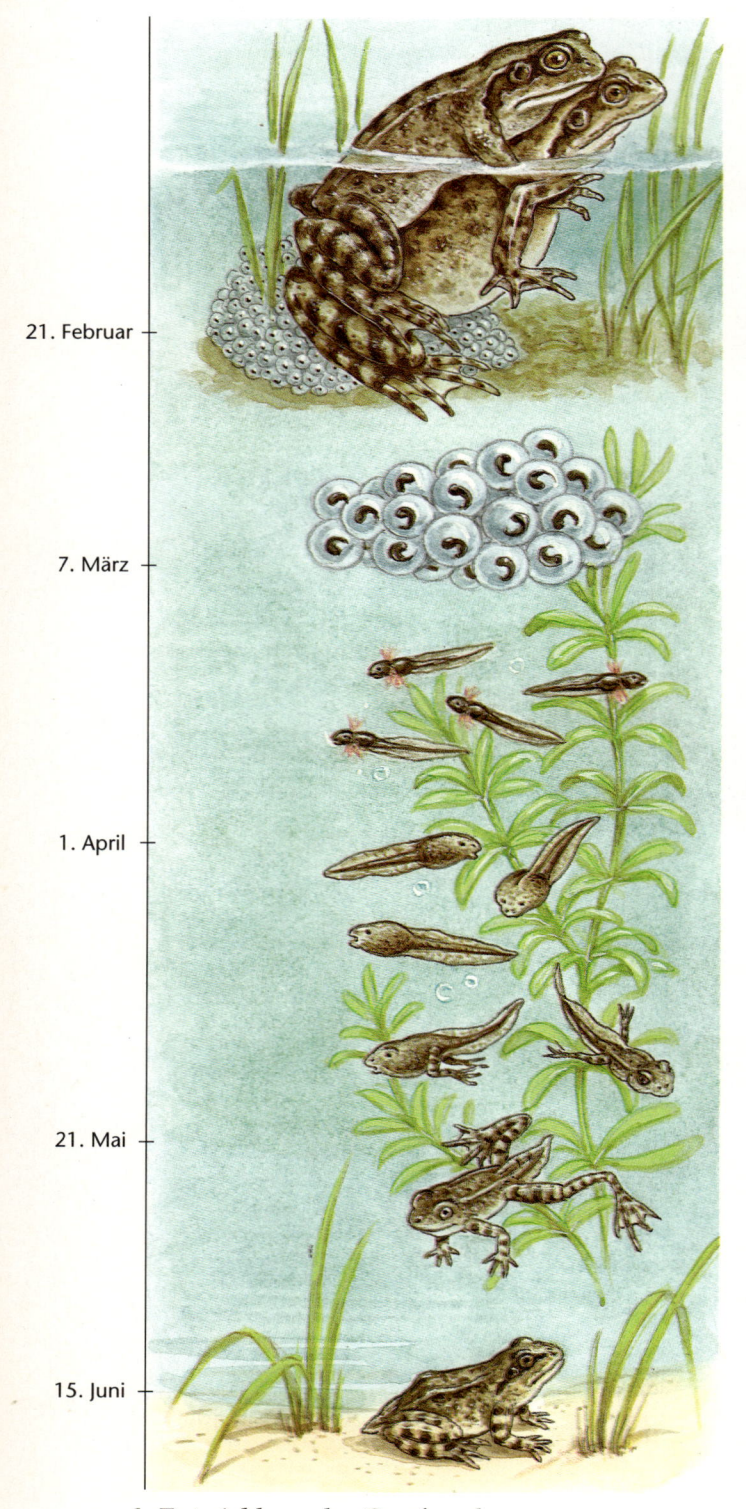

1 *Entwicklung des Grasfrosches*

1 Kaulquappe und Frosch.
a) Lies den Text auf der Grundwissenseite durch, schließe dann das Buch und beschreibe mit eigenen Worten die Entwicklung des Grasfrosches in der richtigen Reihenfolge.
b) Bestimme möglichst genau das Alter der in Abbildung 2 dargestellten Kaulquappen und begründe deine Ansicht.

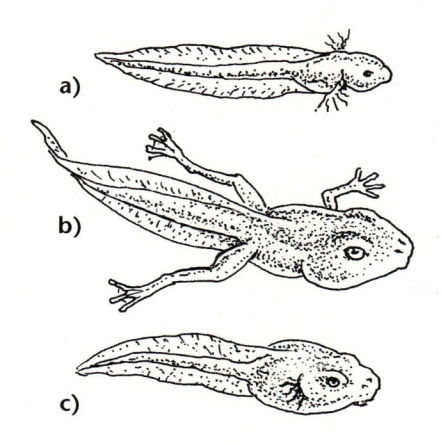

2 *Wie alt sind die Kaulquappen?*

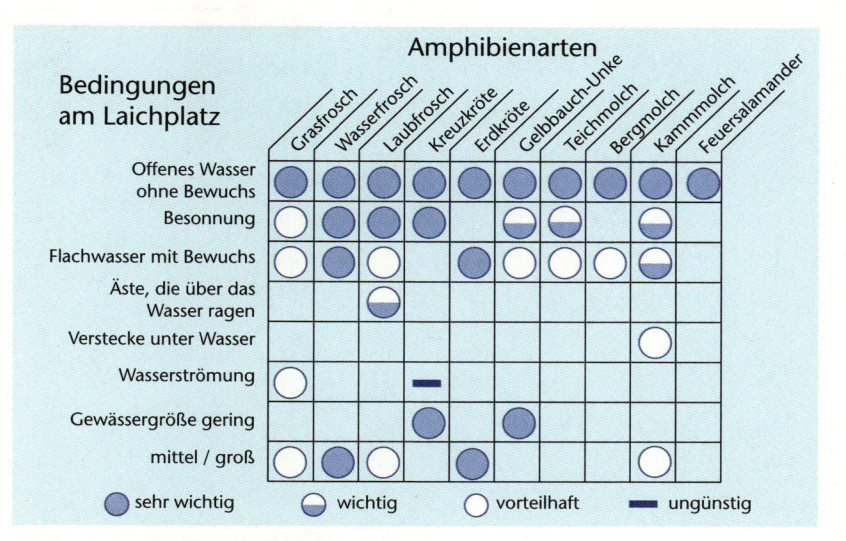

3 Anforderungen an Laichgewässer

Bedingungen am Laichplatz	Grasfrosch	Wasserfrosch	Laubfrosch	Kreuzkröte	Erdkröte	Gelbbauch-Unke	Teichmolch	Bergmolch	Kammmolch	Feuersalamander
Offenes Wasser ohne Bewuchs	●	●	●	●	●	●	●	●	●	●
Besonnung	○	●	●			●	◐	●	◐	
Flachwasser mit Bewuchs	○	●	○		●	○	○	○	◐	
Äste, die über das Wasser ragen						◐				
Verstecke unter Wasser								○		
Wasserströmung	○			▬						
Gewässergröße gering				●		●				
mittel / groß	○	○		●					○	

● sehr wichtig ◐ wichtig ○ vorteilhaft ▬ ungünstig

2 Das Laichgewässer. In Abbildung 3 sind die Anforderungen von Amphibienarten an ihre Laichgewässer zusammengestellt.
a) Untersuche, welche der Gewässer in Abbildung 4 als Laichgewässer für die verschiedenen Amphibienarten in Frage kommen. Begründe deine Entscheidung.

b) Zeichne ein Laichgewässer für den Wasserfrosch in Aufsicht und im Schnitt. Skizziere dazu Wassertiefen, Bewuchs mit Wasserpflanzen, Bäume und Sträucher im Randbereich usw. Stelle begründete Vermutungen an, warum das Gewässer mindestens einen Meter tief sein sollte.

4 *Als Laichgewässer geeignet?*

Arbeitsmaterial

10.3 Atmung und Blutkreislauf

Die Atmung erfolgt bei Kaulquappen durch Kiemen und über die Haut. Die Haut ist dünn und von feinen Blutgefäßen, den Kapillaren, durchzogen. Die Haut ist ebenso wie die Kiemen sehr gut durchblutet. Die beiden Lungenflügel sind schon im späteren Larvenstadium vorhanden, werden aber noch nicht genutzt. Die Kiemen werden während der Metamorphose zurückgebildet, sobald die Umstellung auf Lungenatmung erfolgt ist.

Auch nach der Metamorphose, wenn die Frösche an Land mit Lungen atmen, spielt die Hautatmung noch eine große Rolle. Dazu muss die Haut ständig feucht sein. Aus diesem Grund enthält die Amphibienhaut viele Schleimdrüsen. Trocknet die Haut aus, kann das Tier sterben. Beim Tauchen nehmen die Frösche etwas Sauerstoff über die Haut aus dem Wasser auf. Im Winter können sie sogar ausschließlich durch Hautatmung am Grund der Seen überleben.

Das Herz besteht bei Amphibien aus zwei Vorkammern und einer Hauptkammer. Bei den Kaulquappen wird jedoch nur eine Vorkammer und die Hauptkammer genutzt (Abb. 2). Während der Umwandlung zum erwachsenen Tier wird der Kreislauf umgestellt. Einige Blutgefäße verlieren ihre Funktion und werden abgebaut. Da das sauerstoffarme Blut und das sauerstoffreiche Blut aus den Lungen in die gemeinsame Hauptkammer fließen, entsteht „Mischblut", das in den Körper gepumpt wird (Abb. 2).

1 *Amphibien im Wasser*

Kreislauf des Fisches

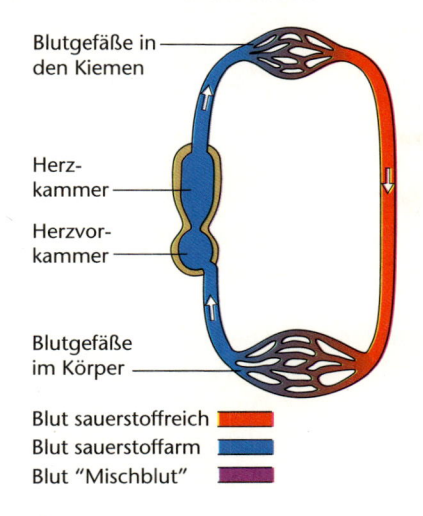

- Blutgefäße in den Kiemen
- Herzkammer
- Herzvorkammer
- Blutgefäße im Körper

Blut sauerstoffreich — rot
Blut sauerstoffarm — blau
Blut "Mischblut" — violett

Kreislauf einer Kaulquappe

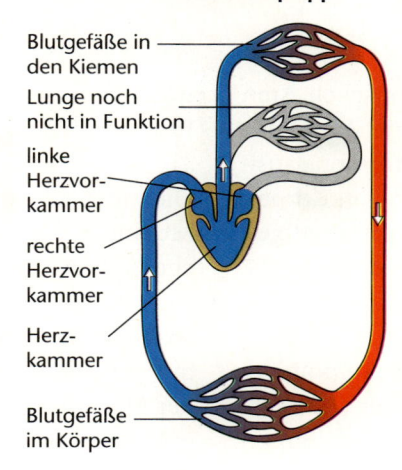

- Blutgefäße in den Kiemen
- Lunge noch nicht in Funktion
- linke Herzvorkammer
- rechte Herzvorkammer
- Herzkammer
- Blutgefäße im Körper

Kreislauf eines Frosches

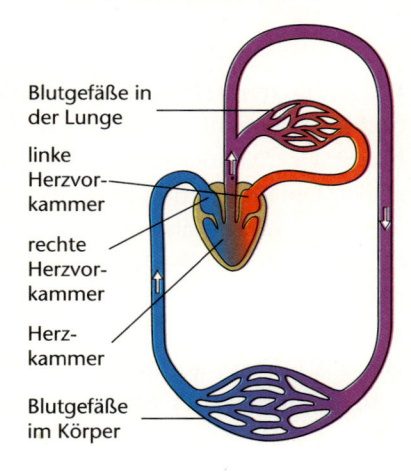

- Blutgefäße in der Lunge
- linke Herzvorkammer
- rechte Herzvorkammer
- Herzkammer
- Blutgefäße im Körper

2 *Vergleich der Blutkreisläufe*

1 Kreislauf. Vergleiche die Blutkreisläufe und Herzen von Fisch, Kaulquappe und Frosch. Beschreibe jeweils in einem Fließdiagramm den Weg des Blutes.

2 Atmung.
a) Finde einen Bezug zwischen den Daten in Abbildung 3 und Abbildung 4, begründe den Zusammenhang. Stelle eine Vermutung zum Lungenaufbau des Feuersalamanders und der Erdkröte auf.
b) Das Ein- und Ausatmen erfolgt bei Fröschen nicht wie bei uns durch Bewegungen des Brustkorbes. Frösche drücken die Luft mithilfe ihrer Mundhöhle in die Lunge. Ordne die Zeichnungen in Abbildung 5 und beschreibe die Funktionsweise dieser Atmung.

	Atmung durch die...		
	Haut	Mundhöhle	Lunge
Erdkröte	27,6 %	0,9 %	71,5 %
Laubfrosch	24,2 %	1,1 %	74,7 %
Feuersalamander	41,4 %	1,3 %	57,3 %
Kammolch	73,7 %	3,0 %	23,3 %

3 *Anteil der Atmung*

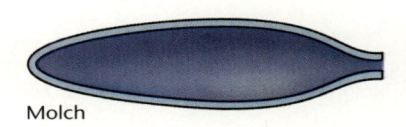

Molch — Frosch

4 *Aufbau eines Lungenflügels*

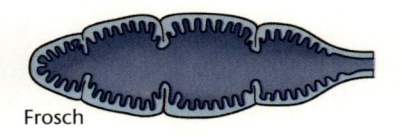

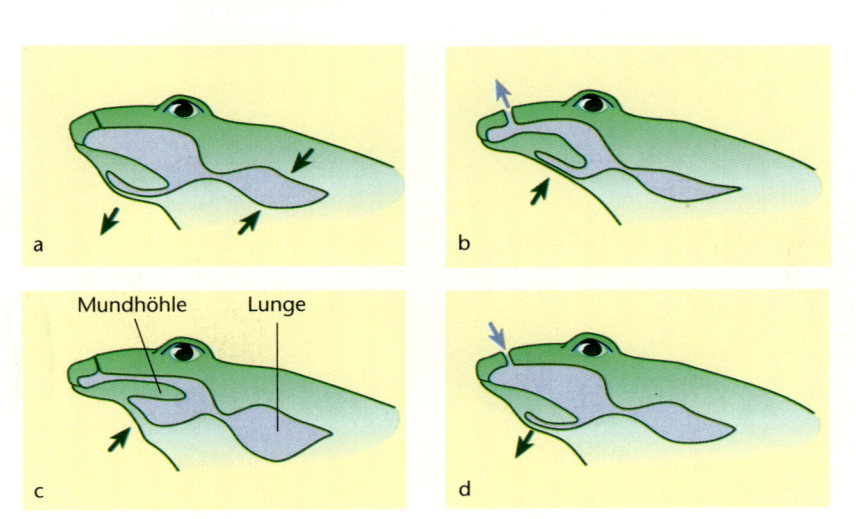

a — b — Mundhöhle — Lunge — c — d

5 *Atmung beim Frosch*

10.4 Wanderungen von Amphibien

Wanderungen treten bei allen einheimischen Amphibienarten auf. Meist wandern die Tiere bei Nacht. Der Wandertrieb wird durch Hormone ausgelöst. Die Produktion dieser Hormone im Körper wird im Wesentlichen durch die Tageslänge gesteuert. Auch das Wetter hat Einfluss auf die Wanderungen.

Die **Frühjahrswanderung** führt die Amphibien vom Winterquartier zum Laichgewässer (Abb. 1). Einige Arten, z. B. Erdkröten, suchen fast immer das Gewässer wieder auf, in dem sie selbst herangewachsen sind. Erdkröten sind besonders standorttreu.

Nach dem Laichen wandern die Tiere zu ihren **Sommerquartieren.** Das sind helle, feuchte Laubwälder mit vielen Pflanzenarten. Dort leben sie von Insekten, Schnecken und Würmern.

Die Jungtiere der meisten Arten verlassen nach der Metamorphose das Laichgewässer und suchen ebenfalls geeignete Sommerquartiere auf.

Bei der **Herbstwanderung** werden die Winterquartiere aufgesucht. Das sind häufig Wälder in der Nähe der Laichgewässer. Die Winterquartiere müssen frostfreie Verstecke bieten, da Amphibien bei tiefen Temperaturen in Kältestarre fallen. Sie können bei stärkerem Frost keine besseren Verstecke aufsuchen und erfrieren. Viele Amphibien überwintern auch am Boden von Gewässern.

1 Wanderungen von Amphibien

2 *Wanderung der Erdkröte*

3 *Amphibienzaun*

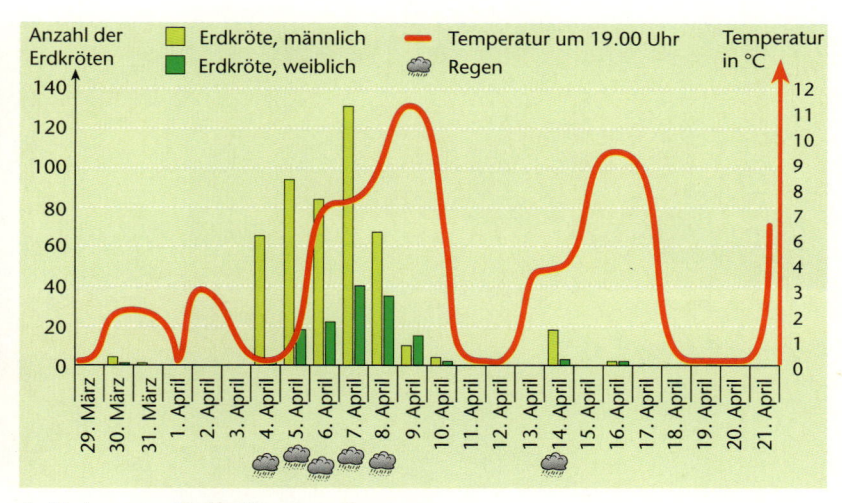

4 *Daten zur Erdkrötenwanderung*

1 Amphibien und Straßenverkehr. Wenn die Wanderwege von Amphibien über Straßen führen, können sehr viele der langsamen Tiere überfahren werden. Zu ihrem Schutz baut man daher zur Zeit der Frühjahrswanderung Zäune. In kurzen Abständen sind am Zaun Eimer in die Erde gegraben (Abb. 3). Die am Zaun entlangkriechenden Tiere fallen in die Eimer und werden von Helfern über die Straße getragen.
a) Übertrage Abbildung 2 als Skizze in dein Heft und beschrifte sie mit folgenden Begriffen: Laichgewässer, Sommerquartier, Winterquartier, Frühjahrswanderung, Herbstwanderung, Sommerwanderung.
Im Lebensraum der Erdkröte wird eine Straße von A nach B gebaut. Zeichne in deine Abbildung diese Straße ein. Welche Folgen hat sie für die Erdkröten?
b) Begründe, warum die Amphibienzäune meist nur während der Frühjahrswanderung aufgebaut werden.
c) Überlege, welche Alternativen zu den Zäunen möglich sind.

2 Die Frühjahrswanderung der Erdkröten zum Laichgewässer.
a) Formuliere die wesentlichen Aussagen der Abbildung 4.
b) Beschreibe anhand der Abbildung 4 das Wanderungsverhalten von Erdkrötenmännchen und Erdkrötenweibchen. Stelle dabei Gemeinsamkeiten und Unterschiede heraus. Überlege, welche Vorteile sich aus dem Verhalten der Geschlechter ergeben.

10.5 Lebensraum und Schutz der Amphibien

1 *Lebensräume von Amphibien*

Amphibien leben im Laufe eines Jahres in ganz verschiedenen Lebensräumen. Im Frühjahr brauchen sie ein Laichgewässer und suchen nach dem Ablaichen ihre Lebensräume auf, meist Wälder und Hecken in der Nähe der Gewässer. Dabei können sich die verschiedenen Amphibienarten unterschiedlich weit vom Laichgewässer entfernen (Abb. 1).

Die größte Gefahr für die einheimischen Amphibien besteht in der Veränderung der Landschaft, die in den letzten 50 Jahren sehr stark vorangeschritten ist. Moderne Anbaumethoden in der Landwirtschaft und die Zunahme der bebauten Fläche führten zum Verlust vieler Lebensräume für Amphibien.

Da viele Amphibienarten bereits sehr selten geworden und einige sogar vom Aussterben bedroht sind, wurden alle einheimischen Amphibienarten unter Schutz gestellt. Die Entnahme von Laich, Larven und erwachsenen Tieren aus der Natur ist verboten. Ein umfassender Schutz der Amphibien kann aber nur gelingen, wenn die Lebensräume der Tiere erhalten bleiben bzw. neue Lebensräume geschaffen werden.

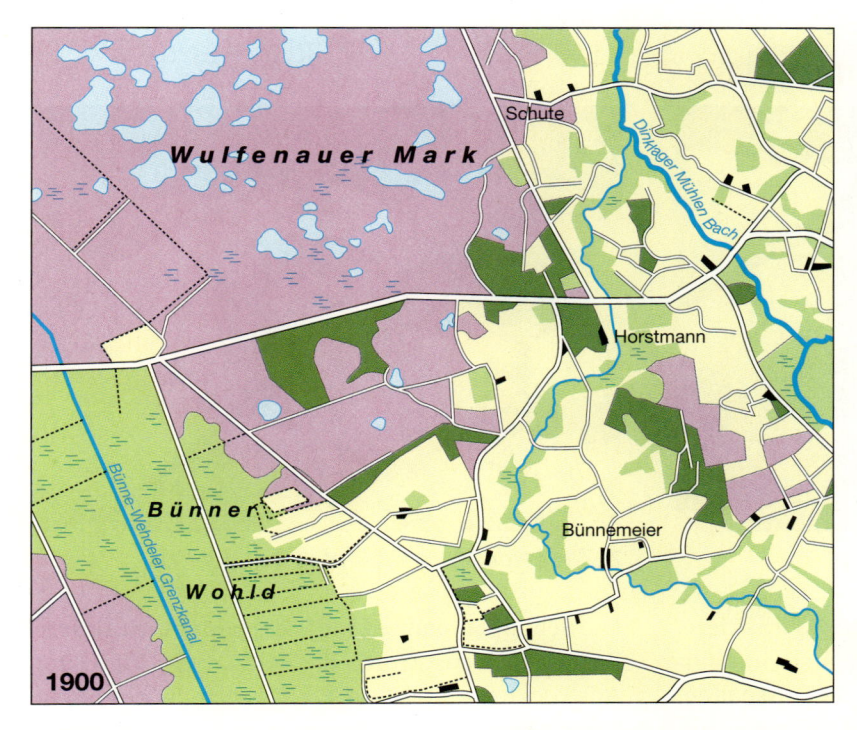

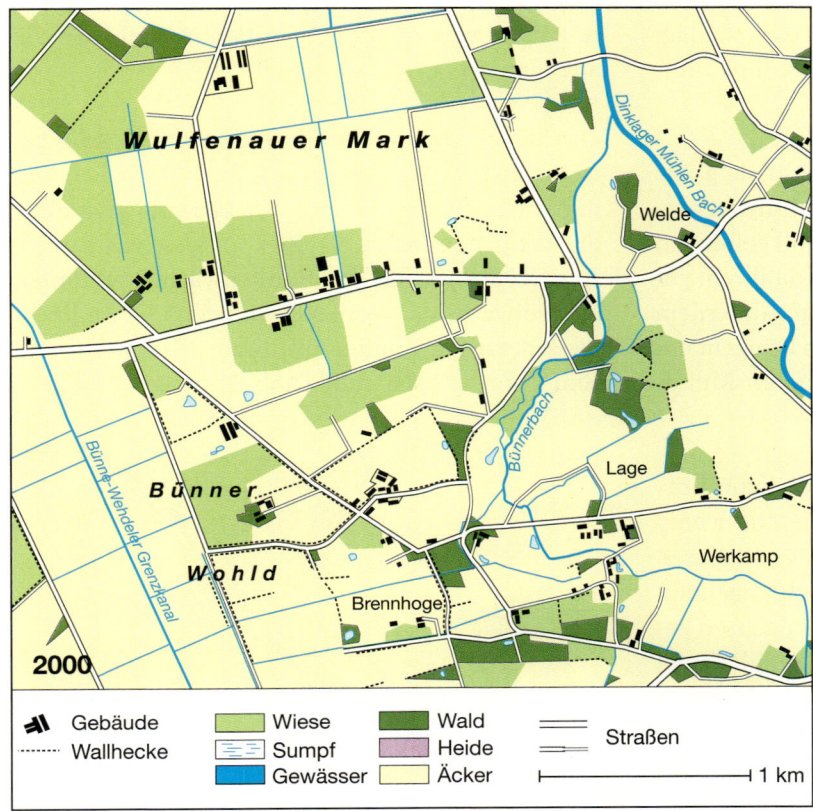

1 Ansprüche an den Lebensraum.

a) Stelle anhand der Abbildung 1 die notwendigen Bestandteile der Lebensräume für Feuersalamander, Erdkröte, Grasfrosch und Teichmolch zusammen.

b) Berechne mithilfe von Abbildung 2 die Kantenlänge eines quadratischen Mindestlebensraums von Erdkröte, Grasfrosch und Molch. Als Mindestlebensraum bezeichnet man die kleinste notwendige Fläche, die von den Tieren zum langfristigen Überleben der Art benötigt wird.

Art	Größe
Erdkröte	15 000 000 m²
Grasfrosch	2 000 000 m²
Molche	500 000 m²

2 Mindestgröße des Lebensraumes

2 Veränderung der Landschaft.

a) Arbeite die Veränderung der Landschaft anhand der Karten in Abbildung 3 heraus.

b) Stelle begründete Vermutungen an, welche Gründe zu dieser Veränderung geführt haben könnten.

c) Diskutiere die Veränderungen in Hinblick auf das Vorkommen und das Überleben von Amphibien. Begründe deine Argumente mit Einzelheiten der Karten.

d) Überlege, wie mit möglichst wenig Aufwand den Amphibien in diesem Gebiet geholfen werden könnte.

3 Veränderung der Landschaft von 1900 bis 2000

Arbeitsmaterial

11 Reptilien

11.1 Das Jahr der Zauneidechse

1 *Zauneidechsen zur Paarungszeit*

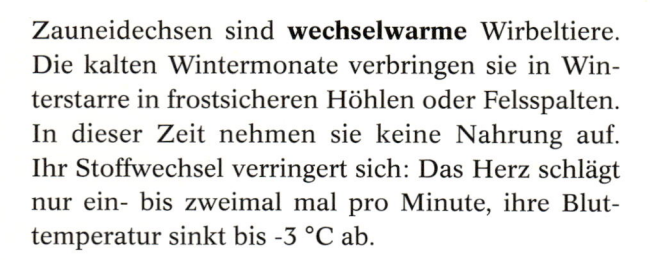

2 *Zauneidechsen schlüpfen aus dem Ei*

Zauneidechsen sind **wechselwarme** Wirbeltiere. Die kalten Wintermonate verbringen sie in Winterstarre in frostsicheren Höhlen oder Felsspalten. In dieser Zeit nehmen sie keine Nahrung auf. Ihr Stoffwechsel verringert sich: Das Herz schlägt nur ein- bis zweimal mal pro Minute, ihre Bluttemperatur sinkt bis -3 °C ab.

Durch die wärmende Sonne im Frühjahr steigt die Körpertemperatur. Jetzt werden die Eidechsen wieder aktiv. Sie verlassen ihr Versteck und gehen auf Jagd nach Insekten. Diese spüren sie mit ihrem gut ausgebildeten Seh- und Gehörsinn auf. Außerdem riechen sie ihre Beute, indem sie durch Züngeln mit ihrer gelappten Zunge Duftproben in den Mundraum transportieren.

Die Beine sind bei den Eidechsen seitlich am Körper, Hüft- und Schultergelenke sind nur wenig beweglich (Abb.3). Dies führt zu einer besonderen Technik der Fortbewegung, dem Schlängellauf. Trotz ihrer Schnelligkeit werden die Eidechsen gelegentlich selbst zur Beute. Wenn sie zum Beispiel von einer Elster am Schwanz gepackt werden, bricht dieser fast unblutig an einer Sollbruchstelle ab. Dadurch gelingt den Eidechsen häufig die Flucht. Es wächst ein neuer kurzer Schwanz nach, allerdings ohne Wirbelknochen.

Die Schuppenhaut der Eidechse besteht wie unsere Fingernägel aus Horn. Sie schützt die Tiere vor Austrocknung und Verletzung. Die Schuppenhaut kann nicht mit der Eidechse mitwachsen. Die Tiere häuten sich mehrmals im Jahr. Dabei wird die alte Haut in Fetzen abgestreift.

Die Männchen sind im Frühjahr auffällig grün gefärbt (Abb. 1). So werben sie um die Weibchen und imponieren Rivalen. Nach der Paarung vergraben die Weibchen bis zu 14 Eier im weichen Boden. Ausgebrütet durch die Sonnenwärme schlüpfen nach etwa zehn Wochen die Jungen. Sie schlitzen die lederartige Eihülle mit ihrem Eizahn auf und sind sofort selbstständig (Abb. 2).

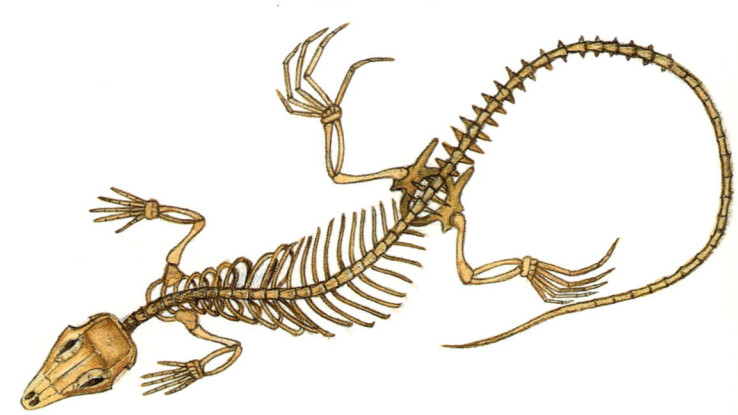

3 *Skelett einer Zauneidechse*

Angepasstheit, Fortpflanzung

Grundwissen

1 Schlängellauf. Baue ein Modell einer Eidechse aus dünner Pappe in doppelter Größe. Bewege das Modell mithilfe von Stecknadeln auf einer Styroporplatte vorwärts und beschreibe die Fortbewegung dieser Tiere. Achte vor allem auf die starren Hüft- und Schultergelenke und die Wirbelsäule.

2 Nahrungsbedarf. Der Nahrungsbedarf einer Eidechse beträgt im Sommer etwa 2 g pro Tag. Die etwa gleich schwere Spitzmaus benötigt täglich 8 g Nahrung. Welche Ursachen könnte dieser Unterschied haben?

3 Regulation der Körpertemperatur. Die Abbildung 6 zeigt die Möglichkeiten einer Eidechse zur Regulation ihrer Körpertemperatur.
a) Schreibe die Aussagen des Schemas in Form eines zusammenhängenden Textes in dein Heft.
b) Erstelle ein ähnliches Schema zur Regulation der Körpertemperatur für Säugetiere.

4 Schlängellauf

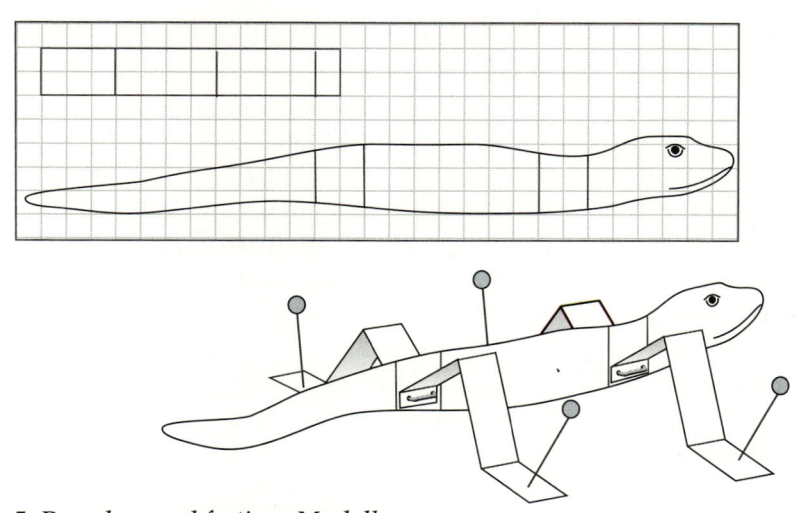

5 Bauplan und fertiges Modell

6 Schema zur Regulation der Körpertemperatur

hohe Körpertemperatur — hohe Außentemperatur — niedrige Außentemperatur — niedrige Körpertemperatur
Aufsuchen schattiger Orte — Vorzugstemperatur 38 °C — Aufsuchen besonnter Steine
Wärmeaufnahme verringert sich — Wärmeaufnahme vergrößert sich

Arbeitsmaterial

11.2 Körpertemperatur und Beweglichkeit

1 Wechselwarme Tiere: a) Blindschleiche (Reptil), b) Bergmolch (Amphibie), c) Hummel (Insekt)

Tiere setzen aus der Nahrung die Energie für ihre Lebenstätigkeiten frei. Gleichwarme Tiere müssen viel Nahrung aufnehmen, um genug Energie für die Aufrechterhaltung ihrer Körpertemperatur zur Verfügung zu haben. Ihre Muskeln sind durch die gleich bleibende Körpertemperatur auch bei niedrigen oder sehr hohen Außentemperaturen leistungsfähig. Sie sind innerhalb eines breiten Temperaturbereiches in der Lage ein aktives Leben zu führen (Abb. 2)

Fische, Amphibien, Reptilien und die Insekten sind Beispiele für wechselwarme Tiere (Abb.1). Die Körpertemperatur wechselwarmer Tiere hängt von der Umgebungstemperatur ab. Bei niedriger Umgebungstemperatur ist die Körpertemperatur der wechselwarmen Tiere niedrig. Ihre körperliche Leistungsfähigkeit, zum Beispiel die Arbeit der Muskeln, ist dann stark eingeschränkt. Sie können sich dann oft nur langsam bewegen (Abb. 2). Je wärmer es ist, umso beweglicher und aktiver ist ein wechselwarmes Tier. Wenn die Lufttemperatur niedrig ist, wärmen sich wechselwarme Tiere auch durch die Wärmestrahlung der Sonne auf. Diese Aufwärmung an der Sonne geht sehr rasch vor sich, da ihr Körper kaum Wärmeisolation aufweist. Im Schatten oder bei niedriger Außentemperatur kühlen wechselwarme Tiere schnell wieder ab. Sehr hohe und sehr niedrige Temperaturen sind für wechselwarme Tiere gefährlich. Bei sehr niedrigen Temperaturen fallen sie in eine Kältestarre und sterben bei weiter fallenden Temperaturen. Bei sehr hohen Temperaturen fallen sie in eine Wärmestarre und die Lebensvorgänge sind eingeschränkt. Eine länger andauernde Wärmestarre verursacht nicht rückgängig zu machende Schäden. Die Wärmestarre geht dann in den Hitzetod über (Abb. 2).

Wechselwarme Tiere benötigen, anders als gleichwarme Tiere, kaum Energie zur Aufrechterhaltung der Körpertemperatur. Sie benötigen auch weniger Nahrung als gleich große gleichwarme Tiere.

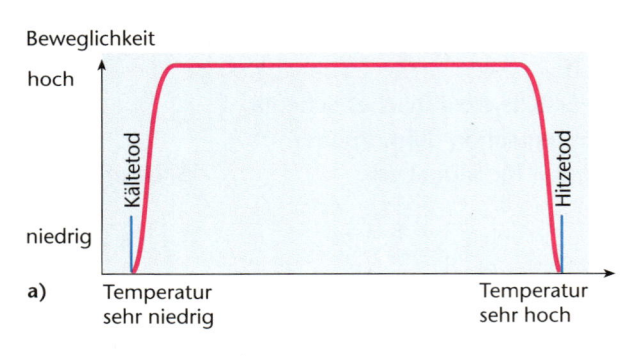

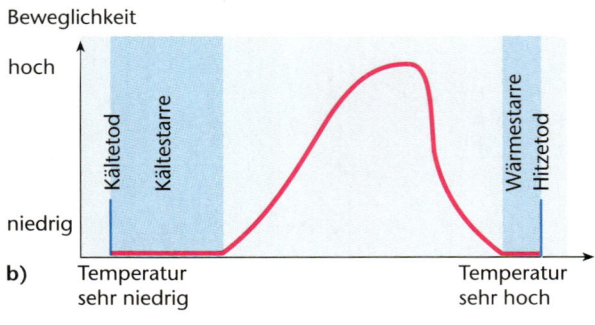

2 Temperatur und Beweglichkeit bei gleichwarmen und wechselwarmen Tieren

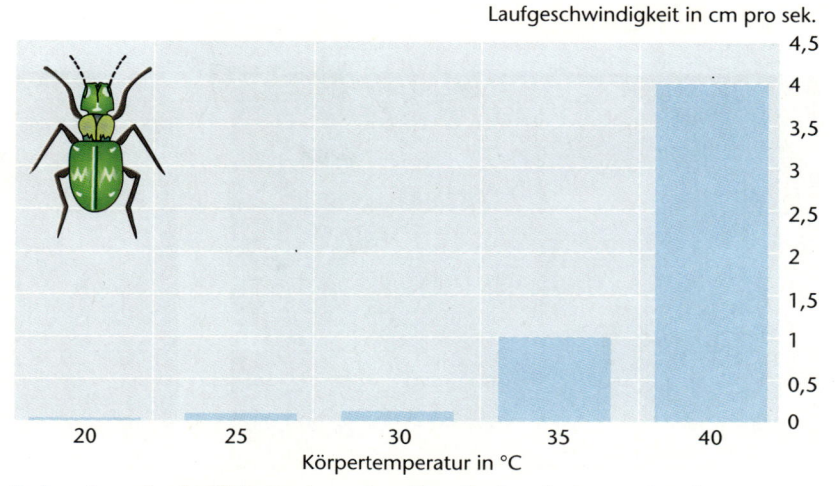

1 Gleichwarme und wechselwarme Tiere.

a) Welches der beiden Diagramme in Abbildung 2 stellt den Zusammenhang zwischen Temperatur und Beweglichkeit bei einem gleichwarmen Tier dar, welches bei einem wechselwarmen Tier? Begründe deine Entscheidung.

b) Erläutere die Diagramme in Abbildung 2 mithilfe des Grundwissentextes.

c) Stelle Eigenschaften von gleichwarmen und wechselwarmen Tieren in einer Tabelle gegenüber. Formuliere einen Text, in dem du auf Vor- und Nachteile eingehst. Verwende dabei Begriffe wie Energie, Nahrungsaufnahme, Beweglichkeit, Isolation und Erhitzung des Körpers.

2 Beweglichkeit eines wechselwarmen Tieres. Der Sandlaufkäfer ist ein Insekt. In einem Versuch wurde seine Laufgeschwindigkeit bei verschiedenen Temperaturen gemessen (Abb. 3). Formuliere die Ergebnisse schriftlich und erkläre sie.

3 Eidechsen in der Wüste. In der Hitze der Wüste gelingt es Eidechsen, durch ihr Verhalten eine Überhitzung ihres Körpers zu verhindern. Beschreibe das Diagramm in Abbildung 4. Nenne Auffälligkeiten. Welches Verhalten liegt diesem Verlauf der Körpertemperatur zu Grunde? Beschreibe das Verhalten der Eidechse als Angepasstheit an die Hitze der Wüste.

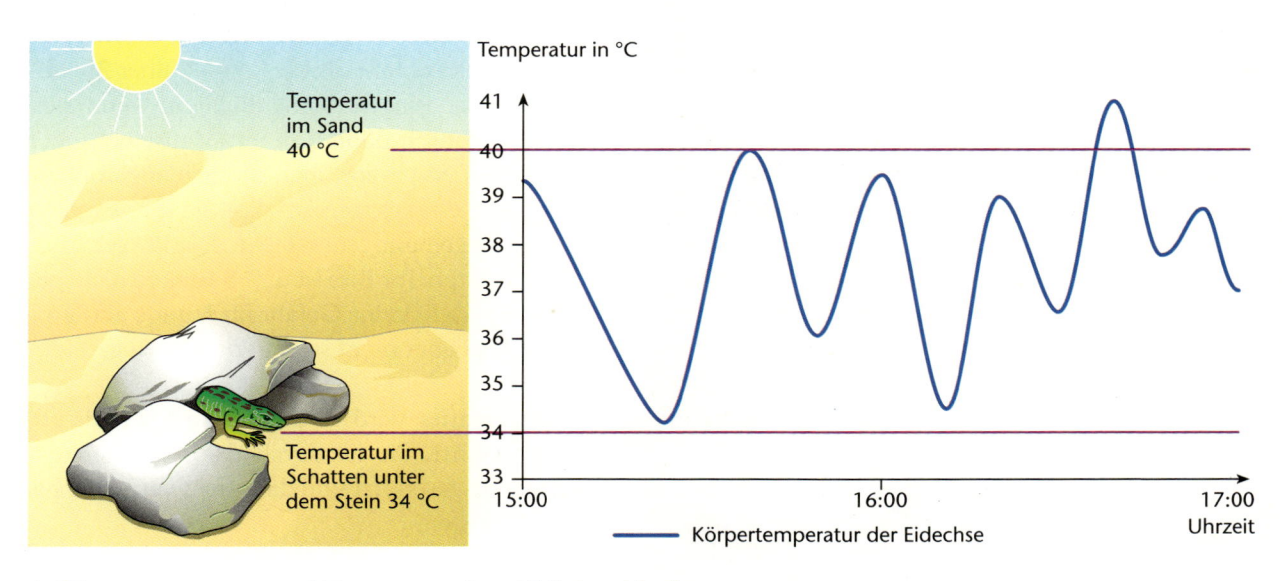

3 *Laufgeschwindigkeit eines Sandlaufkäfers bei verschiedenen Körpertemperaturen*

4 *Körpertemperatur und Bewegung einer Wüsteneidechse*

11.3 Schlangen

1 *Ringelnatter*

2 *Ringelnatter frisst Frosch*

Die bis zu 1,20 m lange Ringelnatter lebt in Wassernähe und kann hervorragend schwimmen (Abb. 1). Dort findet sie ihre bevorzugten Beutetiere: Frösche, Kröten und Fische. Kleingartensiedlungen mit Gartenteichen und Komposthaufen zählen inzwischen auch zu ihrem Lebensraum.

Schlangen bewegen sich ohne Beine schlängelnd vorwärts. An der Bauchseite ihres lang gestreckten Körpers haben Ringelnattern breite Bauchschuppen (Abb. 8). Diese sind über Sehnen mit den Rippen verbunden. Mit den Rippenmuskeln können die Schlangen ihre Rippen einzeln bewegen. Dadurch werden die Bauchschilder aufgestellt und wieder angelegt. Durch Einhaken im rauen Untergrund schiebt sich der Körper gleichmäßig und lautlos nach vorne.

Schlangen nehmen durch Züngeln mit ihrer gespaltenen Zunge Duftstoffe auf, um sie an den Gaumen zu bringen, wo sich ihr Riechorgan befindet. So können sie der Duftspur der Beutetiere folgen. Mit ihren wenig leistungsfähigen Augen können die Ringelnattern Beutetiere erst dann sehen, wenn diese durch einen Sprung flüchten. Als gute Schwimmer können Ringelnattern ihrer Beute in das Wasser folgen.

Ringelnattern verschlingen ihre Beute als Ganzes, ohne sie zu zerkleinern. Sie können Frösche fressen, die größer sind als ihr eigener Kopf (Abb. 2). Ein zusätzlicher Knochen zwischen Schädelknochen und Unterkieferknochen ermöglicht eine sehr weite Öffnung des Mauls (Abb. 7).

Die Ringelnatter ist **wechselwarm**. Nach der **Kältestarre**, die von Oktober bis Anfang April dauert, paaren sich die Ringelnattern. Im Juni oder Juli legen die Weibchen in Pferdemist, Laub oder Kompost zwischen 20 und 40 Eier ab. Im September schlüpfen die jungen Schlangen aus den Eiern. Die Jungtiere sind nur zwei Zentimeter lang. Junge Ringelnattern häuten sich während des Wachstums vier- bis sechsmal im Jahr, sie können über 20 Jahre alt werden. Ringelnattern flüchten, wenn sich ihnen ein Mensch nähert, in ein Mauseloch oder unter Steine. Nur wenn man die Schlangen überrascht, kann es vorkommen, dass sie ein Angriffsverhalten zeigen und laut zischen. Die Ringelnatter beißt sehr selten. Ihr Biss ist für Menschen nicht gefährlich. Sie stellt keine Gefahr für Hunde und Katzen dar, wird aber nicht selten von diesen getötet.

Die Ringelnatter wird in der Roten Liste als gefährdet geführt. Sie ist durch das Bundesnaturschutzgesetz geschützt und darf nicht verfolgt bzw. belästigt werden.

3 *Skelett der Ringelnatter*

Angepasstheit, Fortpflanzung

Grundwissen

Die Kreuzotter kennzeichnet sich durch die auffällig kleinen Kopfschuppen. Ihre Färbung ist überaus verschieden, ein dunkler, längs des Rückens verlaufender Zickzackstreifen aber stets vorhanden und deshalb als Merkmal beachtenswert. Sie bewohnt jede Örtlichkeit: Wald und Heide ebenso gut wie Weinberge, Wiesen, Felder, Moore und selbst Steppen. In den Alpen steigt sie bis zu einem zweitausend Meter über dem Meere liegenden Gürtel empor und gefällt sich in einem Gelände, in welchem sie sich höchstens drei Monate im Jahre ihrer Freiheit erfreuen kann, drei Viertel ihres Lebens aber winterschlafend verträumen muß. Die Nahrung besteht vorzugsweise in warmblütigen Tieren, wie in Mäusen und Maulwürfen.

4 Beschreibung der Kreuzotter nach Brehm´s Tierleben 1876

6 Kreuzotter

Die Kreuzotter erreicht eine Gesamtlänge von 90 cm, wobei die Weibchen größer werden als die Männchen. Die Färbung der Oberseite reicht bei Männchen von fast weiß über silber, grau, grüngrau, braungrau bis zu gelbbraun und bei Weibchen von sandgelb über gelbrot, rost- oder kupferfarben bis dunkelbraun. Das Zickzackband auf dem Rücken ist bei Männchen schwärzlich und scharf abgesetzt, bei den Weibchen dagegen bräunlich und weniger deutlich. Sie besiedelt ein breites Spektrum an Biotopen wie Waldränder, Waldlichtungen, Heidegebiete, Moore, Feuchtwiesen, gestrüppreiche Kanal- und Bahndämme, Steinbrüche, Kies- und Tongruben. Die Höhenverbreitung reicht bis 3000 m.
Die Kreuzotter ist überwiegend tagaktiv. Sie ernährt sich hauptsächlich von Kleinsäugern, Fröschen und Eidechsen. Jungtiere bevorzugen junge Braunfrösche und Waldeidechsen. Kreuzottern töten ihre Beute durch ihr Gift. Die verendete Beute wird mit dem Kopf zuerst im Ganzen verschlungen. Kreuzottern sind wechselwarme Tiere, deren Körpertemperatur von der ihrer Umgebung abhängig ist. Nur wenn es warm genug ist, können sie aktiv sein. Während der kalten Jahreszeit fallen Schlangen in in eine Kältestarre, die z. B. im Hochgebirge von Ende September bis Ende März dauern kann. Die Winterstarre verbringen die Schlangen in Erdlöchern oder Felsspalten.

5 Beschreibung der Kreuzotter heute

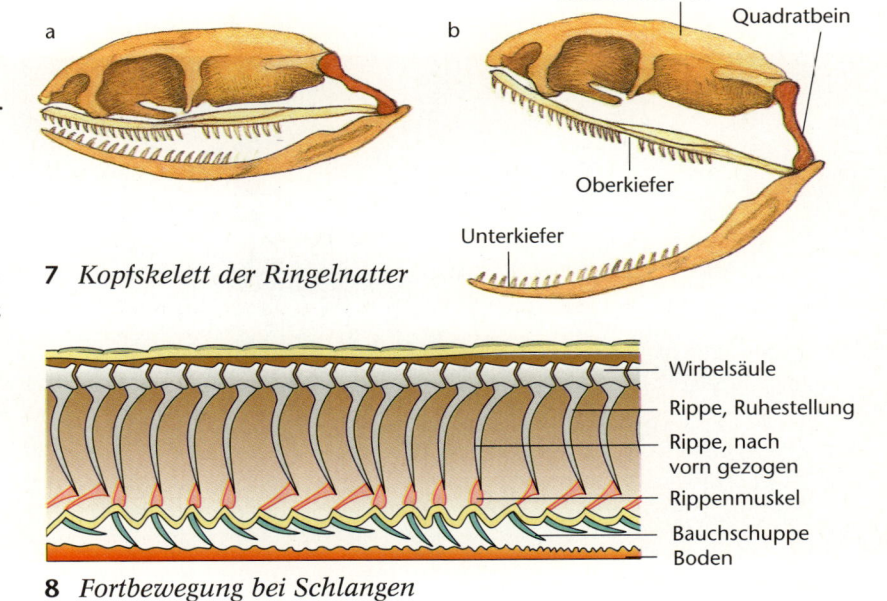

1 **Vergleich Kreuzotter.** Stelle in einer Tabelle die Aussagen zu Lebensweise und Verbreitung der Kreuzotter gegenüber (Abb. 4, 5). Vergleiche die alte und die heutige Tierbeschreibung. Kannst du Unterschiede finden?

2 **Nahrungsaufnahme.** Schlangen können ihre Beute als Ganzes hinunterwürgen. Welche Besonderheiten des Skelettes sind dazu notwendig? Erarbeite die Lösung mithilfe der Abbildung 7.

3 **Fortbewegung.** Beschreibe mithilfe der Abbildung 8 den Schuppengang der Schlangen.

7 Kopfskelett der Ringelnatter

8 Fortbewegung bei Schlangen

Arbeitsmaterial

11.4 Vielfalt der Reptilien

Man kennt heute über 6000 verschiedene Arten von Reptilien. Sie werden verschiedenen Gruppen zugeordnet. Reptilien sind wechselwarm und kommen daher vor allem in wärmeren Ländern vor. Einige Arten sind an kalte Klimazonen angepasst.

Schildkröten: Schildkröten leben an Land oder im Wasser. Die Eiablage erfolgt immer an Land. Der feste Panzer besteht aus Horn und Knochen (Abb. 3). Weil der Brustkorb unbeweglich ist, pumpen Schildkröten durch Bewegungen des Halses oder der Vorderbeine Luft in die Lungen.

Echsen: Die Echsen bilden die artenreichste Gruppe der Reptilien. Die Beine der Echsen haben lange Zehen mit Krallen. Die größte aller Echsen ist der Komodo-Waran, der ausschließlich auf einigen wenigen Inseln in Indonesien vorkommt. Es gibt auch Echsen wie unsere Blindschleiche, deren Beine zurückgebildet sind. Zu den Echsen gehören auch Eidechsen und das in den Tropen lebende Chamäleon (Abb. 1, 2).

Schlangen: Nattern, Ottern, Vipern, Boas, Kobras und Mambas gehören zu den Schlangen. Alle Schlangen sind Fleischfresser. Ihre Beute schlingen sie unzerteilt hinunter.

Krokodile: Der Schwanz dient als Ruder und zwischen den Zehen der Hinterbeine spannen sich Schwimmhäute. Ohren, Nasenlöcher und Augen liegen auf der Oberseite des Kopfes. Wenn ein Krokodil im Wasser auf Beute lauert, taucht der Körper ins Wasser, nur Augen und Nasenlöcher ragen heraus.

1 *Bergeidechse*

2 *Chamäleon beim Beutefang*

Vielfalt, Struktur+Funktion

Grundwissen

Hals
Bei dieser Schildkröte krümmt sich der zurückgezogene Hals in S-Form.

Rückenpanzer
Der Rückenpanzer besteht aus vielen verwachsenen Platten. Jede Platte besteht aus einer Horn- und einer Knochenschicht, dazwischen liegt eine Hautschicht mit Blutgefäßen und Nerven.

Kiefer
Die Kiefer sind zahnlos und von einem Hornschnabel bedeckt.

Bauchpanzer
Der Bauchpanzer besteht meist aus 13 Platten. Bauch- und Rückenpanzer sind seitlich miteinander verwachsen.

3 *Skelett einer Schildkröte*

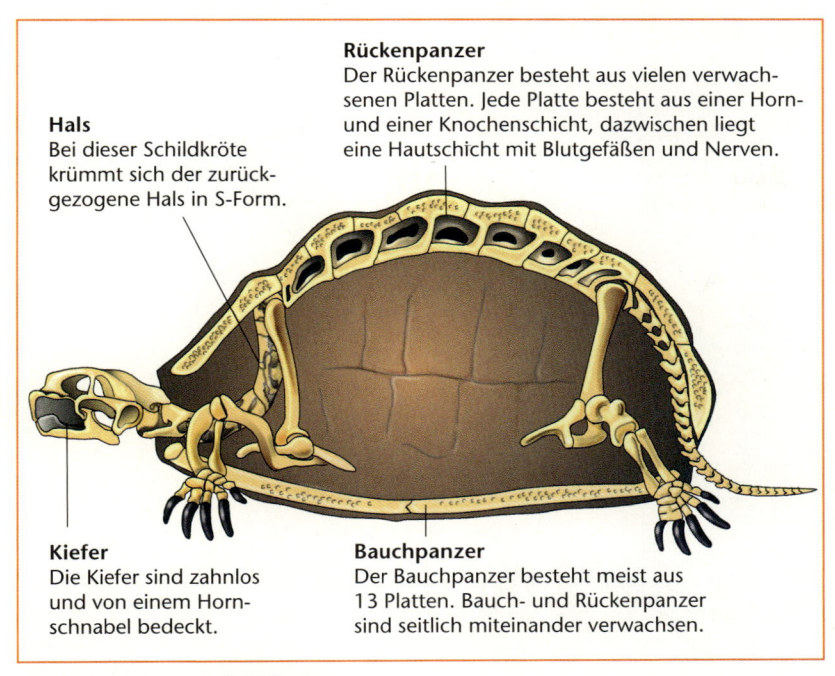

1 Schildkröten-Panzer. Beschreibe, welche Probleme der Panzer für Fortbewegung, Atmung und Wachstum einer Schildkröte aufwirft (Abb. 3).

2 Angepasstheiten bei Echsen.
a) Beschreibe die Angepasstheiten der Bergeidechse mit denen sie den langen Winter nördlich des Polarkreises übersteht (Abb. 1, 4).
b) Beschreibe die Angepasstheiten der Chamäleons an ihren Lebensraum (Abb. 2, 5).

Die Bergeidechse dringt höher ins Gebirge und weiter nach Norden vor als jedes andere Reptil (Abb. 1). Sie kommt noch nördlich des Polarkreises in Finnland vor. Acht Monate liegt das Gebiet unter Schnee. Den Bergeidechsen bleiben nur vier Monate für Fressen, Wachsen und Fortpflanzen.
Forscher haben herausgefunden, wie die wechselwarmen Bergeidechsen den langen Winter überstehen: Sie können gefrieren ohne zu erfrieren. In einem trockenen Versteck fallen sie in eine Eisstarre. Das Herz hört auf zu schlagen und die Atmung steht still. Erwärmt sich nach Monaten die Umgebung, erwacht die Eidechse innerhalb von etwa zwei Tagen aus der Eisstarre wieder zum Leben. Die Forscher lüfteten auch das Geheimnis, warum die Bergeidechsen in der Eisstarre nicht erfrieren: Bevor die Tiere in Eisstarre verfallen, erhöhen sie den Gehalt an Zucker im Blut sehr stark. Das zuckerreiche Blut entzieht dem Gewebe Wasser. Dadurch können sich keine zerstörerischen Eiskristalle in den Zellen bilden. Außerhalb der Zellen gefriert die Körperflüssigkeit offenbar ohne den Bergeidechsen zu schaden. Beim Auftauen nehmen die Zellen wieder Wasser auf und werden wieder funktionstüchtig.

4 *Gefrieren ohne zu erfrieren*

Die meisten Chamäleons sind Baumbewohner und jagen Insekten oder andere Gliederfüßer. Die Zehen der Füße sind zum Greifen geeignet und können auch dünne Äste umfassen. Der Greifschwanz der Chamäleons wirkt wie eine fünfte Hand. Beide Eigenschaften sind vorteilhaft für die kletternde Lebensweise. Chamäleons können ihre Körperfarbe rasch ändern und dadurch mit ihrer Umgebung verschmelzen. Diese Tarnung schützt vor Feinden. Die Augen stehen hervor und können unabhängig voneinander bewegt werden. Dadurch können Chamäleons hervorragend räumlich sehen. Das wiederum ist von Vorteil, wenn die Echse mit ihrer langen Zunge auf Beute zielt (Abb. 2). Bei den Chamäleons ist die Zungenmuskulatur besonders ausgebildet. Wenn ein Chamäleon ein Beutetier gesichtet hat, richtet es den Körper auf die Beute aus. Die Zunge im Maul des Chamäleons ist stark zusammengestaucht. Nahe der Zungenspitze befindet sich ein Beschleunigungs-Muskel. Sobald das Maul geöffnet wird, schnellt die Spitze der Zunge mit einer Geschwindigkeit von fünf Metern pro Sekunde hervor. An der äußersten Zungenspitze befinden sich Drüsen und Muskeln, die die Beute festhalten. Muskeln ziehen die Zunge samt Beute rasch zurück.

5 *Angepasstheiten beim Chamäleon*

11.5 Das Zeitalter der Reptilien

1 *Saurier in ihrem Lebensraum im Zeitalter des Jura*

Landlebende Amphibien mit kräftigen Gliedmaßen waren die Vorfahren der Reptilien. Die ältesten **Reptilien** traten vor 320 Millionen Jahren auf. Reptilien legen Eier, in denen die Embryos vor Austrocknung geschützt sind. So sind sie vom Wasser unabhängig. Seit der Zeit vor 250 Millionen Jahren entwickelten die Reptilien in Gestalt der Saurier eine enorme Artenvielfalt. Sie besiedelten alle Lebensräume (Abb. 1).

Stromlinienförmige Meeressaurier jagten im Meer nach Beute. Flugsaurier flogen geschickt durch den Luftraum. Ähnlich wie die Vögel besaßen sie hohle Knochen. Von den Flugarmen bis zum Körper war eine Flughaut ausgespannt. Sie erreichten Spannweiten von mehreren Metern. An Land lebten die Dinosaurier. Im Gegensatz zu den heute lebenden Reptilien befanden sich ihre Beine direkt unter dem Körper, ähnlich wie bei den heutigen Säugetieren. Nur aufgrund dieser Stellung konnten die Beine das oft enorme Gewicht der Tiere tragen. Außerdem konnten die Beine ungehindert unter dem Leib schwingen. Dies ermöglichte weite Schritte und schnelles Laufen. Die Dinosaurier nutzten verschiedene Nahrungsquellen: Pflanzen, Fleisch und Aas. Sie erreichten sehr unterschiedliche Größen. Unter den Pflanzenfressern finden sich die größten Tiere, die je auf der Erde lebten. Die kleinsten, nur knapp hundegroßen Dinosaurier gehörten zu den Fleischfressern. Alle Dinosaurier legten Eier. Manche bauten Erdnester und bedeckten die Eier mit Laub. Die Wärme des verrottenden Laubs brütete die Eier aus. Andere nisteten dicht gedrängt in Kolonien. Teilweise wurden die Jungen nach dem Schlüpfen von den Eltern versorgt. Vermutlich waren manche Dinosaurier nicht wie die heutigen Reptilien wechselwarm, sondern konnten ihre Körpertemperatur zumindest teilweise konstant halten.

Etwa 150 Millionen Jahre lang waren die Saurier die vorherrschende Tiergruppe. Vor etwa 65 Millionen Jahren starben die Saurier und viele andere Arten aus. Vermutlich war eine erdumfassende Katastrophe, der Zusammenstoß mit einem großen Himmelskörper, die Ursache. Das Zeitalter der Säugetiere begann.

Stammesgeschichte, Vielfalt

Grundwissen

1 Land – Wasser – Luft. Ähnlich wie die Saurier im Erdmittelalter sind die Säugetiere und Vögel heute in allen Lebensräumen vertreten. Schreibe die Tabelle von Abbildung 2 in dein Heft und ergänze sie.

Leben ...	Vertreter der Saurier	Vertreter der Säugetiere	Vertreter der Vögel
an Land als Pflanzenfresser			
an Land als Fleischfresser			
im Wasser			

2 *Leben in verschiedenen Lebensräumen*

2 Aussehen der Saurier. Welche der Merkmale von Pterodactylus in Abbildung 1 sind durch Fossilfunde zu belegen (Abb. 3)? Welche entstammen der Fantasie der Wissenschaftler?

3 Was fraß Analosaurus? Betrachte Schädel und Unterkiefer von Analosaurus (Abb. 4). Was hat dieses Tier gefressen? Begründe deine Antwort, indem du den Schädel mit einem dir bekannten Säugetierschädel vergleichst.

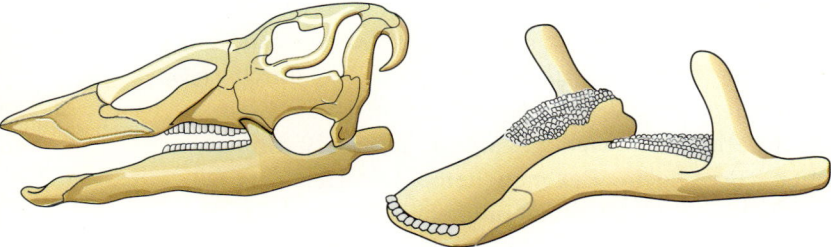

3 *Fossilfund von Pterodactylus*

4 *Schädel und Unterkiefer von Analosaurus*

Arbeitsmaterial

12 Vögel

12.1 Vögel beobachten und bestimmen

1 Zwei einheimische Vögel

Wer einen Vogel bestimmen will, sollte ihn möglichst genau beobachten und sich seine wichtigsten Merkmale einprägen. Fernglas, Fotoapparat und Bestimmungsbuch sind nützliche Hilfsmittel zur Vogelbeobachtung. Mit Notizblock und Stift können die Beobachtungen notiert oder in einer Skizze festgehalten werden.

Um herauszufinden, zu welcher Art ein Vogel gehört, werden verschiedene Merkmale betrachtet. Die Größe wird von der Schnabelspitze bis zum Ende des Schwanzes angegeben. Hilfreich ist ein Vergleich mit bekannten Vögeln. Ist der beobachtete Vogel so groß wie ein Spatz, eine Taube, eine Ente oder noch größer? Ist der Körper schlank oder eher rundlich? Auch wenn viele Vögel durch ein schlichtes Gefieder gut getarnt sind, ist die Gefiederfärbung ein wichtiges Merkmal beim Bestimmen von Vögeln. Bei manchen Vogelarten sind Weibchen und Männchen unterschiedlich gefärbt. In der Regel sind die Männchen bunter als die Weibchen. Auch die Form der Flügel und des Schwanzes kann eine Rolle spielen, ebenso die Schnabelform. Beine und Zehen der Vögel haben unterschiedliche Formen und Farben. Sie sind aber häufig schlecht zu sehen. Auch die Bewegungsweise eines Vogels auf dem Boden oder in der Luft gibt einen Hinweis auf die Vogelart. Greifvögel können anhand ihrer Flugbilder bestimmt werden (Abb. 2). Der Vogelgesang ist ein weiteres charakteristisches Merkmal der Vögel. Es gibt Menschen, die einen Vogel allein an seinem Gesang erkennen.

2 Flugbilder — Mäusebussard, Turmfalke

Vielfalt, Struktur+Funktion

Grundwissen

1 Beschreiben und vergleichen. Fertige die schriftliche Beschreibung eines Vogels aus Abbildung 1 an. Vergleiche deine Beschreibung mit denen von zwei oder drei anderen Schülerinnen und Schülern.
Welche Unterschiede fallen euch auf? Stelle Vermutungen an, warum die Beschreibungen verschieden sind.

2 Bestimmungsmerkmale. Erstelle eine Tabelle mit allen Bestimmungsmerkmalen aus Abbildung 3. Trage in die Tabelle die Merkmale der Vögel von Abbildung 1 und 3 ein, die du erkennen kannst.

3 Vergleichen. Durch welche Merkmale können die Vögel in Abbildung 4 voneinander unterschieden werden?

3 Bestimmungsmerkmale

Labels: Scheitel, Hinterkopf, Nacken, Rücken, Flügel, Schwanz, Schnabel, Kehle, Brust, Bauch, Beine, Zehen

4 Karteikarten als Lernhilfe. Lege Karteikarten mit den Merkmalen jeweils eines Vogels an. Die Vogelbilder kannst du abzeichnen, scannen oder aus dem Internet herunterladen.

4 Haussperling (Weibchen und Männchen) und Feldsperling (Männchen)

Arbeitsmaterial

Kennübung Vögel

1 Vögel erkennen. Ordne die Beschreibungen der Vogelarten den Vögeln in der Abbildung zu. Schreibe die Vogelart und den dazugehörigen Buchstaben auf. Hast du die Vögel richtig zugeordnet, ergibt sich ein Lösungswort.

(1) Spatzengroß; Kehle und Brust rötlich, Bauch weiß, Rücken braun; sucht auf dem Boden nach Nahrung: Rotkehlchen

(2) Amselgroß; schwarz mit metallischem Schimmer, kurzer Schwanz; stochert im Boden; oft in großen Scharen: Star

(3) Spatzengroß; Kopf und Kehle schwarz, weiße Wangen, Brust gelb mit schwarzem Längsstreifen; frisst Insekten an Bäumen: Kohlmeise

(4) Taubengroß; grau mit weißen Flecken rechts und links am Hals; lautes Flügelschlagen beim Abflug: Ringeltaube

(5) Doppelt so groß wie eine Taube; braun mit Streifen und Flecken; kräftiger, nach unten gebogener Schnabel; sitzt oft auf Bäumen oder Pfosten an der Straße: Mäusebussard

(6) Amselgroß; Männchen schwarz mit gelbem Schnabel, Weibchen braun; stochert im Rasen nach Regenwürmern: Amsel

(7) Kleiner als ein Spatz; Scheitel, Flügel und Schwanz blau, Brust und Bauch gelb; in Bäumen oft kopfunter: Blaumeise

(8) Spatzengroß; Männchen: Kopf und Rücken grau, Kehle schwarz, Brust und Schwanz rostrot; Weibchen braun; hüpft auf der Suche nach Insekten über den Boden: Gartenrotschwanz

Methode

(9) Amselgroß; schwarzweiß; Männchen mit rotem Streifen am Hinterkopf; läuft an Stämmen hoch: Buntspecht

(10) Größer als eine Taube; weiß und schwarz mit schillerndem Glanz; sehr langer Schwanz; hüpft auf dem Boden, oft an Straßen: Elster

(11) Größer als eine Taube; langer heller Hals, sonst braun; spitzer Schnabel; im Sommer rötliche Halskrause und schwarzer Schopf; taucht minutenlang: Haubentaucher

(12) Größer als eine Taube; schwarz mit weißem Schnabel und weißer Stirn; Beine grün, auf Teichen mit Schilf: Blesshuhn

(13) Kleiner als ein Spatz; rundlich; braunes Gefieder; kurzer, hochgestellter Schwanz; oft auf dem Boden und in Hecken: Zaunkönig

(14) Größer als ein Spatz; schwarz mit heller Kehle; schmale, lange, sichelförmige Flügel; fast immer in der Luft, fliegt oft in Gruppen: Mauersegler

(15) Größer als ein Spatz; Kehle und Nacken schwarz, Stirn, Wangen und Bauch weiß; langer Schwanz; wippt oft mit dem Schwanz: Bachstelze

(16) Spatzengroß; Oberseite blauschwarz, Unterseite weiß; jagt Insekten im schnellen Flug, oft in der Nähe von Ställen: Mehlschwalbe

217

12.2 Federn

1 a) Schwungfeder, b) Deckfeder, c) Daunenfeder

Vögel haben ein gemeinsames Kennzeichen, das sie von anderen Lebewesen unterscheidet. Sie haben Federn (Abb. 1). Federn bestehen aus Horn. Das ist ein leichter und elastischer, aber stabiler Stoff.

Die **Schwungfedern** sitzen am Vogelflügel (Abb. 1a), sie sind trotz ihres geringen Gewichtes sehr fest, aber auch biegsam. In der Mitte einer Feder befindet sich der Federschaft (Abb. 2, 3). Nach beiden Seiten zweigen die Federäste mit den Bogen- und Hakenstrahlen ab. Sie sind so miteinander verbunden, dass sie eine geschlossene Fläche bilden, die Federfahne. Wenn die Federfahne nach einem Flug oder durch starken Wind aufreißt, bringt der Vogel sie wieder in die richtige Position, indem er sich schüttelt oder mit dem Schnabel darüber streicht.

Bei vielen Vögeln sind die **Deckfedern** auffällig gefärbt (Abb. 1b). Diese Federn liegen dachziegelartig am Körper übereinander. Durch die Färbung des Gefieders können sich die Vögel untereinander erkennen. Unter den Deckfedern sitzen die weichen **Daunenfedern** (Abb. 1c). Bei kaltem Wetter plustert sich der Vogel auf. Dadurch gelangt viel Luft zwischen die Daunenfedern. Dieses Luftpolster schützt den Vogel gegen eine zu hohe Wärmeabgabe, denn Luft leitet die Wärme schlecht, sie isoliert.

Die Vögel fetten ihr Gefieder ständig ein, damit es wasserabweisend wird. Dazu verteilen sie mit dem Schnabel Fett aus einer Drüse am Schwanz, der Bürzeldrüse, über ihr Gefieder.

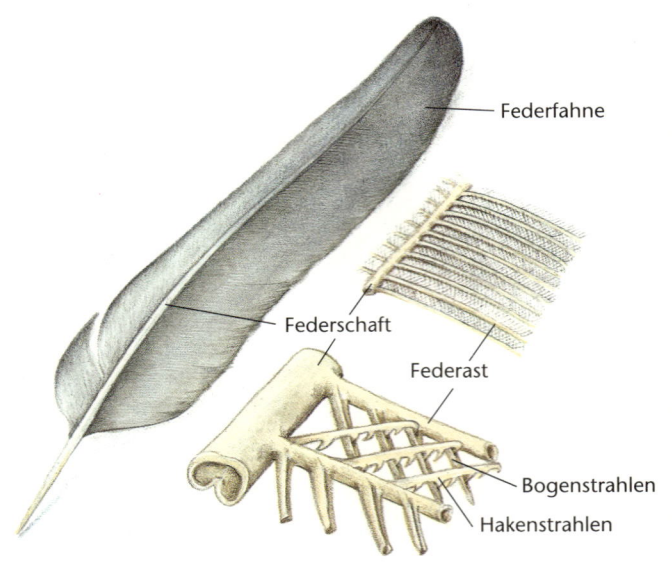

2 Aufbau einer Schwungfeder

3 Schwungfeder, 20fach vergrößert

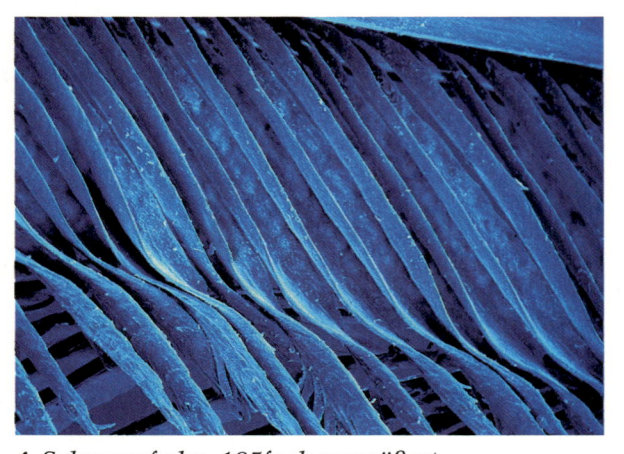

4 Schwungfeder, 185fach vergrößert

Struktur+Funktion, Stoffe+Energie

Grundwissen

1 Bedeutung der Federn für Vögel. Beschreibe mithilfe von Abbildung 5 die Bedeutung der Federn für Vögel.

2 Federgewicht. Wiege eine größere Feder. Lege sie auf einen Bogen Papier, zeichne den Umriss nach und schneide diesen aus. Wiege die Papierfeder. Vergleiche beide Messergebnisse.

3 Amsel bei unterschiedlichen Temperaturen. Ordne den Zeichnungen in Abbildung 6 die dazugehörige Temperatur zu: +40 °C, +20 °C, 0 °C und -20 °C. Begründe deine Zuordnung.

4 Halten Federn warm? Drei Reagenzgläser sind mit 40 °C warmem Wasser gefüllt (Abb. 7). Die Reagenzgläser stehen in unterschiedlich gefüllten Bechergläsern. In Abständen von fünf Minuten wurde die Temperatur des Wassers gemessen. Beschreibe und erkläre die Messwerte.

5 Bedeutung der Federn für Vögel

6 Wie warm ist es?

	Beginn	5 min	10 min	15 min	20 min
Federn, locker	40 °C	34,6 °C	29,5 °C	26,8 °C	24,8 °C
Federn, dicht	40 °C	32,4 °C	27,0 °C	24,0 °C	21,5 °C
Luft	40 °C	29,8 °C	26,7 °C	22,5 °C	19,8 °C

5 Eine Schreibfeder herstellen. Stelle eine Schreibfeder nach der Anleitung in Abbildung 8 her und versuche damit zu schreiben.

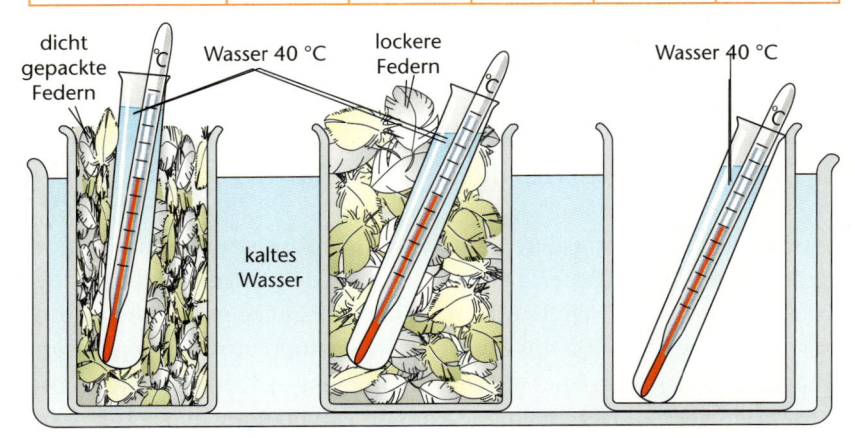

7 Halten Federn warm?

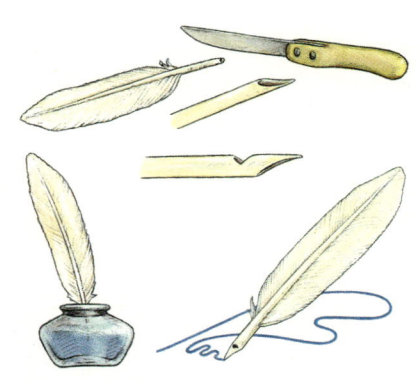

8 Herstellung einer Schreibfeder

12.3 Vögel – Wirbeltiere in Leichtbauweise

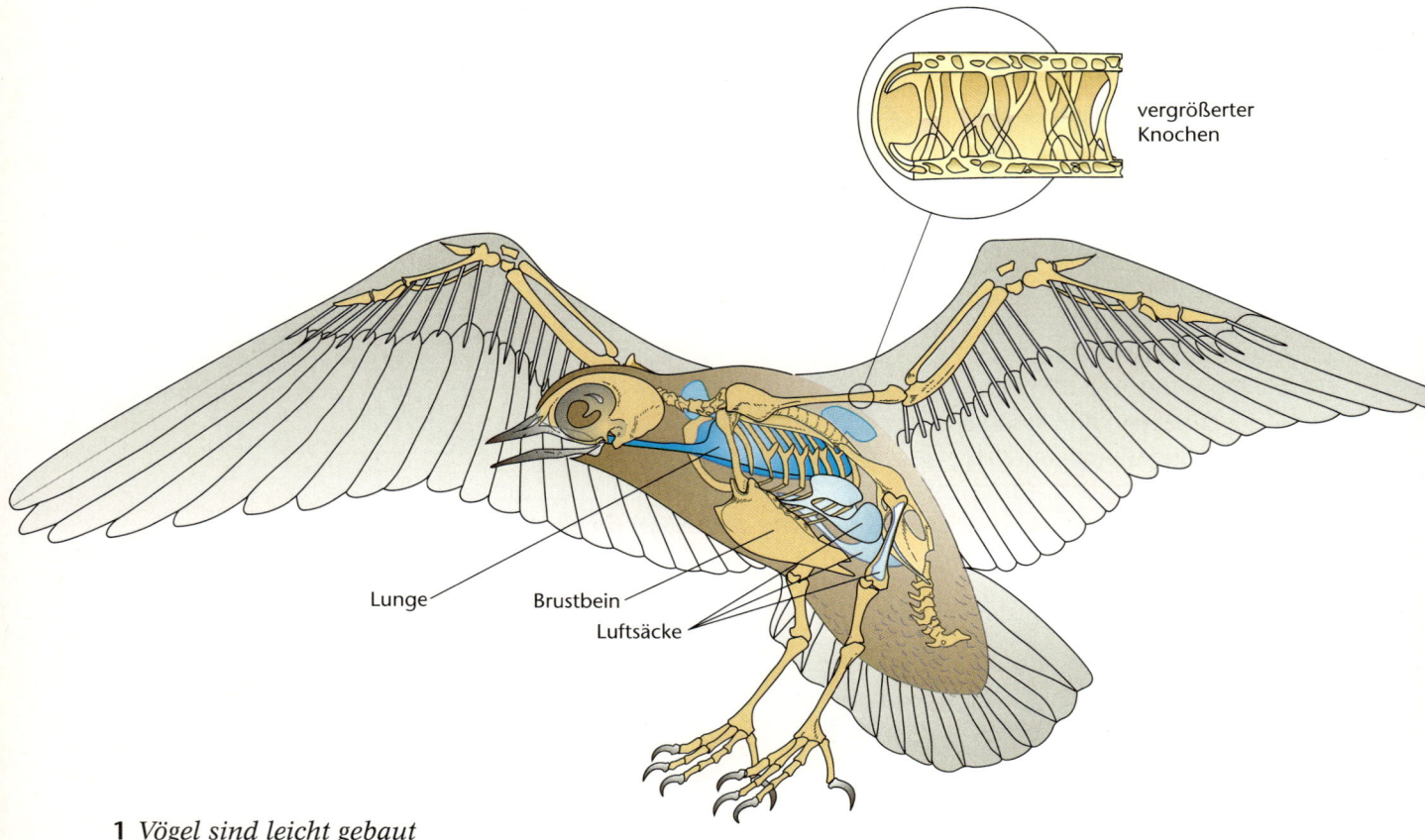

vergrößerter Knochen

1 *Vögel sind leicht gebaut*

Vögel sind an das Leben in der Luft angepasst (Abb. 1). Die Fortbewegung in der Luft erfordert einen leichten Vogelkörper. Die Schädelknochen sind sehr dünn. Die Beinknochen der Vögel sind mit Luft gefüllt. Ihnen fehlt das Knochenmark, das die Knochen anderer Wirbeltiere ausfüllt. Trotzdem sind Vogelknochen sehr hart und widerstandsfähig. Die notwendige Stabilität wird wie bei einem Fachwerkhaus durch ein Netz von Verstrebungen erreicht. Federn und Schnabel sind aus Horn, einem sehr leichten Material.

Zahlreiche Luftsäcke durchziehen den Vogelkörper (Abb. 1). Das sind Ausstülpungen der Lunge, die im ganzen Körper verteilt sind, sogar zwischen den Muskeln und den Organen. Einzelne Luftsäcke reichen mit ihren Verzweigungen tief in die Knochen hinein. In die Luftsäcke nimmt der Vogel Luft auf. Mithilfe der Luftsäcke können Vögel den Sauerstoff in der Luft besser nutzen. Das ist auch ein Grund dafür, dass Zugvögel 5000 m hohe Gebirge überqueren können.

Das Brustbein ist bei Vögeln besonders breit ausgebildet. Es besteht aus einem leichten und elastischen Material, dem Knorpel. Am Brustbein setzen die kräftigen Muskeln an, die eine schnelle und ausdauernde Bewegung der Flügel ermöglichen. Um ihre Masse für das Fliegen gering zu halten, verdauen die Vögel ihre Nahrung schnell.

Ihre Leichtbauweise und eine stromlinienförmige Körperform ermöglichen den Vögeln erstaunliche Flugleistungen. Eine Küstenseeschwalbe kann 5000 km ohne Zwischenstopp zurücklegen, Mauersegler erreichen Spitzengeschwindigkeiten von 180 km/h. Sie können wochenlang in der Luft sein und fliegen.

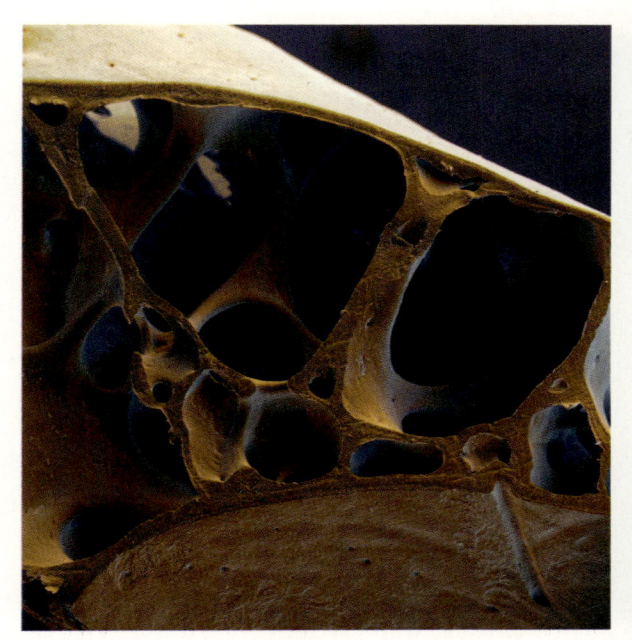

2 Aufgeschnittener Knochen eines Falken, 40fach vergrößert

3 Eiffelturm

1 Vogelknochen.
a) Beschreibe anhand der Abbildung 2 den Aufbau eines Vogelknochens.
b) Das Prinzip, nach dem Vogelknochen gebaut sind, hat der Mensch beim Bauen verwendet (Abb. 3). Um welches Prinzip handelt es sich? Welche Vorteile hat es beim Bauen?

2 Vergleich Flügel – Arm.
Das Flügelskelett eines Vogels ist ähnlich wie das Armskelett eines Menschen gebaut. Vergleiche mithilfe von Abbildung 4 das Skelett eines Vogelflügels mit dem Armskelett eines Menschen. Übertrage die beiden Zeichnungen in dein Heft. Male gleiche Skelettteile in gleichen Farben aus. Beschrifte das Armskelett des Menschen.

3 Vergleich der Körpermassen.
a) Vergleiche mithilfe von Abbildung 5 die Masse der Vögel mit der etwa gleich großer Säugetiere. Bilde jeweils Paare. Lege eine Tabelle an. Erläutere das Ergebnis des Vergleichs.
b) Berechne die Masse pro Zentimeter Körperlänge. Fertige ein Diagramm an und werte es aus.

	Körperlänge	Masse
Feldhase	65 cm	4000 g
Amsel	25 cm	100 g
Wildkaninchen	46 cm	1800 g
Rabenkrähe	48 cm	550 g
Kohlmeise	14 cm	18 g
Stockente	61 cm	1200 g
Igel	28 cm	700 g
Feldmaus	15 cm	30 g

5 Vergleich Vögel – Säugetiere

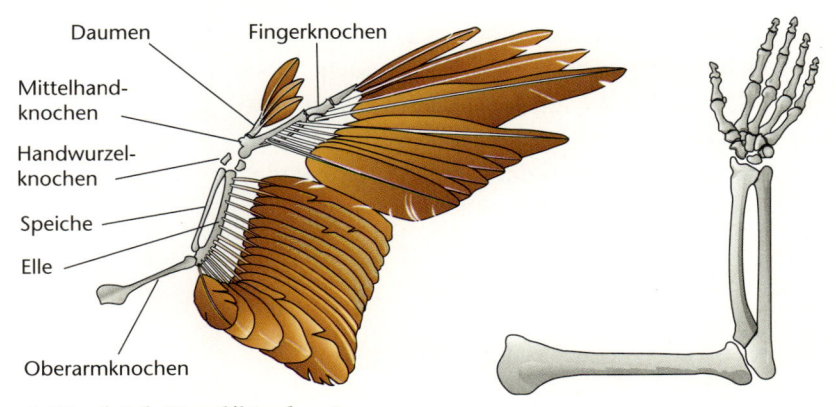

Daumen — Fingerknochen — Mittelhandknochen — Handwurzelknochen — Speiche — Elle — Oberarmknochen

4 Vergleich Vogelflügel – Arm

Arbeitsmaterial

12.4 Wie Vögel fliegen

1 Gleitflug beim Basstölpel

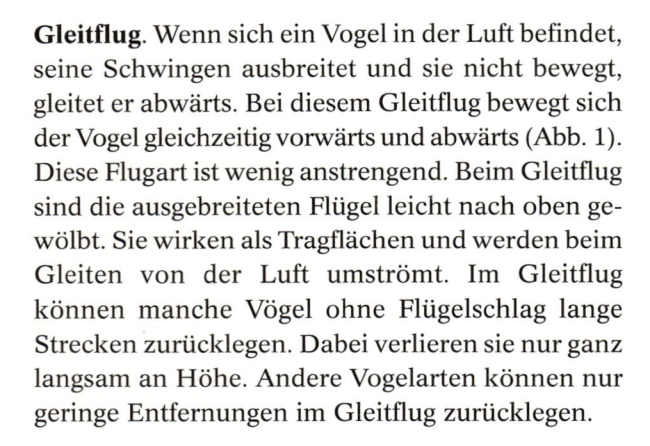

2 Segelflug beim Mäusebussard

Gleitflug. Wenn sich ein Vogel in der Luft befindet, seine Schwingen ausbreitet und sie nicht bewegt, gleitet er abwärts. Bei diesem Gleitflug bewegt sich der Vogel gleichzeitig vorwärts und abwärts (Abb. 1). Diese Flugart ist wenig anstrengend. Beim Gleitflug sind die ausgebreiteten Flügel leicht nach oben gewölbt. Sie wirken als Tragflächen und werden beim Gleiten von der Luft umströmt. Im Gleitflug können manche Vögel ohne Flügelschlag lange Strecken zurücklegen. Dabei verlieren sie nur ganz langsam an Höhe. Andere Vogelarten können nur geringe Entfernungen im Gleitflug zurücklegen.

Segelflug. Vögel mit sehr breiten Flügeln können warme Aufwinde besonders gut ausnutzen. Wenn ein Mäusebussard mit ausgebreiteten Flügeln ohne Flügelschlag minutenlang hoch in der Luft immer in gleicher Höhe kreist oder sogar noch höher steigt, so nutzt er die aufsteigenden warmen Luftströmungen aus. Der Segelflug ist ein Gleitflug, bei dem sich der Vogel von der aufwärts strömenden Luft mitbewegen lässt (Abb. 2).

Ruderflug. Beim Ruderflug bewegt sich ein Vogel mithilfe der eigenen Muskelkraft fort. Dabei schlägt er die Flügel abwärts und aufwärts. Beim Abwärtsschlagen werden die Flügel nach vorn geführt (Abb. 3). Dabei bilden die Schwingen eine geschlossene Fläche, durch die kaum Luft dringt. Der Vogel gewinnt an Höhe. Beim Abwärtsschlagen werden die Flügel auch etwas nach hinten bewegt. Dadurch fliegt der Vogel nach vorn. Werden die Flügel aufwärts geführt, sind sie abgeknickt. Sie liegen näher am Körper. Dadurch ist der Luftwiderstand geringer als beim Abwärtsschlagen. So wird verhindert, dass der Vogel um die gleiche Strecke zurückfällt, die er beim Abwärtsschlag gewonnen hat. Das Auf- und Abschlagen des Vogelflügels erinnert an die Bewegung eines Ruders beim Bootfahren, daher kommt der Name Ruderflug für diese Flugart.

3 Ruderflug

Struktur+Funktion, Angepasstheit

Grundwissen

4 Drei Stadien beim Ruderflug einer Meise

5 Stadien beim Ruderflug

	Stadium a	Stadium b	Stadium c
Flügel	Flügel hinten, unten		
Flügelbewegung	abwärts		
Bewegung des Vogels	aufwärts		

	Masse	Flügelfläche
Storch	4000 g	55 dm^2
Falke	300 g	15,5 dm^2
Mäusebussard	1200 g	20 dm^2
Taube	450 g	8,5 dm^2
Segelflugzeug	265 000 g	14 600 dm^2

6 Welcher Vogel kann gut gleiten?

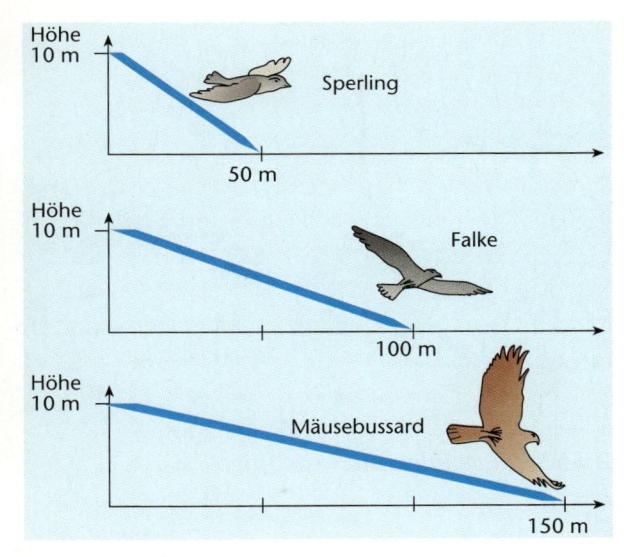

7 Gleitstrecken

1 Ruderflug.
a) Ordne die drei Stadien des Ruderfluges in Abbildung 4 jeweils einer Zeichnung von Abbildung 3 zu.
b) Übertrage die Tabelle in Abbildung 5 in dein Heft und fülle sie aus.

2 Vergleich der Flugformen.
Formuliere zu jeder Flugform, die auf der Grundwissenseite beschrieben ist, einen Merksatz.

3 Gleitstrecken bei Vögeln.
Vögel können unterschiedlich weit gleiten. Die Fähigkeit zum Gleiten kann man in der Gleitzahl ausdrücken. Ein Vogel, der bei Windstille aus 10 m Höhe 50 m weit zu Boden gleitet, erhält die Gleitzahl 5.

a) Lies aus Abbildung 7 ab, wie weit die Vögel gleiten. Wie groß ist ihre Gleitzahl?
b) Wie weit kann ein Storch (Gleitzahl 10) gleiten?
c) Je größer die Flügelfläche im Verhältnis zur Masse ist, desto weiter kann ein Vogel gleiten. Wer könnte ein guter Gleiter sein? Erstelle mithilfe der Angaben in Abbildung 6 eine Reihenfolge.

13.6 Kräfte beim Fliegen

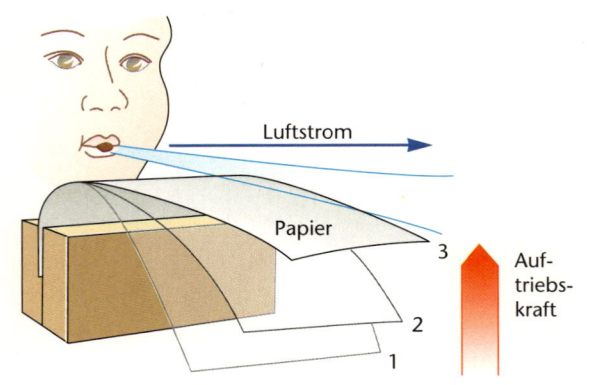

1 Der Luftstrom erzeugt eine Auftriebskraft

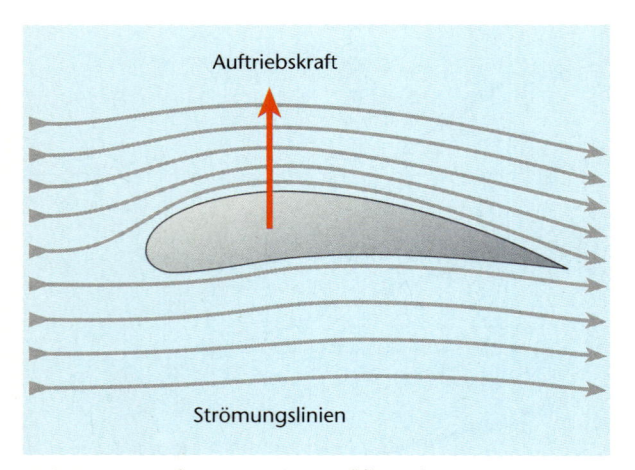

2 Strömungslinien am Vogelflügel

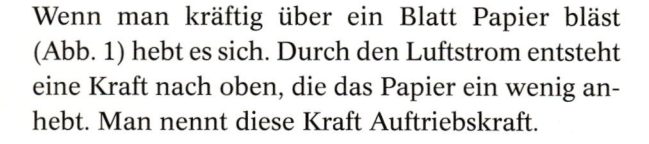

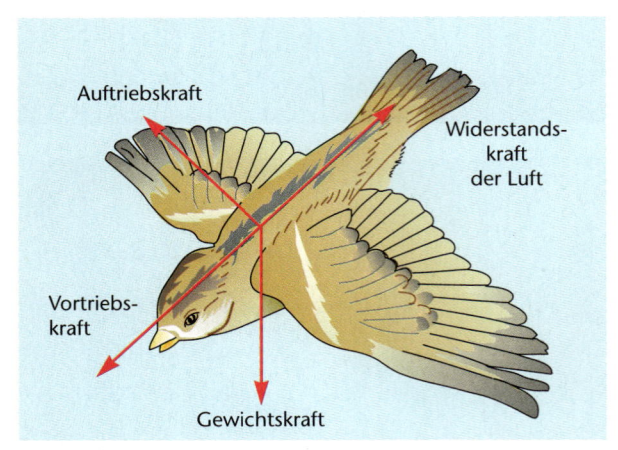

3 Kräfte, die auf einen gleitenden Vogel wirken

Wenn man kräftig über ein Blatt Papier bläst (Abb. 1) hebt es sich. Durch den Luftstrom entsteht eine Kraft nach oben, die das Papier ein wenig anhebt. Man nennt diese Kraft Auftriebskraft.

Auch bei einem fliegenden Vogel wirkt die Auftriebskraft: Der Flügel wird von Luft umströmt. Er hat nicht die Form eines flachen Brettes, sondern ist eine gewölbte Tragfläche. Wenn der Luftstrom auf die Vorderkante des Flügels trifft, teilt er sich. Ein Teil der Luft fließt oben über den gewölbten Flügel, ein anderer Teil strömt an der Unterseite vorbei. Wegen der Wölbung wird der Flügel an der Oberseite schneller umströmt als an der Unterseite. Die Strömungslinien sind an der Oberseite enger als auf der Unterseite des Flügels (Abb. 2). Wenn die Luftströmung an der Oberseite des gewölbten Flügels schneller ist als an der Unterseite, wirkt die Auftriebskraft. Sie trägt mit dazu bei, dass ein Vogel in der Luft bleibt und nicht zu Boden sinkt.

Auf einen Vogel im Gleitflug wirken mehrere Kräfte gleichzeitig (Abb. 3): Die Gewichtskraft des Vogels wirkt nach unten zur Erde hin. Beim Fliegen wird die Gewichtskraft durch die Auftriebskraft überwunden. Wenn die Gewichtskraft größer ist als die Auftriebskraft, sinkt der Vogel. Die Vortriebskraft wirkt in Flugrichtung. Ihr wirkt eine weitere Kraft entgegen, der Luftwiderstand. Jede dieser vier Kräfte kann zu verschiedenen Zeitpunkten unterschiedliche Größen haben. Zum Beispiel sind die Werte für die einzelnen Kräfte beim Landeanflug anders als beim Abflug vom Boden in die Luft.

Struktur+Funktion

Grundwissen

1 Strömungslinien. Vergleiche in Abbildung 2 den Verlauf der Linien oberhalb des Flügels mit den Linien unterhalb des Flügels.
a) Wo verlaufen die Linien eng aneinander?
b) Welche Bedeutung haben die unterschiedlich eng liegenden Linien?
c) Wo strömt die Luft schneller, wo langsamer?
d) Was bewirkt die unterschiedlich schnell strömende Luft am Vogelflügel?

2 Auf die Strömung kommt es an. Halte einen Bogen Papier wie in Abbildung 4 und blase über das Papier hinweg. Beschreibe deine Beobachtung und erkläre sie mithilfe von Strömungslinien.

5 Wie verändert sich das Gleichgewicht durch den Luftstrom?

3 Vogel im Luftstrom. Stelle einen ausgestopften Vogel mit ausgebreiteten Schwingen auf eine Waage und bringe die Waage durch Auflegen von Gewichtsstücken ins Gleichgewicht. Blase den Vogel mithilfe eines Föhns mit unterschiedlich starkem Strahl von vorn an (Abb. 5). Beschreibe deine Beobachtungen. Wie viele Gewichtsstücke musst du wegnehmen, damit die Waage jeweils wieder ins Gleichgewicht kommt?

4 Welche Kräfte wirken?
a) Ein Vogel fliegt im Gleitflug zu Boden. Wie verhalten sich Auftriebskraft und Gewichtskraft zueinander?
b) Vogel A fliegt in einem langen Gleitflug auf den Boden. Vogel B fliegt sehr steil zum Boden. Wie unterscheiden sich in diesen Fällen Auftriebskraft und Gewichtskraft?
c) Ein Vogel fliegt gegen einen starken Wind an. Wie verhalten sich Vortriebskraft und Luftwiderstand zueinander?

5 Mit dem Wind oder gegen den Wind starten? Ein Storch startet zum Flug gegen den Wind. Wäre es für ihn nicht günstiger mit dem Wind zu starten? Begründe deine Meinung.

6 Erschließungsfelder. Im Grundwissentext sind keine Erschließungsfelder angegeben. Überlege, welche Erschließungsfelder für das Thema dieses Abschnitts zutreffen. Begründe deine Antwort.

4 Eine Luftströmung erzeugen

225

Arbeitsmaterial

12.6 Aus der Geschichte des Fliegens

1 Der Vogelflug hat Leonardo da Vinci zu Flugkonstruktionen angeregt

Seit jeher bewunderten die Menschen den Flug der Vögel und wollten es ihnen gleich tun. Doch alle Versuche scheiterten, sich mit der eigenen Muskelkraft in die Lüfte zu erheben. Bis ins 15. Jahrhundert überliefert uns die Geschichte nur Märchen und Sagen über beflügelte Götter, Engel, Hexen und Helden.

Der italienische Maler und Ingenieur LEONARDO DA VINCI (1452 – 1519) war vom Vogelflug fasziniert. Er studierte den Vogelflug und entwarf mit den daraus gewonnenen Erkenntnissen zahlreiche Fluggeräte, die durch Muskelkraft auf und ab bewegt werden mussten (Abb. 1). Erfolgreich waren diese Konstruktionen jedoch nicht. In den nachfolgenden Jahrhunderten versuchten immer wieder wagemutige Menschen mit Schlagflügelgeräten von Kirchtürmen oder hohen Felsen herabzufliegen. Arm- und Beinbrüche oder Todesstürze waren oftmals das bittere Ergebnis.

Erst OTTO LILIENTHAL (1848 – 1896) war mit der Konstruktion des ersten Gleitflugzeuges erfolgreicher. Auch er beobachtete sehr sorgfältig den Vogelflug, besonders den Flug der Störche. Er untersuchte den Bau der Vogelflügel, führte exakte Messungen und Berechnungen durch und beschäftigte sich mit dem Luftwiderstand. Er erkannte als erster, dass gewölbte Flügel, wie man sie bei den Vögeln findet, zum Fliegen besser geeignet sind als flache Flügel. Ihm gelangen von einem Starthügel aus bereits Gleitflüge von einigen hundert Metern und einigen Minuten Flugzeit. Er war der erste fliegende Mensch, der fotografiert wurde. 1903 gelang den amerikanischen Brüdern Wright der erste Motorflug mit einem Doppeldecker. Ein leichter Benzinmotor mit einer Leistung von 9 kW trieb zwei Luftschrauben an, durch die das Flugzeug stark nach vorn beschleunigt wurde und abhob. In der Folgezeit wurden immer leistungsfähigere Motoren für größere und schnellere Flugzeuge konstruiert.

Mit einer Motorenleistung von 162 kW überquerte Charles Lindbergh 1927 als erster im durchgehenden Alleinflug mit einem Flugzeug den Atlantik. Von New York nach Paris brauchte er dazu 33,5 Stunden. In Deutschland entwickelte HUGO JUNKERS (1859 – 1935) das erste Ganzmetallflugzeug der Welt. Propellerflugzeuge erreichten 1945 ihren technischen Höhepunkt mit einer Motorenleistung von über 2600 kW. Von New York aus erreichten sie Paris in circa 12 Stunden. Das erste Düsenflugzeug stieg 1939 auf. In den Strahltriebwerken werden Verbrennungsgase erzeugt und nach hinten ausgestoßen. Durch den Rückstoß der ausströmenden Teilchen wird das Flugzeug nach vorn bewegt. Die Fluggeschwindigkeit der Düsenflugzeuge beträgt ca. 900 km/h. New York wird von Paris aus in acht Stunden erreicht. Das schnellste Verkehrsflugzeug, die Concorde, benötigte dafür weniger als drei Stunden. Sie flog mit Überschallgeschwindigkeit.

Struktur+Funktion

Grundwissen

2 Stadien der Flugzeugentwicklung

1 Zeitleiste.
a) Stelle die Ereignisse aus dem Grundwissentext in einer Zeitleiste dar.
b) Ordne den Flugzeugen in Abbildung 2 die richtigen Bildunterschriften zu.

Bildunterschriften:
A   Concorde
B   Verkehrsflugzeug mit Strahltriebwerken
C   Doppeldecker der Brüder Wright
D   Otto Lilienthal mit seinem Gleitapparat
E   Junkers Verkehrsflugzeug Ju 52

2 Flugversuche.
Flüge mit Schlagflügelgeräten sind für einen Menschen unmöglich (Abb. 1). Schreibe mögliche Gründe dafür auf.

3 Flugzeiten darstellen.
Im Text der Grundwissenseite sind Angaben über die Flugzeiten unterschiedlicher Flugzeuge zwischen New York und Paris genannt. Fertige eine Tabelle für einzelne Flugzeiten von New York nach Paris an und trage die Angaben ein. Erstelle mit den Daten ein Balkendiagramm. Ordne nach den Jahreszahlen.

4 Vergleich Flugzeug – Vogel.
Vergleiche den Vogelflug mit dem Flug eines modernen Flugzeuges. Beachte dabei unter anderem: Start, Landung, Wendigkeit, Flugdauer, Transportmöglichkeiten, Energiebedarf.

Arbeitsmaterial

12.7 Der Mäusebussard – ein Greifvogel

1 *Ultraviolette Spuren von Mäuseurin sind für den Mäusebussard sichtbar*

2 *Mäusebussard*

Beim Überfliegen von Wiesen und Äckern kann ein Mäusebussard auch aus großer Entfernung sehen, ob dort Mäuse leben. Er sieht es an den Urinspuren der Mäuse. Ihr Urin leuchtet ultraviolett und Mäusebussarde sehen ultraviolettes Licht als Farbe (Abb. 1). Sieht ein Mäusebussard einen Acker mit zahlreichen Spuren von Mäuseurin, lässt er sich auf einem nahe gelegenen Zaunpfahl, Baum oder Leitungsmast nieder. Auf diesem Ansitz kann er stundenlang vollkommen bewegungslos verharren (Abb. 2). Und doch entgeht ihm nicht die kleinste Bewegung in seiner Umgebung. Hat er eine Beute ausgemacht, gleitet er von seinem Ansitz ab. Die Entfernung bis zum angepeilten Ziel überbrückt er mit einigen Flügelschlägen. Er landet mit nach vorn ausgestreckten Füßen und mit ausgebreiteten Schwingen (Abb. 3). Die Beute ist in seinen Füßen mit den kräftigen Zehen gefangen und wird von den langen, gebogenen, scharfen Krallen durchbohrt. Ist das Beutetier klein wie eine Maus, wird es in einem Stück an Ort und Stelle verschlungen. Findet ein Mäusebussard größere Beutetiere - in Straßennähe sind das oft tote Kaninchen oder Igel - hält er die Beute mit einem Fuß fest und reißt mit seinem kräftigen, hakenförmig gebogenen Schnabel Stück für Stück davon ab (Abb. 4). Mäusebussarde sind reine Fleischfresser. Die unverdaulichen Reste der Nahrung wie Haare, Federn und Knochen werden als Gewölle wieder hervorgewürgt.

3 *Im Anflug auf die Beute*

4 *Mäusebussard frisst seine Beute*

Angepasstheit, Struktur+Funktion

Grundwissen

1 Beutefang des Mäusebussards. Beschreibe die Merkmale und Eigenschaften des Mäusebussards, die vorteilhaft für den Beutefang sind.

2 Flugbilder. Beobachtet man Greifvögel in der Luft, sieht man ihre Unterseiten, so wie sie in Abbildung 5 als Flugbilder gezeichnet sind. Arbeite die Unterschiede in den Flugbildern der bei uns häufig vorkommenden Greifvögel genau heraus. Berücksichtige Spannweite, Flügelform und Schwanzform.

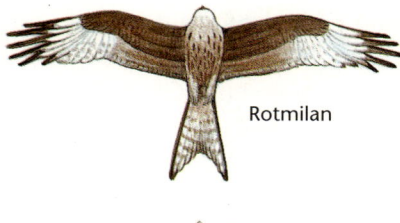

Mäusebussard
Rotmilan
1 cm ≙ 32 cm   Turmfalke

5 *Flugbilder*

3 Wie Vögel sich ernähren. Dir stehen bei den folgenden Versuchen drei Werkzeuge zur Verfügung. Sie sollen den Schnabel von Vogel A, Vogel B und Vogel C darstellen (Abb. 6). Probiere sie alle aus. Dabei darfst du immer nur eine Hand benutzen. Welches Werkzeug eignet sich am besten als „Schnabel" von Vogel A, Vogel B und Vogel C. Welcher der abgebildeten Vögel ist Vogel A, Vogel B und Vogel C?

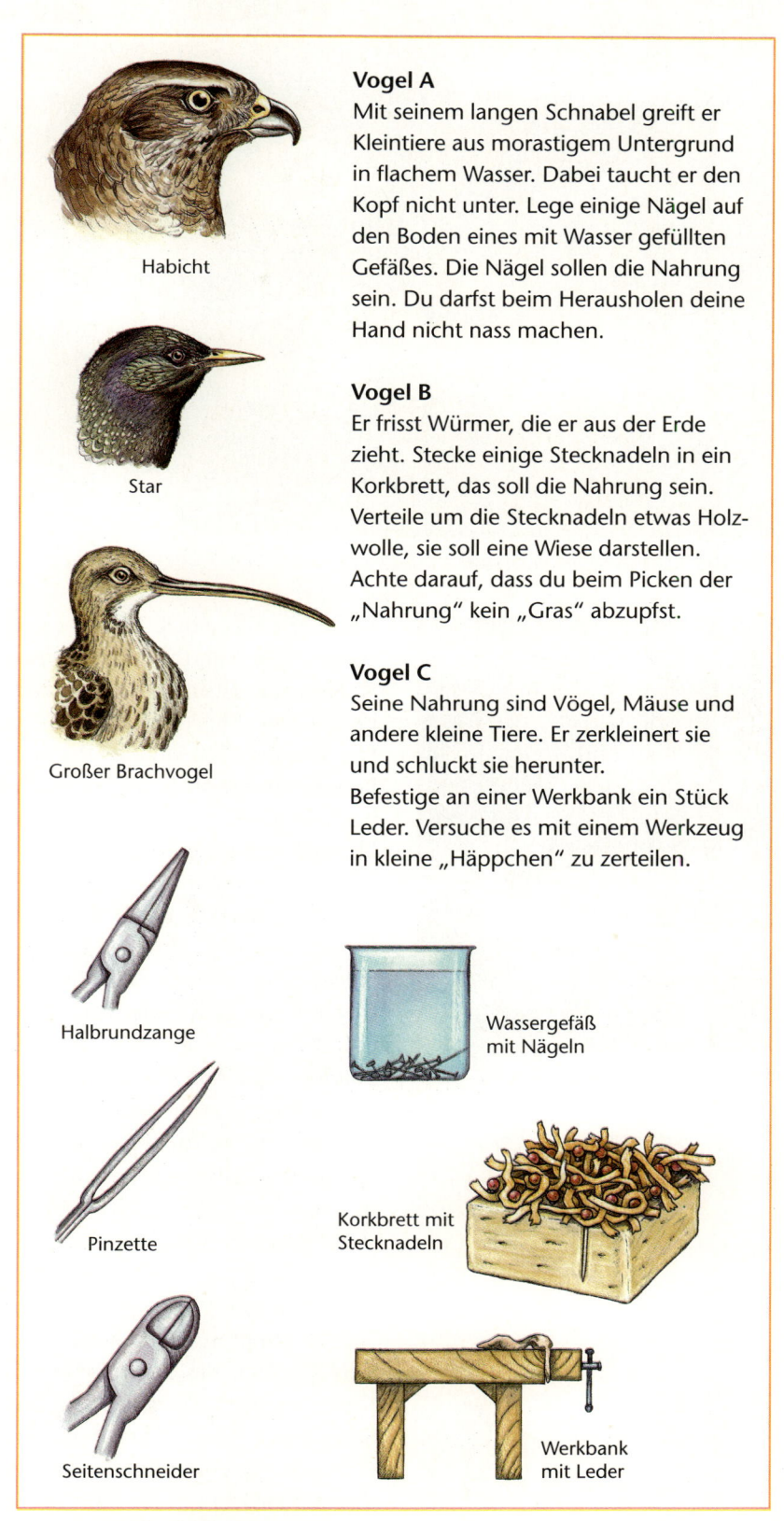

Habicht
Star
Großer Brachvogel

Halbrundzange
Pinzette
Seitenschneider

Vogel A
Mit seinem langen Schnabel greift er Kleintiere aus morastigem Untergrund in flachem Wasser. Dabei taucht er den Kopf nicht unter. Lege einige Nägel auf den Boden eines mit Wasser gefüllten Gefäßes. Die Nägel sollen die Nahrung sein. Du darfst beim Herausholen deine Hand nicht nass machen.

Vogel B
Er frisst Würmer, die er aus der Erde zieht. Stecke einige Stecknadeln in ein Korkbrett, das soll die Nahrung sein. Verteile um die Stecknadeln etwas Holzwolle, sie soll eine Wiese darstellen. Achte darauf, dass du beim Picken der „Nahrung" kein „Gras" abzupfst.

Vogel C
Seine Nahrung sind Vögel, Mäuse und andere kleine Tiere. Er zerkleinert sie und schluckt sie herunter.
Befestige an einer Werkbank ein Stück Leder. Versuche es mit einem Werkzeug in kleine „Häppchen" zu zerteilen.

Wassergefäß mit Nägeln
Korkbrett mit Stecknadeln
Werkbank mit Leder

6 *Wer ernährt sich wie?*

229

12.8 Zugvögel

1 Störche ziehen gemeinsam nach Süden

2 Ein Sender wird angebracht

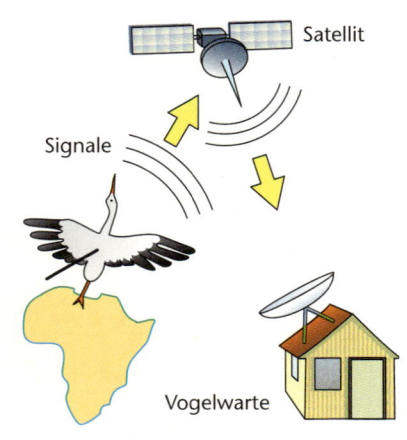

3 Signalübertragung

Vögel, die das ganze Jahr über bei uns sind, werden **Jahresvögel** genannt. Viele von ihnen ernähren sich im Sommer von Insekten. Diese Nahrung ist im Winter knapp. Die Insekten sind gestorben oder überwintern in frostsicheren Verstecken, wo sie kaum zu finden sind. Die Vögel stellen sich im Winter in ihrer Ernährung auf Samen und Früchte um. Etwa zwei Drittel der bei uns brütenden Vögel wählen einen anderen Weg. Sie ziehen als **Zugvögel** in wärmere Gegenden und überwintern dort (Abb. 1).

Seit 1991 werden größere Zugvögel wie Störche, Gänse und Schwäne mit etwa 20 g schweren Funksendern ausgestattet (Abb. 2). Die Signale der Sender enthalten verschiedene Informationen darüber, ob der Vogel gerade fliegt oder ruht. Empfangen werden die Signale von Satelliten, die in einer Höhe von 850 km um die Erde kreisen. Von den Satelliten werden die Informationen an Bodenstationen übermittelt, wo sie ausgewertet werden (Abb. 3). So kann man die jeweilige Position des Vogels auf etwa 100 Meter genau bestimmen. Aufgrund dieser Daten weiß man, dass Störche ihre Zugstrecke bis Zentralafrika in knapp drei Wochen zurücklegen können. Störche fliegen tagsüber. Bei günstigem Wetter legen sie ohne Pause bis zu 250 km in etwa zehn Stunden zurück. Gegen Nachmittag landen sie.

Wie orientieren sich Zugvögel auf ihrem Zug? Man vermutet, dass sich Zugvögel am Verlauf von Flüssen und Gebirgszügen orientieren. Die gewünschte Flugrichtung finden sie wahrscheinlich mithilfe des Sonnenstandes. In Versuchen zeigte sich, dass sich Zugvögel auch an Gerüchen orientieren können, ebenso an den Sternen, an Magnetfeldern und an sehr tiefen, für uns nicht hörbaren Infraschall-Tönen. Die Zahl der jährlich ziehenden Vögel schätzt man auf 50 Milliarden.

1 Vogelzug - Rückblick und Gegenwart. Vor 2300 Jahren vermutete der berühmte griechische Gelehrte ARISTOTELES, dass viele Vögel den Winter verschlafen würden. 1899 erdachte der dänische Lehrer MORTENSEN eine Methode, um Genaueres zu erfahren: Er fing verschiedene Vögel und befestigte einen Metallring am Fuß. Auf dem Ring stand seine Adresse. Dann ließ er die Vögel wieder frei. Nach einiger Zeit geschah das, was er erhofft hatte: Er erhielt Briefe aus weit entfernten Ländern. Beigelegt waren seine Ringe und Informationen der Absender, wann und wo sie die Vögel gefunden hatten.
Das war der Anfang der Vogelzugforschung. Es wurden Beringungsstationen eingerichtet und Vogelwarten gegründet. Alle Informationen von beringten Vögeln und Rückmeldungen wurden zusammengetragen. Bis heute wurden mehr als 200 Millionen Vögel beringt und mehr als zwei Millionen Rückmeldungen vermerkt (Abb. 4).
Schreibe auf, welche Vorteile die beiden Methoden „Beringung" und „Besenderung" für die Vogelzugforschung haben.

2 Zugwege 2002. Prinzesschen ist ein Storchenweibchen, das 1994 als brütender Altvogel auf dem Storchenhof in Loburg, Sachsen-Anhalt, beringt und 2001 besendert wurde.
Jonas ist das Storchenmännchen, mit dem sich Prinzesschen gepaart hat. Er wurde 1997 als Jungstorch im Nest beringt und 2001 besendert.
Felix brütete die letzten Jahre in Rühstadt, Brandenburg. Es ist das storchenreichste Dorf Deutschlands.
a) Verfolge mithilfe der Atlaskarte die drei Flugrouten. Ermittle mithilfe von Breiten- und Längengraden zugehörige Orte.
b) Schreibe auf, über welche Länder die Störche gezogen sind.
c) Miss ihre jeweilige Flugstrecke aus.
d) Berechne die Durchschnittsgeschwindigkeit der Störche.

3 Neue Technik. Überlege, wo man die Satellitentechnik außer in der Vogelzugforschung noch einsetzen könnte.

4 Storchenringe

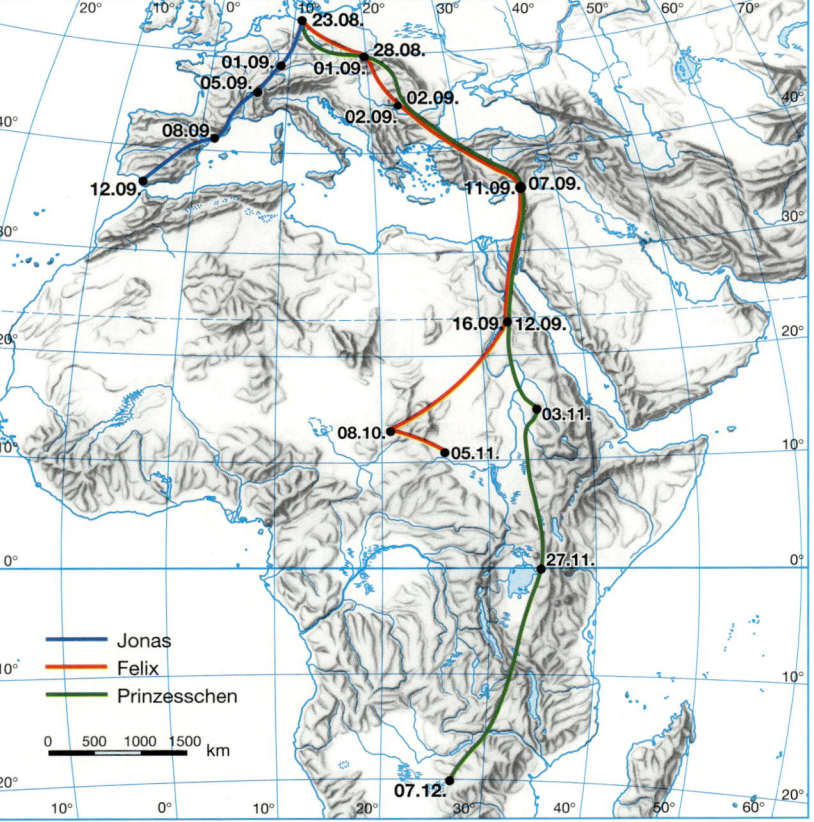

5 *Die Flugrouten von Prinzesschen, Jonas und Felix*

12.9 Lebensräume verändern sich

1 *Steinkauz und künstliche Niströhre für Steinkäuze*

Steinkäuze sind kleine Greifvögel. Sie leben in Gebieten mit feuchten Wiesen und in Streuobstwiesen. Das sind Wiesen, deren Gräser z. B. von Schafen kurz gefressen werden und auf denen große, oft alte Obstbäume stehen (Abb. 1). In den Stämmen dieser Obstbäume legen die Steinkäuze ihre Bruthöhlen an. Steinkäuze jagen im Tiefflug. Sie fliegen in einer Höhe von einem bis zwei Metern über der Wiese. Sobald sie Beute sehen, stürzen sie sich auf sie und packen sie. Steinkäuze fressen fast ausschließlich Mäuse. In Streuobstwiesen leben auch Amseln und Kohlmeisen. Sie finden dort Nistmöglichkeiten und reichlich Nahrung.

Im Laufe der letzten Jahrzehnte wurden immer mehr alte Obstbäume gefällt. Die Wiesenflächen werden nicht mehr beweidet, sondern ein- bis dreimal im Jahr gemäht. Das bedeutet, dass das Gras über längere Zeit recht lang ist. Während früher viele Dörfer von Streuobstwiesen umgeben waren, liegen hier heute Neubaugebiete. Außerdem sind viele Wiesengebiete von Straßen mit regem Autoverkehr durchzogen. Die Zahl der Steinkäuze ist in den letzten Jahren immer mehr zurückgegangen. Das gilt nicht für den Bestand von Amseln und Kohlmeisen. Diese Vögel finden auch in Städten und Dörfern Nistplätze und Nahrung. Sie sind nicht so stark an einen ganz bestimmten Lebensraum angepasst, sondern können viele verschiedene Lebensräume besiedeln.

Viele Vogelarten sind in ihrem Bestand bedroht. Das trifft auf fast die Hälfte der 254 in Deutschland brütenden Vogelarten zu. Diese Arten hat man in der „Roten Liste" aufgeführt und vermerkt, wie stark jede einzelne Art gefährdet ist. Um gefährdete Arten zu schützen, ist es nötig, die Lebensräume dieser Arten zu erhalten. So werden beispielsweise Streuobstwiesen geschützt oder neu angelegt. Die noch vorhandenen alten Obstbäume werden gepflegt, an jüngeren Bäumen werden künstliche Niströhren angebracht (Abb. 1). In Zusammenarbeit von Behörden, Landwirten und Vereinen werden die Wiesen gemäht.

2 *Hausrotschwanz*

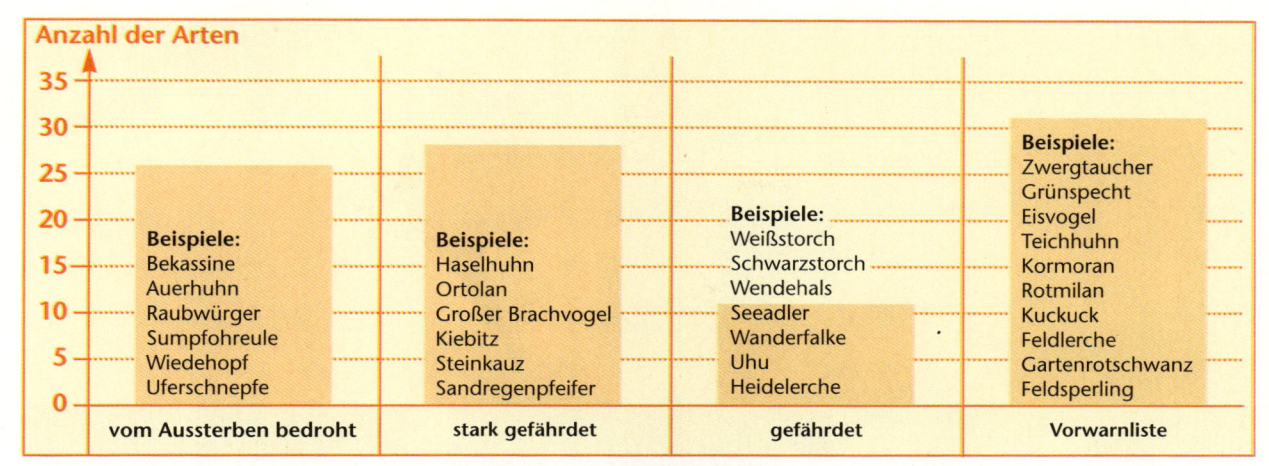

Anzahl der Arten

vom Aussterben bedroht	stark gefährdet	gefährdet	Vorwarnliste
~26	~28	~20	~30
Beispiele: Bekassine, Auerhuhn, Raubwürger, Sumpfohreule, Wiedehopf, Uferschnepfe	Beispiele: Haselhuhn, Ortolan, Großer Brachvogel, Kiebitz, Steinkauz, Sandregenpfeifer	Beispiele: Weißstorch, Schwarzstorch, Wendehals, Seeadler, Wanderfalke, Uhu, Heidelerche	Beispiele: Zwergtaucher, Grünspecht, Eisvogel, Teichhuhn, Kormoran, Rotmilan, Kuckuck, Feldlerche, Gartenrotschwanz, Feldsperling

3 Auszug aus der „Roten Liste" für Vogelarten in Deutschland

1 Vogelarten sind unterschiedlich gefährdet. Abbildung 3 zeigt einen Ausschnitt der „Roten Liste".
a) Wie viele der in Deutschland brütenden 254 Vogelarten sind in der „Roten Liste" der Vögel in Deutschland, weil ihr Bestand zurückgegangen ist? Wie viel Arten sind nicht gefährdet?
b) Alle in diesem Kapitel behandelten Vogelarten, die gefährdet sind, sind in Abbildung 3 aufgeführt. Welche Vogelarten sind nicht aufgeführt? Erstelle eine Liste.

2 Veränderung des Lebensraumes. Beschreibe mithilfe des Grundwissentextes, wodurch sich der Lebensraum von Steinkäuzen in den letzten Jahrzehnten verändert hat. Welche Auswirkungen haben diese Veränderungen auf den Beutefang und die Fortpflanzung von Steinkäuzen?

3 Hausrotschwanz. Hausrotschwänze waren ursprünglich nur im Gebirge verbreitet. Sie brüteten dort in Felsspalten. Ab Anfang März kann man bei uns Hausrotschwänze singen hören. Sie nisten in Vorsprüngen und Mauernischen von Gebäuden (Abb. 2). In den Mauerritzen, auf dem Boden und an Blättern suchen sie Insekten und Spinnen als Nahrung.
Wirst du Hausrotschwänze in der Roten Liste finden? Begründe deine Vermutung.

4 Eisvogel. Ein Eisvogel sitzt auf einem Ast, Pfahl oder Stein am Ufer eines klaren Baches, der mit Büschen bewachsen ist (Abb. 4). Von dort stürzt er sich auf einen vorbeischwimmenden kleinen Fisch. Zum Nestbau brauchen Eisvögel steile Erdwände. Mit Schnabelhieben hacken sie zunächst ein Erdloch heraus. Von dieser Stelle aus legen sie einen bis zu einem Meter langen Tunnel sowie einen Brutraum an seinem Ende an. Schau in der „Roten Liste" nach, wo der Eisvogel aufgeführt ist (Abb. 3). Schreibe deine Vermutungen für diese Zuordnung auf.

5 Gefährdungsursachen. Übernimm Abbildung 5 in dein Heft. Trage an die Pfeile die verschiedenen Gefährdungsursachen für den Bestand von Vogelarten, die in diesem Abschnitt aufgeführt sind ein.

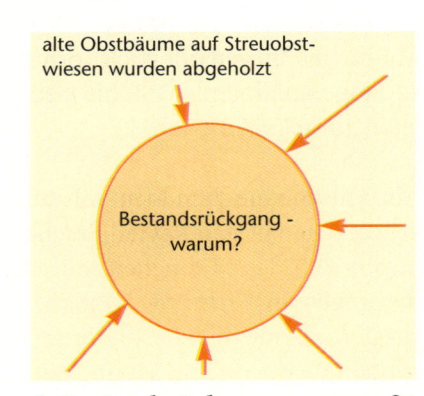

4 Eisvogel mit Fisch im Schnabel

5 Bestandsrückgang – warum?
(alte Obstbäume auf Streuobstwiesen wurden abgeholzt)

12.10 Fortpflanzungsverhalten bei Amseln

1 Kämpfende Amselmännchen

2 Singendes Amselmännchen

3 Amselnest

4 Amseljunge werden gefüttert

Im März beginnt bei Amseln die Fortpflanzungszeit. Dann singen die Männchen schon früh am Morgen. Sie singen an einem gut sichtbaren Platz (Abb. 2). Der Bereich um diesen Platz ist das Revier des Männchens. Ein **Revier** ist ein Gebiet, das Nahrung, Verstecke, Schlafplätze und Nistmöglichkeiten bietet und in dem die Jungen aufgezogen werden. Ein Amselmännchen grenzt sein Revier durch seinen Gesang gegenüber anderen Amselmännchen ab. Taucht dennoch ein anderes Amselmännchen in diesem Revier auf, droht ihm der Revierinhaber. Er hält den Kopf gesenkt und läuft mit kleinen Schritten auf den Eindringling zu. Verlässt dieser daraufhin das Revier nicht, kommt es zum Kampf. Beide Männchen fliegen mit nach vorn gestreckten Füßen so lange aufeinander zu, bis sich eines der Männchen zurückzieht (Abb. 1).

Ein Amselmännchen lockt mit seinem Gesang Amselweibchen in sein Revier. Erscheint ein Weibchen, begibt sich das Männchen mit auffälligen Kopfbewegungen in Richtung Weibchen. Das Weibchen reagiert darauf mit besonderen Bewegungen und trippelt dicht vor dem Männchen her. Während der ganzen Zeit wird es vom Männchen angesungen.

Dieses Verhalten der beiden Vögel nennt man **Balz**. Nach der Balz paaren sich Männchen und Weibchen.

Nach der Paarung - oft schon im März - baut das Weibchen ein Nest aus dünnen Zweigen, Gras, Moos und Federn. Das Nest ist in etwa sieben Tagen fertig gestellt. In den folgenden vier bis sechs Tagen legt das Weibchen jeden Tag ein Ei (Abb. 3). Dann beginnt das Weibchen zu brüten. Nach zwei Wochen schlüpfen die Jungen. Sie wiegen etwa sechs Gramm, haben die Augen geschlossen und noch keine Federn. Tiere, die in einem solch frühen Entwicklungsstadium schlüpfen bzw. geboren werden, nennt man **Nesthocker**. Die jungen Vögel werden unter dem elterlichen Gefieder gewärmt und unermüdlich mit Futter versorgt. Die Eltern stopfen Würmer, Insekten und deren Larven in die weit aufgerissenen Schnäbel der Jungen (Abb. 4). Auch wenn die Jungen nach etwa 14 Tagen das Nest verlassen, werden sie noch weitere zwei Wochen von ihren Eltern gefüttert. Das Verhalten der Amseleltern während der Brut und Jungenaufzucht bezeichnet man als **Brutpflege**.

1 Reviergrenzen. Abb. 5 zeigt ein Amselrevier. Übernimm das Raster in dein Heft und zeichne darin die Reviergrenzen des Amselmännchens ein. An folgenden Stellen hat man das Amselmännchen beobachtet:
- Gesang auf Zaunpfahl (10/B),
- Gesang auf Apfelbaum (2/F),
- Gesang auf Dachrinne (7/F),
- Futtersuche auf Rasen (3/D),
- Gesang auf Fichte (6/B),
- Drohen am Beetrand (1/D),
- Drohen auf Rasenfläche (9/C),
- Gefiederpflege im Strauch (5/E),
- Kampf auf Weg (8/A),
- Kampf auf Rasenfläche (2/B)

5 Amselrevier

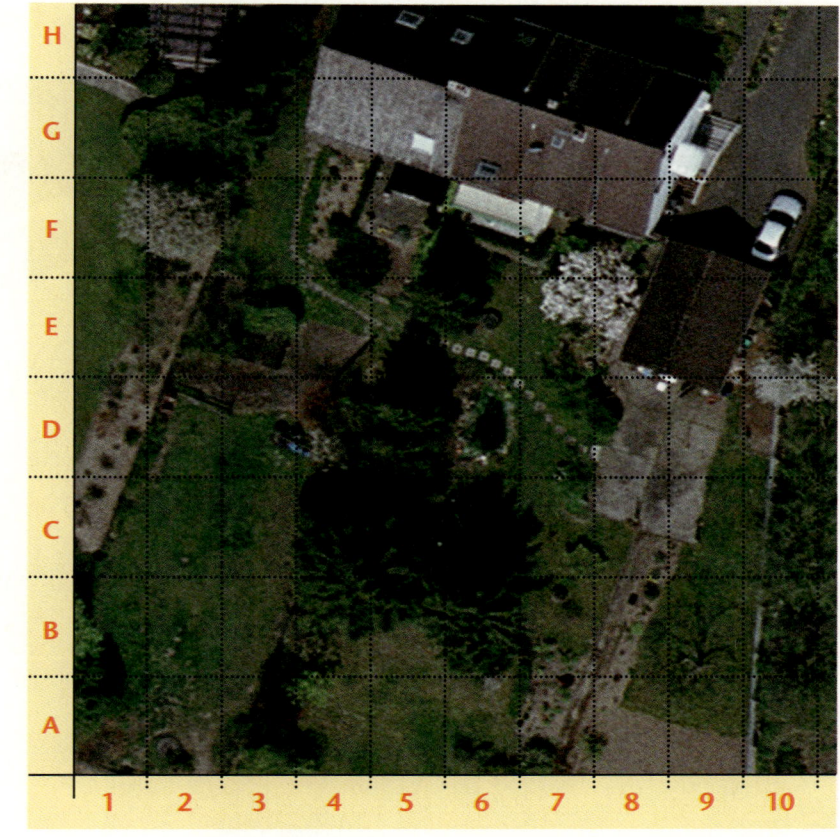

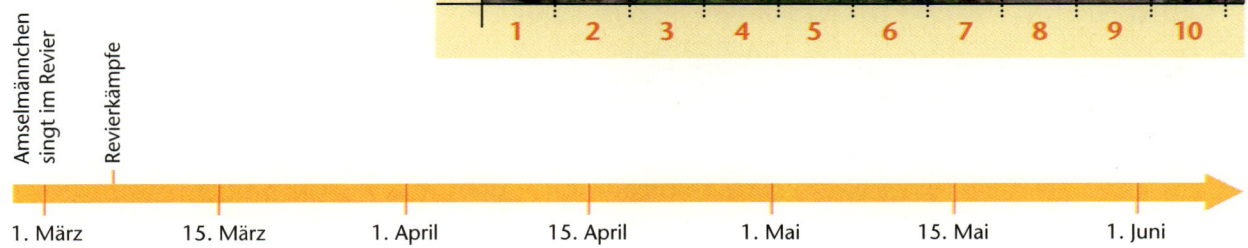

6 Brutpflege bei Amseln

2 Brutpflege bei Amseln. Übernimm die Zeitachse in dein Heft und beschrifte sie mithilfe der Angaben im Grundwissentext.

3 Gesang und Rufe. Es gibt ein Gerät, das Vogelgesänge und Vogelrufe aufzeichnet. Das Gerät nennt man Sonagraf, die Aufzeichnungen heißen Sonagramme. In Abbildung 7 siehst du drei Sonagramme eines Amselmännchens. Arbeite die Unterschiede aus den Sonagrammen heraus.

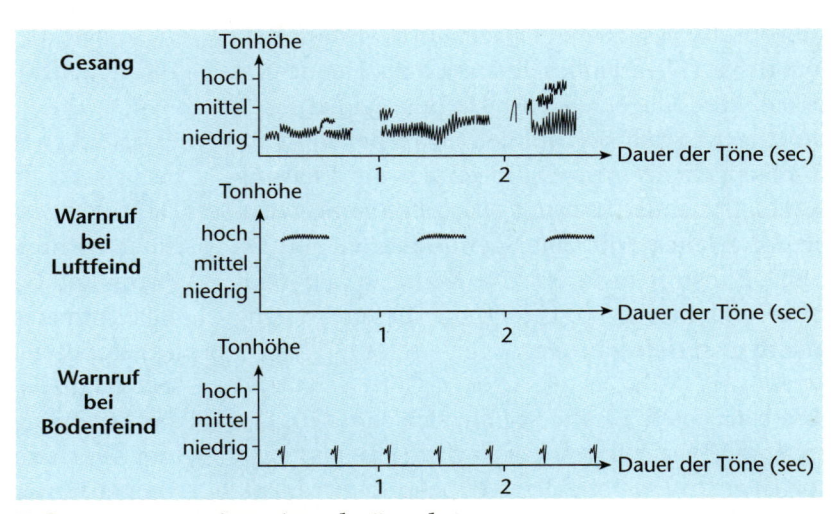

7 Sonagramme eines Amselmännchens

Arbeitsmaterial

12.11 Befruchtung und Entwicklung beim Huhn

Nieren
Hoden, Samenleiter
Darm
Eierstock, Eileiter

2 *Paarung von Hahn und Henne*

1 *Balz von Hahn und Henne*

Bei der Balz schreitet der Hahn mit gesenktem Kopf und abgespreizten Flügeln um die Henne herum (Abb. 1). Daraufhin duckt sich die Henne und breitet ihre Flügel aus. Der Hahn steigt auf ihren Rücken und hält sich mit dem Schnabel an ihrem Nackengefieder fest. Dann erfolgt die **Paarung** (Abb. 2). Bei der Paarung gelangen Spermazellen in den Eileiter. Trifft eine Spermazelle auf eine Eizelle, dringt sie in sie ein. Die Kerne von Spermazelle und Eizelle verschmelzen. Diesen Vorgang nennt man **Befruchtung**.

Die befruchtete Eizelle beginnt sich zu teilen. Die entstandenen Zellen liegen als flache Keimscheibe auf dem Dotter. Sobald das Ei bebrütet wird, entwickelt sich in der Brutwärme aus der Keimscheibe das Küken (Abb. 3a-c). Ist das Küken vollständig entwickelt, kann man sein Piepen im Ei hören. Das Küken hört die Lockrufe der brütenden Henne.

Beim Küken befindet sich an der Spitze des Schnabels ein kleiner Höcker. Er wird Eizahn genannt. Damit ritzt und pickt das Küken die Eischale von innen ringförmig auf. Danach stemmt es sich mit Füßen und Nacken gegen die Eischale, dreht sich dabei immer etwas und bricht schließlich die Schale in zwei Teile (Abb. 4). Das Schlüpfen kann bis zu sechs Stunden dauern. Kurze Zeit später beginnt das Küken zu laufen und begibt sich unter Anleitung der Henne auf Futtersuche. Da Hühnerküken direkt nach dem Schlüpfen weitgehend selbstständig sind, bezeichnet man sie als **Nestflüchter**.

Fortpflanzung, Struktur+Funktion

Grundwissen

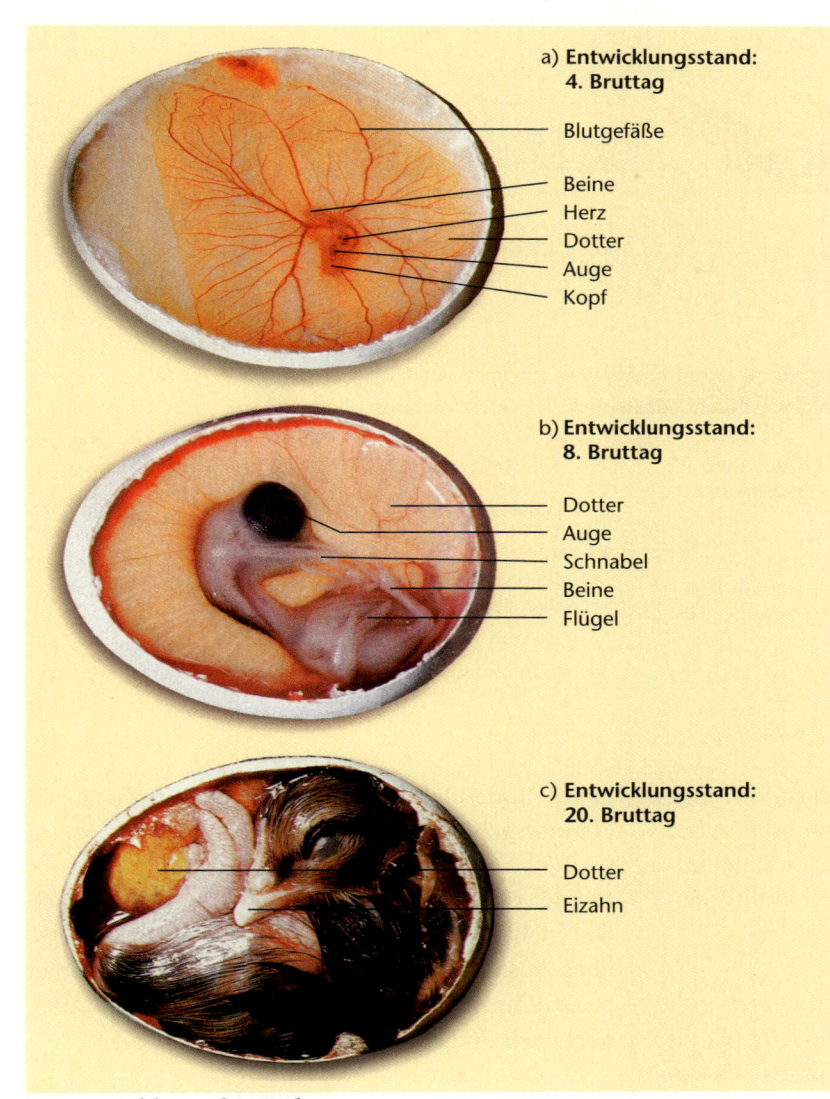

a) Entwicklungsstand: 4. Bruttag
- Blutgefäße
- Beine
- Herz
- Dotter
- Auge
- Kopf

b) Entwicklungsstand: 8. Bruttag
- Dotter
- Auge
- Schnabel
- Beine
- Flügel

c) Entwicklungsstand: 20. Bruttag
- Dotter
- Eizahn

3 *Entwicklung des Kükens*

4 *Küken schlüpfen*

1 Entwicklung eines Hühnerkükens. Sieh dir Abbildung 3a–c und 4 an. Beschreibe den jeweiligen Entwicklungsstand des Kükens möglichst genau.

2 Hühnerleben. Wie unterscheidet sich das beschriebene Hühnerleben in Abbildung 5 von dem von Hühnern in Käfighaltung? Lies dazu den Grundwissentext in Abschnitt 12.12 Schreibe möglichst viele Unterschiede auf.

Sobald es draußen hell wird, fängt der Hahn an zu krähen. Dann verlassen Hahn und Hennen ihre Sitzstangen im Stall. Zur Futtersuche gehen die Tiere ins Freie. Sie scharren und kratzen im Boden. Hat der Hahn eine Futterquelle gefunden, ruft er die Hennen. Die laufen dann schnell heran und picken das Futter auf. Die Futtersuche wird bei Hühnern für die Gefiederpflege unterbrochen. Steht trockener, sandiger Boden zur Verfügung, wühlen die Tiere darin und werfen sich Sand auf den Rücken. Nach solch einem „Staubbad" wird der Sand gut abgeschüttelt. Das Gefieder wird mehrmals am Tag geordnet und leicht eingefettet. Die schwer erreichbaren Stellen an Kopf und Hals werden von anderen Tieren gepflegt. Hahn und Hennen ennen sich gegenseitig. Unter den Hennen herrscht eine Rangordnung. Die ranghöchste Henne hat den Vortritt am Futter- und am Schlafplatz. Sobald es dämmrig wird, führt der Hahn seine Hennen wieder zum Schlafplatz in den Stall.

5 *Hühnerleben*

12.12 Das Hühnerei als Ware

1 Angaben auf Eiern und Eierverpackungen

In Deutschland verbraucht jeder Mensch im Jahr durchschnittlich 220 Eier. Das sind insgesamt über 18 Milliarden Eier. Die Eier werden in Käfighaltung, in Bodenhaltung oder in Freilandhaltung produziert.

Bei der **Käfighaltung** leben die Hühner in voll automatisierten Ställen. Dort sind jeweils bis zu fünf Tiere in einem Käfig untergebracht. Die vorgeschriebene Bodenfläche pro Huhn beträgt mindestens 550 cm². Die Hühner stehen auf einem Drahtgitter. Kot und Futterreste fallen durch das Gitter. Die dicht zusammenlebenden Tiere hacken sich oftmals untereinander und verletzen sich dadurch. Notwendige Medikamente werden ebenso wie Futter automatisch zu den Käfigen befördert. Die Eier werden automatisch abtransportiert.

Bei der **Bodenhaltung** leben die Hühner in riesigen, voll automatisierten Ställen. Sie können sich frei bewegen, auf dem Boden scharren und picken, ihre Flügel schlagen und zur Gefiederpflege im Sand baden. In der Mitte des Stalls befindet sich eine mit Draht überspannte Kotgrube. An den Stallseiten sind Legenester angeordnet. Auf einem Quadratmeter Bodenfläche dürfen nicht mehr als sieben Hennen gehalten werden.

Bei der **Freilandhaltung** leben die Hühner ähnlich wie in Bodenhaltung, haben aber zusätzlich tagsüber Auslauf im Freien. Die Auslauffläche beträgt pro Huhn mindestens 10 m². Die Hühner können dort nach Futter scharren und im Sand baden.

Beim Eierkauf findet man auf der Verpackung oder auf dem Ei Informationen darüber, in welcher Haltungsform ein Ei produziert wurde, aus welchem Land es stammt und aus welchem Betrieb (Abb. 1). Es werden außerdem Angaben zum Gewicht des Eies und zum Datum der Mindesthaltbarkeit gemacht.

Eier können bis zu drei Wochen im Kühlschrank gelagert werden. Danach altern sie merklich. Schlägt man die Eierschale auf und gibt den Inhalt in ein Gefäß, sieht man bei einem frischen Ei ein gewölbtes Eigelb umgeben von relativ festem Eiklar. Bei einem älteren Ei ist das Eigelb abgeflacht und das Eiklar fließt wässrig auseinander. Ältere Eier sollten nicht mehr roh verzehrt werden, eignen sich aber zum Backen und Kochen.

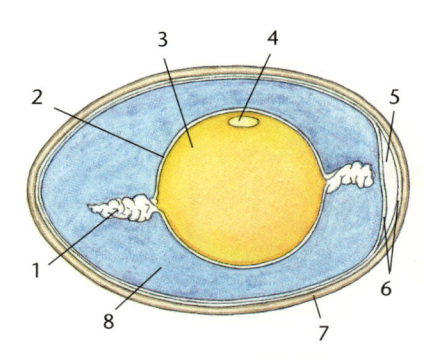

2 *Aufbau eines Hühnereies*

1 Aufbau eines Hühnereies.
Ordne jedem Bestandteil des Hühnereies die entsprechende Ziffer der Abbildung 2 und seine jeweilige Aufgabe zu, z. B.:
Dotter (3): Er enthält Nährstoffe, die dem sich entwickelnden Küken zugeführt werden.
Bestandteile: Dotter, Dotterhaut, Eiklar, Hagelschnur, Kalkschale, Keimscheibe, Luftkammer, Schalenhäute
Aufgabe(n) der Bestandteile:
– Aus ihr entwickelt sich das Küken.
– Sie grenzen den Dotter gegenüber dem Eiklar ab.
– Über sie erfolgt die Sauerstoffzufuhr während der Entwicklung.
– Sie verhindern, dass zu viel Wasser aus dem Ei verdunstet.
– Sie hält den Dotter in der Eimitte und dreht ihn so, dass die Keimscheibe stets oben, also der Brutwärme zugewandt liegt.
– Es enthält bakterienhemmende Stoffe zum Schutz des Dotters.
– Er enthält Nährstoffe, die dem sich entwickelnden Küken zugeführt werden.
– Sie gibt dem Ei die notwendige Festigkeit. Die Poren sind luftdurchlässig, so dass die Sauerstoffversorgung gesichert ist.

2 Informationen auf Eierverpackungen.
a) Erläutere, welche Bedeutung die verschiedenen Angaben auf der Verpackung und auf dem Ei für den Kunden haben (Abb. 1).
b) Auf einer Eierverpackung steht: „Das Goldei von glücklichen Hühnern" sowie die Nr. 3-BE-1234-13. Welche Informationen kannst du dieser Aufschrift entnehmen?

3 Untersuchung eines Hühnereies.
Material: Hühnerei, Lupe, Teelöffel, Pinzette, Petrischale.
a) Betrachte die Schale des Eies mit der Lupe. Beschreibe sie.
b) Klopfe mit dem Löffel leicht auf die Längsseite des Eies, sodass die Schale eingedrückt wird. Hebe mit der Pinzette vorsichtig die Schalenstückchen ab. Betrachte die Schalenhaut mit der Lupe.
c) Entferne die Haut mit der Pinzette. Drehe das Ei etwas um seine Längsachse hin und her. Beschreibe, was du beobachtest. Achte besonders auf den Dotter.
d) Schütte den Inhalt des Eies in die Petrischale. Ziehe mit der Pinzette an den Hagelschnüren. Beschreibe, was mit dem Dotter passiert.
e) Fasse deine Beobachtungen schriftlich in einem Protokoll zusammen.

4 Zahlen zum Hühnerei.
Im Jahr 2000 wurden in Deutschland 15 Milliarden Eier produziert. 87 % dieser Eier wurden in Käfighaltung, 7 % in Bodenhaltung und 6 % in Freilandhaltung erzeugt. Ein Hühnerei besteht zu 58 % aus Eiklar, zu 32 % aus Dotter und zu 10 % aus Schale.
Der durchschnittliche Preis für ein Ei auf dem Wochenmarkt beträgt:
10 Cent aus Käfighaltung,
16 Cent aus Bodenhaltung,
19 Cent aus Freilandhaltung.

Wähle dir ein Beispiel aus den Zahlen zum Hühnerei aus und veranschauliche die Informationen in einem Säulendiagramm.

5 Frischetest.
Ist ein Ei frisch, sinkt es in einem mit Wasser gefüllten Glas zu Boden und liegt fast waagerecht. Da die Luftkammer eines Eies mit zunehmendem Alter immer größer wird, stellt sich ein Ei, das ungefähr eine Woche alt ist, senkrecht auf. Ist es zwei bis drei Wochen alt, steht es auf der Spitze. Noch ältere Eier schwimmen an der Oberfläche. Lege ein Ei in ein mit Wasser gefülltes Glas.
Bestimme das ungefähre Alter des getesteten Eies. Wie alt ist das Ei in Abbildung 3?

3 *Untersuchung eines Hühnereies*

12.13 Der Ursprung der Vögel

1 *Archaeopteryx; Fossil*

2 *Archaeopteryx; Rekonstruktion*

1878 wurde in der fränkischen Alb bei Eichstätt in einem Kalksteinbruch ein etwa 150 Millionen Jahre altes Fossil gefunden (Abb. 1). Das Fossil stammte von einem taubengroßen Tier und war gut erhalten. Außer dem vollständigen, versteinerten Skelett waren im Bereich der Vordergliedmaßen und der Schwanzwirbelsäule deutliche Federabdrücke zu erkennen. Insgesamt wurden bis heute in der Nähe von Eichstätt noch sechs weitere Fossilien dieses Tieres gefunden. Man nannte es Archaeopteryx. Das bedeutet „alte Feder". Manche Forscher vermuten, dass der Archaeopteryx über den Boden lief und in die Luft sprang, um Räubern zu entkommen oder Insekten zu fangen (Abb. 2). Hierbei wurde er von den Federn an den Vordergliedmaßen und am Schwanz unterstützt.

Der Besitz von Federn ist ein typisches Merkmal der Vögel. Das Skelett von Archaeopteryx weist dagegen auch Merkmale auf, die nicht zu den Vögeln passen (Abb. 3). Archaeopteryx besitzt beispielsweise eine lange Schwanzwirbelsäule, Finger mit Krallen und Kiefer mit Zähnen. Diese Merkmale hat er mit Dinosauriern gemeinsam. Sein Skelett sieht dem Skelett des Zwergdinosauriers Compsognathus, das man ebenfalls in der Nähe von Eichstätt gefunden hat, zum Verwechseln ähnlich (Abb. 3).

Archaeopteryx weist Dinosauriermerkmale und Vogelmerkmale auf. Aufgrund dieser Tatsache könnte er am Beginn der Entwicklung der Vögel gestanden haben. Dass Archaeopteryx tatsächlich der Urvogel war, von dem sich die heutigen Vögel ableiten, wird heute bezweifelt. Auf jeden Fall belegt sein Vorhandensein die Abstammung der Vögel von den Reptilien.

Huhn   Archeopteryx   Zwergdinosaurier

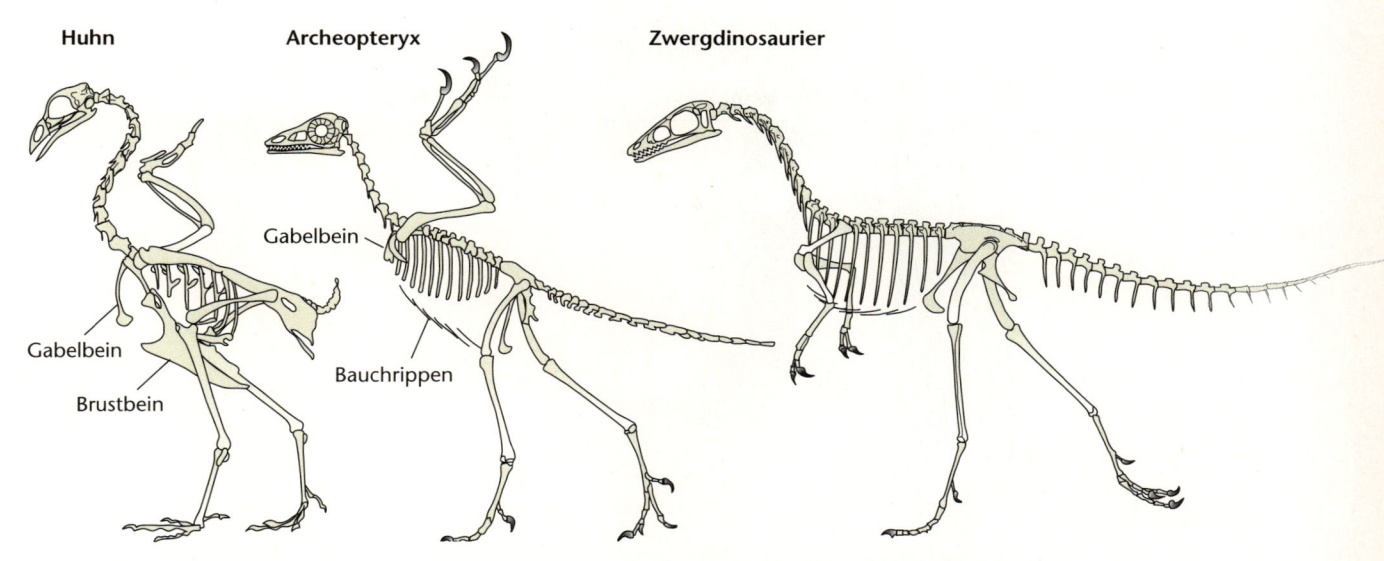

Gabelbein

Gabelbein

Bauchrippen

Brustbein

3 *Skelett vom Zwergdinosaurier Compsognathus, von Archaeopteryx und einem Huhn*

Merkmal	Zwerg-dinosaurier	Archae-opteryx	Huhn
Kiefer			
Hand			
Schultergürtel			
Brustkorb			
Becken			
Schwanz-wirbelsäule			
Mittelfuß-knochen			
Federn			

4 *Skelettvergleich*

5 *Archaeopteryx; alternative Rekonstruktion*

1 **Merkmalsmosaik.** Vergleiche Archaeopteryx mit einem Zwergdinosaurier und einem Huhn (Abb. 3). Schreibe hierzu die Tabelle von Abbildung 4 in dein Heft und fülle sie aus. Markiere in der Tabelle Dinosauriermerkmale von Archaeopteryx grün und Vogelmerkmale von Archaeopteryx gelb.

2 **Rekonstruktion.** Neben der in Abbildung 2 dargestellten Auffassung von der Lebensweise des Archaeopteryx gibt es noch eine andere Möglichkeit der Rekonstruktion.
a) Beschreibe die in Abbildung 5 dargestellte Rekonstruktion.

b) Welche Theorien über die Entstehung des Vogelflugs vertreten die beiden Rekonstruktionen?
c) Wie lässt sich erklären, dass fossile Tiere unterschiedlich rekonstruiert werden?

Arbeitsmaterial

12.14 Der Stammbaum der Wirbeltiere

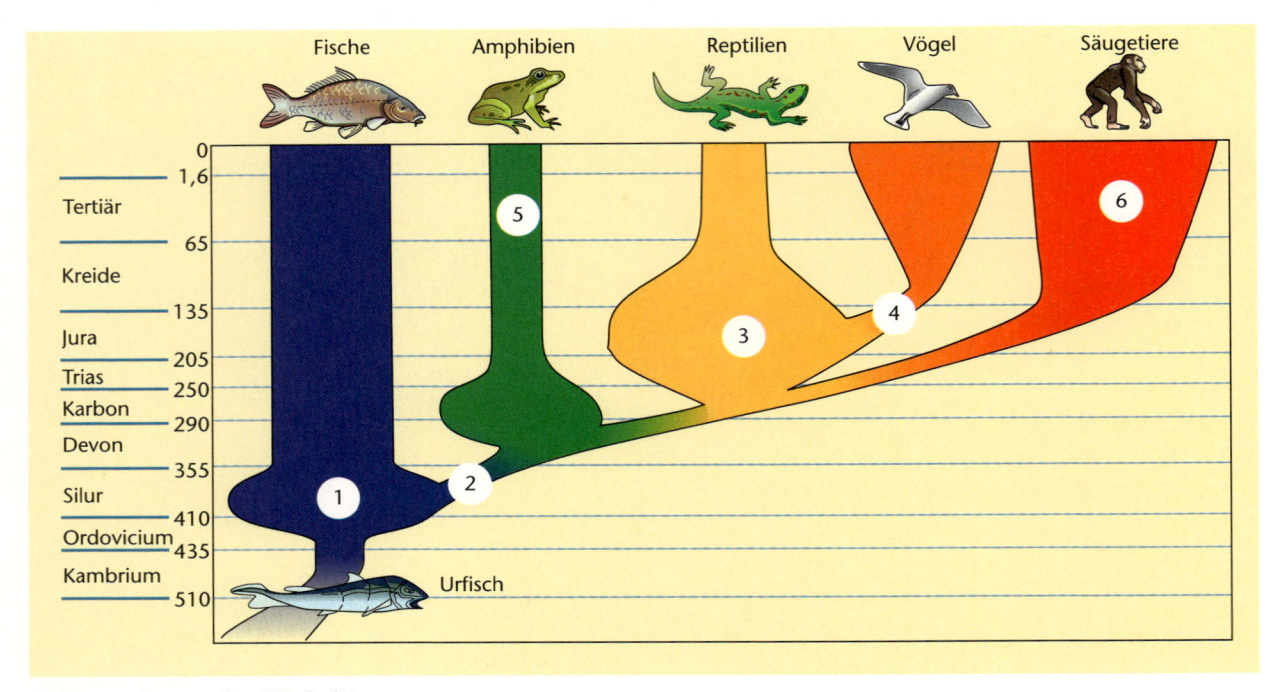

1 *Stammbaum der Wirbeltiere*

Fische, Amphibien, Reptilien, Vögel und Säugetiere sind **Wirbeltiere**. Alle Wirbeltiere besitzen gemeinsame Merkmale. Alle haben eine Wirbelsäule, einen in Kopf und Rumpf gegliederten Körper und zwei Paar Gliedmaßen. Dies sind entweder Brustflossen und Bauchflossen oder Beine und Arme beziehungsweise Flügel. Neben den gemeinsamen Merkmalen zeigen die Wirbeltiere auch Unterschiede. Der Hering hat beispielsweise Flossen und atmet durch Kiemen. Diese Merkmale hat er mit allen Fischen gemeinsam. Amphibien, Reptilien, Vögel und Säugetiere haben Gliedmaßen mit Zehen und atmen zumindest als erwachsene Tiere durch Lungen. Amphibien besitzen neben diesen Merkmalen eine schleimige, nackte Haut. Bei Reptilien, Vögeln und Säugetieren ist die oberste Hautschicht verhornt. Reptilien haben Hornschuppen. Vögel besitzen Hornschuppen, Federn und einen Hornschnabel. Säugetiere haben Haare und besitzen Milchdrüsen.

Die Ähnlichkeiten zwischen den Wirbeltieren lassen sich durch eine gemeinsame stammesgeschichtliche Entwicklung erklären. Gemeinsame Merkmale lassen auf gemeinsame Vorfahren schließen, von denen diese Merkmale ererbt wurden. Je mehr Gemeinsamkeiten vorhanden sind, desto näher sind die Tiere miteinander verwandt.

Die verwandtschaftlichen Beziehungen und die zeitliche Entwicklung der Wirbeltiere kann man in einem **Stammbaum** darstellen (Abb. 1). In ein Achsenkreuz trägt man die Ahnenreihen mit Linien ein. Die senkrechte Achse gibt hierbei die Zeit an. Der Abstand auf der waagerechten Achse ist ein Maß für den Verwandtschaftsgrad. Je weiter einzelne Tiere in der Waagerechten voneinander entfernt sind, desto weniger nah sind sie verwandt. Die Dicke der Linien ist ein Maß für die jeweilige Artenzahl.

Auch fossile Wirbeltiere kann man in den Wirbeltierstammbaum einordnen. Da man das Alter der Fossilien kennt, kann man herausfinden, wann bestimmte Merkmale aufgetreten sind und wie sie sich entwickelt haben.

1 Ablauf der Stammesentwicklung. Beschreibe in einem zusammenhängenden Text den Ablauf der Stammesentwicklung der Wirbeltiere, wie sie Abbildung 1 zeigt.

2 Einordnung in den Stammbaum. Die im Stammbaum von Abbildung 1 angegebenen Nummern stehen für fossile Tiere. Ordne die folgenden Tiere den Nummern zu. Die vorherigen Abschnitte des Buches und das Stichwortverzeichnis helfen dir dabei: Archaeopteryx – Eopelobates – Propalaeotherium – Ichthyostega – Brachiosaurus – Cheirolepis.

3 Gemeinsame Merkmale. Die Ringe in Abbildung 2 markieren Wirbeltiergruppen mit gemeinsamen Merkmalen. Gib zu jedem Ring die gemeinsamen Merkmale an. Ein Beispiel ist bereits ausgeführt.

4 Stammbaum der Fantasietiere. Merkmale verändern sich im Verlauf der Stammesgeschichte allmählich. Ordne die abgebildeten Fantasietiere nach Ähnlichkeit und stammesgeschichtlichem Alter. Zeichne einen entsprechenden einfachen Stammbaum in dein Heft. Begründe deinen Stammbaum schriftlich.

5 Buchstabenversteck. Im Suchkasten sind die Namen von vier Erdzeitaltern und von vier fossilen Tieren bzw. Tiergruppen versteckt. Suche die acht Namen heraus und ordne die Tiere den Erdzeitaltern zu. Die Worte können senkrecht, waagerecht oder im rechten Winkel verlaufen.

3 Fantasietiere

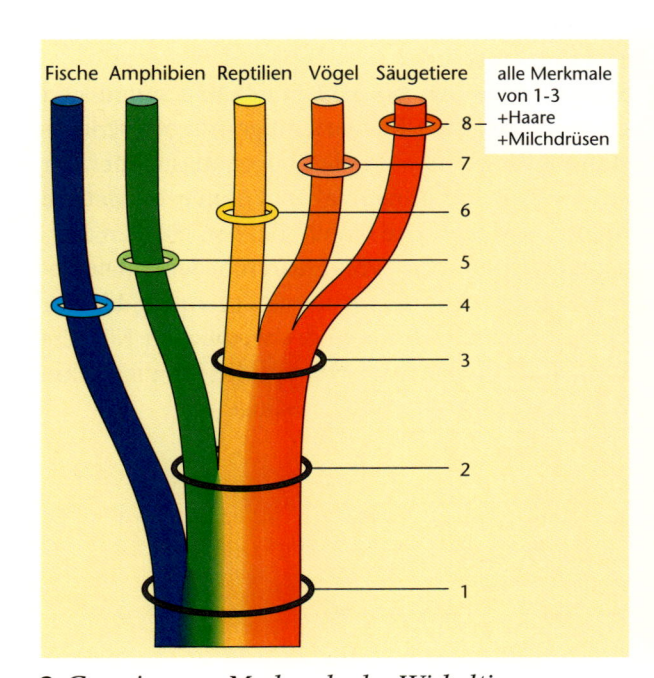

2 Gemeinsame Merkmale der Wirbeltiere

4 Buchstabenrätsel

243

Arbeitsmaterial

12.15 Vergleichender Überblick: Die Klassen der Wirbeltiere

Kennzeichen der Wirbeltiere ist ein innen liegendes Skelett mit einer knöchernen **Wirbelsäule**. Dieses Merkmal unterscheidet Wirbellose von Wirbeltieren. Darüber hinaus lässt sich der Körper der meisten Wirbeltiere in Kopf, Rumpf und Gliedmaße einteilen. Die Wirbeltiere werden in fünf Klassen eingeteilt: Fische, Lurche (Amphibien), Kriechtiere (Reptilien), Vögel und Säugetiere.

Fische haben alle Lebensräume im Wasser erobert, von der dunklen Tiefsee bis zu schäumenden Gebirgsbächen. Sie bewegen sich mit Hilfe ihrer Flossen im Wasser. Fische atmen mit Kiemen. Durch regelmäßiges Öffnen und Schließen des Mauls strömt sauerstoffhaltiges Wasser in die Mundhöhle und von dort an den gut durchbluteten Kiemen vorbei. Die Kiemen nehmen den Sauerstoff auf und das Wasser strömt unter den Kiemendeckeln wieder nach außen. Die Körpertemperatur eines Fisches hängt von der Umgebungstemperatur ab. Wenn sich die Temperatur des umgebenden Wassers ändert, gleicht sich die Körpertemperatur der Fische an. Fische sind wechselwarm. Die schleimbedeckte obere Hautschicht besteht aus Schuppen, die ähnlich wie Dachziegel übereinander liegen. Bei der Fortpflanzung geben die Weibchen die Eier, die Männchen die Spermazellen in das Wasser ab. Die Befruchtung erfolgt außerhalb des Körpers. Man spricht von äußerer Befruchtung. Die Entwicklung der Fischlarven zu Jungfischen erfolgt im Wasser.

Amphibien waren in der Geschichte der Wirbeltiere die ersten, die nicht nur im Wasser, sondern auch längere Zeit auf dem Land leben konnten. Die Fortpflanzung findet im Wasser statt. Nach der äußeren Befruchtung entwickeln sich zunächst Larven, die Kaulquappen. Sie atmen mit Kiemen und bewegen sich mit ihrem Ruderschwanz. Aus einer Kaulquappe entwickelt sich ein ausgewachsenes Amphibium. Amphibien haben vier Gliedmaßen. Sie atmen mit Lungen, manche zusätzlich mit der Haut. Amphibien haben eine schleimbedeckte, feuchte Haut. In trockenen Lebensräumen kommen Amphibien nicht vor.

Reptilien haben eine trockene, von Hornschuppen bedeckte Haut. Diese wechselwarmen, mit Lungen atmenden Wirbeltiere leben in der Regel an Land. Die meisten Reptilien bewegen sich mit vier Gliedmaßen kriechend fort. Bei Schlangen sind die Gliedmaßen zurückgebildet. Nach innerer Befruchtung werden die Eier im Boden vergraben und nicht bebrütet. Einige Arten von Reptilien gebären lebende Junge.

Vögel sind diejenigen Wirbeltiere, die die Luft als Lebensraum erobert haben. Mithilfe ihrer Vordergliedmaßen, den Flügeln, können sie fliegen, mit den beiden hinteren Gliedmaßen auf dem Boden laufen. Ein typisches Merkmal der Vögel ist ihre Körperbedeckung mit Federn. Vögel sind gleichwarm, das heißt ihre Körpertemperatur ist von der Umgebungstemperatur unabhängig. Vögel legen Eier, die im Inneren des Körpers befruchtet werden. Vögel atmen mit Lungen, die durch Luftsäcke besonders vergrößert sind.

Säugetiere atmen wie Vögel mit Lungen und sind gleichwarm. Ihre Körpertemperatur bleibt konstant, auch wenn sich die Umgebungstemperatur ändert. Mit vier Gliedmaßen können Säugetiere hüpfen, springen und laufen. Bei den meisten Säugetieren ist die Haut von Haaren bedeckt. Die gesamte Entwicklung von der Befruchtung bis zur Geburt findet im Inneren des weiblichen Körpers statt. Nach der Geburt werden die Jungtiere eine Zeit lang mit Muttermilch gesäugt.

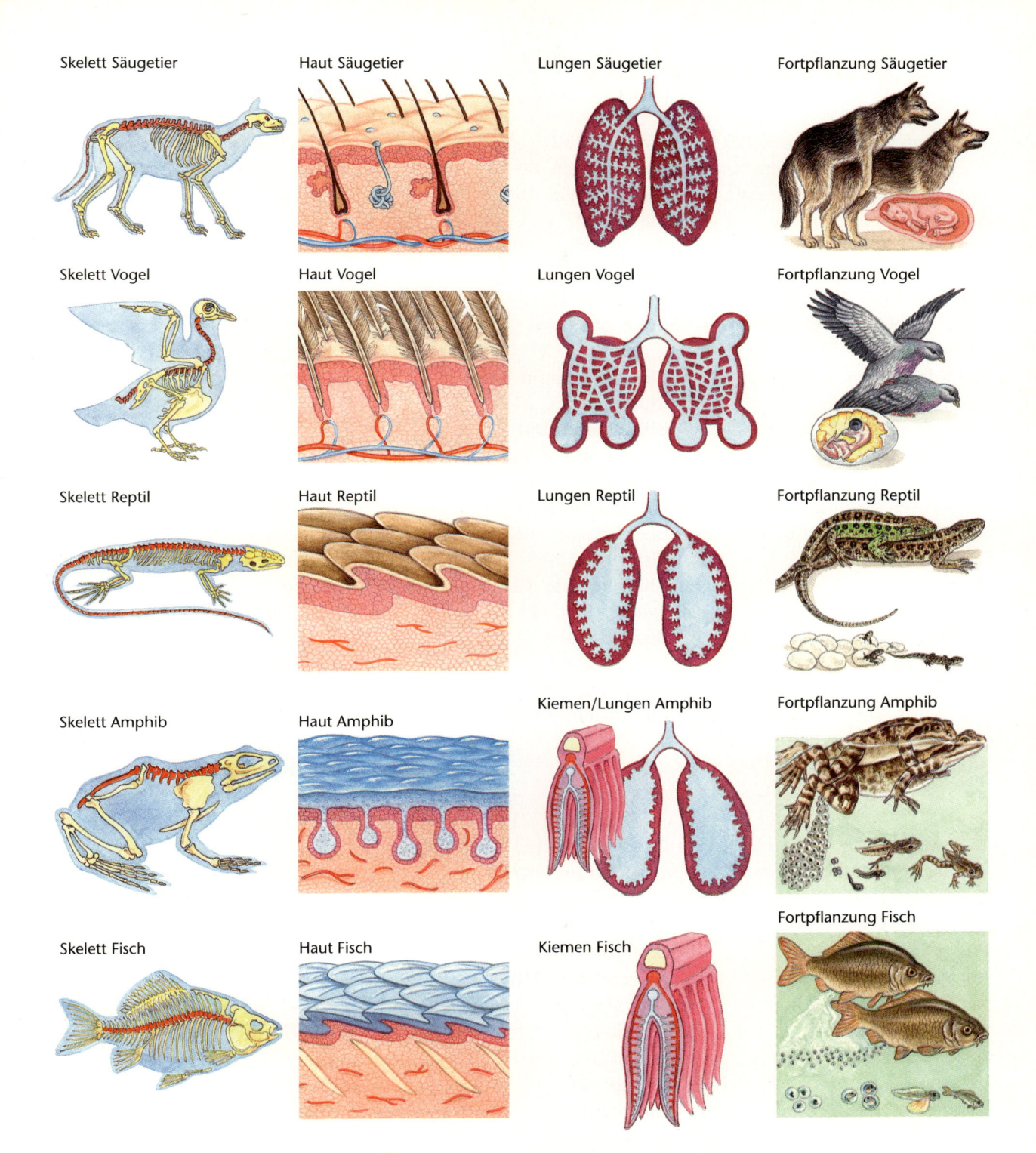

Skelett Säugetier	Haut Säugetier	Lungen Säugetier	Fortpflanzung Säugetier
Skelett Vogel	Haut Vogel	Lungen Vogel	Fortpflanzung Vogel
Skelett Reptil	Haut Reptil	Lungen Reptil	Fortpflanzung Reptil
Skelett Amphib	Haut Amphib	Kiemen/Lungen Amphib	Fortpflanzung Amphib
Skelett Fisch	Haut Fisch	Kiemen Fisch	Fortpflanzung Fisch

1 *Merkmale der Wirbeltiere*

🟧 **Vergleichende Übersicht der Wirbeltiere.** Fertige für die fünf Wirbeltierklassen auf einer ganzen Seite in deinem Heft eine Tabelle an, in der du die Merkmale der jeweiligen Klasse in Hinblick auf Fortbewegung, Körperbedeckung, Körpertemperatur, Atmung, Fortpflanzung und Entwicklung einträgst.

Arbeitsmaterial

Stichwortverzeichnis

Einf. hinter der Zahl bedeutet auch auf folgenden Seiten steht Information zu diesem Stichwort

A
Aal 179, 187
After 110
Amphibien 194, 242, 244
- Schutz 202
- Wanderung 200
Amsel 234
Angepasstheit 6, 38
Anglerfisch 188
Archaeopteryx 240
Art 30, 58, 66, 156 f.
Artenschutz 162
Arterie 126
Atmung 198
Atmungsorgan 116
Atom 114
Auerochse 78
Ausdauertraining 133
äußere Befruchtung 186, 196

B
Bakterien 16
Bänderriss 94
Bandscheibe 95
Bärlauch 156
Basstölpel 222
Befruchtung 144, 236
- äußere 186, 196
Beinskelett 83
Beobachten 18
Bergeidechse 210
Bergmolch 195, 206
Beschreiben 18
Bestimmungs-schlüssel 164
Bewegung 12, 14
Bewegungstraining 96
Biologieheft 11
Biotop 30

Blatt 14, 152
Blättermagen 80
Blattmerkmal 164
Blauwal 57
Blindschleiche 206
Blut 110, 122 f.
Blutdruck 127
Blüte 152, 168
- zwittrige 154
Blütendiagramm 156
Blütenpflanze 24, 152
Blütenstand 160
Blutgerinnung 124
Blutkreislauf 183, 198
Blutplasma 122
Blutplättchen 122
Blutwurz 159
Blutzelle, rote 122
- weiße 122, 124
Bodenhaltung 238
Brot 170
Brutpflege 234
Buschwindröschen 153

C
Chamäleon 210
Chemische Mittel zur Empfängnisverhütung 147

D
Darm 110
Daunenfeder 218
Deckfeder 218
Delfin 54
Devon 190
Dichte 184
Dickdarm 110
Domestikation 70
Dreisatz 123
Dromedar 19
Dünndarm 110

E
Echo-Ortungssystem 52
Echse 210
Ei 237
Eichhörnchen 12, 38, 48
Eidechse 38
Eierstock 140, 144
Eileiter 144
Eisbär 34, 77
Eisprung 140
Eisvogel 233
Eiweiß 100
Eizelle 143
Elefant, afrikanischer 34
Embryo 145
Empfänger 72
Empfängnisverhütung 146
Energie 104
Energiebedarf 105
Entwicklung 12, 14
Erdbeere 158
Erdkröte 195, 201
Erdzeitalter 25
Ernährung 98
Erschließungsfeld 6
Evolution 22
Experiment 10

F
Familie 58, 157
Feder 218
Fehlernährung 106
Feldhase 42
Feldsperling 215
Fett 100
Fetus 145
Feuerbohne 14
Feuersalamander 195
Fisch 242, 244
- innerer Bau 180
Fitness 96
Fledermaus 38, 50, 52
Fleischfressergebiss 64
Fliegen 222, 224, 226

246

Fluchttier 82
Flugbild 214, 229
Flugzeug 227
Forelle 186
Fortpflanzung 6, 12, 14, 64
- geschlechtliche 64, 136, 154
Fossil 22, 213, 240
Fotosynthese 24
Freilandhaltung 238
Fruchtzucker 100
Frühjahr 32
Fuchs 45
Fünf-Schritt-Lesemethode 76

G
alopp 83
Gärung 170
Gasaustausch 118
Gattung 58, 157
Gebärmutter 140, 144
Geburt 144
Gedächtnis 26
Gelenk 90
Gelenkverletzung 94
Gerste 169
Geschlechtsorgane, männliche 142
- weibliche 140
Getreide 166, 168
Getreidekorn 171
Gewebe 152
Giraffe 18, 37
gleichwarme Tiere 36, 38
Gleitflug 222
Gliedmaßen, Entwicklung 191
Goldhamster 74
Gräser 168
Grasfrosch 194, 196
Grashalm 172

H
afer 169
Hahnenfuß 155
Hai 185
Haltungsschwäche 94
Hase 21
Hausaufgaben 26

Haushaltszucker 100
Haussperling 215
Hebel 93
Hecke 17
Heckenrose 158
Hefe 170
Heilkräuter 102
Heimtierhaltung 74
Herbst 32
Herde 82
Hering 180
Herz 126, 128
Herzschlag 133
Herztöne 128
Hoden 142
Hornklee 156
Huhn 236
Hühnerei 238
Hummel 206
Hund 62, 72
Hunderassen 66

I
gel 40
Individuum 136
Information 6, 72
Insektenfresser 60
Internet 192
Intimhygiene 140, 142

J
ahresvögel 230

K
äfighaltung 238
Kalendermethode 147
Kälte 34
Kältestarre 38
Kamel 19
Kaninchen 21, 74
Karies 109
Karpfen 178
Kartoffel 174
Katze 20, 68, 70, 72
Kaulquappe 197
Kiemen 178, 182
Kirschblüte 157

Klasse 58, 157
Klatschmohn 156
Knochen 90, 220
Knochenbruch 94
Knochenmark 90
Knolle 174
Kofferfisch 179
Kohl 159
Kohlenhydrate 100
Kohlenstoff 114
Kohlenstoffdioxid 114, 119
Kohlenstoffmonooxid 120
Kommunikation 72
Kondom 147
Korbblütler 160
Körpertemperatur 36, 205
Krankheitserreger 124
Kreisdiagramm 167
Kresse 15
Kreuzblütler 158
Kreuzotter 209
Krokodil 210
Kurve 65

L
abmagen 80
Laichgewässer 196
Laubfrosch 195
Lebensgemeinschaft 30
Lebensraum 30, 32, 203, 232
Lebewesen 14
- Kennzeichen 10, 12
Leichtbauweise 220
Lernen 26
Löwenzahn 156
Luft 114, 119
Lunge 116, 120
Lungenbläschen 118
Lungenfisch 190

M
agen 110
Magensaft 110
Maulwurf 46
Mäusebussard 222, 228
Meerschweinchen 74
Mehl 171

247

Arbeitsmaterial

Meise 223
Menstruation 140
Menstruationszyklus 141
Metamorphose 196
Microsoft Word 56
Milchsäurebakterien 170
Mimik 93
Mimose 15
Mineralsalz 102
Mistel 153
Modell 172
Molekül 114
Muskel 92
Muskelverletzung 94

Nachtfalter 53
Nagetier 48, 60
Nährstoffe 100, 104, 111
- nachweisen 101
Nahrung 110
Nahrungsmittel 98
Naturwissenschaft 10
Nestflüchter 42, 82, 236
Nesthocker 40, 44, 48, 234
Netzmagen 80
Nikotin 120
Nutzpflanze 166

Ordnung 58, 60, 157
Organ 152
Organsystem 130

Paarhufer 60, 80
Paarung 236
Pansen 80
Penis 142
Pferd 82, 84
Pflanze 14, 16
Pflanzenfresser 82
Pille 147
Pilz 16
Polarbarsch 188
Pollenflugkalender 169
Präparation, Fisch 181

Protokoll 10
Pubertät 138
Pulsschlag 127

Raps 155, 158
Raubtier 60
Regulation 6, 35
Reh 38
Reich 58, 157
Reiz 12, 14
Reptil 212, 242, 244
Revier 62, 68, 234
Rind 78, 80
Rindermagen 80
Ringelnatter 208
Roggen 169
Röhrenknochen 90
Rosengewächs 158
Rotbuche 21
Rote Liste 162, 233
Rudel 62
Ruderflug 222

Samenpflanze 154
Sauerstoff 24, 114, 182
Sauerstoffbedarf 132
Säugetier 54, 58, 60, 64, 242, 244
Säulenkaktus 153
Saurier 212
Schädel, Säugetiere 61
Schildkröte 210 f.
Schlange 210
Schleichjäger 68
Schlittenhund 37
Schmalblättriges Greiskraut 163
Schnabeltier 59
Schritt 83
Schultergelenk 90
Schwan 36
Schwangerschaft 144 f.
Schwarzangler 188
Schwertwal 57
Schwimmblase 184

Schwungfeder 218
Segelflug 222
Sehne 92
Sender 72, 230
Sexuelle Belästigung 148
Sexueller Missbrauch 149
Signal 72
Skelett 88, 178
Sommer 32
Sonnenblume 160
Speicheldrüse 110
Speiseröhre 110
Spermazelle 142 f.
Sprossachse 152
Stamm 58
Stammesgeschichte 6, 22, 191
Stängelloser Enzian 156
Stärke 100
Stärkenachweis 175
Steinkauz 232
Sterniere 157
Stieleiche 21
Stimmband 117
Stoffe + Energie 6
Stoffwechsel 12, 14, 98, 130, 132
Storch 230
Struktur + Funktion 6
Sumpfdotterblume 159

Tabak 120
Taubnessel 155
Tauchen 185
Teerstoff 120
Teichmolch 195
Temperaturmethode 147
Tiefseefisch 188
Tiere 16
Tierschutzgesetz 75
Tiersteckbrief 56
Trab 83
Traubenzucker 100

Übergewicht 106
Überwinterungsstrategie 39

Umwelt 16
Unpaarhufer 60
Urrind 78

V
ene 126
Venus-Fliegenfalle 15
Verdauung 110
Vergleichen 20
Versuch 112
Versuchsprotokoll 113
Vielfalt 6, 16
Vielzeller 24
Vitamin 102
Vitamin-C 112
Vögel 240, 242, 244
- bestimmen 214, 216
Vogelzug 231

W
achstum 12
Wal 54
Wanderung 186
Wärme 34
Wärmeenergie 37, 125
Wasserfrosch 195
wechselwarm 38, 204, 206, 208
Wechselwirkung 6
Weizen 169
Wiesen-Schaumkraut 158
Wildkaninchen 44
Windbestäuber 168
Winter 32
Winterruhe 38, 48
Winterschlaf 38, 40
Winterstarre 208
Wirbelsäule 88, 244
Wirbeltiere 24, 178, 244
- Stammbau 242
Wolf 20, 66
Wundverschluss 124
Wurzel 152

Z
ahn 108, 110
Zahnerkrankung 108
Zauneidechse 204
Zebra 18
Zelle 152
Zoo 59
Züchtung 66, 174
Zugvögel 230
Zusatzstoff 102

Bildquellen-
verzeichnis folgt

Bildquellennachweis

Uwe Anders, Destedt: 13.e, 15.2, 15.3, 109.6, 115.7, 123.5, 169.3, 174.2b, 174.2c;
Toni Angermayer, Holzkirchen: 9.1, 12.2, 13.a, 13.d, 13.f, 38.1, 38.4, 52.1, 79.4, 186.1f, 195.2b, 195.2c, 195.2e, 197.4b, 197.4c, 198.1b, 200.1a, 204.2, 206.1a, 206.1b, 208.1; akg-images, Berlin: 106; Arco Digital Images, Lünen: 198.1a (F: H. Frei); Associated Press (AP), Frankfurt: 55.4, 57.5a;
Astrofoto B. Koch, Sörth: 114.2; Prof. Dr. S. von Bary, Würselen: 121.4; Blickwinkel, Witten: 52.2, 85.3; Bongarts Sportfotografie, Hamburg: 118.1a, 92.1; Bonnier Alba AG, Lennart Nilsson, Stockholm: 108.1,122, 122.2, 124.3, 145.3; Botanisches Institut d. Universität , Bonn: 173.5; Bundeszentrale f. gesundheitliche Aufklärung, BZG, Köln, : 98.1, 100.1; Christoph & Friends, Essen: 96.1c;
Bruce Coleman Ltd., Uxbridge, : 70.1; Das Luftbild-Archiv, Kasseburg: 119.6; Manfred Danegger, Owingen-Billafingen: 42.1, 42.2, 44.1, 195.2d; Deutsches Museum, München: 86+87 (F: IMAX, Forum d. Technik); Dorling Kindersley Limited, London, erschienen bei BLV Verlagsgesellschaft, München 1994, : 68.1, 68.3; eye of science, Reutlingen: 3a, 10.5; Floramedia Service, Vaduz: 154.1, 156.1c; Focus, Hamburg: 117.4a (F: SPL), 117.4b (F: SPL), 122.3 (F: SPL), 122.4 (F: SPL), 124.1 (F: Oliver Meckes/eye of science), 96.1b (F: S. Reininger), 99 (F: P. Menzel/Mat. World); Steffen Förster, New York: 3b, 80.1, 81.3a, 89.3a, 89.3b, 89.4a, 89.4b, 15.1, 124.2, 13.1, 13.b, 14.1, 156.1d, 156.1e, 157.3, 158.2b, 159.5; Frans Lanting Inc., Santa Cruz, California, USA: 82.1; Franz Stoppel, Bakum: 181.5; FWU, München: 122.1; getty images, München: 188.3; Greiner + Meyer, Braunschweig: 9.1 (F: Schrempp), 13.c (F: Schrempp), 30.1d (F: Meyer), 48.2 (F: Schrempp), 69.5a (F: Greiner), 69.5b (F: Weigl), 195.2a (F: Schrempp), 195.2f (F: Layer), 204.1 (F: Schrempp), 234.3 (F: Schrempp); Volker Hartz, Braunschweig: 200.1b; Hessisches Landesmuseum, Darmstadt: 9.1, 22.2a, 22.2b, 22.2c; Dr. Thomas Huk, Braunschweig: 137.4b; IFA-Bilderteam, Düsseldorf: 9.1 (F: Kronmüller), 174.2a (F: Lederer), 200.1c; IMAX, Forum d. Technik Deutsches Museum, München: 125.5; Institut für Meeresforschung der Universität Kiel: 180.1; Institut für Plastination, Prof. Dr. Gunther von Hagens, Heidelberg: 120.1a, 120.1b, 126.1; Institut für Polarökologie, Kiel: 188.1; Institut für wissenschaftliche Fotografie, Lauterstein: 218.3, 218.4; Norbert Issing, Güntersleben: 134+135; Robert Issing, Gütersloh: 16.2; Juniors Bildarchiv, Ruhpolding: 64.1, 72.2, 73.3, 234.1 (F: M. Danegger); Kandula, Architektur-Bilderservice, Witten: 172.1a; Klaus G. Kohn, Braunschweig: 53.4, 71.4, 85.4, 85.5, 93.4, 94.1, 96.1a, 96.1d, 101.3, 101.4, 103.3, 112.1, 113.3, 115.4, 121.2, 127.3, 129.4, 129.5, 132.1, 132.2, 136.1, 137.4c, 146.1a, 146.1b, 146.1d, 146.1e, 147.2c, 147.2e, 147.2f, 148.1, 16.1, 160.1a, 170.1, 173.3, 173.4, 175.3, 175.5, 181.4, 185.3, 215.3; Lavendelfoto Gerhard Höfer, Hamburg: 162.1c (F: Bode); Mauritius, Mittenwald: 9.1 (F: Thonig), 35.3 + 77.4 (F: Rosing), 36.1 (F: J Beck), 37.6 (F: age fotostock), 162.1b (F: Kohlhaupt), 234.4 (F: Lacz); Nationalmuseum, Kopenhagen: 89.5; Natural History Photographic Agency, Sussex: 10 (F: Stepen Palton); Naturfoto Labhardt, Basel: 214.1b; Naturhistorisches Museum, Wien: 178.2; Okapia, Frankfurt: 9.1 (F: Karin Montag), 10.1 (F: Owen Newman/OSF), 10.3 (F: Norbert Pelka), 12.1 (F: Manfred Danegger), 12.4 (F: Francois Merlet), 16.7 (F: Castelein), 30.1a (F: Hilgert), 40.2 (F: Lothar Lenz), 50.1 (F: Dr. Klaus Heblich), 51.1a (F: Hans Fürst), 51.1b (F: Frank Krahmer), 51.1c (F: Milos Andera), 51.1e (F: Dietmar Nill), 51.1f (F: Hans Reinhard), 54.1 (F: Wothe/SAVE), 54.2 (F: Francois Gohier), 59.2 (F: J-L Klein & M-L Hubert), 68.2, 70.2 (F: Klein & Hubert/BIOS),
143.2a (F: NAS/David M. Phillips), 143.2b (F: NAS/David M. Phillips), 155.3b (F: Hapo), 16.3 (F: Montag), 178.1 (F: Francois Merlet), 179.3 (F: Michel Varin), 179.4 (F: NAS/Charles V. Angelo), 186.1a (F: Andreas Hartl), 186.1b, 186.1c, 186.1d, 186.1e (F: Andreas Hartl), 201.3 (F: Wilhelm Irsch), 208.2 (F: Rohlich), 226.1b (F: F. Bonnard/BIOS/); Paläontologisches Museum, München: 213.3; Reinhard-Tierfoto, Heiligkreuzsteinach: 9.1, 12.3, 16.4, 16.5, 16.6, 20.2, 38.3, 40.3, 49.4, 62.1, 69.4a, 69.4b, 79.3, 84.1, 84.2, 150+151, 155.3a, 155.3c, 156.1a, 156.1b, 158.2a, 159.4, 162.1d, 168.1, 185.5, 197.4a, 210.1; Fotografie Rixe, Braunschweig: 72.1a, 72.1b, 118.1b, 138.1, 141.3, 147.2b, 147.2d, 218.1a, 218.1b, 218.1c; Willi Rolfes, Vechta: 10.2; Heidi Scherm Fotografie, Berlin: 146.1c; Silvestris, Kastl: 36.2 (F: K. Wernicke), 214.1a; Staatl. Museum f. Naturkunde, Karlsruhe: 22.1 (F: Volker Griener); Superbild, München: 53.5, 66.2, 70.3, 137.4a; Westermann Archiv, Braunschweig: 157.2a; Wildlife, Hamburg: 18.1, 18.2, 20.1, 34.1 (F: Cox), 38.2 (F: E. Arndt), 46.1a, 49.5a, 49.5b, 49.5c, 51.1d, 62.2 (F: J.Mallwitz), 67.5 (F: .J.Muller), 162.1a; Norbert Wu, Pacific Grove, Kalifornien: 188.2; Daniel Wujanz, Bollendorf: 176+177; Zefa, Hamburg: 5b (F: H. Reinhard), 206.1c, 236.1 (F: H. Reinhard); Dr. Erik Zimen, Haarbach: 66.1.

Einbandgestaltung

Andrea Heissenberg, Braunschweig, unter Verwendung einer Seestern-Aufnahme von IFA-Bilderteam, Düsseldorf (F: National History Photographic Agency)

Grafiken

Christine Henkel, Vechta: S. 11.1; 19; 23; 31; 37.7; 40.1; 41.6; 43.3; 43.4; 43.5; 46.1b; 48.1; 49.6; 50.2; 50.3; 57.4; 58.1; 59.3; 60.1; 61; 63.6; 64.3; 65.5; 67.3; 69.6; 73.4; 83.3; 83.4; 83.5; 89.6; 93.5; 95.2; 95.3; 101.5; 102.2; 105.4; 105.5; 107.2; 111.3; 127.4; 131.4; 145.4; 149.3; 160.1b; 164.1; 164.2; 164.3+4; 171.2; 189.4; 201.2; 204.3; 205.4; 208.3; 209.7; 214.2; 216.1; 218.2; 219.5; 219.6; 229.5; 243.2
Deutsches Museum, München, aus: Buch des Monats, 3/2000, : S. 102.1
Hessisches Museum, Hessen: S. 24
www.naturstudiendesign.de: S. 14.2; 21.3; 25.3; 27.3; 35.6; 37.4; 37.5; 37.8; 39.7; 41.5; 43.6; 45.6; 45.7; 65.6; 81.5; 88.1; 88.2; 90.1; 90.2; 90.3; 91; 92.2; 92.3; 97.2; 100.2; 104; 108.2; 109.4; 109.5; 110.1; 111.2; 114.1; 115.3; 115.6; 116.1a; 116.1b; 116.2; 117.3; 118.2; 119.3; 119.4; 119.5; 121.3; 125.7; 126.2; 127.5; 128.1; 128.2; 129.3; 130.1; 131.2; 140.1; 141.2; 141.4; 142.1; 143.3; 144.1; 145.2; 154.2; 155.3d; 155.3e; 155.3f; 155.4a; 155.4b; 155.4c; 163.3; 166.1; 166.3; 166.4; 169.4; 172.1b; 179.6; 180.2; 182.1; 183.3; 183.4; 183.6; 184.1; 184.2; 185.7; 187.2; 191.2; 191.3; 197.3; 199.2; 199.4; 199.5; 201.4; 205.5; 205.6; 206.2; 207.3; 207.4; 209.8; 211.3; 213.4; 219.7; 220.1; 221.4; 222.3; 223.7; 224.1; 224.2; 224.3; 230.3; 235.7; 236.2; 242.1; 243.3
Mario Kessler/die Kleinert, München: S. 44.2; 47.2; 47.3; 55.3; 64.2; 78.1; 80.2; 81.3b; 81.4; 107.3; 153.2; 153.3; 153.4; 158.1; 159.3; 160.2; 161.3; 168.2; 190.1; 194.1; 196.1; 197.2; 202.1; 212.1; 240.2; 245.1
Schwanke & Raasch, Hannover: S. 17.1; 21.4; 32+33; 52.2b; 93.6; 125.6; 132.3; 152.1; 157.2b; 174.1; 219.8; 229.6; 239.2
Technisch-Graphische Abteilung Westermann, Braunschweig: S. 163.2; 203.3; 231.5
Walter Wüst: "Die Brutvögel Mitteleuropas" mit Farbbildern von Ludwig Binder, Bayerischer Schulbuchverlag, München 1970, : S. 215.4
Westermann Archiv, Braunschweig : S. 192+193